LEIS DIÁRIAS

CB064031

ROBERT GREENE

LEIS DIÁRIAS

366 meditações sobre poder, sedução, maestria, estratégia e natureza humana

Tradução
Renato Marques

Planeta ESTRATÉGIA

Copyright © Robert Greene, Inc., 2021
Copyright © Editora Planeta do Brasil, 2022
Copyright da tradução © Renato Marques
Todos os direitos reservados.

Título original: *The Daily Laws*

PREPARAÇÃO: Vanessa Almeida
REVISÃO: Caroline Silva
Renato Ritto
PROJETO GRÁFICO E DIAGRAMAÇÃO: Vivian Oliveira
CAPA: Daniel Justi

DADOS INTERNACIONAIS DE CATALOGAÇÃO NA PUBLICAÇÃO (CIP)
ANGÉLICA ILACQUA CRB-8/7057

Greene, Robert
   Leis diárias: 366 meditações sobre poder, sedução, maestria, estratégia e a natureza humana / Robert Greene; tradução de Renato Marques. - São Paulo: Planeta do Brasil, 2022.

   464 p.

   ISBN 978-85-422-1935-7
   Título original: *The Daily Laws*

   1. Meditações 2. Reflexões I. Título II. Marques, Renato

22-5141   CDD 158.1

Índice para catálogo sistemático:
1. Meditações

Ao escolher este livro, você está apoiando o manejo responsável das florestas do mundo

2022
Todos os direitos desta edição reservados à
EDITORA PLANETA DO BRASIL LTDA.
Rua Bela Cintra 986, 4º andar – Consolação
São Paulo – SP – CEP 01415-002
www.planetadelivros.com.br
faleconosco@editoraplaneta.com.br

*À memória de Brutus,
o melhor gato de todos os tempos.*

SUMÁRIO

Prefácio **9**

JANEIRO
A sua Missão de Vida
Plantando as sementes da Maestria 15

FEVEREIRO
A aprendizagem ideal
Transformando-se 51

MARÇO
O Mestre em ação
Ativando habilidades e alcançando a Maestria 87

ABRIL
O cortesão perfeito
Jogando o jogo do poder 123

MAIO
Os supostos não jogadores do poder
Reconhecendo pessoas tóxicas e estratégias de poder disfarçadas 159

JUNHO
O talento divino
Dominando a arte do fingimento e da manipulação 197

JULHO
A personalidade sedutora
Penetrando em corações e mentes... 233

AGOSTO
O mestre da persuasão
Suavizando a resistência das pessoas 269

SETEMBRO
O grande estrategista
Saindo do inferno tático 305

OUTUBRO
O eu emocional
Fazendo as pazes com nosso lado sombrio 343

NOVEMBRO
O humano racional
Compreendendo seu eu superior 383

DEZEMBRO
O sublime cósmico
Expandindo a mente até o limite máximo 419

Sobre o autor..**459**

Prefácio

Desde o início da nossa existência como espécie, nós, seres humanos, dependemos da conexão com a realidade a fim de assegurar nossa própria sobrevivência e alcançar o sucesso. Para os nossos ancestrais, isso significou a necessidade de desenvolver uma extrema sensibilidade ao ambiente, detectando quaisquer mudanças no clima, antecipando a presença de predadores, discernindo onde poderiam estar as oportunidades de obtenção de alimento. Eles tinham que estar atentos e alertas, pensando ininterruptamente sobre o que o ambiente ao redor lhes dizia.

Nesse tipo de atmosfera, carregada com pressões tão imediatas e em que qualquer desatenção acarretava consequências de vida ou morte, o cérebro do ser humano evoluiu como um instrumento capaz de ajudá-lo não apenas a detectar perigos, mas também a exercer aos poucos o controle sobre um ambiente traiçoeiro. No momento em que nossos ancestrais começaram a se voltar para dentro de si mesmos e a ceder a desejos e fantasias, a realidade os puniu com rigor por suas ilusões e decisões equivocadas.

Hoje, centenas de milhares de anos depois, ainda temos o mesmo cérebro, projetado para o mesmo propósito. Mas como temos cada vez mais controle sobre o nosso ambiente e as pressões de ordem física diminuíram drasticamente, os perigos se tornaram muito mais sutis – eles vêm na forma de pessoas (em vez de leopardos) e sua complexa psicologia e dos delicados jogos políticos e sociais que precisamos jogar. E, por causa desses perigos menos óbvios, nosso maior problema é que a nossa mente tende a se tornar menos sensível ao ambiente; nós nos voltamos para dentro, absortos em nossos sonhos e fantasias. Nos tornamos ingênuos. Para somar a essa perigosa mistura, nossa cultura tende a encher nossa cabeça com todos os tipos de noções falsas, nos fazendo acreditar em coisas sobre como o mundo e a natureza humana deveriam ser, em vez de como realmente são. Encaramos tudo isso como verdade, agimos com base em equívocos e, assim como no passado, o ambiente e a realidade acabam nos punindo por nosso comportamento delirante. Pode até não ser uma questão de vida ou morte, mas a nossa carreira e os nossos relacionamentos interpessoais seguem caminhos errados. Culpamos as outras pessoas por nossas infelicidades quando o problema está dentro de nós, decorrente de nossa própria ingenuidade e das fantasias que absorvemos e que inconscientemente norteiam nossas ações.

A seguir estão algumas das falsas noções comuns em nossa cultura que podem nos induzir ao erro. Por exemplo, quando se trata de nossa carreira, acreditamos que a instituição onde estudamos, as pessoas que conhecemos e a nossa rede de contatos são a chave para o nosso futuro sucesso. Acreditamos que é necessário evitar a todo custo qualquer tipo de erro ou falha ou qualquer espécie de conflito e que precisamos ter pressa para ganharmos dinheiro, sermos reconhecidos e chegarmos ao topo. Imaginamos que o trabalho deve ser divertido, que o tédio é algo ruim e que podemos pegar atalhos para nos tornarmos realmente bons naquilo que fazemos. Temos a ideia de que já nascemos com a criatividade, um dom inerente. Temos a sensação de que todos são iguais e que as hierarquias são coisa do passado.

Com pessoas, temos a crença de que a maioria de nossos amigos e colegas gosta de nós e nos deseja o melhor. Achamos que as pessoas com um padrão de mau comportamento podem ser confiáveis se nos disserem que mudaram, que as pessoas cheias de convicção e senso de indignação devem estar dizendo a verdade e que aqueles que estão no poder, incluindo nossos chefes, não são inseguros. Imaginamos que as pessoas extremamente simpáticas e acolhedoras não estão possivelmente mascarando uma natureza sombria e desonesta, que os defensores de ideias progressistas têm naturalmente um caráter virtuoso e que as pessoas ficarão agradecidas por quaisquer favores que lhes fizermos.

PREFÁCIO

Em relação a nós mesmos, consideramos que é importante sermos honestos e dizermos aos outros exatamente o que se passa em nossa mente. Sentimos que é bom mostrar nossas melhores qualidades – nossa inteligência, nossa dedicação etc. Achamos que, se coisas ruins acontecerem conosco, somos apenas vítimas e não temos nenhum tipo de responsabilidade. É claro que percebemos que algumas pessoas são narcisistas, agressivas, invejosas, pomposas e manipuladoras, mas acreditamos que são apenas algumas maçãs podres e que não temos nenhuma dessas características.

O que muitas vezes acontece é que ainda na flor da idade, sobrecarregados por esses delírios, ingressamos no mundo do trabalho, e de repente a realidade nos dá um tapa na cara. Descobrimos que algumas pessoas têm ego frágil e podem ser desonestas e bem diferentes do que aparentam ser. Somos surpreendidos pela indiferença das pessoas ou por inesperados gestos de traição. Ser quem somos e só dizer o que pensamos pode nos causar todo tipo de problema. Acabamos percebendo que o mundo do trabalho está infestado de jogos políticos para os quais ninguém nos preparou.

Algumas de nossas decisões de carreira, baseadas no desejo de ganhar dinheiro e atenção, levam ao esgotamento emocional, ao desencanto e a becos sem saída. E por não olharmos para nós mesmos de maneira honesta, tentando encobrir nossas falhas e fraquezas, ficamos presos a padrões de comportamento que não somos capazes de controlar. À medida que os anos passam e os erros de interpretação, os deslizes e as decisões ruins vão se acumulando, podemos nos tornar amargos, confusos e desgastados.

Leis diárias é uma obra concebida para reverter esses padrões tóxicos e reconectar você com a realidade. O livro mira as várias ilusões que todos nós absorvemos e procura sintonizar a sua mente com os traços mais arraigados da natureza humana e com a forma como nosso cérebro realmente funciona. O objetivo é transformar você num realista radical, de modo que, assim que terminar de ler o livro, você continue por conta própria a enxergar pessoas e fatos através dessa lente esclarecedora e se torne cada vez mais sensível aos perigos e oportunidades em seu ambiente social. Trata-se de uma obra baseada em vinte e cinco anos de intensas pesquisas sobre temas como poder, persuasão, estratégia, maestria e natureza humana e é a síntese de todas as lições dos meus outros livros.

As lições referentes aos primeiros três meses ajudarão você a se livrar de todas as vozes externas que lhe dizem qual carreira seguir e, em vez disso, conectarão você a sua própria voz, àquilo que o torna único, ao seu propósito e a sua vocação na vida. No instante em que essa conexão for feita, você contará com um guia para todas as suas próximas decisões de carreira. Essas primeiras lições mostrarão a você que o que importa não é instrução formal ou dinheiro, mas a sua persistência e a intensidade do seu desejo de aprender; que fracassos, erros e conflitos são muitas vezes a melhor educação de todas; e como as verdadeiras criatividade e Maestria resultam de tudo isso.

Os três meses seguintes serão um treinamento para a sua capacidade de ver a natureza política do mundo do trabalho e como é perigoso confundir aparências com a realidade. Eles ajudarão você a reconhecer as pessoas tóxicas antes que elas o arrastem para seus turbilhões emocionais e o ensinarão a despistar os grandes manipuladores que estão por aí.

Os três meses seguintes tentarão mostrar a você como funcionam a persuasão e a influência verdadeiras – não de maneira egoísta, pensando primeiro em si mesmo e dizendo o que lhe der na telha, mas entrando na mentalidade dos outros e atraindo o interesse pessoal deles. Eles também o ajudarão a se tornar um estrategista superior na vida, promovendo as causas em que você acredita profundamente e realizando seus objetivos.

E os últimos três meses serão um mergulho nas motivações subjacentes que impulsionam o comportamento humano, incluindo o seu. Ao refletir sobre quem você é, constatando que é um ser humano imperfeito como todos os outros, você não apenas receberá maior empatia e aceitação das pessoas, como também terá em suas mãos a chave para alterar seus próprios padrões negativos. Essas lições mostrarão que enfrentar seus medos mais profundos acerca da mortalidade lhe dará a oportunidade de se abrir para a natureza verdadeiramente impressionante da vida, valorizando cada momento que lhe resta para absorver a qualidade sublime de estar vivo.

As lições foram selecionadas de cinco de meus livros e de parte do livro em que estou trabalhando atualmente, *A lei do sublime*, de entrevistas e

PREFÁCIO

palestras que dei ao longo dos anos, e de postagens em blogs e ensaios que escrevi. Ao final de cada lição, compartilho o título e o capítulo da obra em que ela apareceu, para que você possa aprofundar seu estudo a respeito de qualquer ideia específica. Cada mês tem um título e um subtema específicos, começando com um pequeno ensaio. Em conjunto, esses ensaios ilustram a conexão das ideias de meus livros com minhas próprias experiências, as dificuldades que encontrei pelo caminho e as lições realistas que extraí delas.

Este livro pode ser lido da maneira que você bem quiser, saltando capítulos, ajustando as ideias a seus próprios problemas neste momento específico de sua vida. Mas é melhor ler *Leis diárias* de cabo a rabo, começando a partir da data em que o livro cair em suas mãos. Dessa forma, o livro permitirá que você mergulhe a fundo em cada um dos temas, que impregnarão sua mente e o ajudarão a desenvolver o hábito essencial de ver as coisas como elas são. Como parte desse hábito, é melhor fazer anotações sempre que possível, relacionando as lições com suas próprias experiências passadas e presentes. E melhor ainda é, vez por outra, colocar algumas das ideias em prática e refletir sobre as experiências do mundo real.

Por fim, considere *Leis diárias* uma espécie de *Bildungsroman*. O *Bildungsroman* – termo em alemão que significa "romance de formação" ou "romance de aprendizagem" – foi um gênero literário que começou no século 18 e existe até hoje. Nessas histórias, os protagonistas, quase sempre bem jovens, iniciam a vida repletos de noções ingênuas. O autor os leva numa jornada por uma terra salpicada de malfeitores, canalhas e tolos. Lentamente, os protagonistas aprendem a se livrar de suas várias ilusões à medida que o mundo real os educa e passam a ver que a realidade é infinitamente mais interessante e mais rica do que todas as fantasias das quais antes se alimentavam. Eles saem iluminados, aguerridos e com uma sabedoria surpreendente para a idade que têm.

Leis diárias levará você, o protagonista, numa jornada semelhante por uma terra repleta de pessoas perigosas e tóxicas, ajudando-lhe a se livrar de suas ilusões e a se fortalecer para as batalhas à frente, de modo que você possa encontrar consolo e prazer em enxergar pessoas e o mundo em sua verdadeira luz.

A gente não herda a sabedoria; tem de descobri-la por conta própria, depois de uma trajetória que ninguém pode fazer por nós [...] As vidas que o senhor admira, as atitudes que julga nobres, não foram obtidas pelo pai de família ou pelo preceptor; foram precedidas por inícios bem diversos, tendo sido influenciadas pelo que lhes havia em torno, fosse bom ou banal. Representam um combate e uma vitória.

— MARCEL PROUST (1871-1922, escritor francês),
Em busca do tempo perdido (À sombra das moças em flor)

JANEIRO

A sua Missão de Vida

Plantando as sementes da Maestria

Todos nós somos seres únicos, desde que nascemos. Essa singularidade está marcada geneticamente em nosso DNA. Somos um fenômeno ímpar no universo – nossa exata composição genética jamais ocorreu antes e nunca mais será repetida. Para todos nós, essa singularidade se expressa pela primeira vez na infância, por meio de certas inclinações primordiais. São *forças* que existem dentro de nós e que vêm de um lugar mais profundo do que as palavras conscientes são capazes de expressar. Elas nos atraem para certas experiências e nos afastam de outras. Enquanto nos movem de lá para cá, essas forças influenciam o desenvolvimento de nossa mente de maneiras muito específicas. Vamos colocar a coisa nos seguintes termos: no momento em que você nasce, planta-se uma semente. Essa semente é sua singularidade. Ela quer crescer, transformar-se e florescer em toda sua plenitude potencial. Tem uma energia natural e assertiva. A sua Missão de Vida é fazer essa semente florescer, expressar sua singularidade por meio de seu trabalho. Você tem um destino a cumprir. Quanto mais forte você a sentir e mantiver – seja como uma força, uma voz, ou de qualquer outra forma –, maior a sua chance de cumprir essa tarefa e alcançar a Maestria. O mês de janeiro será dedicado a descobrir e desenvolver a sua Missão de Vida, seu propósito, aquilo que você foi colocado no mundo para fazer.

★★★

Desde muito cedo – talvez desde os 8 anos de idade –, eu já sabia que queria ser escritor. Sentia um tremendo amor pelos livros e pelas palavras. No começo, quando era jovem, pensei que me tornaria romancista, mas, depois de me formar na universidade, eu tinha que ganhar a vida e me dei conta de que ser romancista era impraticável. Assim, morando em Nova York, acabei indo parar no jornalismo como uma forma de pelo menos ter um ganha-pão. Até que um dia, depois de vários anos trabalhando como colunista e editor, estava almoçando com um homem que tinha acabado de editar um artigo que tinha escrito para uma revista. Depois de virar seu terceiro martíni, ele finalmente confessou a mim por que havia me convidado para almoçar: "Você deveria considerar seriamente uma carreira diferente. Você não serve para ser escritor. Seu trabalho é indisciplinado demais. Seu estilo é muito bizarro. Suas ideias simplesmente não fazem sentido para o leitor médio. Vá cursar uma faculdade de direito, Robert. Vá fazer um curso de administração. Poupe-se da dor" – ele me disse.

No início, essas palavras foram como um soco no estômago. Porém, nos meses seguintes, percebi algo sobre mim. Tinha ingressado numa carreira que não combinava comigo, e meu trabalho refletia essa incompatibilidade. Tinha que sair do jornalismo. Essa constatação marcou o início de um período de perambulação em minha vida. Viajei de uma ponta à outra da Europa. Trabalhei em todos os empregos imagináveis. Fui pedreiro na Grécia, dei aulas de inglês em Barcelona, fui recepcionista de hotel em Paris, guia de turismo em Dublin e estagiário de uma produtora inglesa de documentários para a televisão. Tentei escrever romances e peças de teatro. Voltei para Los Angeles, Califórnia, onde nasci e fui criado. Trabalhei numa agência de detetives particulares, entre outros bicos. Entrei na indústria cinematográfica trabalhando como assistente de um diretor, atuando como pesquisador, argumentista e roteirista. Nesses longos anos de peregrinação, totalizei cerca de sessenta empregos diferentes. Lá pelo ano de 1995, meus pais (que Deus os abençoe) estavam começando a ficar preocupadíssimos com o filho. Eu tinha 36 anos de idade e parecia perdido e incapaz de me estabilizar em alguma coisa. Houve também momentos em que tive enormes dúvidas e até depressão, mas não me sentia realmente perdido. Algo dentro de mim continuava me empurrando e me guiando.

Faminto por experiências, eu estava procurando e explorando possibilidades e não parava de escrever. Nesse mesmo ano, enquanto estava na Itália para mais um trabalho, conheci um homem chamado Joost Elffers – agente literário, editor e produtor de livros. Um dia, enquanto caminhávamos pelo cais de Veneza, Joost me perguntou se eu tinha alguma ideia para um livro.

De súbito, aparentemente do nada, uma ideia brotou. Eu disse a Joost que lia muitos livros de história, e os relatos que eu devorava sobre Júlio César e os Bórgia e Luís XIV eram exatamente as mesmas histórias que eu testemunhara pessoalmente com meus próprios olhos em todos os meus diferentes empregos, só que menos sangrentos. As pessoas almejam poder e querem disfarçar esse anseio. Por conseguinte, elas jogam jogos. Na surdina, manipulam e fazem intrigas, ao mesmo tempo em que exibem uma bela e santa fachada. Eu desmascararia esses jogos.

Enquanto improvisava essa apresentação da minha ideia, que acabaria se tornando meu primeiro livro, *As 48 leis do poder*,[1] senti um clique dentro de mim. Tive uma tremenda sensação de entusiasmo se avolumando. Parecia algo natural. Parecia destino. Quando vi que Joost estava empolgado, eu me animei ainda mais. Ele me disse que adorou a ideia e pagaria minhas despesas enquanto eu escrevesse a primeira metade do livro, que então tentaria vender para uma editora, sendo ele próprio o agente, o designer e o produtor da obra. Quando voltei para casa em Los Angeles e comecei a trabalhar em *As 48 leis*, sabia que era a minha grande chance na vida, meu único caminho para escapar de todos os anos de andanças. Então, mergulhei de cabeça. Fui com tudo e coloquei no projeto cada grama de energia, porque ou o livro seria um sucesso ou eu terminaria sendo um fracassado. Despejei no livro todas as lições que havia aprendido, toda a minha bagagem como autor de textos, toda a disciplina que adquiri no jornalismo, todas as experiências boas e ruins que acumulei em meus sessenta empregos diferentes, todos os chefes horríveis com quem tinha lidado. O leitor conseguiu sentir a minha empolgação represada ao escrever o livro e, para minha surpresa e muito além de tudo que havia imaginado, meu livro fez um sucesso espetacular.

---

1. Título original: *The 48 Laws of Power*. Edição brasileira: *As 48 leis do poder*. Tradução de Talita M. Rodrigues. Rio de Janeiro: Rocco, 2000. (N. T.)

Hoje, olhando para trás, cerca de vinte e cinco anos depois, percebi que aquela coisa que estava me empurrando e me guiando (que já mencionei aqui) era um senso de propósito, um senso de destino. Era como uma voz dentro de mim a sussurrar: "Não desista. Continue tentando. Continue tentando". Essa voz, que se manifestou para mim pela primeira vez quando eu era criança, estava me norteando em direção à minha Missão de Vida. Levou muitos anos, muitos experimentos, muitos erros, muitos obstáculos, mas foi isso que me manteve sempre em frente, bizarramente esperançoso.

E agora, muitos livros depois, continuo dedicado a essa tarefa. Como qualquer pessoa, ainda preciso do mesmo senso de propósito para me nortear, dia após dia. Cada livro que escrevo tem que parecer parte desse destino, como se estivesse fadado a acontecer. E acredito que esse senso de propósito, que tive por toda a minha vida e se tornou muito mais claro vinte e cinco anos atrás, é o que me guiou em todos os momentos difíceis da minha existência. E creio que poderia fazer o mesmo por você e qualquer pessoa, contanto que você o sinta dentro de si, contanto que você o procure.

A verdadeira lição aqui é que demorei muito tempo para chegar lá, com muitas reviravoltas. Portanto, pode acontecer ainda mais tarde na vida – na casa dos 30 ou 40 anos, ou até depois. Mas minha existência mudou para sempre no momento em que abracei a minha Missão de Vida.

1º DE JANEIRO
Descubra sua vocação

> Cada um segura nas mãos o próprio destino, tal qual um escultor manuseia a matéria bruta com que há de moldar uma estatueta. Mas ocorre com esse tipo de atividade artística o mesmo que com todas as outras: meramente nascemos com a capacidade de fazê-lo. A habilidade de moldar o material no formato que queremos deve ser aprendida e cultivada cuidadosamente.
>
> — Johann Wolfgang von Goethe
> (1749-1832, escritor e estadista alemão),
> *Os anos de aprendizagem de Wilhelm Meister* (1796)

Você é dotado de um tipo de força interior que procura guiá-lo em direção a sua Missão de Vida – aquilo que você está destinado a realizar no tempo de vida que lhe cabe. Na infância, essa força era clara para você. Ela o direcionava a atividades e assuntos que se encaixavam em suas inclinações naturais, que despertavam uma curiosidade profunda e primordial. Nos anos seguintes, a força tende a diminuir gradualmente e se tornar intermitente, à medida que você passa a dar ouvidos aos seus pais e aos seus colegas e conforme as ansiedades cotidianas o desgastam e consomem suas energias. Talvez seja esta a fonte de sua infelicidade: sua falta de conexão com quem você é e com aquilo que faz de você um indivíduo singular. O primeiro movimento em direção à Maestria é sempre interior – aprender quem você realmente é e se reconectar com essa força inata. Conhecendo-a com clareza, você encontrará seu caminho para a carreira adequada, e tudo o mais se encaixará. Nunca é tarde demais para iniciar esse processo.

LEI DO DIA: A MAESTRIA É UM PROCESSO, E DESCOBRIR SUA VOCAÇÃO É O PONTO DE PARTIDA.

Maestria,[2] Seção I – Descubra sua vocação: sua Missão de Vida

2 DE JANEIRO
Reconecte-se com sua obsessão de infância

Quando Marie Curie, a futura descobridora do elemento químico rádio, tinha 4 anos de idade, entrou no escritório de seu pai e ficou paralisada de tão deslumbrada diante de uma caixa de vidro polido que continha todos os tipos de tubos e instrumentos de laboratório para experimentos de química e física. Ela retornaria àquela sala incontáveis vezes a fim de observar os instrumentos, imaginando toda sorte de experimentos que poderia realizar com aqueles tubos e dispositivos de medição. Anos depois, quando entrou num laboratório de verdade pela primeira vez e fez seus próprios experimentos, ela se reconectou imediatamente com sua obsessão de infância; sabia que havia encontrado sua vocação.

LEI DO DIA: QUANDO CRIANÇA, VOCÊ, POR ALGUM MOTIVO, ERA OBCECADO POR ALGO. RECONECTE-SE COM ESSA OBSESSÃO.

Maestria, Seção I – Descubra sua vocação: sua Missão de Vida

---

2. Título original: *Mastery*. Edição brasileira: *Maestria*. Tradução de Afonso Celso da Cunha Serra. Rio de Janeiro: Sextante, 2013. (N. T.)

3 DE JANEIRO

A voz

> A maneira de recuperar o sentido da vida e o valor da vida é recuperar o poder da experiência, ter vozes de impulso que vêm de dentro e ser capaz de ouvir essas vozes interiores.
> — ABRAHAM MASLOW (1908-1970, psicólogo norte-americano)

Desde muito jovem, eu me encantava pelas palavras. Ainda me lembro de uma aula no quarto ano do ensino fundamental em que a professora propôs uma atividade na qual mostrou a palavra *carpintaria* e nos pediu que, usando apenas essas mesmas letras, inventássemos o máximo de palavras diferentes. "Pinta", "carpa", "pia", "carta", "ria", "cara", "rara" etc. E eu simplesmente pensei: "Uau! Quer dizer que dá pra pegar as letras e recombiná-las em outras palavras?". Fiquei em transe. Esses fascínios da infância são difíceis de colocar em palavras. Abraham Maslow chamou isso de "vozes de impulso". Ele notou que, desde a mais tenra idade, as crianças sabem exatamente do que gostam e do que não gostam. Isso é um atributo extremamente humano e poderoso. Você também tinha essas vozes de impulso. Odiava certos tipos de atividade e adorava outros. Não gostava de matemática, mas tinha atração pelas palavras. Empolgava-se com certos tipos de livros e pegava no sono instantaneamente ao ler outros. A importância de reconhecer essas inclinações iniciais é que elas são inequívocos indícios de uma atração que não é contagiada pelos desejos de outras pessoas. Não se trata de algo que foi incorporado a você por influência dos seus pais, que vem com uma conexão superficial, algo mais verbal e consciente. Essas inclinações têm origem em algum lugar mais profundo e são unicamente suas, reflexos de sua química singular.

LEI DO DIA: FAÇA HOJE ALGO QUE VOCÊ ADORAVA FAZER QUANDO CRIANÇA. TENTE SE RECONECTAR COM SUAS VOZES DE IMPULSO.

Robert Greene em palestra na série *Live Talks Los Angeles*, 11 de fevereiro de 2019

4 DE JANEIRO
Já está dentro de você

> Mais cedo ou mais tarde, algo parece nos chamar para determinado caminho. Pode ser que você consiga se lembrar desse chamamento como um sinal de convocação que se manifestou na infância, quando de súbito um desejo vindo do nada, uma fascinação, uma repentina reviravolta dos acontecimentos despontou feito uma anunciação, uma epifania: é isto o que eu devo fazer, é isto o que eu preciso ter. Esse é quem eu sou.
>
> — JAMES HILLMAN (1926-2011, psicólogo norte-americano)

À medida que você se torna mais sofisticado, muitas vezes perde o contato com esses sinais de sua essência primordial. Pode ser que tenham ficado soterrados sob o peso de todos os outros assuntos que você estudou. Seu poder e seu futuro podem depender da reconexão com essa essência e do retorno às suas origens. Você deve escavar em busca de sinais dessas inclinações de seus primeiros anos de vida. Procure os vestígios em reações viscerais a algo simples: o desejo de repetir uma atividade da qual você nunca se cansou; um tema que despertava em você um grau incomum de curiosidade; sentimentos de potência ligados a ações específicas. A coisa já está aí dentro de você. Você não tem que criar nada; precisa apenas cavar e refinar o que já estava enterrado em seu íntimo o tempo todo. Se você se reconectar com essa essência – em qualquer idade –, será como um estopim, e alguns elementos dessa atração primitiva se reacenderão, indicando um caminho que poderá finalmente se tornar a sua Missão de Vida.

LEI DO DIA: PERGUNTE A UMA PESSOA QUE SE LEMBRA DE SUA INFÂNCIA QUAL É A RECORDAÇÃO QUE ELA TEM DOS SEUS INTERESSES QUANDO CRIANÇA. FAMILIARIZE-SE NOVAMENTE COM ESSAS SUAS PRIMEIRAS PAIXÕES.

Maestria, Seção I – Descubra sua vocação: sua Missão de Vida

5 DE JANEIRO
Conheça o que desperta seu interesse e mergulhe nisso de cabeça

O antropólogo-linguista contemporâneo Daniel Everett cresceu na fronteira da Califórnia com o México, numa cidade de caubóis. Desde muito cedo, ele se sentiu atraído pela cultura mexicana ao redor. Tudo que dizia respeito ao México o fascinava – o som das palavras que saíam da boca dos trabalhadores migrantes, a comida, as maneiras tão diferentes do mundo anglo-saxão. Daniel mergulhou o máximo que pôde na língua e na cultura deles. Isso se transformaria num longevo interesse pelo outro – pela diversidade de culturas do planeta e o que isso representa para nossa evolução.

LEI DO DIA: EXISTE ALGUMA COISA QUE SEMPRE DESPERTOU SEU INTERESSE? MERGULHE FUNDO NISSO HOJE.

Maestria, Seção I – Descubra sua vocação: sua Missão de Vida

6 DE JANEIRO
A mudança é a lei

Ao lidar com sua carreira e as inevitáveis mudanças profissionais, você deve pensar da seguinte maneira: você não está atrelado a uma determinada posição; sua lealdade não é para com uma carreira ou uma empresa. Seu compromisso é com a sua Missão de Vida, dando a ela a plena expressão. Cabe a você encontrar essa tarefa e direcioná-la corretamente. Não cabe a ninguém proteger ou ajudar você. Você tem de se virar sozinho. A mudança é inevitável, sobretudo num momento tão revolucionário como este em que vivemos. Já que você está por conta própria, cabe a você prever as mudanças que estão acontecendo agora em sua profissão. Você deve adaptar a sua Missão de Vida a essas circunstâncias. Não se apegue a maneiras antigas de fazer as coisas, porque essa é a garantia de que você vai ficar para trás e sofrer. Você é flexível e está sempre procurando se adaptar. Se alguém lhe impuser a mudança, você deve resistir à tentação de reagir de forma exagerada ou sentir pena de si mesmo. Antes de se tornar um grande treinador de boxe, Freddie Roach foi forçado a se aposentar da carreira de boxeador. Instintivamente, refez o caminho de volta aos ringues porque entendeu que o que ele amava não era o pugilismo em si, mas esportes competitivos e estratégias. Ao pensar dessa maneira, foi capaz de adaptar suas inclinações a uma nova direção dentro do mundo do boxe. Assim como Roach, você não quer abandonar as habilidades e experiências que adquiriu, mas encontrar uma nova maneira de aplicá-las. Seu olho deve estar no futuro, não no passado. Quase sempre esses reajustes criativos nos levam a um caminho superior – esse chacoalhão nos tira da nossa satisfeita acomodação e nos força a reavaliar a direção para onde estamos indo.

LEI DO DIA: ADAPTE SUAS INCLINAÇÕES. EVITE TER OBJETIVOS E SONHOS RÍGIDOS. A MUDANÇA É A LEI.

Maestria, Seção I – Descubra sua vocação: sua Missão de Vida

7 DE JANEIRO
Dinheiro e sucesso

Para muitas pessoas, a busca por dinheiro e status pode fornecer uma considerável dose de motivação e foco. Gente assim consideraria que descobrir a própria vocação na vida é uma monumental perda de tempo e uma noção antiquada. Porém, em longo prazo, essa filosofia muitas vezes produz os resultados mais impraticáveis. Todos conhecemos os efeitos da "hiperintensão": quando queremos ou precisamos desesperadamente dormir, é menos provável que consigamos adormecer. Caso seja fundamental que apresentemos a melhor palestra possível numa conferência, ficamos hiperansiosos com o resultado dela e o nosso desempenho decai. Se estamos desesperados para encontrar um parceiro íntimo ou fazer amizades, é mais provável que acabemos repelindo as pessoas. Se, em vez disso, relaxarmos e nos concentrarmos em outras coisas, pode ser que consigamos cair no sono ou dar uma boa palestra ou encantar os outros. As coisas mais prazerosas da vida ocorrem como resultado de algo não pretendido ou aguardado de maneira direta. Quando tentamos fabricar momentos felizes, eles tendem a nos desapontar. O mesmo se aplica à busca insistente por fortuna e sucesso. Muitos dos indivíduos mais ricos, famosos e bem-sucedidos não começaram com uma obsessão por dinheiro e status. Um exemplo clássico seria Steve Jobs, que acumulou uma fortuna considerável na sua vida relativamente curta. Ele, na verdade, se importava muito pouco com bens materiais. Seu único foco estava na criação dos designs mais originais, e, quando o fazia, a boa sorte o seguia.

LEI DO DIA: CONCENTRE-SE EM MANTER UM ELEVADO SENSO DE PROPÓSITO, E O SUCESSO VIRÁ ATÉ VOCÊ NATURALMENTE.

As leis da natureza humana,[3] Capítulo 13: Avance com um senso de propósito – A Lei da Falta de Perspectiva

8 DE JANEIRO
Ocupe seu próprio nicho

Quando criança, crescendo em Madras, Índia, no final da década de 1950, o futuro neurocientista V. S. Ramachandran sabia que era diferente. Em sua solidão, costumava passear pela praia, e logo ficou fascinado diante da incrível variedade de conchas que as ondas depositavam na areia. Começou a recolhê-las e a estudar o assunto em detalhes. Não demorou para se sentir atraído pelas mais estranhas variedades de moluscos, como a *Xenophora*, organismo que coleta conchas descartadas e as usa para camuflagem. De certa forma,

---

[3]. Título original: *The Laws of Human Nature*. Edição brasileira: *As leis da natureza humana*. Tradução de Angela Tesheiner. São Paulo: Planeta, 2021. Todos os trechos referentes a essa obra reproduzem a bela tradução de Tesheiner. (N. T.)

Ramachandran era como a *Xenophora* – uma anomalia. Na natureza, essas anomalias geralmente servem a um propósito evolutivo maior – podem levar à ocupação de novos nichos ecológicos, oferecendo maiores chances de sobrevivência. Com o passar dos anos, ele transferiu esse interesse de infância para outros temas – anormalidades anatômicas humanas, fenômenos químicos peculiares, e assim por diante. Foi cursar a faculdade de medicina e, em seguida, tornou-se professor de psicologia visual na Universidade da Califórnia, em San Diego. Ramachandran ficou intrigado com o fenômeno dos membros-fantasma – que ocorre em pessoas que sofreram amputação de braço ou perna e ainda sentem uma dor excruciante no membro amputado. Passou a coordenar experimentos em membros-fantasma, cujos resultados levaram a algumas interessantes e promissoras descobertas sobre o próprio cérebro, bem como uma nova maneira de aliviar a dor e o sofrimento desses pacientes. O estudo de transtornos neurológicos anômalos seria o campo a que Ramachandran se dedicaria pelo resto da vida. Era como se ele tivesse completado o círculo, retornando aos tempos em que colecionava as formas mais raras de conchas.

LEI DO DIA: ABRACE SUA ESTRANHEZA. IDENTIFIQUE AQUILO QUE TORNA VOCÊ DIFERENTE. FAÇA UM AMÁLGAMA DESSAS COISAS E TORNE-SE UMA ANOMALIA.

Maestria, Seção I – Descubra sua vocação: sua Missão de Vida

9 DE JANEIRO
Encontre inspiração em seus heróis

Ainda menino, crescendo na Carolina do Norte, John Coltrane se sentia diferente e estranho. Era muito mais sério do que seus colegas de escola;

era acometido por anseios emocionais e espirituais que não sabia como verbalizar. Em busca de uma válvula de escape, começou a aprender música como passatempo, pegando o saxofone e tocando em sua banda do ensino médio. Alguns anos depois, Coltrane assistiu a uma apresentação ao vivo do grande saxofonista de jazz Charlie "Bird" Parker, e os sons produzidos por Parker tocaram o coração de Coltrane. Do sax de Parker emanava algo primordial e pessoal, uma voz do âmago. De repente, Coltrane vislumbrou os meios para expressar sua singularidade e dar voz a suas próprias inquietações espirituais. Começou a praticar o instrumento dia e noite com tanta intensidade que dentro de uma década ele se transformou talvez no maior artista de jazz de sua época. O que você deve entender é o seguinte: para dominar uma área de atuação, você deve amar o assunto e sentir uma conexão profunda com ele. Seu interesse deve transcender os fundamentos do campo de interesse e beirar a devoção religiosa. Para Coltrane, não se tratava de música, mas de dar voz a emoções poderosas.

LEI DO DIA: EXISTEM PESSOAS CUJA OBRA AFETA VOCÊ DE MANEIRA PODEROSA? ANALISE O TRABALHO DELAS E UTILIZE ESSAS PESSOAS COMO MODELOS DE INSPIRAÇÃO.

Maestria, Seção I – Descubra sua vocação: sua Missão de Vida

10 DE JANEIRO
Assuma sua esquisitice

O ato mais corajoso ainda é pensar por si mesmo.
— COCO CHANEL (1883-1971, estilista francesa)

O que dizemos a respeito dos mestres? "Eles são excepcionais." Nunca houve alguém como Steve Jobs. Nunca houve outro Warren Buffett. Nunca existiu outro Albert Einstein. Eles são únicos, incomparáveis, inimitáveis. E abraçaram os aspectos que faziam deles pessoas diferentes. Sim, isso implica certa dose de dor. Com relação a meus livros, sobretudo *As 48 leis do poder*, você pode detestar, pode achar que é satânico, mas asseguro que jamais leu ou viu um livro parecido. As seções e capítulos que criei, os parágrafos iniciais, as citações nas laterais, as formas – o livro reflete o que eu sou e a minha esquisitice. O pessoal da editora ficou assustado. Eles queriam um livro mais convencional. E eu rebati: "Não. Eu sei que nunca publiquei nada antes, mas vou me apegar ao que tenho aqui". Não abri mão da minha estranheza e da minha esquisitice.

LEI DO DIA: ATENHA-SE SEMPRE AO QUE TORNA VOCÊ UM INDIVÍDUO ESTRANHO, ESQUISITO, BIZARRO, DIFERENTE. ESSA É A SUA FONTE DE PODER.

Entrevista ao podcast *Curious with Josh Peck*, 4 de dezembro de 2018

11 DE JANEIRO
O que faz você se sentir mais vivo?

Às vezes, uma inclinação se torna clara por meio de uma atividade específica que acarreta uma sensação de imenso poder. Quando criança, Martha Graham sentia uma intensa frustração por sua incapacidade de fazer com que os outros a entendessem de uma maneira profunda; as palavras pareciam inadequadas. Até que um dia ela assistiu pela primeira vez a um espetáculo de dança. A dançarina principal tinha um estilo todo próprio de expressar certas emoções por meio do movimento; era visceral, não verbal. Graham começou a fazer aulas de dança logo em seguida e imediatamente entendeu sua vocação. Apenas quando dançava ela se sentia viva e expressiva. Anos depois, inventaria uma forma totalmente nova de dança e revolucionaria o gênero.

LEI DO DIA: FAÇA HOJE ALGO QUE LHE DÊ A SENSAÇÃO DE QUE VOCÊ ESTÁ NO AUGE DA VIDA.

Maestria, Seção I – Descubra sua vocação: sua Missão de Vida

12 DE JANEIRO
O obstáculo é o caminho

Para algumas pessoas, a infância não é o período em que tomam conhecimento de suas inclinações ou carreiras futuras, mas aquele em que se conscientizam dolorosamente de suas próprias limitações. Elas não são boas em coisas que os outros parecem achar fáceis ou controláveis. Para elas, a ideia de ter uma vocação na vida é algo estranho. Em alguns casos elas internalizam as críticas e os julgamentos alheios e passam a se ver como seres essencialmente incapacitados. Se não tiverem cuidado, isso pode se tornar uma profecia que se torna realidade. Ninguém enfrentou esse destino com mais intensidade do que Temple Grandin. Em 1950, aos 3 anos de idade, ela recebeu o diagnóstico de autismo. O médico sugeriu que fosse internada numa instituição psiquiátrica pelo resto da vida. Com a ajuda de fonoaudiólogos, ela conseguiu evitar o destino da internação e começou a frequentar a escola. Aos poucos, desenvolveu um interesse intenso por animais e pelo próprio autismo. Isso a levou a uma carreira nas ciências. Dotada de uma excepcional capacidade de raciocínio, Grandin elucidou o fenômeno do autismo e o explicou de um jeito que ninguém mais foi capaz. De alguma maneira, ela conseguiu superar todos os obstáculos aparentemente intransponíveis em seu caminho para encontrar a Missão de Vida que lhe convinha à perfeição. Ao se defrontar com suas próprias limitações, você se sente instigado a responder de alguma forma criativa. E assim como aconteceu com Temple Grandin, pode ser que isso venha à tona de uma forma que ninguém nunca fez ou na qual ninguém nem sequer pensou antes.

LEI DO DIA: ENFRENTE HOJE UMA DE SUAS LIMITAÇÕES – UMA DAS ADVERSIDADES QUE OBSTRUEM SEU CAMINHO. ROMPA O OBSTÁCULO, PASSE POR CIMA DELE, PENSE NUMA MANEIRA DE CONTORNÁ-LO. NÃO FUJA DELE. ELE FOI CRIADO PARA VOCÊ.

Maestria, Seção I – Descubra sua vocação: sua Missão de Vida

13 DE JANEIRO
Domine as pequenas coisas

Quando você se deparar com suas limitações, em vez de se concentrar em pontos fortes e inclinações, adote a seguinte estratégia: ignore seus pontos fracos e resista à tentação de ser mais parecido com os outros. Em vez disso, direcione seu foco para as pequenas coisas que você faz bem. Não sonhe nem faça planos grandiosos para o futuro, mas, em vez disso, empenhe-se em se tornar um competente especialista nessas tarefas simples e habilidades imediatas. Isso lhe dará confiança e uma base a partir da qual você poderá expandir seus interesses e talentos para outras atividades. Agindo assim, com um passo de cada vez, você encontrará sua Missão de Vida. Ela nem sempre se apresenta na forma de uma grande ou promissora inclinação. Pode aparecer disfarçada de limitações, levando você a se concentrar numa ou duas coisas nas quais é bom de verdade. Trabalhando nessas habilidades, você aprende o valor da disciplina e vê as recompensas obtidas por meio dos seus esforços. Como uma flor de lótus, suas aptidões se expandirão a partir de um centro de força e confiança. Não inveje aqueles que parecem ser naturalmente talentosos; muitas vezes é uma maldição, pois eles raramente aprendem o valor do afinco e do foco e mais tarde pagam um preço por isso. Essa estratégia se aplica também a quaisquer contratempos e dificuldades pelos quais podemos passar. Nesses momentos, de maneira geral, é sensato ater-se às poucas coisas que sabemos e fazemos bem e restabelecer nossa confiança.

LEI DO DIA: EM CASO DE DÚVIDA, CONCENTRE-SE NAS COISAS QUE VOCÊ SABE QUE FAZ BEM. SUAS HABILIDADES SE EXPANDIRÃO A PARTIR DO CENTRO.

Maestria, Seção I – Descubra sua vocação: sua Missão de Vida

14 DE JANEIRO
Evite o falso caminho

> No centro do seu ser você tem a resposta; você sabe quem é e sabe o que quer.
> — Laozi (ou Lao-Tsé, 604 a.C.-517 a.C., filósofo da China Antiga)

Geralmente, um caminho falso na vida é algo que nos atrai pelas razões erradas – dinheiro, fama, atenção e assim por diante. Se é de atenção que precisamos, muitas vezes sentimos uma espécie de vazio interior que esperamos preencher com o falso amor da aprovação pública. Uma vez que a área que escolhemos não corresponde às nossas inclinações mais profundas, raramente encontramos a realização pela qual ansiamos. A qualidade do nosso trabalho decai, e a atenção que talvez tenhamos recebido no começo vai minguando – um processo doloroso. Se são o dinheiro e o conforto que dominam nossas decisões, na maioria das vezes agimos por ansiedade, movidos pela necessidade de agradar a nossos pais. Alegando zelo e preocupação, nossos pais podem nos direcionar para algo lucrativo, mas subjacente a isso talvez haja outra coisa: no fundo, nossos pais sentem um pouco de inveja por desfrutarmos de mais liberdade do que eles dispunham quando eram jovens. Aqui, sua estratégia deve ser dupla: primeiro, você tem de perceber o quanto antes que escolheu a carreira pelos motivos errados, antes que sua confiança seja atingida; segundo, rebele-se ativamente contra as forças que afastaram você de seu verdadeiro caminho. Zombe da necessidade de atenção e aprovação – essas coisas iludirão e desencaminharão você. Sinta um pouco de raiva e ressentimento pelas forças parentais que querem impingir a você uma vocação que lhe é estranha. Uma parte saudável do seu desenvolvimento é seguir um caminho independente de seus pais e construir sua própria identidade. Permita que seu sentimento de revolta encha você de energia e propósito.

LEI DO DIA: SE VOCÊ ESTÁ NO CAMINHO FALSO, SAIA. ENCONTRE ENERGIA NA REVOLTA.

Maestria, Seção I – Descubra sua vocação: sua Missão de Vida

15 DE JANEIRO
Deixe um senso de propósito guiar você

> Assim como um dia bem preenchido traz um sono abençoado, uma vida bem empregada traz uma morte abençoada.
> — LEONARDO DA VINCI (1452-1519, polímata renascentista italiano)

O que mais falta no mundo moderno é um senso de propósito mais amplo para a nossa vida. No passado, eram as religiões organizadas que muitas vezes cumpriam esse papel. Entretanto, agora quase todos nós vivemos num mundo secularizado. Nós, animais humanos, somos singulares e devemos construir nosso próprio mundo. Não reagimos simplesmente aos acontecimentos seguindo as indicações de algum roteiro biológico, mas, se não nos propiciarem um senso de direção, tendemos a ficar atrapalhados e perdidos. Não sabemos como preencher e estruturar nosso tempo. Parece não existir um propósito definidor para a nossa vida. Talvez não tenhamos consciência desse vazio, mas ele nos contamina de várias maneiras. Sentir que somos chamados a realizar algo é a forma mais positiva de suprirmos esse senso de propósito e direção. É uma busca quase religiosa para cada um de nós, e essa busca não deve ser vista como egoísta ou antissocial. Na verdade, está ligada a algo muito maior do que a vida de cada indivíduo. Nossa evolução como espécie dependeu da criação de uma enorme diversidade de habilidades e maneiras de pensar.

LEI DO DIA: PENSE NOS MOMENTOS EM QUE VOCÊ SENTIU UMA CONEXÃO PROFUNDA E PESSOAL COM UMA ATIVIDADE. PENSE NO PRAZER QUE ELA LHE PROPORCIONOU. É NESSE TIPO DE ATIVIDADE QUE ESTÃO OS SINAIS DE SEU VERDADEIRO PROPÓSITO.

Maestria, Seção I – Descubra sua vocação: sua Missão de Vida

16 DE JANEIRO

Não existem vocações superiores

Tenha em mente que a sua contribuição para a cultura pode vir de várias formas. Você não precisa se tornar um empresário ou ser mundialmente famoso; é possível ter sucesso da mesma forma atuando num grupo ou organização, desde que você mantenha um ponto de vista forte e autêntico e o utilize para exercer influência de maneira gentil. O seu caminho pode envolver trabalho físico e artesanal – orgulhe-se da excelência do seu trabalho, deixando a sua marca pessoal de qualidade. Também pode ser criando uma família da melhor maneira possível. De qualquer forma, cultive ao máximo a sua singularidade e a originalidade que a acompanha. Num mundo repleto de pessoas que parecem altamente intercambiáveis, você não pode ser substituído. Você é único. A sua combinação de habilidades e experiências não é replicável. Isso representa a verdadeira liberdade e o poder derradeiro que nós, seres humanos, possuímos.

LEI DO DIA: NENHUMA VOCAÇÃO É SUPERIOR A OUTRA. O QUE IMPORTA É QUE ESTEJA ATRELADA A UMA NECESSIDADE E INCLINAÇÃO PESSOAIS E QUE A SUA ENERGIA O GUIE EM DIREÇÃO AO APRIMORAMENTO E AO APRENDIZADO CONTÍNUOS POR MEIO DA EXPERIÊNCIA.

As leis da natureza humana, Capítulo 13: Avance com um senso de propósito – A Lei da Falta de Perspectiva

17 DE JANEIRO
A verdadeira fonte da criatividade

Você deve alterar seu próprio conceito de criatividade e tentar enxergá-lo a partir de uma nova perspectiva. Frequentemente, as pessoas associam a criatividade a algo intelectual, a uma determinada maneira de pensar. A verdade é que a atividade criativa é aquela que envolve o eu em toda a sua plenitude – nossas emoções, nossos níveis de energia, nossa personalidade e nossa mente. Fazer uma descoberta, inventar algo que se conecte com o público e conceber e produzir uma obra de arte que tenha significado são tarefas que inevitavelmente requerem tempo e esforço; além disso, geralmente são necessários anos de experimentações, incluindo vários contratempos e fracassos e a necessidade de manutenção de um altíssimo nível de foco. Você deve ter paciência e acreditar que aquilo que está fazendo renderá algo importante. Ainda que você tenha a mente mais brilhante, repleta de conhecimento e ideias, se escolher mal o tema ou atacar o problema errado, pode ficar sem energia e perder o interesse. Nesse caso, todo o seu brilho intelectual não levará a nada.

LEI DO DIA: TRABALHE COM O QUE SE CONECTA EMOCIONALMENTE COM VOCÊ E AS IDEIAS SURGIRÃO.

Maestria, Seção V: Desperte a mente dimensional: a fase criativa-ativa

A SUA MISSÃO DE VIDA

18 DE JANEIRO
Pare de ser tão legal

> Todos carregam uma sombra, e quanto menos ela é encarnada na vida consciente do indivíduo, mais escura e densa ela é.
> — Carl Jung (1875-1961, psiquiatra e psicoterapeuta suíço)

Você paga um preço mais alto por ser gentil e respeitoso do que por exibir a sua Sombra de maneira consciente. Em primeiro lugar, para trilhar esse segundo caminho, o passo inicial é respeitar mais as suas próprias opiniões e menos as dos outros, em especial quando se trata das suas áreas de proficiência, do campo no qual imergiu. Confie na sua genialidade natural e nas ideias que concebe. Em segundo lugar, adquira o hábito, na vida cotidiana, de se afirmar mais e ceder menos. Faça isso sob controle e em momentos oportunos. Em terceiro lugar, comece a se importar menos com o que as pessoas pensam de você – isso lhe trará uma tremenda sensação de libertação. Em quarto lugar, entenda que, de vez em quando, você precisa ofender e até magoar aqueles que bloqueiam o seu caminho, que têm valores desprezíveis, que o criticam de forma injusta. Use esses momentos de injustiça evidente para trazer a sua Sombra para fora e exibi-la com orgulho. Em quinto lugar, sinta-se à vontade para fazer o papel da criança obstinada que zomba da estupidez e da hipocrisia alheias. Por fim, zombe das próprias convenções que os outros seguem de maneira tão escrupulosa.

LEI DO DIA: TENHA EM MENTE QUE O PODER ESTÁ EM AFIRMAR SUA SINGULARIDADE, MESMO QUE ISSO OFENDA ALGUMAS PESSOAS AO LONGO DO CAMINHO. CONFRONTE O SEU LADO SOMBRIO HOJE.

As leis da natureza humana, Capítulo 9: Confronte o seu lado sombrio – A Lei da Repressão

19 DE JANEIRO
Ouça sua autoridade interior

Você está aqui não apenas para satisfazer os seus impulsos e consumir o que já foi produzido, mas também para criar e contribuir, para servir a um propósito mais elevado. Para isso, cultive o que é único em você. Pare de escutar tanto as palavras e opiniões alheias que lhe dizem quem você é e do que deveria gostar e desgostar. Julgue as coisas e as pessoas por si mesmo. Questione o que você pensa e por que se sente de determinada maneira. Conheça-se a fundo – os seus gostos e inclinações inatos, os campos que o atraem de maneira natural. Trabalhe todos os dias para aprimorar essas habilidades que combinam com o seu propósito e espírito únicos. Aumente a diversidade cultural necessária criando algo que reflita a sua singularidade. Acolha aquilo que o torna diferente. O verdadeiro motivo pelo qual você às vezes se sente deprimido é não seguir esse caminho. Os momentos de depressão são um chamado para que você volte a escutar a sua autoridade interior.

LEI DO DIA: REFLITA SOBRE OS MOMENTOS DA SUA VIDA EM QUE VOCÊ FOI ATIVO (EM QUE SEGUIU SEU PRÓPRIO CAMINHO) E OS MOMENTOS EM QUE FOI PASSIVO (QUANDO SEGUIU O QUE OS OUTROS QUERIAM). COMPARE AS EMOÇÕES QUE VOCÊ SENTIU.

As leis da natureza humana, Capítulo 15: Faça-os quererem segui-lo – A Lei da Inconsistência

20 DE JANEIRO

Veja a Maestria como a salvação

Não está em tua profissão, mas em ti mesmo a desgraça que te oprime! Qual é o homem no mundo que, sem ter vocação interior, dedica-se a um ofício, uma arte ou qualquer meio de vida sem achar insuportável sua situação?
— JOHANN WOLFGANG VON GOETHE,
Os anos de aprendizagem de Wilhelm Meister (1796)

O mundo está infestado de problemas, e muitos deles são criados por nós. Resolvê-los exigirá uma quantidade enorme de esforço e criatividade. Confiar na genética, na tecnologia ou na magia ou ser bonzinho e espontâneo não nos salvará. Necessitamos de energia não somente para tratar de questões práticas, mas também para forjar novas instituições e ordens que se adaptem às nossas circunstâncias alteradas. Devemos criar nosso próprio mundo, caso contrário morreremos por inação. Precisamos retomar o conceito de Maestria que nos definiu como espécie muitos milhões de anos atrás. Não se trata de Maestria com o intuito de dominar a natureza ou outras pessoas, mas com a intenção de determinar nosso destino. A atitude passiva-irônica não é nem um pouco bacana ou romântica, mas patética e destrutiva. Você está dando o exemplo do que pode ser realizado como um Mestre num mundo moderno. Você está contribuindo para a mais importante de todas as causas – a sobrevivência e prosperidade da raça humana em tempos de estagnação. E você tem de se convencer do seguinte: as pessoas obtêm a mente e a qualidade cerebral que merecem por meio de suas ações em vida.

LEI DO DIA: VOCÊ DEVE VER SUA TENTATIVA DE ALCANÇAR A MAESTRIA COMO ALGO EXTREMAMENTE NECESSÁRIO E POSITIVO.

Maestria, Seção I – Descubra sua vocação: sua Missão de Vida

21 DE JANEIRO

Depender dos outros é um suplício

Não há nada pior do que se sentir dependente de outras pessoas. A dependência torna você vulnerável a todos os tipos de emoções – traição, decepção, frustração –, que destroem seu equilíbrio mental. Ter autoconfiança é fundamental. A fim de se tornar menos dependente dos outros e dos supostos "especialistas", você precisa expandir seu repertório de habilidades. E você tem de se sentir mais confiante em sua própria capacidade de discernimento. Entenda: tendemos a superestimar as habilidades das outras pessoas – afinal, elas estão se esforçando para dar a impressão de que sabem o que estão fazendo – e tendemos a subestimar as nossas. Você deve compensar isso confiando mais em si mesmo e menos nos outros. É importante lembrar, contudo, que ser autoconfiante não significa se sobrecarregar com detalhes insignificantes. Você precisa ser capaz de distinguir entre as pequenas questões, que é melhor deixar para os outros, e as grandes questões, que exigem a sua atenção e o seu cuidado.

LEI DO DIA: É SIMPLES: DEPENDER DOS OUTROS É UM SUPLÍCIO; DEPENDER DE SI MESMO É PODER.

33 estratégias de guerra,[4] Estratégia 3: Em meio ao turbilhão de acontecimentos, não perca a presença de espírito – A estratégia do contrapeso

---

4. Título original: *The 33 Strategies of War*. Edição brasileira: *33 estratégias de guerra – aprenda com as batalhas da história e vença os desafios cotidianos*. Tradução de Talita M. Rodrigues. Rio de Janeiro: Rocco, 2011. (N. T.)

22 DE JANEIRO
Use os impulsos negativos e de resistência

Todo negativo é um positivo. As coisas ruins que acontecem comigo, de alguma forma, eu as torno boas.

— 50 Cent (1975-, rapper e empresário norte-americano)

Em qualquer campo, a chave para o sucesso é desenvolver primeiro habilidades em várias áreas, as quais você poderá mais tarde combinar de maneiras únicas e criativas. No entanto, esse processo pode ser tedioso e sofrido na medida em que você toma consciência das suas limitações e relativa falta de habilidade. A maioria das pessoas, de modo consciente ou inconsciente, busca evitar o tédio, a dor e qualquer forma de adversidade, tentando se colocar em lugares onde enfrentará menos críticas e nos quais as chances de fracasso serão minimizadas. Você precisa tomar a decisão de seguir na direção contrária. Aceite as experiências negativas, as limitações e até o sofrimento como ótimos meios de elevar o nível das suas habilidades e apurar o seu senso de propósito.

LEI DO DIA: ACEITE AS EXPERIÊNCIAS NEGATIVAS. QUANDO FOI A ÚLTIMA VEZ QUE VOCÊ FRACASSOU, SE SENTIU ENVERGONHADO, FOI CRITICADO? O QUE ESTAVA FAZENDO? O QUE A EXPERIÊNCIA LHE ENSINOU?

As leis da natureza humana, Capítulo 13: Avance com um senso de propósito – A Lei da Falta de Perspectiva

23 DE JANEIRO
Crie uma escada de metas descendentes

Atuar com metas de longo prazo lhe dará enorme clareza e determinação. Essas metas – um projeto ou negócio a ser criado, por exemplo – são relativamente ambiciosas, o bastante para extrair o melhor de você. O problema, porém, é que também tenderão a gerar ansiedade à medida que você examinar tudo o que tiver de alcançar do ponto de vista atual. Para lidar com essa ansiedade, você precisa construir uma escada com pequenas metas ao longo do caminho chegando até o presente. Tais metas devem ser mais simples à medida que você desce a escada, e você pode atingi-las em prazos relativamente curtos, o que lhe dará momentos de satisfação e um senso de progresso. Sempre quebre as tarefas em partes menores; tenha micrometas a cada dia ou semana. Isso ajudará você a se concentrar e a evitar complicações ou desvios que desperdiçariam a sua energia. Além disso, lembre-se da meta maior o tempo todo, para não a perder de vista ou se embaralhar demais em detalhes. De tempos em tempos, retorne à sua visão original e imagine a satisfação imensa que sentirá quando ela se concretizar. Isso lhe dará clareza e inspiração para progredir. Também é bom ter um pouco de flexibilidade no processo. Em certos momentos, você vai reavaliar o seu progresso e ajustar as várias metas conforme o necessário, aprendendo constantemente a partir da experiência, adaptando e aprimorando o seu objetivo original.

LEI DO DIA: LEMBRE-SE DE QUE O QUE VOCÊ BUSCA É UMA SÉRIE DE RESULTADOS E REALIZAÇÕES PRÁTICOS, NÃO UMA LISTA DE SONHOS NÃO CONCRETIZADOS E PROJETOS ABORTADOS. TRABALHAR COM METAS MENORES E INTEGRADAS O MOVERÁ NESSA DIREÇÃO.

As leis da natureza humana, Capítulo 13: Avance com um senso de propósito – A Lei da Falta de Perspectiva

24 DE JANEIRO
Combine seus fascínios

Se você for jovem e estiver no início da carreira profissional, explore um campo relativamente amplo relacionado às suas inclinações – por exemplo, se você tem afinidade pelas palavras e pela escrita, tente todos os tipos diferentes de escrita até encontrar o encaixe perfeito. Se for mais velho e tiver mais experiência, use as habilidades que já desenvolveu e descubra uma maneira de adaptá-las na direção da sua verdadeira vocação. Steve Jobs, por exemplo, fundiu seus dois grandes fascínios: tecnologia e design.

LEI DO DIA: LEMBRE-SE DE QUE SUA VOCAÇÃO PODE COMBINAR VÁRIOS CAMPOS QUE O FASCINAM. MANTENHA O PROCESSO EM ABERTO, SEM UM LIMITE DE TEMPO DETERMINADO; A SUA EXPERIÊNCIA O INSTRUIRÁ QUANTO AO CAMINHO.

As leis da natureza humana, Capítulo 13: Avance com um senso de propósito – A Lei da Falta de Perspectiva

25 DE JANEIRO
Mude a si mesmo de dentro para fora, pouco a pouco

Nós, seres humanos, temos a tendência de nos fixar no que podemos ver com nossos próprios olhos. É a parte mais animalesca da nossa natureza. Quando olhamos para as mudanças na vida dos outros, o que vemos é a sorte que alguém teve em conhecer uma pessoa com todos os contatos e recursos certos. Vemos o projeto que rende dinheiro e traz atenção. Em outras palavras, enxergamos os sinais visíveis de oportunidade e sucesso em nossa própria vida, mas estamos nos agarrando a uma ilusão. O que realmente permite mudanças drásticas é o que ocorre no interior de uma pessoa. O lento acúmulo de conhecimentos e habilidades, as graduais melhorias nos hábitos de trabalho e na capacidade de aguentar críticas. Qualquer mudança na sorte das pessoas é meramente a manifestação visível de toda essa profunda preparação ao longo do tempo. Uma vez que essencialmente ignoramos esse aspecto invisível interno, não conseguimos mudar nada de fundamental dentro de nós. E assim, no decorrer de alguns anos, chegamos ao nosso limite. Mais uma vez ficamos frustrados, ansiamos por mudanças, nos agarramos a algo rápido e superficial e nos tornamos eternos prisioneiros desses padrões recorrentes em nossa vida. A resposta é inverter essa perspectiva: Pare de se ater ao que os outros estão dizendo e fazendo. Pare de se ater ao dinheiro, à rede de contatos, à aparência exterior das coisas. Em vez disso, direcione seu foco para o interior, concentre-se nas pequenas mudanças internas que estabelecem as bases para uma mudança muito maior no seu destino. É a diferença entre agarrar-se a uma ilusão e mergulhar na realidade. E a realidade é o que vai libertar e transformar você.

LEI DO DIA: EM QUE VOCÊ TRABALHARIA SE NINGUÉM ESTIVESSE OLHANDO? SE DINHEIRO NÃO FOSSE O OBJETIVO?

Conferência TED Talk, *"The Key to Transforming Yourself"* [A chave para a transformação], 23 de outubro de 2013

26 DE JANEIRO
Evite as forças contrárias à Maestria

O que enfraquece essa força dentro de nós, o que faz com que você não a sinta, ou até mesmo duvide de sua existência, é o grau em que sucumbiu a outra força na vida – as pressões sociais a ceder. Essas contraforças podem ser muito poderosas. Você quer se encaixar num grupo. Inconscientemente, talvez sinta que aquilo que o torna diferente dos demais é embaraçoso ou doloroso. Muitas vezes, seus pais também costumam agir como contraforça. Pode ser que procurem direcionar você para uma carreira lucrativa e confortável. Se essas contraforças se tornarem fortes demais, você pode perder completamente o contato com sua singularidade, com quem é de verdade. Suas inclinações e seus desejos passam a reproduzir os de outras pessoas. Isso pode colocá-lo num caminho perigosíssimo, escolhendo uma carreira que no fundo não combina com você. Seus desejos e interesses diminuem lentamente, e como consequência a qualidade do seu trabalho é prejudicada. Você passa a ver o prazer e a realização como coisas que só podem ser encontradas fora do seu trabalho. Como está cada vez menos envolvido em sua carreira, deixa de prestar atenção às mudanças que acontecem no seu campo de atuação – você fica para trás, se desatualiza e paga um preço por isso. Nos momentos em que precisa tomar decisões importantes, titubeia ou segue o que os outros estão fazendo, porque já não tem senso de direção interna ou um radar para orientá-lo. Você rompeu o contato com seu próprio destino. A todo custo, você deve evitar esse triste fim.

LEI DO DIA: EM ESSÊNCIA, O PROCESSO DE SEGUIR SUA MISSÃO DE VIDA ATÉ A MAESTRIA PODE COMEÇAR EM QUALQUER MOMENTO DA VIDA. A FORÇA OCULTA DENTRO DE VOCÊ ESTÁ SEMPRE LÁ,

LEIS DIÁRIAS

PRONTA PARA ENTRAR EM AÇÃO, MAS APENAS SE VOCÊ PUDER SILENCIAR O BARULHO DAS OUTRAS.

Maestria, Seção I – Descubra sua vocação: sua Missão de Vida

27 DE JANEIRO
O verdadeiro segredo

A ânsia por atalhos mágicos e por receitas simplistas para o sucesso tem sido uma constante ao longo da história. No entanto, no fim das contas, toda essa busca gira em torno de algo que não existe. E enquanto você se perde em meio a essas fantasias sem fim, ignora o único poder concreto que de fato possui. Ao contrário das fórmulas mágicas ou simplistas, podemos ver os efeitos materiais desse poder ao longo da história – as grandes descobertas e invenções, os magníficos edifícios e obras de arte, as nossas proezas tecnológicas, todas as formidáveis contribuições de mentes magistrais. Esse poder propicia àqueles que o possuem o tipo de conexão com a realidade e a capacidade de alterar o mundo com os quais os místicos e magos do passado puderam apenas sonhar. Ao longo dos séculos, as pessoas ergueram um muro em torno da Maestria. Elas a chamaram de "genialidade" e passaram a considerá-la algo inacessível. Começou a ser vista como produto de privilégio, talento inato ou simplesmente o alinhamento certo das estrelas. Fizeram parecer que era algo tão vago e misterioso quanto a magia. Mas esse muro é imaginário. Eis o verdadeiro segredo: nosso cérebro é obra de 6 milhões de anos de desenvolvimento, e mais do que qualquer outra coisa, a finalidade dessa evolução do cérebro é nos levar à Maestria, ao poder latente dentro de todos nós.

LEI DO DIA: TRABALHE PARA CRIAR O TIPO DE MENTE QUE VOCÊ ALMEJA. AO LIBERAR A MENTE MAGISTRAL QUE EXISTE EM SEU ÂMAGO, VOCÊ ESTARÁ NA VANGUARDA DAQUELES QUE EXPLORAM OS LIMITES ESTENDIDOS DA FORÇA DE VONTADE HUMANA.

Maestria, Introdução: A forma máxima de poder

28 DE JANEIRO
O percurso não é linear

Você começa escolhendo uma área de atuação ou uma posição que corresponde mais ou menos às suas inclinações. Esse ponto de partida propicia espaço para manobras e para a aprendizagem de importantes habilidades. Você não precisa começar com algo muito grandioso, ambicioso demais; precisa ganhar a vida e adquirir certa dose de confiança. Uma vez nesse caminho, você descobre certas rotas secundárias que o atraem, ao passo que outros aspectos o desanimam. Faz ajustes de rota e talvez mude para outra área relacionada, continua a aprender mais sobre si mesmo, mas sempre expandindo sua base de habilidades. Você pega aquilo que faz para os outros e converte em algo próprio. Mais cedo ou mais tarde, encontrará determinado campo, nicho ou oportunidade que combina perfeitamente com você e suas aptidões. E assim que encontrar, reconhecerá de imediato, porque isso despertará em você aquela sensação infantil de encantamento e empolgação; você vai se sentir muito bem. No instante em que ocorrer essa descoberta, tudo vai se encaixar. Você aprenderá mais rapidamente e mais profundamente. Seu nível de habilidade chegará a um ponto em que você poderá reivindicar sua independência do grupo para o qual você trabalha e seguir em frente por conta própria. Num mundo no qual há tanta coisa que não podemos controlar, isso lhe dará a forma máxima de poder. Você será capaz de determinar suas próprias circunstâncias. Como seu próprio Mestre, você não estará mais sujeito aos caprichos de chefes tirânicos ou de colegas intriguistas.

LEI DO DIA: VOCÊ DEVE ENCARAR SUA CARREIRA OU CAMINHO VOCACIONAL MAIS COMO UMA JORNADA – COM SUAS REVIRAVOLTAS, CURVAS E DESVIOS – DO QUE COMO UMA LINHA RETA.

Maestria, Seção I – Descubra sua vocação: sua Missão de Vida

29 DE JANEIRO
Torne-se quem você é

Cerca de 2.600 anos atrás, Píndaro, poeta da Grécia antiga, escreveu: "Torna-te quem és aprendendo quem és". O que ele quis dizer é o seguinte: você nasce com uma composição e tendências específicas que o distinguem como uma obra singular do destino. É quem você é na sua essência, no seu âmago. Algumas pessoas jamais se tornam quem são; param de confiar em si mesmas; resignadas, sujeitam-se e se adaptam aos gostos dos outros e acabam usando uma máscara que esconde a verdadeira natureza delas.

LEI DO DIA: SE VOCÊ SE PERMITIR APRENDER QUEM REALMENTE É PRESTANDO ATENÇÃO À VOZ E À FORÇA QUE EXISTEM DENTRO DE VOCÊ, ENTÃO PODERÁ

A SUA MISSÃO DE VIDA

SE TORNAR O QUE ESTAVA DESTINADO
A SE TORNAR – UM INDIVÍDUO, UM MESTRE.

Maestria, Seção I – Descubra sua vocação: sua Missão de Vida

30 DE JANEIRO
Confie no processo

Vamos supor que estamos aprendendo a tocar piano. No início, nos sentimos deslocados. Quando estudamos o piano pela primeira vez, o teclado parece bastante intimidador – não somos capazes de compreender as relações entre as teclas, as cordas, os pedais e tudo o mais que envolve a criação de música. Embora possamos chegar animados com o que poderemos aprender, rapidamente percebemos que vem pela frente um trabalho árduo. O grande perigo é cedermos a sentimentos de tédio, impaciência, medo e confusão. Aí paramos de observar e aprender. O processo é bruscamente interrompido. Se, por outro lado, conseguimos controlar essas emoções e permitir que o tempo siga seu curso, algo notável começa a tomar forma. À medida que continuamos a observar e a seguir a orientação de outros, adquirimos clareza, aprendemos as regras e vemos como as coisas funcionam e se encaixam. Se continuarmos praticando, ganhamos fluência; dominamos habilidades básicas, o que nos permite encarar novos desafios e empreitadas mais instigantes. Começamos a ver conexões até então invisíveis. Aos poucos, por pura persistência, adquirimos confiança em nossa capacidade de resolver problemas ou superar fraquezas. A certa altura, evoluímos e passamos de pupilos a praticantes. Em vez de apenas aprender como os outros fazem as coisas, nós colocamos em jogo o nosso próprio estilo e individualidade. Com o passar dos anos, e contanto que permaneçamos fiéis a esse processo, ocorre outro salto – para a Maestria. O teclado deixa de ser algo externo; ele é internalizado e se torna parte de nosso sistema nervoso, das pontas dos nossos dedos. Aprendemos tão bem as regras que agora podemos transgredi-las ou reescrevê-las.

LEI DO DIA: CONFIE NO PROCESSO – O TEMPO É O INGREDIENTE ESSENCIAL DA MAESTRIA. USE-O A SEU FAVOR.

Maestria, Introdução: A forma máxima de poder

31 DE JANEIRO
A fonte de todo poder

Não tente pular a etapa de descobrir a sua Missão de Vida ou imaginar que ela virá até você por conta própria. Embora para alguns ela apareça cedo na vida ou num momento de inspiração súbita, para a maioria de nós isso requer introspecção e esforço contínuos. Experimentar as habilidades e opções relacionadas à sua personalidade e às suas inclinações não é apenas o passo mais essencial para desenvolver um senso elevado de propósito; é talvez o passo mais importante na vida como um todo.

LEI DO DIA: SABER PROFUNDAMENTE QUEM VOCÊ É, RECONHECENDO A SUA SINGULARIDADE, TORNARÁ MAIS FÁCIL EVITAR TODAS AS OUTRAS ARMADILHAS DA VIDA.

As leis da natureza humana, Capítulo 13: Avance com um senso de propósito – A Lei da Falta de Perspectiva

FEVEREIRO

A aprendizagem ideal
Transformando-se

Nas histórias dos maiores Mestres, do passado e do presente, podemos inevitavelmente detectar uma fase da vida em que todos os seus futuros poderes estavam em desenvolvimento, como a crisálida de uma borboleta. Esse período – uma aprendizagem em grande parte autodirigida que dura cerca de cinco a dez anos – recebe pouca atenção porque não contém relatos de grandes realizações ou descobertas. Quase sempre, na fase de aprendizagem, essas pessoas ainda não são muito diferentes de qualquer outra. Sob a superfície, no entanto, a mente delas está passando por transformações que não somos capazes de ver, mas que contêm todas as sementes de seu sucesso futuro. Um exame mais atento da vida delas revela um padrão que transcende seus vários campos e áreas de atuação, indicando uma espécie de aprendizagem ideal para a Maestria. Você deve se imaginar seguindo os passos dos Mestres. Você está numa jornada na qual fabricará seu próprio futuro. É o tempo da juventude e da aventura, de explorar o mundo com mente e espírito abertos. Na verdade, sempre que, mais tarde, for preciso aprender uma nova habilidade ou alterar o rumo de sua carreira, você se reconectará com essa fase jovem e aventureira de si mesmo. Esteja constantemente em busca de desafios, forçando-se a sair de sua zona de conforto. Encare as dificuldades e utilize-as como forma de medir seu progresso. Esse é o espírito que você deve adotar, a mentalidade de ver seu aprendizado como uma espécie de jornada em que você passará por uma transformação, em vez de uma enfadonha doutrina introdutória ao mundo do trabalho. O mês de fevereiro vai ajudá-lo a se transformar por meio da aprendizagem ideal.

★★★

Aos 22 anos de idade, tive uma experiência que me ensinou lições que apliquei ao longo de toda a minha vida. Eu acabara de me formar na universidade e decidi que passaria algum tempo perambulando pela Europa a fim de praticar os idiomas que aprendi na faculdade. Estava ansioso para mostrar minhas habilidades em línguas (francês, alemão, espanhol, italiano). Viajei por todo o continente e por fim acabei em Paris. Eu me apaixonei pelo lugar. Decidi que tentaria ficar lá por um tempo. Mas havia um problema: o francês que aprendi ao longo de vários anos na universidade era lamentavelmente inadequado. Os parisienses falavam tão rápido que eu mal conseguia entender uma palavra. E quando tentava murmurar alguma coisa e estragava o francês, os franceses reagiam com grande hostilidade.

Em todos os meus anos de estudo do idioma francês, eu não tinha aprendido expressões básicas para as coisas simples de que um turista precisa quando viaja, como pedir comida em restaurantes etc. Por conta desses problemas, fui esmagado pela timidez e preferia ficar trancado no meu quarto de hotel ou sozinho, na minha. Mas foi então que tomei uma decisão crucial. Eu estava me sentindo solitário e queria muito permanecer em Paris, e para isso era fundamental aprender a língua num alto nível. Assim, eu me obriguei a sair do quarto de hotel. E me forcei a conversar com parisienses, todos os dias, por um par de horas. Tanto quanto possível, eu não falava inglês e não saía com outros norte-americanos. Cada vez que interagia com os parisienses, ouvia atentamente e reparava em quaisquer palavras ou expressões que não entendia. Fazia perguntas. Tomava notas. Absorvi profundamente todas as frases, entonações e gestos deles. Conheci uma garota francesa que queria namorar, e agora tinha que me esforçar ainda mais para dominar o idioma.

Não demorou muito para que todo o meu árduo esforço começasse a valer a pena. Arranjei emprego como recepcionista num hotel. Ficava mais fluente a cada dia. Conseguia conversar com gente comum; fiz amizade com parisienses e meu círculo de conhecidos estava se expandindo. Foi assim que constatei que os moradores de Paris não eram nada hostis. Eles me convidavam a entrar em suas casas, e assim pude sentir o gostinho de como era ser um francês nascido e criado naquela cidade mágica.

Às vezes eu cometia erros, e as pessoas zombavam de mim ou riam. Decidi nunca levar isso para o lado pessoal. A cada deslize de francês, eu tirava sarro de mim mesmo. Os parisienses apreciavam meu humor autodepreciativo, meu esforço e meu amor por sua língua. Depois de um ano e meio na capital francesa, saí de lá com um sólido domínio da língua, que tenho ainda hoje, e algumas aventuras inesquecíveis.

Foi uma experiência imensamente recompensadora que me ensinou várias lições. A primeira é que quando você quer aprender alguma coisa, a motivação é absolutamente fundamental. Na universidade, durante aqueles dois ou três anos estudando francês, não havia nada importante o suficiente para que eu aprendesse. Eu só precisava tirar uma boa nota para ser aprovado, mas nem a minha vida nem a minha felicidade nem o meu trabalho dependiam disso. Lá em Paris, tinha de me virar, era um "ou vai ou racha". Tive que aprender na marra, porque precisava arranjar um emprego e conhecer pessoas. Por causa desse alto fator de motivação, meu cérebro absorveu as informações a uma taxa muito maior. Aprendi mais em um mês na capital da França do que em dois ou três anos de aulas de francês na universidade porque estava superanimado.

Aprendi também a importância da intensidade do foco, de mergulhar de cabeça em alguma coisa. Praticando todos os dias durante horas a fio, fazendo a língua francesa ressoar em meus ouvidos, sonhando em francês, minha atenção era intensa e concentrada. E, por causa disso, aprendi rapidamente.

Mas a lição mais importante de todas foi a seguinte: a melhor maneira de realmente aprender as coisas neste mundo é fazendo na prática, botando a mão na massa. Não é lendo livros ou seguindo instruções e tutoriais. Você precisa estar na rua, interagindo com as pessoas, experimentando coisas, aprendendo com os erros, sem medo de errar ou ser ridicularizado.

Essa lição me serviu muito bem e foi muito útil em todas as atividades que tentei. Deu-me a confiança de que poderia dominar qualquer coisa com esse mesmo padrão básico. Quando me propus a escrever meu primeiro livro, estava sob muito estresse por causa da necessidade de torná-lo um grande sucesso, mas minha experiência em Paris ajudou a me guiar. Aprendi a importância de me dedicar à escrita todos os dias, sendo disciplinado e entusiasmado ao mesmo tempo. Aprendi o valor do foco intenso e que quanto mais livros eu escrevesse, mais fácil se tornaria. Apliquei o mesmo princípio na hora de fazer entrevistas. Você aprende fazendo, repetidas vezes, praticando e praticando. E, a partir disso, aos poucos começa a extrair prazer e alegria, tanto do processo em si quanto do fato de dominar alguma coisa. E essa alegria e esse prazer permanecem com você por toda a vida. Ficam embutidos em seu cérebro.

Se você quer escrever um livro, escreva. Se quer ser músico, faça música. Se quer abrir um negócio, vá em frente. Não tenha medo de cometer erros ou fracassar; você aprende melhor por meio dos fracassos. Encontre alguém que seja mestre em música ou nos negócios e apegue-se a ele. Aprenda com os mestres, realizando as tarefas de que incumbirem você. Mergulhe de cabeça no mundo ou na área de atuação que você deseja dominar. Esse tipo de educação é melhor do que todos os livros ou cursos do mundo – aprender fazendo.

A APRENDIZAGEM IDEAL

1º DE FEVEREIRO
Submeta-se à realidade

> Recebemos três educações diferentes: a dos nossos pais, a dos nossos mestres e a do mundo. O que aprendemos nesta última destrói todas as ideias das duas primeiras.
> — BARÃO DE MONTESQUIEU (1689-1755, político, filósofo e escritor francês)

Após a educação formal, você entra na fase mais decisiva da vida: uma educação prática conhecida como A Aprendizagem. Toda vez que muda de carreira ou adquire novas habilidades, você entra novamente nessa fase da vida. O objetivo da Aprendizagem não é ganhar dinheiro. Não é adquirir fama ou ser o centro das atenções ou conquistar uma posição confortável com um título pomposo. O objetivo de um aprendizado é literalmente transformar a si mesmo. Você entra na aprendizagem como alguém essencialmente ingênuo. É assim com todos nós. Você é alguém que ainda não tem as habilidades necessárias. Você provavelmente é alguém um pouco impaciente. E, no final, se transformará num indivíduo hábil, realista, que entende a natureza política das pessoas e aprende as regras que regem seu campo de atuação. Você desenvolverá paciência e uma sólida ética de trabalho. Eu chamo isso de realidade. A realidade é: em sua área de atuação, durante centenas de anos, as pessoas elaboraram regras, procedimentos e práticas que foram transmitidas pela tradição. A medicina seria um exemplo fácil, mas isso vale para todas as áreas. Essas regras e procedimentos representam a realidade, e você não tem a mínima conexão com ela quando toma contato com a área pela primeira vez. Seu objetivo é literalmente submeter-se. No sentido mais profundo da palavra, você se submete a essa realidade. Você se sujeita a ela e reconhece que está começando de novo e vai mergulhar a fundo nela, para que um dia, com o passar do tempo, você se torne a pessoa que realmente reescreverá essas regras – como fazem todos os mestres.

LEI DO DIA: APRENDER A APRENDER É A HABILIDADE MAIS
IMPORTANTE A SE ADQUIRIR.

Robert Greene, discurso completo sobre Maestria na organização de debates estudantis Oxford Union Society, 12 de dezembro de 2012

2 DE FEVEREIRO
Do que o mentor precisa

Em 2006, conheci um rapaz de 19 anos de idade chamado Ryan Holiday. Ele era fã dos meus livros e se ofereceu para ser meu assistente de pesquisa. Antes dele, eu vinha de uma maré de azar no que dizia respeito a contratar pesquisadores. O problema era que eles não entendiam minha forma de pensar. Uma das primeiras coisas que ficou evidente em relação a Ryan foi que ele entendia os mecanismos do meu pensamento, sabia o tipo de livro de que gosto, o tipo de histórias que procuro. Muito antes de me conhecer pessoalmente, ele investiu tempo. Movido pela vontade de desvendar meu processo, ele havia lido os livros que eu citava nas bibliografias, a fim de encontrar as fontes originais que tinha usado. Ele fez a engenharia reversa para desvendar de que modo os meus livros foram escritos. Ele entendeu o que eu estava procurando. Ryan arregaçou as mangas e trabalhou com afinco para entender o que realmente seria útil para mim. Ele me poupou tempo. Em seguida, tive um problema com minha presença no ambiente virtual. Ryan disse que poderia melhorar essa situação. Ele era de fato um perito em internet, e me ajudou a criar meu *site*. Na época eu já estava beirando os 50 anos de idade, e não conhecia muito bem as peculiaridades da rede mundial de computadores. Ao resolver esse problema, ele tirou um baita peso das minhas costas. E como Ryan sabia que queria ser escritor, eu poderia ajudá-lo a aprimorar suas habilidades de pesquisa e escrita. Mostrei a ele o processo de produção de um livro, de cabo a rabo. Ensinei-lhe o método de cartões de anotações que criei e dominei, e que mais tarde ele usou para se tornar um escritor de grande sucesso.

A relação mentor-aprendiz é mutuamente benéfica. Quando você está na posição inferior e procura se colocar sob a proteção de alguém poderoso, tem que sair de si mesmo e pensar nas necessidades de seus mentores. Obviamente eles têm muito a lhe oferecer, mas ainda mais importante é o fato de que você tem que ter algo para oferecer a eles.

LEI DO DIA: ENCONTRE UM MESTRE COM QUEM APRENDER, MAS EM VEZ DE PENSAR NO QUANTO ELE PODE LHE DAR, PENSE EM COMO VOCÊ PODE AJUDÁ-LO COM O TRABALHO DELE.

Entrevista ao podcast *Curious with Josh Peck*, 4 de dezembro de 2018

3 DE FEVEREIRO
Você tem um objetivo

A sabedoria não é produto da escola, mas do esforço de uma vida inteira para adquiri-la.
— ALBERT EINSTEIN (1879-1955, físico alemão)

O princípio é simples e deve fincar raízes profundas em sua mente, gravado a ferro e fogo: o objetivo de um aprendizado não é dinheiro, um bom cargo, um título ou um diploma, mas a *transformação* de sua mente e sua personalidade – a primeira transformação no caminho para a Maestria. Você deve escolher locais de trabalho e cargos que ofereçam as maiores possibilidades de aprendizagem. O conhecimento prático é o capital mais valioso e o que lhe pagará dividendos nas décadas vindouras – muito mais do que o insignificante aumento de salário que você possa receber em algum cargo aparentemente lucrativo que lhe oferece menos oportunidades de aprendizado. Isso significa que você deve buscar desafios que fortaleçam você, aprimorem suas aptidões e lhe proporcionem o *feedback* mais objetivo quanto a seu desempenho e progresso. Não escolha processos de aprendizagem que pareçam fáceis e confortáveis.

LEI DO DIA: O CONHECIMENTO PRÁTICO É O CAPITAL MAIS VALIOSO. AVALIE AS OPORTUNIDADES USANDO UM ÚNICO CRITÉRIO: A MAIOR POSSIBILIDADE DE APRENDIZAGEM.

Maestria, Seção II – Submeta-se à realidade: A aprendizagem ideal

4 DE FEVEREIRO
Valorize a aprendizagem acima de tudo

À medida que progredir na vida, você se tornará viciado no alto salário, e o gordo contracheque passará a determinar os lugares aonde você vai, sua forma de pensar e as coisas que você faz. Mais cedo ou mais tarde, o tempo que não foi dedicado ao aprendizado de habilidades chegará para um ajuste de contas, e a queda será dolorosa. Por isso, você deve valorizar o aprendizado acima de tudo. Essa postura encaminhará você a todas as escolhas certas. Opte pela situação que lhe propiciará maiores oportunidades de aprender, principalmente no que diz respeito ao trabalho prático. Escolha um local de trabalho onde haja pessoas e mentores que possam inspirá-lo e ensiná-lo. Um emprego com remuneração medíocre tem o benefício adicional de treinar você para sobreviver com menos – uma habilidade valiosa para a vida inteira. Jamais desdenhe de um aprendizado não remunerado. Na verdade, muitas vezes o ápice da sabedoria é encontrar o mentor perfeito e lhe oferecer gratuitamente seus serviços como assistente. Felizes por se beneficiar de seu trabalho barato e entusiasmado, esses mentores provavelmente lhe revelarão mais do que os habituais segredos de seu ofício. No fim das contas, ao valorizar o aprendizado acima de tudo, você preparará o cenário para sua expansão criativa, e como consequência o dinheiro logo virá.

LEI DO DIA: OBTENHA HOJE UM BOM CONSELHO OU ORIENTAÇÃO DE UM MESTRE DE SUA PROFISSÃO OU DA VIDA.

Maestria, Seção II – Submeta-se à realidade: A aprendizagem ideal

5 DE FEVEREIRO
Acumule habilidades

Há muito o que saber, a vida é curta, e a vida não é vida sem conhecimento.
— BALTASAR GRACIÁN (1601-1658, jesuíta e escritor espanhol)

Seu principal objetivo na fase de Aprendizagem deve ser aprender e acumular o maior número possível de habilidades da vida real, sobretudo em áreas que pessoalmente empolgam e estimulam você. Se, mais tarde, a sua carreira mudar ou suas competências se tornarem menos relevantes, você saberá como se adaptar, ajustar as habilidades que tem e o que fazer para aprender mais. Outrora a Maestria era um processo árduo, porque as informações necessárias para adquirir habilidades não eram algo compartilhado. Se você tivesse interesse por ciências, sua única esperança era fazer parte da classe social certa, o que lhe permitiria frequentar as únicas universidades que formavam cientistas. Agora, com o advento da internet, essas barreiras em torno da informação vieram abaixo. Utilizando os vários recursos disponíveis on-line, você deve tirar proveito das oportunidades existentes para acumular habilidades.

LEI DO DIA: ADQUIRIR UM CONJUNTO DE HABILIDADES É A CHAVE PARA VENCER OS OBSTÁCULOS DE UM MUNDO DE TRABALHO TURBULENTO. A CAPACIDADE DE COMBINAR POSTERIORMENTE ESSAS HABILIDADES É O MELHOR CAMINHO PARA A MAESTRIA.

Robert Greene, "Five Key Elements for a New Model of Apprenticeship" [Cinco elementos essenciais para um novo modelo de aprendizagem], jornal *The New York Times*, 26 de fevereiro de 2013

6 DE FEVEREIRO
Considere-se um construtor

Não importa qual seja a sua área de atuação, você deve pensar em si mesmo como um construtor, que utiliza materiais e ideias. Você produz coisas tangíveis, que afetam as pessoas de forma direta e concreta. Para criar com esmero o quer que seja – construir uma casa, fundar uma organização política, abrir uma empresa ou dirigir um filme –, você deve compreender o processo de construção e possuir as habilidades necessárias. Para tanto, deve passar por um cuidadoso aprendizado. Você não poderá fazer qualquer coisa que valha a pena neste mundo a menos que passe por um processo de desenvolvimento e transformação.

LEI DO DIA: COMO UM CONSTRUTOR, DESENVOLVA OS MAIS ALTOS PADRÕES E A PACIÊNCIA PARA O PROCESSO PASSO A PASSO.

Maestria, Seção II – Submeta-se à realidade: A aprendizagem ideal

7 DE FEVEREIRO
O único atalho para a Maestria

> A liberdade consiste não em se recusar a reconhecer a existência de qualquer coisa superior a nós, mas em respeitar algo que está acima de nós; pois, ao respeitá-lo, nós nos elevamos à mesma altura e, por meio de nossa própria admissão, provamos trazer dentro de nós o que é mais elevado e que somos dignos de estar em pé de igualdade.
> — Johann Wolfgang von Goethe

A vida é curta, e o tempo de que você dispõe para aprender e ser criativo é limitado. Sem recorrer a uma orientação, você pode perder anos valiosos tentando obter conhecimento e prática de várias fontes. Em vez disso, deve seguir o exemplo definido por Mestres ao longo dos tempos e encontrar o mentor adequado. O relacionamento mentor-aprendiz é a forma mais eficiente e produtiva de aprendizagem. Os mentores certos sabem onde deve estar o foco de seu pupilo e como desafiá-lo. O conhecimento e a experiência deles acabam se tornando seus. O mentor certo fornecerá a você *feedback* imediato e uma resposta realista sobre seu trabalho, para que você possa melhorar mais rapidamente. Por meio de uma intensa interação pessoal, você absorve uma maneira de pensamento que contém grande poder e é adaptável e moldável à sua personalidade individual. Escolha o mentor que melhor se encaixe em suas necessidades e que mais se conecte com a sua Missão de Vida. Depois de ter internalizado o conhecimento do mentor, você deve seguir seu próprio caminho e nunca permanecer na sombra dele. Seu objetivo é sempre superar seus mentores em maestria e brilhantismo.

LEI DO DIA: ESCOLHER O MENTOR CERTO É COMO PODER ESCOLHER SEUS PRÓPRIOS PAIS; A ESCOLHA ERRADA É FATAL.

Maestria, Seção III – Incorpore o poder do Mestre: A dinâmica do mentor

8 DE FEVEREIRO
O mentor perfeito

Em algum momento no final da década de 1960, V. S. Ramachandran, à época estudante de medicina de uma faculdade em Madras, deparou-se com um livro intitulado *Olho e cérebro*,[5] de autoria de um eminente professor de neuropsicologia, Richard Gregory. O livro o empolgou – o estilo da escrita, as anedotas, os relatos sobre experimentos provocativos. Inspirado e intrigado pelo livro, Ramachandran fez seus próprios experimentos em óptica e logo percebeu que era mais talhado para esse campo de estudo do que para a medicina. Em 1974, foi admitido no programa de doutorado em neurociência visual da Universidade de Cambridge. Começou a se sentir triste e solitário num país estranho. Até que um dia o próprio Richard Gregory, professor da Universidade de Bristol, foi a Cambridge para dar uma palestra. Ramachandran

---

5. Título original: *Eye and Brain*. Edição brasileira: *Olho e cérebro: psicologia da visão*. Rio de Janeiro: Zahar, 1979. (N. T.)

ficou hipnotizado. Em cima do palco, Gregory realizou demonstrações instigantes de suas ideias; ele tinha talento teatral e grande senso de humor. *É assim que a ciência deveria ser*, Ramachandran pensou. Depois da palestra, ele se apresentou ao professor. A afinidade foi instantânea. Ele mencionou um experimento óptico em que estava pensando, e o professor Gregory ficou intrigado. Convidou Ramachandran para visitar Bristol e se hospedar em sua casa, onde poderiam testar juntos a ideia. Ele aceitou a proposta e, desde o momento em que viu a casa de Gregory, soube que tinha encontrado seu mentor – era como algo saído das páginas de Sherlock Holmes, repleta de instrumentos vitorianos, fósseis e esqueletos. Gregory era exatamente o tipo excêntrico com quem Ramachandran se identificava. Pouco depois estava viajando regularmente para Bristol a fim de realizar experimentos. Ele havia encontrado seu Mestre, um mentor para inspirá-lo e guiá-lo; ao longo dos anos, em grande medida adotaria e adaptaria o estilo de investigação e experimentação científica de Gregory.

LEI DO DIA: O QUE PROCURAR: DE QUEM É O TRABALHO QUE INSPIRA VOCÊ? QUEM TEM O ESTILO QUE EMPOLGA VOCÊ? COM QUEM VOCÊ QUER SE PARECER DAQUI A DEZ ANOS?

Maestria, Seção III – Incorpore o poder do Mestre: A dinâmica do mentor

9 DE FEVEREIRO
Redefina o prazer

Não se pode ter maestria menor ou maior do que a maestria de si mesmo.
— Leonardo da Vinci

Praticar e desenvolver qualquer habilidade é um processo ao longo do qual você se transforma e que lhe revela novas capacidades que antes estavam latentes, que vão se mostrando à medida que você avança. Você se desenvolve emocionalmente e seu senso de prazer é redefinido. O que antes proporcionava prazer imediato passa a parecer uma distração, um entretenimento vazio que serve apenas para ajudar a passar o tempo. O verdadeiro prazer vem de superar desafios, de sentir confiança em suas aptidões, de ganhar fluência em habilidades e de vivenciar o poder decorrente disso. Você desenvolve a paciência. O tédio não sinaliza mais a necessidade de distração, mas a necessidade de novos desafios a vencer.

LEI DO DIA: VEJA OS FRUTOS DA DISCIPLINA E HABILIDADE COMO OS PRAZERES MAIS DURADOUROS DE TODOS.

Maestria, Seção II – Submeta-se à realidade: A aprendizagem ideal

10 DE FEVEREIRO
Aprenda com todas as coisas

Uma pessoa de observação aguçada e bom senso rege as coisas, não é regido por elas [...] Não há nada que ela não seja capaz de descobrir, notar, entender, compreender.

— Baltasar Gracián

Toda tarefa que lhe é atribuída, por mais trivial, oferece oportunidades para esmiuçar os mecanismos de funcionamento de seu ambiente. Nenhum detalhe sobre as pessoas que habitam este mundo é irrelevante. Tudo o que você vê ou escuta é um sinal a ser decodificado. Com o passar do tempo, você começará a ver e entender melhor a realidade que antes lhe escapava. Por exemplo, uma pessoa que de início você julgou ter grande poder acabou se mostrando um cão que mais ladra do que morde. Aos poucos você começa a ver além das aparências. À medida que acumula mais informações sobre as regras e dinâmica de poder de seu novo ambiente, você tem condições de começar a analisar por que elas existem e como se relacionam com tendências mais amplas no campo de atuação. Você passa da observação à análise, aprimorando sua capacidade de raciocínio, mas somente depois de meses de cuidadosa atenção.

LEI DO DIA: ENCARE CADA TAREFA, ATÉ A MAIS TRIVIAL, DA MESMA MANEIRA: COMO UMA OPORTUNIDADE PARA OBSERVAR E ACUMULAR INFORMAÇÕES SOBRE SEU AMBIENTE.

Maestria, Seção II – Submeta-se à realidade: A aprendizagem ideal

11 DE FEVEREIRO
Entre na fase dos retornos acelerados

Aquilo que persistimos em fazer torna-se mais fácil, não porque a natureza da coisa tenha mudado, mas porque nossa capacidade de fazer aumentou.
— Ralph Waldo Emerson (1803-1882, escritor, filósofo e poeta norte-americano)

Em uma atividade como andar de bicicleta, todos sabemos que é mais fácil observar alguém e seguir seu exemplo do que ouvir ou ler instruções. Quanto mais praticamos, mais fácil fica. Mesmo quando se trata de habilidades que são principalmente mentais, como programar computadores ou falar uma língua estrangeira, vale a mesma regra: aprendemos melhor por meio da prática e da repetição – o processo natural de aprendizagem. Aprendemos de verdade uma língua estrangeira falando-a tanto quanto possível, não lendo livros ou absorvendo teorias. Quanto mais falamos e praticamos, mais fluentes nos tornamos. Depois de certo ponto, você entra num *ciclo de retornos acelerados*, em que a prática se torna mais fácil e interessante, levando-o à capacidade de praticar por mais tempo, o que aumenta seu nível de habilidade, o que, por sua vez, torna a prática ainda mais interessante. Alcançar esse ciclo é o objetivo que você deve definir para si mesmo.

LEI DO DIA: TUDO O QUE VALE A PENA FAZER TEM UMA CURVA DE APRENDIZADO. QUANDO FICAR DIFÍCIL, LEMBRE-SE DO OBJETIVO: ATINGIR O CICLO DE RETORNOS ACELERADOS.

Maestria, Seção II – Submeta-se à realidade: A aprendizagem ideal

12 DE FEVEREIRO
Aprenda fazendo

O problema com a educação formal é que ela incute em nós um método passivo de aprender. Lemos livros, fazemos provas ou talvez escrevemos monografias. Grande parte do processo envolve a absorção de informações. Porém, no mundo real, você aprende melhor fazendo, botando a mão na massa. O grande mestre de sushi Eiji Ichimura começou a trabalhar em restaurantes como lavador de pratos, cerca de quarenta anos atrás. Seu desejo era se tornar chef de sushi, mas ninguém lhe dizia como preparar a iguaria nem lhe dava instruções diretas – era um segredo guardado a sete chaves. Ele teve que desenvolver suas habilidades observando cuidadosamente e, em seguida, praticando as mesmas técnicas repetidas vezes.

Ele praticava nas horas de folga, repassando os movimentos mais intrincados da faca. Graças a esse trabalho árduo e infindável, ele se transformou num Mestre, um superchef de cozinha.

LEI DO DIA: O CÉREBRO É PROJETADO PARA APRENDER ATRAVÉS DA REPETIÇÃO CONSTANTE E DA PRÁTICA ATIVA. POR MEIO DA PRÁTICA E PERSISTÊNCIA, QUALQUER HABILIDADE PODE SER DOMINADA. ESCOLHA UMA HABILIDADE PARA ADQUIRIR E COMECE A PRATICAR.

Robert Greene, "Five Key Elements for a New Model of Apprenticeship" [Cinco elementos essenciais para um novo modelo de aprendizagem], jornal *The New York Times*, 26 de fevereiro de 2013

13 DE FEVEREIRO
Como aprender de maneira rápida e profunda

> As pessoas que se apegam às suas ilusões acham difícil, se não impossível, aprender qualquer coisa que valha a pena. Uma pessoa que tem a necessidade de criar a si mesma deve examinar tudo e absorver a aprendizagem da mesma forma como as raízes de uma árvore absorvem água.
> — JAMES BALDWIN (1924-1987, romancista, poeta e crítico social norte-americano)

Quando você entra num ambiente novo, sua tarefa é aprender e absorver o máximo possível. Para isso, você deve tentar retornar a um sentimento de inferioridade da infância – a sensação de que as outras pessoas sabem muito mais do que você e que você depende delas para lidar com seu processo de aprendizagem. Você abandona todas as suas noções preconcebidas sobre um ambiente ou campo, descarta quaisquer sentimentos persistentes de arrogância. Você não tem medos. Você interage com as pessoas e participa da cultura da maneira mais intensa e profunda possível. Você se enche de curiosidade. Assumindo essa sensação de inferioridade, sua mente se abrirá e você terá fome de aprender. Essa posição é, obviamente, apenas temporária. Você está retornando a um sentimento de dependência, de modo que num período de cinco a dez anos poderá ter aprendido o suficiente para, enfim, declarar sua independência e entrar de vez na idade adulta.

LEI DO DIA: RETORNE A UMA SUBORDINAÇÃO INFANTIL. HOJE, AJA COMO SE AQUELES COM QUEM VOCÊ INTERAGE SOUBESSEM MUITO MAIS DO QUE VOCÊ.

Maestria, Seção II – Submeta-se à realidade: A aprendizagem ideal

14 DE FEVEREIRO
Avance na direção da resistência

Por natureza, nós, seres humanos, fugimos de qualquer coisa que pareça nitidamente dolorosa ou escancaradamente difícil. Carregamos essa tendência natural para a prática de qualquer habilidade. Quando nos tornamos peritos em algum aspecto dessa habilidade, sobretudo um em que temos mais facilidade, preferimos praticá-lo repetidamente, evitando nossos pontos fracos; o resultado é que nossa habilidade se torna desequilibrada. Esse é o método dos amadores. Para atingir a Maestria, você deve adotar o que chamaremos de Prática da Resistência. O princípio é simples: quando se trata de praticar, você vai na direção oposta a todas as suas tendências naturais. Primeiro, resista à tentação de ser bonzinho consigo mesmo. Torne-se seu pior crítico; enxergue seu próprio trabalho através de olhos alheios. Reconheça suas limitações e fraquezas, precisamente os aspectos em que você não é bom – e é a esses aspectos que você deve dar prioridade em sua prática. Encontre uma espécie de prazer perverso em superar a dor que isso pode ocasionar. Em segundo lugar, resista à tentação de diminuir seu foco. Treine para se concentrar na prática com o dobro da intensidade, como se fosse uma realidade duplicada. Ao elaborar suas próprias rotinas, você se torna o mais criativo possível. Dessa forma, desenvolve seus próprios padrões de excelência, geralmente mais elevados que os dos outros. Em pouco tempo você verá os resultados dessa prática, e as outras pessoas ficarão maravilhadas diante da aparente facilidade com que você realiza suas ações.

LEI DO DIA: INVENTE EXERCÍCIOS QUE TRABALHEM SEUS PONTOS FRACOS. ESTIPULE PRAZOS ARBITRÁRIOS PARA SI MESMO A FIM DE ATENDER A CERTOS PADRÕES, CONSTANTEMENTE SE ESFORÇANDO PARA SUPERAR OS LIMITES.

Maestria, Seção II – Submeta-se à realidade: A aprendizagem ideal

15 DE FEVEREIRO
A prática concentrada nunca falha

As coisas que temos de aprender antes de poder fazê-las, aprendemo-las fazendo; exemplo: homens se tornam construtores construindo e se tornam tocadores de lira tocando lira. É a realização de atos justos que nos torna justos, a de atos moderados que nos torna moderados, a de atos corajosos que nos torna corajosos [...].
— ARISTÓTELES (384 a.C.-322 a.C., filósofo grego), *Ética a Nicômaco*

Embora possa parecer que o tempo necessário para dominar as habilidades essenciais e atingir um nível de especialização depende da área de atuação e do seu próprio grau de talento, quem já pesquisou o assunto sugere reiteradamente o número de 10 mil horas. Esse parece ser o tempo de prática de qualidade necessário para alguém alcançar um altíssimo grau de habilidade e se aplica a compositores, enxadristas, escritores, atletas, entre outros. Esse número tem uma ressonância quase mágica ou mística. Significa que tanto tempo de prática – seja qual for a pessoa ou o campo de atuação – resulta numa qualitativa mudança no cérebro humano. Significa que a mente aprendeu a organizar e estruturar grandes quantidades de informação. Com todo esse conhecimento tácito, agora ela pode se tornar criativa e brincalhona. Embora o número de horas possa parecer elevado, em geral consiste de sete a dez anos de prática contínua e consistente – aproximadamente o período de um aprendizado tradicional. Em outras palavras, a prática concentrada ao longo do tempo nunca falha e sempre produz resultados.

LEI DO DIA: DEDIQUE UMA HORA DO SEU TEMPO À PRÁTICA CONCENTRADA HOJE, AMANHÃ, DEPOIS DE AMANHÃ E NO DIA SEGUINTE.

Maestria, Seção III – Incorpore o poder do Mestre: A dinâmica do mentor

16 DE FEVEREIRO
Ame o trabalho minucioso

Aaron Rodgers, *quarterback* do time de futebol americano Green Bay Packers, teve que passar seus primeiros três anos na liga profissional como reserva de um dos melhores jogadores, Brett Favre. Isso significou pouca ou nenhuma oportunidade de participar de um jogo de verdade. Durante esse período, tudo o que ele fazia era treinar e observar. Mais tarde, Rodgers diria: "Aqueles três primeiros anos foram fundamentais para o meu sucesso". A fase no banco de reservas ensinou-lhe paciência e humildade. Passou esse tempo aprimorando todas as habilidades de que um *quarterback* poderia precisar – coordenação óculo-manual, destreza dos dedos, trabalho de pés, mecânica do arremesso. Nada muito emocionante. Ele aprendeu sozinho a ficar na beira do campo e a observar com total atenção, absorvendo o maior número possível de lições. Tudo isso não apenas elevou seu nível de habilidade, mas também chamou a atenção de seus treinadores, que ficaram muito impressionados com sua ética de trabalho e sua capacidade de aprender. Ao longo daqueles anos, foi capaz de dominar a própria impaciência e aperfeiçoar a qualidade de seu jogo. Em essência, Rodgers aprendeu sozinho a amar o trabalho minucioso, e quando uma pessoa desenvolve essa habilidade, não há como a parar.

LEI DO DIA: DOMINE OS DETALHES
E O RESTO SE ENCAIXARÁ.

Robert Greene, "Five Key Elements for a New Model of Apprenticeship" [Cinco elementos essenciais para um novo modelo de aprendizagem], jornal *The New York Times*, 26 de fevereiro de 2013

17 DE FEVEREIRO
A verdade dolorosa

É como derrubar a machadadas uma imensa árvore de tronco enorme. Você não o fará com um único golpe. Mas se prosseguir nas machadadas, sem interrupções, ela acabará desabando repentinamente.
— Mestre zen Hakuin Ekaku (1686-1769 ou 1685-1768)

Einstein começou a realizar seus experimentos mentais para valer aos 16 anos de idade. Dez anos depois, apresentou sua primeira e revolucionária teoria da relatividade. É impossível quantificar o tempo que passou aprimorando suas habilidades teóricas nesses dez anos, mas não é difícil imaginá-lo trabalhando três horas por dia nesse problema específico, o que somaria mais de 10 mil horas. Não há atalhos nem formas de contornar a fase de aprendizagem. É da natureza do cérebro humano exigir uma exposição prolongada a um campo de atuação, permitindo a habilidades complexas criarem raízes profundas e liberando a mente para as atividades criativas. O próprio desejo de encontrar atalhos certamente torna a pessoa inadequada para alcançar qualquer tipo de Maestria. Não é possível reverter esse processo.

LEI DO DIA: NÃO EXISTEM ATALHOS NEM MEIOS PARA CONTORNAR A FASE DE APRENDIZAGEM. LIVRE-SE DO DESEJO DE ENCONTRAR ATALHOS.

Maestria, Seção II – Submeta-se à realidade: A aprendizagem ideal

18 DE FEVEREIRO
Dois tipos de fracasso

> O pensador vê seus atos como tentativas e questões para obter explicação acerca de algo: sucesso e fracasso, para ele, são antes de tudo respostas.
> — FRIEDRICH NIETZSCHE (1844-1900, filósofo, filólogo, crítico cultural, poeta e compositor alemão), *A gaia ciência* (1882)

Existem dois tipos de fracasso. O primeiro resulta de você nunca colocar em prática suas ideias por estar com medo, ou porque fica esperando a ocasião perfeita. Esse tipo de fracasso nunca ensina nada e é uma forma de acanhamento que poderá destruir você. O segundo tipo decorre do espírito ousado e aventureiro. Se você falhar dessa forma, o aprendizado que vai levar supera em muito o dano à sua reputação. Fracassos sucessivos reforçarão seu caráter e lhe mostrarão com absoluta clareza o modo como as coisas devem ser feitas. Na verdade, se tudo der certo já na primeira tentativa, você será vítima de uma espécie de maldição: deixará de levar em conta o fator sorte e pensará que tem o toque de ouro. Mais cedo ou mais tarde, quando você fracassar – o que é inevitável –, ficará confuso e desanimado, sem motivação para aprender. De qualquer forma, para ser um aprendiz de empreendedor você deve agir em suas ideias o mais cedo possível, expondo-as ao público, e uma parte de você deve inclusive esperar o fracasso. Você tem tudo a ganhar.

LEI DO DIA: AJA COM OUSADIA E PONHA EM PRÁTICA UMA DE SUAS IDEIAS.

Maestria, Seção III – Incorpore o poder do Mestre: A dinâmica do mentor

19 DE FEVEREIRO
Escolha ter tempo

Depois de se formar no Instituto Federal de Tecnologia de Zurique em 1900, o jovem Albert Einstein, então com 21 anos de idade, constatou que suas perspectivas de encontrar um bom emprego eram extremamente escassas. Ele se graduou entre os alunos de pior rendimento da classe, e essa péssima classificação praticamente anulava qualquer chance de obter um cargo de professor. Feliz por estar longe da universidade, Einstein agora planejava investigar, por conta própria, certos problemas de física que o atormentavam havia vários anos. Seria uma autoaprendizagem em teorização e experimentos mentais. Porém, enquanto isso, ele teria que ganhar a vida. O pai lhe ofereceu emprego como engenheiro em sua fábrica de dínamos em Milão, mas esse trabalho consumiria todo o tempo de Einstein. Um amigo poderia conseguir um cargo bem remunerado numa companhia de seguros, mas essa ocupação embruteceria seu cérebro e sugaria suas energias mentais. Até que, um ano depois, outro amigo mencionou uma vaga no Escritório de Patentes da Suíça, em Berna. O salário não era grande coisa, o cargo era dos mais baixos na hierarquia do escritório, o expediente era longuíssimo e o trabalho consistia na tarefa bastante mundana de examinar pedidos de patentes, mas Einstein aproveitou a oportunidade. Era tudo o que ele procurava. Sua tarefa seria analisar a validade dos pedidos de patente, muitos dos quais envolviam aspectos da ciência que o interessavam. Os processos dos pedidos seriam como pequenos quebra-cabeças ou experimentos mentais; Einstein poderia tentar visualizar de que maneira as ideias se traduziriam concretamente em invenções. Esse trabalho aguçaria sua capacidade de raciocínio. Depois de vários meses no emprego, ele se tornou tão bom nesse jogo mental que conseguia terminar a tarefa em duas ou três horas, portanto dispunha do restante do dia livre para se dedicar a suas próprias experiências de pensamento. Em 1905, Einstein publicou sua primeira Teoria da Relatividade, boa parte da qual tendo sido feita enquanto ele cumpria expediente em sua escrivaninha no escritório de patentes.

LEI DO DIA: O TEMPO É A VARIÁVEL DECISIVA. TIRE ALGUMA COISA DA SUA AGENDA HOJE PARA DEDICAR MAIS TEMPO À SUA MISSÃO DE VIDA.

Maestria, Seção II – Submeta-se à realidade: A aprendizagem ideal

20 DE FEVEREIRO
Entenda o funcionamento do cérebro

Na medida em que acreditamos que podemos pular etapas, evitar o processo, magicamente ganhar poder por meio de conexões políticas ou fórmulas fáceis, ou depender de nossos talentos naturais, andamos na contramão e revertemos nossos poderes naturais. Tornamo-nos escravos do tempo – com o passar dos anos, ficamos mais fracos, menos capazes, presos numa carreira que é um beco sem saída. Nós nos transformamos em reféns das opiniões e temores alheios. Em vez de nossa mente nos conectar com a realidade, nós nos desconectamos do mundo e ficamos trancafiados dentro de uma estreita câmara de pensamento. O humano que antes dependia de atenção concentrada para sua sobrevivência agora se torna um animal disperso, afeito a avaliações superficiais, incapaz de pensar em profundidade, mas ainda assim incapaz de depender dos instintos. É o cúmulo da estupidez acreditar que, no decorrer de sua curta vida, de suas poucas décadas de existência autoconsciente, você poderá de alguma forma reconfigurar seu cérebro por meio da tecnologia e da força de vontade, superando o efeito de 6 milhões de anos de evolução. Nadar contra a corrente pode trazer distração temporária, mas o tempo será impiedoso para desmascarar sua fraqueza e impaciência.

LEI DO DIA: APOSTE SUAS FICHAS NO APRENDIZADO, NÃO NA TECNOLOGIA.

Maestria, Introdução: A evolução da Maestria

21 DE FEVEREIRO
Torne-se necessário

> Faça as pessoas dependerem de você. Ganha-se mais com essa dependência do que cortejando-as. Quem já saciou a sua sede, dá logo as costas para a fonte, não precisando mais dela.
>
> — BALTASAR GRACIÁN

Muitos dos grandes *condottieri*[6] da Itália renascentista sofreram o mesmo destino: depois de vencerem sucessivas batalhas para seus empregadores, viram-se banidos, presos ou executados. O problema não era a ingratidão; o fato era que havia outros *condottieri* igualmente capazes e valentes. Eles eram substituíveis. Matá-los não acarretava prejuízo algum. Enquanto isso, os mercenários mais velhos se tornaram poderosos e passaram a exigir somas cada vez maiores de dinheiro por seus serviços. Era muito melhor, então, eliminá-los e contratar um mercenário mais jovem e mais barato. Esse é o destino (em um grau menos violento, espera-se) dos indivíduos que não tornam as outras pessoas dependentes deles. Mais cedo ou mais tarde aparece alguém que é capaz de fazer o trabalho tão bem quanto eles – alguém mais jovem, mais atrevido, menos caro, menos ameaçador. A necessidade governa o mundo. As

---

6. Líderes de grupos e milícias de mercenários italianos entre os séculos 14 e 16, funcionavam como o braço armado dos Estados e ducados que pagassem o maior preço por seus serviços. (N. T.)

pessoas raramente agem, a menos que sejam obrigadas a isso. Se você não se tornar necessário, se não criar dependência, será descartado na primeira oportunidade.

LEI DO DIA: ESFORCE-SE PARA SER O ÚNICO CAPAZ DE FAZER O QUE VOCÊ FAZ E TORNE O DESTINO DAQUELES QUE O CONTRATAM ENTRELAÇADO COM O SEU, DE MODO QUE NÃO POSSAM MAIS SE LIVRAR DE VOCÊ.

As 48 leis do poder, Lei 11: Aprenda a manter as pessoas dependentes de você

22 DE FEVEREIRO
Absorva energia propositada

Coco Chanel começou numa posição de grande fraqueza – órfã, com pouco ou nenhum recurso na vida. Quando tinha 20 e poucos anos, compreendeu que sua vocação era conceber roupas e criar sua própria linha de moda. Porém, precisava desesperadamente de alguém que a guiasse, em especial no quesito administrativo. Procurou por pessoas que pudessem ajudá-la a encontrar o caminho. Aos 25 anos, conheceu o alvo perfeito, um rico empresário inglês mais velho chamado Arthur "Boy" Capel. Ela se apegou a ele com enorme veemência, e Capel foi capaz de incutir nela a confiança de que se tornaria uma estilista famosa, educando-a em relação à administração de negócios em geral. Ele lhe fez críticas severas (as quais ela aceitava por causa do profundo respeito que nutria por ele), guiando-a nas primeiras decisões importantes ao estabelecer o negócio. Graças a Capel, Chanel desenvolveu um senso bem apurado de propósito que manteve por toda a vida; sem essa influência, o caminho dela teria sido muito confuso e difícil.

Mais tarde, Chanel continuou retornando a essa estratégia. Encontrou outros homens e mulheres com habilidades que ela não tinha ou que precisava fortalecer – graciosidade social, marketing, um faro para as tendências culturais –, com quem cultivou relacionamentos que lhe permitiram aprender. Nesse caso, é bom conhecer pessoas pragmáticas, e não apenas carismáticas ou visionárias. Você quer conselhos práticos e absorver delas a disposição de concluir projetos. Se for possível, junte ao seu redor um grupo de pessoas de campos diferentes, como amigos ou parceiros, que tenham energia similar. Vocês ajudarão a elevar o senso de propósito uns dos outros. Não se contente com associações ou mentores virtuais.

LEI DO DIA: FAÇA UMA LISTA DAS PESSOAS EM SUA VIDA QUE VIVEM COM PROPÓSITO. PRIORIZE PASSAR MAIS TEMPO COM ELAS.

As leis da natureza humana, Capítulo 13: Avance com um senso de propósito – A Lei da Falta de Perspectiva

23 DE FEVEREIRO
Conhecimento nunca é o bastante

Desde criança, Napoleão Bonaparte se via atraído por jogos de estratégia e por livros que apresentavam exemplos de liderança em ação. Ao ingressar numa academia militar, seu foco não era seguir carreira nas Forças Armadas e se encaixar no sistema. Em vez disso, tinha uma necessidade obsessiva de aprender o máximo que pudesse sobre todos os aspectos das artes bélicas. Era um leitor voraz. A extensão de seu conhecimento impressionava os oficiais superiores. Desde muito cedo, Bonaparte foi incumbido de uma quantidade incomum de responsabilidades. Rapidamente aprendeu a manter a calma, tirar lições certas de suas experiências e se recuperar dos erros. Quando foi encarregado de responsabilidades ainda maiores no campo de batalha, já havia passado por um aprendizado duas ou três vezes mais intenso que o de seus companheiros. Sendo tão jovem, ambicioso e desdenhoso da autoridade, ao assumir uma posição de liderança ele levou a cabo a mais formidável revolução da história militar, mudando o tamanho e o formato dos exércitos, introduzindo sozinho novas manobras na batalha e assim por diante. No ponto máximo de seu desenvolvimento, Napoleão era dotado de um extraordinário tino para a batalha e todos os aspectos das campanhas militares. Em seu caso específico, isso ficou conhecido como seu infame *coup d'oeil*, sua capacidade de avaliar uma situação com um mero olhar de relance. Isso levou seus tenentes e rivais a imaginar que ele tinha poderes místicos.

LEI DO DIA: ENCONTRE O MAIS PROFUNDO PRAZER EM ABSORVER CONHECIMENTO E INFORMAÇÃO. SINTA QUE CONHECIMENTO NUNCA É O BASTANTE.

Site *powerseductionandwar.com*, 1º de outubro de 2012

24 DE FEVEREIRO

Supere seu Mestre

Infeliz o aprendiz que não supera seu Mestre.

— Leonardo da Vinci

Muitas vezes é uma maldição aprender com uma pessoa brilhante e talentosa demais – sua autoconfiança é esmagada enquanto você se esforça para seguir todas as ótimas ideias de seu mestre. Muitos aprendizes se perdem na sombra de seus ilustres mentores e nunca chegam a lugar algum. Por causa de sua ambição, o pianista Glenn Gould encontrou o caminho para a única solução efetiva desse dilema. Ele ouvia com absoluta atenção as ideias de seu mentor Alberto Guerrero sobre música e depois as colocava em prática. Enquanto tocava, sutilmente alterava essas ideias para atender às suas próprias inclinações. Isso lhe dava a sensação de que tinha sua própria voz. Com o passar dos anos, deixou clara essa diferenciação entre ele e seu instrutor. Como Gould era muito impressionável, ao longo do aprendizado ele havia inconscientemente internalizado todas as ideias importantes de seu mentor, mas por meio de seu próprio envolvimento ativo ele conseguiu adaptá-las à sua individualidade. Dessa forma, Gould foi capaz de aprender e ainda assim incubar um espírito criativo que ajudaria a diferenciá-lo de todos os outros tão logo deixou a tutela de Guerrero.

LEI DO DIA: CUIDADO COM A SOMBRA DE SEU MENTOR ILUSTRE. COLOQUE EM PRÁTICA AS IDEIAS DELE, MAS TENTE SEMPRE TRANSFIGURÁ-LAS PARA SE DIFERENCIAR. SEU OBJETIVO É SUPERÁ-LO.

Maestria, Seção III – Incorpore o poder do Mestre: A dinâmica do mentor

25 DE FEVEREIRO
Nunca pare de expandir seus horizontes

A realidade da fase de aprendizagem é que ninguém vai ajudar você, ninguém vai orientá-lo ou lhe dar instruções. O fato é que você terá de lutar contra tudo e contra todos. Se você deseja um aprendizado, se o seu intuito é aprender e se preparar para a Maestria, você deve fazer isso por conta própria, e com muita energia. Ao entrar nessa fase, você geralmente começa na posição mais baixa. Seu acesso ao conhecimento e às pessoas é limitado por seu status. Se não for cuidadoso, e sobretudo se vier de uma origem menos privilegiada, você aceitará esse status e será definido por ele. Em vez disso, você deve lutar contra quaisquer limitações e se empenhar continuamente para expandir seus horizontes (em cada situação de aprendizado você se submeterá à realidade, mas essa realidade não significa que você deve permanecer num único lugar). Ler livros e materiais que vão além do exigido é sempre um bom ponto de partida. Expondo-se às ideias do mundo mais amplo, você tenderá a desenvolver uma ânsia por mais e mais conhecimentos; você terá dificuldade para se sentir satisfeito em qualquer canto estreito, o que é exatamente a intenção. As pessoas em sua área de atuação, em seu círculo imediato, são como mundos em si mesmos – as histórias e pontos de vista delas naturalmente expandirão seus horizontes e desenvolverão suas habilidades sociais. Misture-se com o maior número possível de pessoas diferentes. Esses círculos se alargarão aos poucos. Todo tipo de educação formal externa será um acréscimo a essa dinâmica.

LEI DO DIA: BUSQUE DE MANEIRA INCANSÁVEL A EXPANSÃO. SEMPRE QUE TIVER A SENSAÇÃO DE QUE ESTÁ SE ACOMODANDO EM DETERMINADO CÍRCULO, OBRIGUE-SE A SAIR DA MESMICE: DÊ UMA SACUDIDA NAS COISAS, PROMOVA MUDANÇAS DRÁSTICAS E PROCURE NOVOS DESAFIOS.

Maestria, Seção II – Submeta-se à realidade: A aprendizagem ideal

26 DE FEVEREIRO
Aventure-se fora de sua zona de conforto

Esse trabalho feito pelo nosso amor-próprio, nossa paixão, nosso espírito de imitação, nossa inteligência abstrata, nossos hábitos, é o trabalho que a arte irá desfazer, é a marcha em sentido contrário, o retorno que nos obrigará a empreender às profundezas abismais onde o que de fato existiu jaz ignorado de nós.

— MARCEL PROUST, *Em busca do tempo perdido* (*O tempo redescoberto*)

À medida que Leonardo da Vinci progredia em seu trabalho como assistente no estúdio do grande escultor e pintor Andrea del Verrocchio, começou a fazer experimentos e a afirmar o seu próprio estilo. Para sua surpresa, descobriu que o Mestre estava impressionado com sua inventividade. Para Leonardo, isso indicou que ele estava perto do fim de seu aprendizado. A maioria das pessoas, geralmente por medo, espera tempo demais para dar esse passo. É sempre mais fácil aprender as regras e permanecer na zona de conforto. Muitas vezes você deve se forçar a iniciar essas ações ou experimentos antes de achar que está pronto. É uma maneira de testar seu caráter, superar seus medos e desenvolver um senso de desapego a seu trabalho – olhando-o através dos olhos dos outros. Assim você terá uma amostra da fase seguinte, em que a obra ou o trabalho que você produz estará sob constante escrutínio.

LEI DO DIA: TENTE FAZER O QUE VOCÊ ACHA QUE AINDA NÃO ESTÁ PREPARADO PARA FAZER.

Maestria, Seção II – Submeta-se à realidade: A aprendizagem ideal

A APRENDIZAGEM IDEAL

27 DE FEVEREIRO
Estabeleça seu próprio estilo

A distância que você estabelece de seu antecessor muitas vezes exige algum simbolismo, uma forma de se anunciar publicamente. Luís XIV, por exemplo, criou esse simbolismo ao rejeitar o tradicional palácio dos reis franceses e mandar construir seu próprio palácio em Versalhes. O rei Filipe II da Espanha fez o mesmo quando criou seu centro de poder, o monumental Palácio El Escorial, numa área que até então ficava no meio do nada. Mas Luís levou a coisa ainda mais longe: não seria um rei como seu pai ou seus ancestrais. Não usaria uma coroa, tampouco carregaria um cetro ou se sentaria num trono. Ele instauraria um novo tipo de autoridade imponente, com símbolos e rituais próprios. Luís transformou os atos e práticas de seus ancestrais em relíquias risíveis do passado. Siga o exemplo dele: nunca permita que vejam você como alguém que segue o rastro de seu antecessor. Se você fizer isso, jamais irá superá-los. Você deve demonstrar fisicamente sua diferença, estabelecendo um estilo e um simbolismo que o diferenciem dos demais.

LEI DO DIA: SIGA O EXEMPLO DO MESTRE, NÃO O CAMINHO DELE. DEMONSTRE SUA DIFERENÇA. ESTABELEÇA SEU PRÓPRIO ESTILO.

As 48 leis do poder, Lei 41: Evite seguir os passos de um grande homem

28 DE FEVEREIRO

Passar a espada no Mestre

Recompensa mal o mentor quem continua apenas pupilo.

— FRIEDRICH NIETZSCHE, *A gaia ciência* (1882)

Em espanhol, dizem *al maestro, cuchillada* – "passar a espada no mestre". É uma expressão da esgrima, referindo-se ao momento em que o jovem e ágil pupilo torna-se suficientemente habilidoso para dar uma estocada no Mestre. Mas se refere também ao destino da maioria dos mentores, que inevitavelmente passam pela experiência de enfrentar a rebelião de seus pupilos, como o corte de uma espada. Em nossa cultura, tendemos a venerar as pessoas que parecem rebeldes, ou que pelo menos fazem pose de rebeldia. Porém, a rebelião não tem significado nem poder se não houver algo concreto contra o que se rebelar. O mentor, ou figura paterna, oferece exatamente um padrão do qual você pode se desviar a fim de estabelecer sua própria identidade. Você internaliza as partes importantes e relevantes do conhecimento do mentor e passa a espada no que não estiver alinhado com sua vida. É a dinâmica da mudança de gerações: às vezes, a figura paterna tem que ser assassinada a fim de que os filhos e filhas tenham espaço para se descobrir. Ao longo da vida, você provavelmente terá vários mentores que farão o papel de trampolins no caminho para a Maestria. Em cada fase da vida, deverá encontrar os professores adequados, extrair deles o que for do seu interesse e depois seguir em frente sem sentir vergonha por isso. É o caminho que seu próprio mentor provavelmente seguiu, e é assim que o mundo funciona.

LEI DO DIA: INTERNALIZE AS PARTES IMPORTANTES E RELEVANTES DO CONHECIMENTO DO MESTRE. PASSE A ESPADA EM TODO O RESTO.

Maestria, Seção III – Incorpore o poder do Mestre: A dinâmica do mentor

29 DE FEVEREIRO
Adote a estratégia do hacker

Cada época tende a criar um modelo de aprendizagem adequado ao sistema de produção vigente. Agora estamos na era do computador, e a estratégia com que o hacker aborda a programação é a que pode oferecer o modelo mais promissor para essa nova era. O modelo funciona assim: você quer aprender o maior número possível de habilidades, ao sabor das circunstâncias, mas apenas em função de seus interesses mais profundos. Tal qual um hacker, você valoriza o processo de autodescoberta. Evita a armadilha de seguir um plano de carreira definido de antemão. Você não tem certeza de onde isso vai parar, mas aproveita ao máximo a abertura das informações, todos os conhecimentos acerca de habilidades agora à nossa disposição. Você vê que tipo de trabalho mais combina com você e o que você quer evitar a todo custo. Você age movido por tentativa e erro. Você não está perambulando por ter medo do compromisso, mas porque está expandindo sua base de habilidades e suas possibilidades. Em certo ponto, quando estiver pronto para se decidir por algo, ideias e oportunidades inevitavelmente se apresentarão. Quando isso acontecer, todas as habilidades que você acumulou serão inestimáveis. Você será um mestre em combiná-las de maneiras singulares e adequadas à sua própria individualidade.

LEI DO DIA: NESTA NOVA ERA, AQUELES QUE NA JUVENTUDE SEGUEM UM ÚNICO CAMINHO RÍGIDO MUITAS VEZES CHEGAM AOS 40 ANOS E SE VEEM NUM BECO SEM SAÍDA NA CARREIRA PROFISSIONAL, OU SE SENTEM SOBRECARREGADOS DE TÉDIO. UMA APRENDIZAGEM ABRANGENTE PRODUZIRÁ O OPOSTO – A EXPANSÃO DE POSSIBILIDADES.

Maestria, Seção II – Submeta-se à realidade: A aprendizagem ideal

MARÇO

O Mestre em ação
Ativando habilidades e alcançando a Maestria

Ao trilhar o caminho em direção à Maestria, você aproxima sua mente da realidade e da própria vida. Tudo aquilo que vive está em estado contínuo de mudança e movimento. No momento em que você para e relaxa, pensando que alcançou o nível desejado, uma parte de sua mente entra em fase de decadência. Você perde a criatividade – conquistada a duras penas –, e os outros começam a perceber. Trata-se de um poder e de uma inteligência que devem ser continuamente renovados, caso contrário, morrerão. Toda a sua vida, portanto, deve ser encarada como uma espécie de aprendizado, um processo ao qual você aplica continuamente suas habilidades de aprendizagem. O mês de março ensinará você a ativar suas habilidades e internalizar o conhecimento necessário para uma vida de Maestria.

★★★

Quando comecei a escrever meu quinto livro, *Maestria*, vários anos atrás, algo muito estranho e emocionante aconteceu. Foi um livro especialmente difícil e complicado de escrever. Antes de tudo, fiz minhas habituais pesquisas: li centenas de livros, elaborei milhares de cartões de anotações, estruturei as informações em diversos capítulos etc. Além disso, tinha devorado um bocado de livros sobre ciência – livros examinando a natureza do cérebro humano –, o que eu nunca havia feito, para dar a *Maestria* um embasamento mais científico. E isso acrescentou mais uma camada de dificuldade à escrita. Ademais, também entrevistei seis ou sete mestres contemporâneos, a fim de dar ao livro um aspecto mais atual. Incorporar a ciência e as entrevistas a *Maestria* tornou o projeto particularmente desafiador. E assim, quando comecei o processo efetivo de escrita, os dois primeiros capítulos foram demoradíssimos; levou mais tempo do que o normal para a coisa fluir.

Depois, capítulo por capítulo, semana após semana, mês após mês, comecei a pegar algum embalo. Ganhei ritmo e, na quinta seção do livro, algo inesperado aconteceu. A quinta seção trata do processo criativo em si. A ideia é que, uma vez que você se dedica com bastante empenho a um projeto, se prepara o suficiente e acumula todos esses meses de experiência investigando a fundo o assunto, não raramente você atinge um estado de criatividade em que as ideias brotam do nada. E de repente isso estava acontecendo comigo. Depois de todas as minhas pesquisas e toda a preparação, quando cheguei à quinta seção do livro, as ideias para os capítulos surgiam enquanto eu estava tomando banho ou fazendo uma caminhada. Cheguei inclusive a sonhar com o livro, e as ideias me ocorriam durante o sono, para confirmar a tese sobre a qual eu estava escrevendo.

Tudo isso me deixou muito surpreso e inspirado. Até que, por fim, cheguei à Seção VI – a última do livro –, que trata da Maestria propriamente dita. A ideia é que num estágio mais avançado do processo você começa a ter uma apreensão intuitiva do tema. É quase como se o livro ou o projeto estivessem vivendo dentro de você. Dá para comparar isso a um grande mestre enxadrista, que parece ter o tabuleiro dentro do cérebro, dentro do próprio corpo, a ponto de se tornar capaz de sentir quais serão os próximos movimentos das peças. Senti que o livro estava vivendo dentro de mim e que eu tinha o que chamo de "sensibilidade intuitiva na ponta dos dedos" com relação ao que eu deveria escrever. Fui tomado por uma espécie de jorro acelerado e intuitivo de ideias que me vinham do nada. E foi uma experiência incrível, uma sensação incrível – uma sensação de grande poder.

Não estou afirmando que sou especial, que sou algum tipo de gênio ou um indivíduo particularmente dotado ou talentoso. Na verdade, todo o objetivo do livro é desmistificar nosso conceito de genialidade e criatividade. Tendemos a pensar que é algo inato, algo presente no DNA, uma configuração especial, e eu queria provar que era, na verdade, um produto de trabalho duro e disciplina; que quando a pessoa se dedica a praticar algo durante meses ou anos a fio, pode atingir esse alto nível de criatividade e Maestria. A escrita do livro literalmente confirmou minha ideia. E por ser um trabalho de dedicação incansável, de se debruçar sobre um problema, é uma experiência emocionante que quase qualquer um pode ter, contanto que siga o padrão que propus.

Isso não quer dizer que, se você passar anos estudando algo, poderes mágicos de criatividade inevitavelmente brotarão. É preciso ter um foco de certa intensidade, bem como sentir amor pelo próprio trabalho que dá vida ao produto final. E isso também depende de anos de trabalho prévio na fase de aprendizagem, durante a qual escrevi outros quatro livros.

Não existem atalhos para o processo criativo; drogas e álcool são um empecilho. A própria impaciência que o leva a desejar atalhos torna você inadequado para a Maestria. Mas se confiar no processo e avançar nele o máximo possível, ficará impressionado com os resultados.

1º DE MARÇO
Desperte a mente dimensional

Aprender nunca exaure a mente.

— LEONARDO DA VINCI

À medida que você acumula mais habilidades e internaliza as regras que governam sua área de atuação, sua mente quer se tornar mais ativa, buscando usar esse conhecimento de maneiras que sejam mais adequadas às suas inclinações. O que impedirá essa dinâmica criativa natural de florescer não é falta de talento, mas a sua atitude. Se você se sentir ansioso e inseguro, tenderá a ser conservador no que diz respeito a utilizar seu conhecimento, preferindo se enquadrar no grupo e aderir aos procedimentos que aprendeu. Em vez disso, cabe a você se esforçar para rumar na direção oposta. Assim que encerrar sua fase de aprendizagem, você deve se tornar cada vez mais ousado. Em vez de se acomodar com aquilo que já sabe, tente expandir seu conhecimento para áreas afins, fornecendo à sua mente um combustível para que ela possa fazer novas associações entre ideias diferentes. Você deve fazer experimentações e visualizar os problemas de todos os ângulos possíveis. Conforme seu pensamento for ficando mais fluido, sua mente se tornará cada vez mais dimensional, enxergando um número cada vez maior de aspectos da realidade. No final, você se voltará contra as próprias regras que internalizou, moldando-as e reformulando-as para que encaixem no seu temperamento. Essa originalidade o levará ao auge do poder.

LEI DO DIA: EXPANDA SEU CONHECIMENTO PARA ÁREAS AFINS. ESCOLHA UMA HABILIDADE AUXILIAR E COMECE A PRATICAR.

Maestria, Seção V – Desperte a mente dimensional: A fase criativa-ativa

2 DE MARÇO
Passe para o lado de dentro

Quando me pedem para definir "Maestria" ou quando me perguntam que frase ou expressão serve como guia para a minha própria vida ou para escrever um livro, respondo: "É passar para o lado de dentro". Estou sempre tentando passar para o lado de dentro das coisas. Do lado de fora, as coisas têm certo aspecto – são meio mortas, porque você enxerga apenas as aparências. Quando passa para o lado de dentro, vê o coração pulsando, entende, percebe a realidade. Quando começa a aprender a jogar xadrez ou a tocar piano, por exemplo, você está do lado de fora. Vê somente as superfícies exteriores e visuais das coisas e aprende somente as regras ou os elementos básicos. E isso é muito lento e tedioso. A verdade é que você não tem um entendimento. É tudo meio confuso, um vago borrão. Mais cedo ou mais tarde, porém, se você persistir, consegue penetrar nos interstícios e se infiltrar no âmago das coisas. E aí você começa a sentir as coisas ganharem vida. O tabuleiro de xadrez ou o teclado do piano deixam de ser objetos físicos e passam a fazer parte de você. Você os internaliza. Agora não tem mais que pensar nas peças e teclas, elas estão na sua cabeça. Isso é a Maestria. Os esportes são um ótimo exemplo. Dizemos acerca dos mestres do futebol: "É como se eles tivessem olhos na nuca". Não, é que eles estão do lado de dentro do jogo em si. A cada ano de experiência, os grandes craques do futebol americano dizem: "Parece que o jogo fica mais lento". Não, é que eles estão se aproximando cada vez mais do lado de dentro. Você poderia dizer a mesma coisa a respeito de cientistas, escritores, atores e atrizes etc. – os mestres conhecem as coisas de dentro para fora, não de fora para dentro.

LEI DO DIA: SE VOCÊ TRABALHAR DURO, CHEGARÁ AO CÍRCULO INTERNO DO CONHECIMENTO.

ESTE É O OBJETIVO FINAL DA MAESTRIA: UMA
COMPREENSÃO DE DENTRO PARA FORA.

"Robert Greene: Mastery and Research" [Maestria e Pesquisa], *Finding Mastery Conversations with Michael Gervais* [Encontrando a Maestria: Conversas com Michael Gervais], 25 de janeiro de 2017

3 DE MARÇO
Cultive a ética do artesão

Todos os grandes mestres, incluindo os contemporâneos, conseguem conservar o espírito de artesão. O que os motiva não é dinheiro, fama ou uma posição social de destaque, mas produzir a obra de arte perfeita, projetar o melhor edifício, descobrir alguma nova lei científica, dominar seu ofício. Isso os ajuda a não ficarem enredados nos altos e baixos da carreira. É o trabalho que importa. E, no final, esses mestres acabam ganhando mais dinheiro e se tornando mais famosos por cultivar esse espírito. Steve Jobs personificou a ética do artesão. Ele a herdou de seu pai, que adorava construir coisas com as mãos; o amor pela perfeição, de fazer algo do jeito certo, é uma atitude que ele transferiu para o design de produtos da Apple. Este é o objetivo do mestre: fazer as coisas muito bem e sentir orgulho disso.

LEI DO DIA: MANTENHA O ESPÍRITO DO ARTESÃO. TENHA EM MENTE: O TRABALHO É A ÚNICA COISA QUE IMPORTA.

Robert Greene, "Five Key Elements for a New Model of Apprenticeship" [Cinco elementos essenciais para um novo modelo de aprendizagem], jornal *The New York Times*, 26 de fevereiro de 2013

4 DE MARÇO
O processo criativo

Como o processo criativo é um tema esquivo e para o qual não recebemos treinamento nenhum, muitas vezes acabamos errando bastante. A partir da observação de mestres ao longo do tempo, podemos discernir um padrão elementar e princípios que têm ampla aplicação. Em primeiro lugar, é essencial incluir no processo criativo um período inicial em aberto, irrestrito. Você dá a si mesmo tempo para sonhar e divagar, para começar de forma descontraída e desfocada. Nesse período, permite que o projeto se associe a certas emoções poderosas, aquelas que se manifestam naturalmente à medida que você se concentra em suas ideias. É sempre fácil restringir suas ideias num momento posterior e tornar seu projeto cada vez mais realista e racional. Em segundo lugar, é melhor ter um amplo conhecimento de seu campo de atuação e outras áreas, fornecendo ao seu cérebro mais associações e conexões possíveis. Terceiro, para manter esse processo vivo, você jamais deve se acomodar na complacência presunçosa e satisfeita, como se sua visão inicial representasse a meta final. Você deve cultivar uma profunda insatisfação com o seu trabalho e a necessidade de melhorar constantemente suas ideias, além de estimular uma sensação de incerteza – você não sabe exatamente para onde vai em seguida, e essa incerteza instiga o impulso criativo e mantém seu frescor. Por fim, você deve encampar a lentidão como uma virtude em si. Quando se trata de empreendimentos criativos, o tempo é sempre relativo. Quer o seu projeto leve meses ou anos para ser concluído, você sempre lidará com uma sensação de impaciência e desejo de chegar ao fim. A melhor atitude que você pode ter para adquirir poder criativo é reverter essa impaciência natural.

LEI DO DIA: IMAGINE-SE ALGUNS ANOS NO FUTURO EXAMINANDO O TRABALHO QUE JÁ FEZ. DESSE PONTO DE VISTA NO FUTURO, OS MESES E ANOS

ADICIONAIS QUE VOCÊ DEDICOU AO PROCESSO NÃO PARECERÃO DOLOROSOS OU TRABALHOSOS. O TEMPO É SEU MAIOR ALIADO.

Maestria, Seção V – Desperte a mente dimensional: A fase criativa-ativa

5 DE MARÇO
Olhe mais longe e pense mais à frente

Em qualquer ambiente competitivo em que haja vencedores ou perdedores, a pessoa que tiver uma perspectiva mais ampla e global inevitavelmente levará a melhor. A razão é simples: essa pessoa será capaz de pensar além do momento e controlar a dinâmica geral por meio de uma estratégia cuidadosa. A maioria das pessoas vive perpetuamente trancada no presente. Suas decisões são influenciadas em excesso pelo evento mais imediato; elas se emocionam com facilidade e atribuem a determinado problema uma relevância maior do que ele tem na realidade. O avanço até a Maestria naturalmente dará a você uma perspectiva mais global, mas é sempre aconselhável agilizar o processo se preparando desde cedo para ampliá-la cada vez mais. Você pode fazer isso lembrando do propósito geral do trabalho em que está envolvido no momento e como ele se relaciona com os seus objetivos de longo prazo. Ao lidar com qualquer problema, você deve se habilitar para ver como ele inevitavelmente se conecta a um contexto mais amplo. Se o seu trabalho não está surtindo o efeito desejado, você deve observá-lo de todos os ângulos até encontrar a fonte do problema. Não se limite apenas a observar os rivais em sua área de atuação, mas também a dissecá-los e descobrir as fraquezas deles. Seu lema deve ser "Olhe mais longe e pense mais à frente". Por meio desse treinamento mental, você trilhará um caminho suave rumo à Maestria enquanto se destaca cada vez mais dos concorrentes.

LEI DO DIA: A PESSOA COM A PERSPECTIVA MAIS GLOBAL LEVA A MELHOR. EXPANDA SEU OLHAR.

Maestria, Seção VI – Combine o intuitivo com o racional: Maestria

6 DE MARÇO
O dom da nossa Mente Original

Todos temos uma força criativa inata que quer se tornar ativa. É o dom de nossa Mente Original, que revela esse potencial. A mente humana é naturalmente criativa, e o tempo todo procura fazer associações e estabelecer conexões entre coisas e ideias. Quer explorar, descobrir novos aspectos do mundo e inventar. Expressar essa força criativa e inventiva é nosso maior desejo, e sufocá-la é a causa de nosso sofrimento. O que mata a força criativa não é a idade ou a falta de talento, mas nossa própria personalidade, nossa própria atitude. Ficamos muito confortáveis com o conhecimento que adquirimos. Crescemos com medo de cogitar novas ideias e nutrir o esforço que isso exige. Pensar com mais flexibilidade envolve um risco – podemos fracassar e ser ridicularizados. Preferimos viver com ideias e hábitos de pensamento com os quais já estamos habituados, mas esse comodismo cobra um preço exorbitante: a falta de desafio e novidade mata nossa mente; chegamos a um limite em nosso campo de atuação e perdemos o controle sobre nosso destino porque nos tornamos substituíveis.

LEI DO DIA: FAÇA O QUE A MENTE QUER FAZER – EXPLORE, CULTIVE E DESENVOLVA NOVAS IDEIAS.

Maestria, Seção V – Desperte a mente dimensional: A fase criativa-ativa

7 DE MARÇO
Mantenha a mente em movimento

Quando éramos crianças, nossa mente nunca parava. Estávamos abertos a novas experiências e absorvíamos o máximo possível delas. Aprendíamos rapidamente porque o mundo ao nosso redor nos empolgava. Quando nos sentíamos frustrados ou chateados, encontrávamos uma maneira criativa de obter o que queríamos e prontamente esquecíamos o problema assim que alguma coisa nova cruzava nosso caminho. Nossa mente estava sempre em movimento, por isso nosso entusiasmo e nossa curiosidade eram constantes. Para o pensador grego Aristóteles, a vida é definida pelo movimento. O que não se move está morto. O que tem velocidade e mobilidade tem mais possibilidades, mais vida. Todos nós começamos com a mente móvel, mas, à medida que envelhecemos, ela vai perdendo movimento e fica cada vez mais inerte. Você pode até pensar que gostaria de recuperar sua juventude, sua aparência, sua forma física, seus prazeres simples, mas você precisa mesmo é da fluidez mental que um dia já teve. Toda vez que perceber que seus pensamentos estão girando em torno de um assunto ou ideia em particular – uma obsessão, um ressentimento –, force-os a passar por cima disso e deixar o passado para trás. Distraia-se com alguma outra coisa. Como uma criança, encontre algo novo para se entreter, algo digno de atenção concentrada. Não perca tempo com coisas que você não é capaz de mudar ou influenciar. Continue em movimento. Quem fica parado é poste.

LEI DO DIA: REAJA AO MOMENTO. PENSAMENTO A PENSAMENTO, TAREFA A TAREFA, TÓPICO A TÓPICO – DEIXE A MENTE SER FLUIDA.

33 estratégias de guerra, Estratégia 2: Não combata a guerra que já passou – A estratégia da guerrilha mental

O MESTRE EM AÇÃO

8 DE MARÇO

Mantenha seu senso de admiração

> A juventude é feliz porque tem a capacidade de ver beleza. Qualquer um que tenha a capacidade de ver beleza nunca envelhece.
> — FRANZ KAFKA (1883-1924, escritor tcheco)

Depois de passarmos por uma rigorosa fase de aprendizagem e começarmos a flexionar nossos músculos criativos, não podemos deixar de sentir satisfação por aquilo que aprendemos e pelo quanto avançamos. Naturalmente começamos a deixar de dar o devido valor a certas ideias que aprendemos e desenvolvemos. Aos poucos, paramos de fazer os mesmos tipos de perguntas que antes nos atormentavam. Já sabemos as respostas. Agora nos sentimos superiores. Sem percebermos, nossa mente aos poucos se estreita e se enrijece, enquanto a arrogância penetra em nossa alma; e, embora possamos ter alcançado aclamação pública por nosso trabalho anterior, sufocamos nossa própria criatividade e jamais a recuperamos. Lute com unhas e dentes contra essa tendência de declínio e faça o máximo que puder para preservar o valor de sua capacidade de se deslumbrar. Lembre-se de que na verdade você sabe muito pouco e nunca se esqueça de como o mundo é misterioso.

LEI DO DIA: A REALIDADE É INFINITAMENTE MISTERIOSA. PERMITA QUE O MUNDO CONTINUE A ENCHER VOCÊ DE ADMIRAÇÃO. LEMBRE-SE DE QUANTAS COISAS AINDA PODE APRENDER.

Maestria, Seção V – Desperte a mente dimensional: A fase criativa-ativa

9 DE MARÇO

A impaciência é sua inimiga

A paciência é amarga, mas seu fruto é doce.

— Aristóteles

O maior impedimento à criatividade é a sua impaciência, o desejo quase inevitável de apressar o processo, expressar algo e causar furor. O que acontece nesse caso é que você não domina os fundamentos básicos, não tem um vocabulário próprio à disposição. Provavelmente você confunde ser criativo e singular com uma imitação do estilo de outras pessoas, ou discursos pessoais que não expressam coisa alguma. No entanto, é difícil enganar o público. As pessoas sentem a falta de rigor e o caráter imitativo, percebem o desejo de chamar a atenção e viram as costas ou fazem apenas o elogio mais frouxo e efêmero. O melhor caminho é aprender por conta própria. Quem passa dez anos absorvendo as técnicas e convenções de seu campo de atuação, experimentando-as, dominando-as, explorando-as e personalizando-as, inevitavelmente encontrará sua voz autêntica e dará à luz algo incomparável e expressivo.

LEI DO DIA: TENHA UMA VISÃO DE LONGO PRAZO. SE VOCÊ FOR PACIENTE E SEGUIR O PROCESSO, A EXPRESSÃO INDIVIDUAL FLUIRÁ NATURALMENTE DE VOCÊ.

Maestria, Seção V – Desperte a mente dimensional: A fase criativa-ativa

10 DE MARÇO
O conhecimento é superior a você

A diferença entre uma pessoa excepcionalmente criativa e uma menos criativa não está em algum poder especial, mas no maior conhecimento (na forma de competência experiente) e na motivação para adquiri-lo e utilizá-lo. Essa motivação perdura por longos períodos, talvez moldando e inspirando uma vida inteira.
— Margaret A. Boden (1936-, professora e pesquisadora de ciências cognitivas britânica)

Para negar o ego, você deve adotar uma espécie de humildade em relação ao conhecimento. O grande físico e químico britânico Michael Faraday expressou essa atitude da seguinte maneira: o conhecimento científico está em constante progresso. Mais cedo ou mais tarde, em algum momento do futuro as maiores teorias científicas de uma época serão refutadas ou alteradas. A mente humana é simplesmente fraca demais para ter uma visão nítida e perfeita da realidade. A ideia ou teoria que está sendo formulada ou em vigor neste momento, e que parece tão nova e viva e verdadeira, quase certamente será anulada ou ridicularizada daqui a algumas décadas ou séculos (se temos a tendência de rir das pessoas que viveram antes do século 20, que ainda não acreditavam na teoria da evolução e achavam que o mundo tinha apenas 6 mil anos de existência, imagine como as pessoas rirão de nós por conta das crenças ingênuas que ainda alimentamos no século 21!). Portanto, é melhor lembrar-se disso e não se afeiçoar demais às suas ideias nem ter tanta certeza das verdades que elas supostamente contêm.

LEI DO DIA: O CONHECIMENTO ESTÁ SEMPRE PROGREDINDO. NÃO DEIXE SEU EGO ENGANAR VOCÊ. VOCÊ É E SEMPRE SERÁ INFERIOR AO CONHECIMENTO.

Maestria, Seção V – Desperte a mente dimensional: A fase criativa-ativa

11 DE MARÇO
Intensidade de foco

Para muitos que conheceram Marcel Proust na juventude, ele parecia a pessoa menos fadada a alcançar a Maestria, porque a primeira impressão era de que vivia desperdiçando tempo valioso. Aparentemente, tudo o que ele sempre fazia era ler livros, caminhar, escrever cartas intermináveis, ir a festas, dormir durante o dia e publicar artigos superficiais sobre a sociedade. Mas sob a superfície havia uma intensidade de atenção. Proust não se limitava a ler livros; ele os destrinchava, analisava-os com rigor e aprendia valiosas lições para aplicar à própria vida. Toda essa carga de leituras implantou em seu cérebro vários estilos que enriqueceram seu próprio estilo de escrita. Ele não se limitava a socializar; esforçava-se para entender as pessoas em sua essência e descobrir suas motivações secretas. Não esmiuçou somente sua psicologia individual, mas mergulhou tão profundamente nos vários níveis de consciência que descobriu dentro de si mesmo que chegou a desenvolver noções perspicazes sobre o funcionamento da memória – noções essas que prenunciaram muitas das descobertas da neurociência. Proust usou até mesmo a morte da mãe para intensificar seu próprio aprimoramento. Depois que ela se foi, ele recorreu à escrita para escapar da depressão e encontrar uma maneira de recriar em suas obras os sentimentos entre ambos. Mais tarde, Proust escreveu que todas essas experiências foram como sementes, e, assim que iniciou sua formidável série de romances *Em busca do tempo perdido*, passou a ser como um jardineiro, cultivando as plantas que se enraizaram muitos anos antes.

LEI DO DIA: NÃO SÃO SEUS ESTUDOS QUE DARÃO FRUTOS, MAS A INTENSIDADE DE SUA ATENÇÃO.

Maestria, Seção VI – Combine o intuitivo com o racional: Maestria

O MESTRE EM AÇÃO

12 DE MARÇO
Aperfeiçoe-se por meio do fracasso

Henry Ford tinha uma mente naturalmente sintonizada com a mecânica. Era dotado do poder da maioria dos grandes inventores: a capacidade de visualizar as diferentes partes e peças de um mecanismo e como elas operam em conjunto. Se tivesse que descrever o funcionamento de um maquinário, em vez de usar palavras Ford inevitavelmente pegaria um guardanapo e esboçaria um diagrama. Com esse tipo de inteligência, seus aprendizados em relação a máquinas eram simples e rápidos. Mas quando chegou o momento de produzir suas invenções em massa, Ford foi obrigado a enfrentar o fato de que não tinha o conhecimento necessário. Precisou de um aprendizado adicional para se tornar um empresário e homem de negócios. Felizmente, trabalhar com máquinas desenvolveu nele uma espécie de inteligência prática, a paciência e um tino para resolver problemas que poderiam ser aplicados a qualquer coisa. Quando uma máquina apresenta um defeito, você não leva esse mau funcionamento para o lado pessoal nem fica desanimado. É de fato uma bênção disfarçada. As avarias geralmente mostram falhas inerentes e possibilidades de aprimoramento. Você simplesmente continua fuçando e ajustando até acertar. O mesmo deve se aplicar a um empreendimento empresarial. Erros e fracassos são precisamente seus meios de educação. Dizem muito a respeito de suas próprias inadequações. É difícil descobrir essas coisas por meio da opinião das pessoas, pois elas são muitas vezes diplomáticas na hora de fazer elogios e críticas. Os fracassos também permitem que você veja os defeitos de suas ideias, que só se revelam quando são executadas na prática. Você aprende o que seu público realmente quer e entende a discrepância entre suas ideias e o modo como elas afetam o público.

LEI DO DIA: OS DEFEITOS SÃO UM MEIO DE EDUCAÇÃO. ELES TENTAM LHE DIZER ALGUMA COISA. VOCÊ DEVE OUVI-LOS.

Maestria, Seção II – Submeta-se à realidade: A aprendizagem ideal

13 DE MARÇO
Resistência criativa

Quando comecei a pensar em escrever *Maestria*, percebi que tinha um grande desafio pela frente. Por conta da experiência de meus livros anteriores, sabia que perto do final do processo eu provavelmente ficaria tão exausto que o trabalho de escrita poderia ser prejudicado. Acredito que muitos escritores tendem a ficar exauridos no meio de seus projetos, sobrecarregados pela complexidade e pela falta de organização de seu material. Decidi tratar a empreitada como uma maratona e encontrar uma maneira de criar resistência para o longo trabalho. Então decidi aumentar a minha rotina de exercícios. Costumo me exercitar todos os dias, mas aumentei ligeiramente os períodos e distâncias. Em determinado ponto eu sabia que chegaria a um platô em que não me sentiria mais cansado com essa carga adicional. Permaneceria no nível do platô durante todo o projeto. Em esportes como o ciclismo de longa distância, esse tipo de treinamento ajuda a aumentar os níveis de resistência. É melhor permanecer no platô por certo período de tempo em vez de continuar aumentando sem parar a carga de treinos. Eu queria ver se isso se traduziria em níveis de energia mais consistentes no meu trabalho.

Nos últimos meses, quando o iminente prazo final me fez trabalhar com afinco ainda maior, notei que estava consideravelmente mais calmo, mais capaz de lidar com o estresse, e que eu tinha reservatórios de energia aos quais recorrer durante as longas horas de trabalho. Cheguei à conclusão de que a mente e o corpo são tão entrelaçados que é impossível separar os efeitos que exercem sobre nós. A sensação de que estamos energizados influencia nosso humor, o que afeta nosso trabalho de forma muito direta. A sensação de confusão ou desorganização em nosso trabalho pode ter um efeito terrível sobre nós também do ponto de vista físico.

LEI DO DIA: CRIAR ALGO QUE VALHA A PENA É COMO CORRER UMA MARATONA, E VOCÊ TEM QUE TREINAR PARA DAR CONTA DO RECADO.

Site *HuffPost,* 15 de novembro de 2012

14 DE MARÇO
Mergulhe fundo nos detalhes

Quando Leonardo da Vinci quis criar um estilo totalmente novo de pintura, uma maneira que fosse mais realista e emotiva, devotou-se a um estudo obsessivo dos detalhes. Passava horas intermináveis experimentando diferentes incidências da luz sobre vários sólidos geométricos, a fim de testar de que modo a luminosidade podia alterar a aparência de objetos. Dedicou centenas de páginas em seus cadernos para esmiuçar as várias gradações de sombra em todas as combinações possíveis. Estudou isso com a mesma atenção que dava às dobras de um vestido, aos arranjos dos penteados, às várias ínfimas mudanças na expressão de um rosto humano. Quando admiramos suas obras, não temos consciência desses esforços, mas sentimos o quanto suas pinturas são vivas e realistas, como se ele tivesse captado a essência da realidade.

De maneira geral, tente lidar com um problema ou uma ideia com a mente muito mais aberta. Permita que o estudo dos detalhes norteie seu pensamento e molde suas teorias. Pense em tudo na natureza, ou no mundo, como uma espécie de holograma – em que a menor parte reflete algo essencial do todo. Mergulhar nos detalhes combaterá as tendências generalizantes do cérebro e aproximará você da realidade.

LEI DO DIA: DESCUBRA O SEGREDO DE QUALQUER REALIDADE DESCOBRINDO OS DETALHES.

Maestria, Seção V – Desperte a mente dimensional: A fase criativa-ativa

15 DE MARÇO
Dê vida a seu trabalho

A ânsia de Leonardo da Vinci por chegar ao cerne da vida explorando seus detalhes o levou a realizar pesquisas elaboradas acerca da anatomia humana e animal. Ele queria ser capaz de desenhar uma pessoa ou um gato de dentro para fora. Dissecava cadáveres com as próprias mãos, serrando ossos e crânios, e assistia assiduamente a sessões de autópsia para observar o mais próximo possível a estrutura dos músculos e nervos. Seus desenhos anatômicos estavam muito à frente de qualquer coisa de seu tempo graças a seu realismo e exatidão. No seu trabalho do dia a dia, siga os passos de Leonardo. A maioria das pessoas não tem a paciência de permitir que sua mente fique absorta nos detalhes e minúcias que são parte intrínseca de seu trabalho. As pessoas têm pressa para criar efeitos e chamar a atenção; pensam grandes pinceladas. Inevitavelmente o trabalho delas revela a falta de atenção aos detalhes – não se conecta profundamente com o público e parece superficial. Você deve encarar o produto do seu trabalho como algo que tem vida e presença próprias. Ao ver seu trabalho como algo vivo, seu caminho para a Maestria é estudar e absorver esses detalhes de maneira universal, até o ponto em que você sentir a força vital e conseguir expressá-la sem esforço.

LEI DO DIA: ENCARE SEU TRABALHO COMO UMA COISA VIVA. SUA TAREFA É ENCHÊ-LO DE VIDA E FAZER COM QUE OS OUTROS SINTAM ISSO.

Maestria, Seção VI – Combine o intuitivo com o racional: Maestria

16 DE MARÇO
Altere sua perspectiva

A lição é simples – o que constitui a verdadeira criatividade é a abertura e adaptabilidade do nosso espírito. Quando vemos ou experimentamos algo, devemos ser capazes de observá-lo de vários ângulos, a fim de enxergar outras possibilidades além das óbvias. Imaginamos que os objetos ao nosso redor podem ser usados e cooptados para diferentes propósitos. Não nos apegamos à nossa ideia original por pura teimosia ou porque nosso ego está atrelado à própria retidão. Em vez disso, seguimos em frente com aquilo que se apresenta para nós no momento, investigando e explorando os diferentes ramos e possibilidades. Assim conseguimos transformar penas em material que possibilita o voo. A diferença, portanto, não está em algum poder criativo do cérebro, mas na forma como vemos o mundo e a fluidez com a qual somos capazes de reconfigurar o que vemos.

LEI DO DIA: CRIATIVIDADE E ADAPTABILIDADE SÃO INSEPARÁVEIS. OLHE PARA AS COISAS DO SEU DIA A DIA DE TODOS OS ÂNGULOS POSSÍVEIS.

Maestria, Seção V – Desperte a mente dimensional: A fase criativa-ativa

17 DE MARÇO
Os poderes da criatividade não são baratos

Criar uma obra de arte significativa, fazer uma descoberta expressiva ou conceber uma invenção relevante requer grande disciplina, autocontrole e estabilidade emocional. Exige dominar as formas de seu campo de atuação. As drogas e a loucura servem apenas para destruir essa capacidade. Não caia nos mitos românticos e clichês sobre a criatividade – eles existem aos montes nos meios culturais e alardeiam a justificativa ou panaceia de que os poderes da criatividade são a coisa mais fácil de se obter no mundo e chegam sem custo nenhum. Quando se examina a obra excepcionalmente criativa dos Mestres, não se deve ignorar os anos a fio de prática, as intermináveis rotinas, as horas de dúvida e a obstinada superação de obstáculos que essas pessoas enfrentaram.

LEI DO DIA: A ENERGIA CRIATIVA É FRUTO DOS ESFORÇOS DO MESTRE E NADA MAIS. NÃO SE DEIXE LEVAR PELOS MITOS ROMÂNTICOS.

Maestria, Seção V – Desperte a mente dimensional: A fase criativa-ativa

18 DE MARÇO
O poder do desejo e da determinação

Quando eu era mais jovem, trabalhei numa editora em Nova York. Uma das autoras que publicamos foi Toni Morrison. Era seu primeiro romance. Eu nunca me esquecerei da história. Toni Morrison trabalhava como editora.[7] Cumpria seu expediente até as 18 ou 19 horas. Em seguida, pegava o trem para voltar para casa, em Connecticut. Estava criando dois filhos. Chegava, preparava a refeição deles, colocava-os na cama e por volta das onze da noite se sentava para escrever. E foi assim que ela redigiu seu primeiro romance. Esse é o tipo de energia e determinação que você deve ter. Sempre achei que ela era sobre-humana. Sei que eu jamais conseguiria fazer isso, mas veja quem ela se tornou. É porque ela queria muito.

LEI DO DIA: ALCANÇAR O NÍVEL DE MAESTRIA REQUER DEDICAÇÃO INTENSA. VOCÊ TEM QUE REALMENTE QUERER. O QUE MOTIVARIA VOCÊ A TER TANTO EMPENHO E DEDICAÇÃO?

Robert Greene em palestra na série *Live Talks Los Angeles*, 11 de fevereiro de 2019

---

[7]. Toni Morrison (Chloe Anthony Wofford, 1931-2019) trabalhou como editora na Random House por dezenove anos. Também foi professora da Universidade de Princeton entre 1989 e 2006. Foi a primeira mulher negra a receber o Prêmio Nobel de Literatura, em 1993. (N. T.)

19 DE MARÇO
A dinâmica de embotamento

Talvez o maior impedimento à criatividade humana seja a decadência natural que se instala no decorrer do tempo em qualquer área ou profissão. Nas ciências ou nos negócios, determinada maneira de pensar ou agir que outrora teve sucesso rapidamente se transforma num paradigma, num procedimento tradicional e consagrado. Com o passar dos anos, as pessoas esquecem a razão inicial para o surgimento desse padrão convencional e simplesmente seguem por inércia um conjunto de técnicas e modelos sem vida. Nas artes, alguém estabelece um estilo novo e vibrante que fala diretamente com o espírito específico de sua época. Ele sobressai porque é muito diferente. Logo depois surgem imitadores por toda parte. Torna-se uma moda, algo a que se conformar, mesmo que a conformidade pareça rebelde e revolucionária. Isso pode se arrastar por dez, vinte anos; mais cedo ou mais tarde torna-se um clichê, estilo puro sem qualquer emoção ou necessidade real. Nada na cultura escapa a essa dinâmica de embotamento. Esse problema, no entanto, propicia uma tremenda oportunidade para as pessoas criativas. O processo ocorre da seguinte forma: você começa olhando para dentro de si mesmo. Encontra algo que deseja expressar e que é singular e diz respeito às suas inclinações. Você deve se assegurar de que não é algo desencadeado por alguma tendência ou moda, mas que vem de seu interior e é verdadeiro. Talvez seja um som que você ainda não ouviu na música, um tipo de história que ninguém conta, um tipo de livro que não se encaixa nas categorias convencionais e sistemáticas. Deixe que a ideia, o som e a imagem criem raízes em você. Ao detectar a possibilidade de uma nova linguagem ou maneira de fazer as coisas, tome a decisão consciente de jogar contra as próprias convenções que considera mortas e das quais quer se livrar.

LEI DO DIA: AS PESSOAS ANSEIAM PELO NOVO, POR AQUILO QUE EXPRESSA DE MANEIRA ORIGINAL O ESPÍRITO DA ÉPOCA EM QUE VIVEM. AO CRIAR ALGO NOVO, VOCÊ CRIARÁ SEU PRÓPRIO PÚBLICO E ALCANÇARÁ UMA POSIÇÃO DE GRANDE PODER NA CULTURA.

Maestria, Seção V – Desperte a mente dimensional: A fase criativa-ativa

20 DE MARÇO
O cérebro do Mestre

> Podemos dizer agora com segurança que o cérebro é um sistema biológico extraordinariamente plástico que está num estado de equilíbrio dinâmico com o mundo externo. Até suas conexões básicas estão sendo atualizadas a todo momento em reação a exigências sensoriais cambiantes.
> — V. S. Ramachandran (*O que o cérebro tem para contar* – desvendando os mistérios da natureza humana, 2010)

Acontece no cérebro um fenômeno neurológico importante que vale a pena você compreender. Quando você inicia algo novo, uma grande quantidade de neurônios no córtex frontal (a área de comando mais alta e mais consciente do cérebro) é recrutada e entra em ação, ajudando-o ativamente no processo de aprendizagem. O cérebro precisa lidar com uma enorme quantidade de informações novas, o que seria estressante e esmagador caso utilizasse apenas uma parte restrita de seu potencial para fazer isso. Nessa fase inicial, o córtex frontal chega até a se expandir em tamanho, enquanto nos concentramos intensamente na execução da tarefa em questão. Porém, à medida que a tarefa se repete com bastante frequência, torna-se algo entranhado e automático, e os caminhos neurais para essa habilidade são delegados a outras partes do cérebro numa posição mais abaixo no córtex. Os neurônios do córtex frontal de que precisávamos nos estágios iniciais estão agora livres para ajudar no aprendizado de alguma outra coisa, e a área volta a seu tamanho normal. No final, toda uma rede de neurônios é desenvolvida para se lembrar dessa única tarefa, o que explica o fato de que ainda sejamos capazes andar de bicicleta anos depois de termos aprendido a fazer isso pela primeira vez. Se examinássemos o córtex frontal das pessoas que dominaram algo por meio da repetição, veríamos que a área se mantém imóvel e inativa enquanto elas põem em prática a habilidade. Toda a sua atividade cerebral está ocorrendo em áreas mais baixas, que exigem muito menos controle consciente.

LEI DO DIA: QUANTO MAIS HABILIDADES VOCÊ APRENDER, MAIS FÉRTIL SERÁ A PAISAGEM DO CÉREBRO. DEPENDE DE VOCÊ.

Maestria, Seção II – Submeta-se à realidade: A aprendizagem ideal

21 DE MARÇO
O Mestre universal

A Maestria de Johann Wolfgang von Goethe não se manifestava na forma de domínio sobre este ou aquele assunto, mas nas conexões entre variados assuntos com base em décadas de profunda observação e reflexão. Goethe sintetizou o que era conhecido no Renascimento como o "Ideal do Homem Universal" – uma pessoa tão impregnada de todas as formas de conhecimento que sua mente se aproxima da realidade da própria natureza e vê segredos que são invisíveis e inalcançáveis para a maioria das pessoas. Hoje em dia, talvez alguns considerem que uma pessoa como Goethe é uma relíquia exótica e pitoresca do século 18 e que seu ideal de conhecimento unificado não passa de um sonho romântico, mas a verdade é que se trata exatamente do contrário, e por uma razão simples: a configuração do cérebro humano – sua necessidade inerente de estabelecer conexões e associações – dá a ele vontade própria. Embora essa evolução possa ter passado por várias reviravoltas ao longo da história, no final prevalecerá o desejo de se conectar, porque ele é uma parte poderosíssima de nossa natureza e inclinação. Hoje, aspectos da tecnologia proporcionam meios inéditos para a construção de conexões entre diferentes ideias, áreas e campos de estudo. De toda e qualquer maneira possível, você deve se esforçar para fazer parte desse processo de universalização, estendendo cada vez mais seu próprio conhecimento a diversos outros ramos. As abundantes ideias que surgirão dessa busca serão sua recompensa.

LEI DO DIA: AMPLIE CADA VEZ MAIS SEU CONHECIMENTO, LEVANDO SEU CÉREBRO A FAZER CONEXÕES AMPLAS E ABRANGENTES.

Maestria, Seção VI – Combine o intuitivo com o racional: Maestria

22 DE MARÇO
Sobre a meditação

Toda a infelicidade humana tem apenas uma origem: o fato de que o homem não sabe ficar tranquilo em seu quarto.
— Blaise Pascal (1623-1662, matemático, escritor, físico, inventor, filósofo e teólogo francês)

Muitas vezes os escritores começam com uma ideia empolgante, o que se reflete na energia dos primeiros capítulos de seus livros. Depois, ficam um pouco perdidos no material. A organização do livro desmorona. Eles começam a repetir as mesmas ideias. Os últimos capítulos não têm a mesma vitalidade dos primeiros. É difícil manter ao longo dos meses e anos o entusiasmo, a energia e o frescor que um livro requer. Para me ajudar a evitar esse destino, pratico quarenta minutos de meditação zen (conhecida como *zazen*) todas as manhãs. Nessa técnica de meditação (conhecida como *shikantaza*), o objetivo principal é aprender a esvaziar a mente, desenvolver poderes de foco superiores (*joriki*) e acessar formas de pensamento mais inconscientes e intuitivas. A meditação melhorou significativamente minha capacidade de concentração ao ler ou fazer anotações. Os aborrecimentos e contratempos que anos atrás costumavam me irritar e incomodar agora não me afetam mais – eu os ignoro ou os esqueço. Desenvolvi a paciência para lidar com os aspectos enfadonhos da prática e sou mais bem preparado para aturar críticas mesquinhas. Rapidamente constatei que essa rotina me ajudou de várias maneiras, e desde então tenho meditado todos os dias pela manhã. Se você está se sentindo inquieto em seu caminho para a Maestria, ou se percebe que pequenas coisas muitas vezes o exasperam e o distraem do trabalho de sua vida, recomendo que comece a meditar.

LEI DO DIA: A MENTE DO MESTRE DEVE SER CAPAZ DE SE CONCENTRAR NUMA COISA POR UM LONGO PERÍODO DE TEMPO. DESENVOLVA ESSES HÁBITOS.

Site powerseductionandwar.com, 4 de setembro de 2014

O MESTRE EM AÇÃO

23 DE MARÇO
Ouça sua frustração

O compositor Richard Wagner trabalhou tanto em sua ópera *Das Rheingold* (O ouro do Reno) que ficou completamente bloqueado. Muito frustrado, saiu para fazer uma longa caminhada na floresta, deitou-se e adormeceu. Numa espécie de meio sonho, sentiu-se afundar na água corrente, que fluía com rapidez. Os sons das corredeiras formavam acordes musicais. Ele acordou, aterrorizado pela sensação de afogamento. Correu para casa e anotou os acordes oníricos, que pareciam evocar à perfeição o som das águas ligeiras. Esses acordes se tornaram o prelúdio da ópera, o *leitmotiv* que percorre toda a obra, uma das peças mais surpreendentes que ele já havia escrito. Histórias semelhantes são tão recorrentes que indicam algo essencial sobre o cérebro e sobre como ele atinge certos picos de criatividade. Podemos explicar esse padrão da seguinte maneira: se mantivéssemos a mesma empolgação que sentimos no início do nosso projeto, conservando o sentimento intuitivo que desencadeou tudo, jamais seríamos capazes de resguardar a distância necessária para observar o nosso trabalho com objetividade e aprimorá-lo. Perder essa vigorosa energia inicial nos faz trabalhar e retrabalhar a ideia e nos obriga a não nos contentarmos cedo demais com uma solução fácil. A frustração crescente e a rigidez cada vez maior, resultantes da devoção obstinada a um problema ou ideia, naturalmente nos levarão a um ponto de ruptura. Percebemos que não estamos chegando a lugar nenhum. Esses momentos são sinais do cérebro para que a gente se afaste e deixe para lá, pelo tempo que for necessário, e a maioria das pessoas criativas, de maneira consciente ou inconsciente, aceita isso.

LEI DO DIA: QUANDO SENTIR UM BLOQUEIO, AFASTE-SE. VÁ FAZER OUTRA COISA. MAIS CEDO OU MAIS TARDE, O CÉREBRO VAI TRAZER VOCÊ DE VOLTA.

Maestria, Seção V – Desperte a mente dimensional: A fase criativa-ativa

24 DE MARÇO

A mente é um músculo

Pense na mente como um músculo que naturalmente se retrai ao longo do tempo, a menos que seja trabalhado de forma consciente. O que causa essa retração são dois fatores. Em primeiro lugar, de maneira geral preferimos nutrir sempre os mesmos pensamentos e maneiras de pensar, porque nos dão uma sensação de consistência e familiaridade. Manter os métodos também nos poupa um bocado de esforço. Somos criaturas de hábitos sistemáticos. Em segundo lugar, sempre que trabalhamos com afinco para resolver certo problema ou fomentar uma ideia, é natural que nossa mente estreite seu foco por causa da tensão e do esforço envolvidos. Isso significa que, quanto mais progredimos em nossa tarefa criativa, menos possibilidades ou pontos de vista alternativos tendemos a levar em consideração. Esse processo de enrijecimento aflige a todos nós, então o melhor que você pode fazer é admitir que também padece dessa carência. O único antídoto é adotar estratégias para relaxar a mente e permitir formas alternativas de pensar. Isso não apenas é essencial ao processo criativo, mas também é imensamente terapêutico para a nossa psique. Estimular seu cérebro e seus sentidos a partir de todas as direções ajudará a desbloquear sua criatividade natural e a revigorar sua Mente Original.

LEI DO DIA: JAMAIS FIQUE CONFORTÁVEL. CORRA RISCOS. MUDE. TENTE APRENDER SOBRE UMA ÁREA DE ATUAÇÃO A RESPEITO DA QUAL VOCÊ NÃO SABE NADA, OU ADOTE UM PONTO DE VISTA QUE VOCÊ NUNCA LEVOU EM CONSIDERAÇÃO.

Maestria, Seção V – Desperte a mente dimensional: A fase criativa-ativa

25 DE MARÇO
Cultive a capacidade negativa

A capacidade de suportar e até mesmo abraçar mistérios e incertezas é o que o poeta inglês John Keats chamou de "capacidade negativa". Todos os Mestres têm essa capacidade negativa, que é a fonte de seu poder criativo. Essa qualidade lhes permite cultivar uma gama mais ampla de ideias e experimentá-las, o que torna seu trabalho mais fértil e inventivo. Ao longo de sua carreira, Mozart nunca emitiu nenhuma opinião específica sobre música. Em vez disso, absorveu os estilos que ouvia ao redor e os incorporou à sua própria voz. No final da vida, descobriu a música de Johann Sebastian Bach; eram composições de um tipo de música muito diferente das suas, e de certa forma mais complexas. A maioria dos artistas assumiria uma postura defensiva e desdenhosa diante de algo que contestava seus próprios princípios. Mozart, ao contrário, abriu sua mente para novas possibilidades e durante um ano inteiro estudou o uso que Bach fazia do contraponto e o absorveu em seu próprio vocabulário. Isso deu à sua música uma qualidade nova e surpreendente. Pode parecer algum tipo de absurda presunção poética, mas a verdade é que cultivar a capacidade negativa será o fator mais importante para o seu sucesso como pensador criativo. A necessidade de certeza é a mais terrível doença que a mente enfrenta.

LEI DO DIA: DESENVOLVA O HÁBITO DE SUSPENDER A NECESSIDADE DE JULGAR TUDO O QUE CRUZA SEU CAMINHO. LEVE EM CONSIDERAÇÃO E ATÉ MESMO ASSUMA MOMENTANEAMENTE PONTOS DE VISTA OPOSTOS AO SEU, PARA CONHECER E SENTIR NA PELE NOVAS PERCEPÇÕES. FAÇA QUALQUER COISA QUE QUEBRE A SUA LINHA HABITUAL DE PENSAMENTO E O SENTIMENTO DE QUE VOCÊ JÁ SABE A VERDADE.

Maestria, Seção V – Desperte a mente dimensional: A fase criativa-ativa

26 DE MARÇO

Preste atenção às pistas negativas

No conto "Estrela de prata",[8] de Arthur Conan Doyle, o detetive Sherlock Holmes resolve um crime prestando atenção ao que não aconteceu – o cachorro da família não latiu. Isso significava que o assassino devia ter sido alguém que o cachorro conhecia. O que essa história ilustra é como a pessoa mediana geralmente não presta atenção ao que chamaremos de "pistas negativas": o que deveria ter acontecido, mas não aconteceu. É uma tendência natural nos fixarmos em informações positivas, percebermos apenas o que podemos ver e ouvir. Somente as pessoas criativas como Holmes pensam de forma mais ampla e rigorosa, ponderando sobre informações ausentes num acontecimento, visualizando essa ausência com a mesma facilidade com a qual percebemos a presença de algo. Durante séculos, os médicos consideraram que as doenças decorriam exclusivamente do ataque de agentes externos ao corpo – um germe contagioso, uma corrente de ar frio, miasmas e assim por diante. O tratamento dependia de encontrar medicamentos de algum tipo que pudessem neutralizar os efeitos nocivos desses agentes ambientais de doenças. Até que, no início do século 20, o bioquímico Frederick Gowland Hopkins, estudando as sequelas do escorbuto, teve a ideia de inverter essa perspectiva. O que causava o problema dessa doença específica, ele especulou, não era o que atacava de fora, mas o que faltava dentro do corpo em si – neste caso, o que veio a ser conhecido como vitamina C. Pensando de modo criativo, a fim de resolver o problema ele não olhou para o que estava presente, mas precisamente para o que estava ausente. Isso resultou em seu inovador trabalho sobre vitaminas e alterou por completo nosso conceito de saúde.

---

8. Com o título original "Silver Blaze", foi publicado pela primeira vez na revista *Strand* em dezembro de 1892. (N. T.)

LEI DO DIA: A CAPACIDADE DE SOLTAR AS AMARRAS DA NOSSA MENTE – DE ALTERAR NOSSA PERSPECTIVA – É UMA FUNÇÃO DE NOSSA IMAGINAÇÃO. APRENDA A IMAGINAR MAIS POSSIBILIDADES DO QUE VOCÊ GERALMENTE LEVA EM CONSIDERAÇÃO. EVITE SE FIXAR APENAS NO QUE ESTÁ PRESENTE. PONDERE SOBRE O QUE ESTÁ AUSENTE.

Maestria, Seção V – Desperte a mente dimensional: A fase criativa-ativa

27 DE MARÇO
O poder das experiências de pico

> Alguém que está vivendo experiências de pico sente-se, mais do que outras vezes, o centro responsável, ativo e criador de suas atividades e de suas percepções. Ele se sente mais como uma força motriz, um acionador, mais autodeterminado (em vez de provocado, determinado, desamparado, dependente, passivo, fraco, comandado). Ele se sente seu próprio chefe, totalmente responsável, totalmente volitivo, com mais livre-arbítrio do que em outras épocas, senhor de seu destino, um agente.
>
> — Abraham Maslow

Talvez a maior dificuldade que você vá enfrentar para manter um senso elevado e consistente de propósito seja o nível de comprometimento que é necessário com o passar do tempo, além dos sacrifícios que o acompanham. Você terá de lidar com muitos momentos de frustração, tédio e fracasso, além das tentações incessantes da nossa cultura por prazeres mais imediatos. E, com o passar dos anos, você talvez venha a se sentir esgotado. Para contrabalançar esse tédio, serão necessários momentos de fluxo em que a sua mente mergulha tão fundo no trabalho que você é transportado para além do seu ego, experimentando uma sensação de calma profunda e euforia. O psicólogo Abraham Maslow chamou isso de "experiências de pico" – uma vez que você passa por elas, será mudado para sempre. Você sentirá a necessidade de repeti-las; os prazeres mais imediatos que o mundo oferece empalidecem em comparação com elas. E, quando você se sentir recompensado pela sua dedicação e por seus sacrifícios, o seu senso de propósito será intensificado.

LEI DO DIA: ENTRE NUM ESTADO DE FLUXO HOJE. LIVRE-SE DAS DISTRAÇÕES E PRAZERES BARATOS. PERCA-SE NO TRABALHO.

As leis da natureza humana, Capítulo 8: Mude as suas circunstâncias mudando de atitude – A Lei da Autossabotagem

28 DE MARÇO
Vá além do intelecto

Por meio da absorção intensa num determinado campo de atuação por um longo período de tempo, os Mestres passam a compreender todas as partes envolvidas em seu tema de estudo. Chegam a um ponto em que tudo isso se internaliza e em que deixam de ver as partes, mas ganham uma sensibilidade intuitiva acerca do todo. Literalmente veem ou sentem a dinâmica. Nas ciências da vida, temos o exemplo da primatologista e antropóloga britânica Jane Goodall, que durante anos estudou chimpanzés nas selvas do leste da África enquanto vivia entre eles. Interagindo constantemente com os animais, chegou a um ponto em que começou a pensar como um chimpanzé e podia ver elementos da vida social dos animais dos quais nenhum outro cientista havia sequer chegado perto.

Ela adquiriu uma sensibilidade intuitiva não apenas em relação a como eles se comportavam como indivíduos, mas também como um grupo, o que é uma parte inseparável da vida dos primatas. Goodall fez descobertas sobre a vida social dos chimpanzés que alteraram para sempre nossas concepções sobre os animais, e que não são menos científicas por dependerem desse profundo nível de intuição.

LEI DO DIA: COM O TEMPO, OS MESTRES ADQUIREM UMA PERCEPÇÃO INTUITIVA ACERCA DE SEU CAMPO DE ATUAÇÃO COMO UM TODO. É UMA EMOÇÃO E UMA ALEGRIA QUE ESTÃO À SUA ESPERA SE VOCÊ FOR PACIENTE.

Maestria, Seção VI – Combine o intuitivo com o racional: Maestria

29 DE MARÇO
Combine o intuitivo com o racional (A)

Albert Einstein definiu a mente intuitiva ou metafórica como um dom sagrado. Acrescentou que a mente racional era um servo fiel. É paradoxal que no contexto da vida moderna tenhamos começado a adorar o servo e aviltar o divino.
— Bob Samples (1933-2012, escritor e acadêmico norte-americano), *The Metaphoric Mind* [A mente metafórica], 1976

Todos nós temos acesso a uma forma superior de inteligência que pode nos permitir ver mais aspectos do mundo, antecipar tendências e reagir com rapidez e precisão a qualquer circunstância. Cultivamos essa inteligência quando mergulhamos profundamente num campo de estudo e permanecemos fiéis às nossas inclinações, por mais que nosso modo de agir pareça pouco convencional para os outros. Por meio dessa intensa imersão ao longo de muitos anos, chegamos a adquirir uma sensibilidade intuitiva acerca dos complexos componentes de nosso campo de atuação. Quando combinamos essa sensibilidade intuitiva com processos racionais, expandimos nossa mente para os limites exteriores do nosso potencial e somos capazes de enxergar o núcleo secreto da própria vida. Chegamos então a ter poderes que se aproximam da força instintiva e velocidade dos animais, mas com o alcance adicional que nossa consciência humana nos proporciona.

LEI DO DIA: NOSSO CÉREBRO FOI PROJETADO PARA ALCANÇAR ESSE PODER, E SEREMOS NATURALMENTE CONDUZIDOS A ESSE TIPO DE INTELIGÊNCIA SE SEGUIRMOS NOSSAS INCLINAÇÕES ATÉ O FIM.

Maestria, Seção VI – Combine o intuitivo com o racional: Maestria

30 DE MARÇO
Combine o intuitivo com o racional (B)

O grande mestre enxadrista norte-americano Bobby Fischer falou sobre ser capaz de pensar além dos vários movimentos de suas peças no tabuleiro; depois de um tempo, passou a conseguir ver "campos de forças" que lhe permitiam antecipar toda a direção da partida. O pianista Glenn Gould não precisava mais se concentrar nas notas ou na parte da música que ele estava tocando; em vez disso, visualizava toda a arquitetura da peça e era capaz de expressá-la. De súbito, Albert Einstein conseguiu perceber não apenas a resposta para um problema, mas uma maneira totalmente nova de observar o universo, contido numa imagem visual que ele intuiu. Em todos esses exemplos, os praticantes de várias habilidades descreveram uma sensação de *ver mais e melhor*. Todos nós temos acesso a essa forma superior de inteligência, graças à qual podemos ver mais aspectos do mundo, antecipar tendências e reagir com rapidez e precisão a qualquer circunstância. Ao transitar por essas várias etapas, com uma energia intensa, tenha fé de que com o tempo esses poderes intuitivos virão até você. A capacidade de sentir a dinâmica geral em qualquer situação e de antever problemas e soluções antes de qualquer um o levará aos picos do poder.

LEI DO DIA: SE VOCÊ SE MANTIVER NO CAMINHO, OS PODERES DA MAESTRIA VIRÃO ATÉ VOCÊ.

Maestria, Seção VI – Combine o intuitivo com o racional: Maestria

31 DE MARÇO
Conecte-se ao seu destino

Só não falem de dons e talentos inatos! Podemos nomear grandes homens de toda espécie que foram pouco dotados. Mas adquiriram grandeza, tornaram-se "gênios" [...] Todos tiveram a diligente seriedade do artesão, que primeiro aprende a construir perfeitamente as partes, antes de ousar fazer um grande todo; permitiram-se tempo para isso.
— Friedrich Nietzsche, *Humano, demasiado humano* (1878)

Como a essa altura você já deve saber, a Maestria não é uma questão de genética, tampouco de sorte, mas de seguir suas inclinações naturais e o profundo desejo que o instiga. Todo mundo tem essas inclinações. O desejo que existe dentro de você não é motivado por egoísmo ou pura ambição de poder, emoções que na verdade atravancam o caminho para a Maestria. Em vez disso, é uma expressão profunda de algo natural, algo que marcou você desde o nascimento como um indivíduo singular. Ao seguir suas inclinações e avançar em direção à Maestria, você faz uma grande contribuição à sociedade, enriquecendo-a com descobertas e ideias perspicazes e aproveitando ao máximo a diversidade na natureza e em meio à sociedade humana. Verdade seja dita, é o cúmulo do egoísmo meramente consumir o que os outros criam e se fechar numa concha de objetivos limitados e prazeres imediatos. Afastar-se de suas inclinações só pode levar à dor e à decepção em longo prazo, resultando na sensação de que você desperdiçou algo único. Essa dor será expressa na forma de amargura e inveja, e você não reconhecerá a verdadeira fonte de sua depressão. Seu verdadeiro eu não fala por meio de palavras ou frases banais. Sua voz vem de dentro de você, do substrato de sua psique, de algo enraizado e entranhado fisicamente dentro de você. Ela emana de sua singularidade e se comunica por meio de poderosos desejos e sensações que parecem transcendê-lo. Em última análise, você não é capaz de entender por que se sente atraído por certas atividades ou formas de conhecimento. A verdade é que isso não pode ser verbalizado ou explicado. É simplesmente um fato da natureza.

LEI DO DIA: AO SEGUIR SUA VOZ, VOCÊ PERCEBE SEU PRÓPRIO POTENCIAL E SATISFAZ SEUS DESEJOS MAIS PROFUNDOS DE CRIAR E EXPRESSAR SUA PRÓPRIA SINGULARIDADE. ESSA VOZ EXISTE PARA UM PROPÓSITO, E É SUA MISSÃO DE VIDA MATERIALIZÁ-LA E TORNÁ-LA REALIDADE.

Maestria, Seção VI – Combine o intuitivo com o racional: Maestria

ABRIL

O cortesão perfeito
Jogando o jogo do poder

O jogo do poder é um jogo de duplicidade constante que se assemelha em muito à dinâmica de poder que existia no mundo das antigas cortes aristocráticas. Ao longo da história, sempre se formou uma corte em torno da pessoa mais poderosa – rei, rainha, imperador, líder. Os cortesãos que habitavam essa corte ocupavam uma posição especialmente delicada: tinham que servir aos mestres, mas, se parecessem bajular demais, se os adulassem de maneira escancarada, outros cortesãos ao seu redor notariam e agiriam contra eles. Ao mesmo tempo, a corte deveria representar o auge da civilização e do refinamento. Este era o dilema dos cortesãos: embora parecessem o próprio modelo de elegância, precisavam superar em astúcia seus adversários e tolher suas manobras da maneira mais sutil. A vida na corte era um jogo incessante, que exigia vigilância constante e pensamento tático. Era uma guerra civilizada. Hoje enfrentamos um paradoxo estranhamente semelhante ao do cortesão: tudo deve parecer civilizado, decente, democrático e justo. Mas se jogarmos estritamente de acordo com essas regras rígidas, se as interpretarmos muito ao pé da letra, seremos esmagados por aqueles que estão a nosso redor e que não são tão tolos assim. Como o grande diplomata e cortesão renascentista Nicolau Maquiavel escreveu: "O homem que quiser ser bom em todos os aspectos terminará arruinado entre tantos que não são bons". A corte imaginava ser o suprassumo do refinamento, mas sob sua superfície cintilante fervilhava um caldeirão de emoções sombrias – ganância, inveja, luxúria e ódio, tudo em ebulição.

Nosso mundo de hoje também julga ser a quinta-essência da justiça, mas as mesmas emoções feias ainda se agitam dentro de nós, como sempre aconteceu. O jogo é o mesmo. O mês de abril vai ensinar você a jogar o jogo do poder como o cortesão perfeito.

★★★

Quando entramos no mundo real, de supetão somos pegos de surpresa pela vastidão de tudo o que existe. É como se fosse o nosso segredinho. As pessoas falam até sobre a vida sexual delas, mas ninguém fala sobre todos os jogos de poder que estão constantemente acontecendo no mundo. Então, quero contar aqui minha história pessoal de quando saí da universidade e de repente fiquei frente a frente com o mundo real.

Eu me formei em estudos clássicos, grego antigo e latim. Estava acostumado ao intenso mergulho na filosofia, em línguas e literaturas. Quando comecei a trabalhar, essencialmente em revistas – meu primeiro emprego foi na *Esquire* –, não tinha ideia de como as coisas funcionavam no mundo real e fiquei perplexo com todos os conflitos de egos, inseguranças, joguinhos e politicagens. Isso me perturbou e me aborreceu. Ainda me lembro de um trabalho específico, por volta dos meus 26 ou 27 anos, que me afetou profundamente.

Não direi que trabalho foi esse. Não quero que você pesquise no Google para descobrir de quem estou falando. Mas, basicamente, fui incumbido da tarefa de encontrar histórias que seriam inseridas numa série documental e fui julgado pelo número de boas histórias que encontrei. Sou uma pessoa muito competitiva, e meu desempenho era melhor que o de qualquer outro colega de trabalho. Encontrei um bocado de histórias que acabaram sendo produzidas no documentário e disse a mim mesmo: "Não é esse o objetivo?". Estávamos tentando produzir uma série. Estávamos tentando fazer o trabalho, e eu estava mais do que cumprindo meu quinhão.

De repente, minha superiora deixou bem claro que não estava nada feliz comigo. Eu devia estar fazendo algo errado, pois ela mostrou descontentamento com meu trabalho, e mesmo assim eu não conseguia descobrir qual era o problema.

Tentei me colocar no lugar dela e me peguei pensando: "O que será que estou fazendo para desagradar a minha chefe? É mais do que evidente que estou realizando um trabalho muito produtivo". E imaginei que a razão talvez fosse o fato de que eu não a estava envolvendo nas minhas decisões e escolhas, nas minhas ideias. Talvez precisasse apresentar tudo a ela primeiro, passar pelo crivo dela. Precisava incluí-la para que ela se sentisse parte da minha pesquisa.

A partir daí, comecei a entrar na sala da chefe e contar de onde vinham minhas ideias. Tentei envolvê-la, presumindo que esse era o problema. Bem, aparentemente minha estratégia não funcionou. Ainda era visível que ela estava descontente comigo. Talvez simplesmente não gostasse de mim. Então, indo um pouco mais longe, pensei: "Bem, talvez eu não esteja sendo simpático o suficiente com ela. Talvez eu precise ser mais legal. Talvez eu precise entrar na sala dela e, em vez de falar sobre trabalho, apenas puxar conversa, bater papo e ser agradável".

Certo. Então essa foi a minha estratégia número dois. Comecei a ser bonzinho. Ainda assim, minha chefe parecia me tratar com muita frieza. Concluí: "Tudo bem, ela me odeia. É a vida. Não se pode agradar todo mundo. Deve ser isso. Vou continuar fazendo meu trabalho". Até que, um dia, durante uma reunião para a discussão de ideias, eu estava distraído, um tanto alheio ao debate, e de repente ela interrompeu alguém e declarou:

— Robert, temos um problema com essa sua postura.
— O quê?
— Você não está ouvindo as pessoas aqui.
— Estou ouvindo – fiquei um pouco na defensiva. – Eu produzo. Eu trabalho duro – aleguei. Ela iria me julgar pelo quanto meus olhos estavam abertos e pela forma como estava ouvindo as pessoas?
— Não. Você tem um problema neste ponto — retrucou ela.
— Desculpe, não concordo.

De qualquer forma, ao longo das semanas seguintes ela começou a me torturar por causa de minha suposta atitude hostil. E, claro, naturalmente adotei uma postura rude. Comecei a me ressentir dela. Algumas semanas depois pedi demissão, porque simplesmente detestava aquela situação. Acho que pedi as contas uma semana antes de eles me demitirem, de qualquer maneira. Fui para casa e, durante várias semanas, fiz uma profunda reflexão. O que aconteceu? O que fiz errado? Será que ela simplesmente não gostava de mim? Acho que sou uma pessoa simpática.

Por fim, depois de muita análise, cheguei à conclusão de que havia violado uma lei do poder dez anos antes de escrever o livro *As 48 leis do poder*. **Lei 1: Nunca ofusque o brilho do mestre.** Entrei naquele ambiente pensando que o que importava era fazer um ótimo trabalho e mostrar todo o meu talento. Mas, ao fazer isso, levei aquela mulher, minha superiora hierárquica, a se sentir insegura e que talvez eu estivesse interessado em tomar o cargo dela, ou a deixei com a sensação de que eu era melhor do que ela. E eu a coloquei em maus lençóis porque as boas ideias vinham de mim e não dela. A bem da verdade, ela não tinha culpa nenhuma. Eu violei a Lei 1. E quem viola a Lei 1 sofre as consequências, porque isso significa mexer com o ego e com as inseguranças de uma pessoa. É a pior coisa que se pode fazer, e foi isso que aconteceu.

Refletir sobre esse fato foi uma virada de chave na minha vida. Eu disse a mim mesmo: "Nunca mais vou deixar isso acontecer. E nunca vou levar as coisas para o lado pessoal e agir movido pela emoção". Porque foi isto que aconteceu: em essência, reagi com forte abalo emocional à frieza e à agressividade dela e desenvolvi uma atitude hostil. Nunca mais. Sou escritor. Vou tratar meus trabalhos com certo distanciamento. Vou me tornar um mestre observador do jogo de poder. Vou observar essas pessoas como se fossem ratos num laboratório, e eu o cientista.

De súbito, isso me permitiu não apenas observar os jogos de poder sendo encenados nos muitos diferentes tipos de emprego que tive, mas também, mantendo algum afastamento e olhando o mundo de certa distância, de repente eu me vi com poder. Sem me deixar enredar pelas emoções, eu poderia lidar com as coisas com muito mais facilidade. A partir dessa perspectiva, escrevi *As 48 leis do poder*. O que concluí com o livro é que esta é a realidade com a qual todos devemos lidar: somos criaturas sociais, vivemos em ambientes nos quais existem todos os tipos de complicadas redes de contatos e, de certa forma, somos definidos pela forma como lidamos com esses ambientes, com essa realidade.

1º DE ABRIL

Nunca ofusque o brilho do mestre

> Evite brilhar mais do que o seu senhor. Toda superioridade é odiosa, mas a superioridade de um súdito com relação ao seu príncipe não só é estúpida como fatal.
>
> — Baltasar Gracián

Em seu desejo de agradar e impressionar, não exagere na exibição de seus talentos, ou você poderá conseguir o oposto: inspirar medo e insegurança. Todo mundo tem inseguranças. Quando você se mostra no mundo e exibe seus talentos, naturalmente desperta todo tipo de ressentimento, inveja e outras manifestações de insegurança. É previsível que isso aconteça. Você não pode passar a vida se preocupando com os sentimentos mesquinhos dos outros. Com as pessoas que ocupam posições hierárquicas acima de você, no entanto, adote uma estratégia diferente: quando se trata de poder, ofuscar o brilho do mestre talvez seja o pior erro de todos. Faça seus mestres parecerem mais brilhantes do que são e você chegará ao auge do poder. Se suas ideias são mais criativas que as de seu mestre, atribua-as a ele da maneira mais pública possível. Deixe claro que seu conselho é apenas um eco do conselho dele. Se você for mais inteligente que seu mestre, não há problema em desempenhar o papel do bobo da corte, mas também não o faça parecer frio e mal-humorado em comparação. Se você é naturalmente mais sociável e generoso do que seu mestre, tome cuidado para não ser a nuvem que bloqueia o brilho dele. Ele deve figurar como o Sol em torno do qual todos giram, irradiando poder e brilho, o único e absoluto centro das atenções.

LEI DO DIA: SEMPRE FAÇA COM QUE AS PESSOAS ACIMA DE VOCÊ SE SINTAM CONFORTAVELMENTE SUPERIORES.

As 48 leis do poder, Lei 1: Nunca ofusque o brilho do mestre

2 DE ABRIL

Faça seu mestre sentir-se glorioso e superior

Como todos os cientistas da Renascença, Galileu dependia da generosidade de grandes governantes para financiar seu trabalho e suas pesquisas. Por mais extraordinária que fosse a descoberta, no entanto, seus mecenas geralmente o pagavam com presentes, não em dinheiro vivo. Isso resultava numa vida de constante insegurança e dependência. Em 1610, Galileu adotou uma nova estratégia quando descobriu as luas de Júpiter: transformou seu achado num evento cósmico de homenagem ao esplendor dos Médici. Os Médici fizeram de Galileu o filósofo e matemático oficial da corte, com salário integral. Os cientistas não são poupados dos caprichos e excentricidades da vida na corte e do patrocínio de ricos. Eles também devem servir aos senhores que são os donos do dinheiro. E seus grandes dotes intelectuais podem fazer o mestre se sentir inseguro, como se estivesse ali apenas para suprir os recursos financeiros – uma tarefa feia e ignóbil. O produtor de uma grande obra quer ter a sensação de que é mais do que apenas o provedor do financiamento. Ele quer parecer criativo e poderoso, e também mais importante do que o trabalho produzido em seu nome. Em vez de insegurança, você deve lhe dar glória. Com sua descoberta, Galileu não desafiou a autoridade intelectual dos Médici, tampouco os fez se sentirem de alguma forma inferiores; ao alinhá-los com as estrelas, ele os fez brilhar entre as cortes da Itália. Em vez de ofuscar seus mestres, fez com que reluzissem tanto a ponto de eclipsar todos os outros mecenas.

LEI DO DIA: NÃO APENAS NUNCA OFUSQUE O MESTRE, MAS FAÇA BRILHAREM OS QUE ESTÃO ACIMA DE VOCÊ.

As 48 leis do poder, Lei 1: Nunca ofusque o brilho do mestre

3 DE ABRIL

Descubra quem manda

O poder sempre existe em formas concentradas. Em qualquer tipo de organização, é inevitável que um pequeno grupo exerça o controle de tudo. E invariavelmente não são as pessoas que ostentam os títulos. No jogo do poder, apenas o tolo atira para todos os lados sem se fixar em seu alvo. Você deve descobrir quem controla as operações, quem é o verdadeiro mandachuva nos bastidores. Como Richelieu descobriu no início de sua ascensão ao topo da cena política francesa durante o início do século 17, não era o rei Luís XIII quem decidia as coisas, era a mãe do rei. Assim, Richelieu se uniu a ela e se catapultou através das fileiras dos cortesãos até chegar ao topo. Basta encontrar petróleo uma vez – sua riqueza e poder estão assegurados pelo resto da vida.

LEI DO DIA: AO PROCURAR FONTES DE PODER PARA CHEGAR A UMA POSIÇÃO MAIS ELEVADA, BUSQUE AS PESSOAS QUE REALMENTE DÃO AS ORDENS E CONTROLAM AS COISAS. NEM SEMPRE OS MANDACHUVAS SÃO QUEM VOCÊ PENSA. ASSIM QUE IDENTIFICÁ-LOS, JUNTE-SE A ELES.

As 48 leis do poder, Lei 23: Concentre as suas forças

4 DE ABRIL
Saiba quando dar e receber o crédito

Você tem que saber o momento em que compartilhar o crédito com outras pessoas é benéfico para seus próprios objetivos. É especialmente importante não ser ganancioso quando você tem um mestre numa posição superior. A histórica visita do presidente Richard Nixon à República Popular da China em 1972 foi originalmente ideia dele, mas talvez nunca tivesse acontecido não fosse pela hábil diplomacia de Henry Kissinger. Tampouco teria sido um evento bem-sucedido sem as habilidades dele. Ainda assim, quando chegou a hora de reivindicar o crédito, Kissinger teve a astúcia de deixar Nixon com a maior fatia. Sabendo que a verdade viria à tona mais tarde, ele teve o cuidado de não colocar em risco sua posição no curto prazo monopolizando os holofotes. Kissinger jogou o jogo com destreza. Levou o crédito pelo trabalho dos que estavam abaixo dele enquanto elegantemente deu o crédito de seu próprio trabalho a quem estava acima dele. É assim que se joga o jogo.

LEI DO DIA: FIQUE COM O CRÉDITO DOS QUE ESTÃO ABAIXO DE VOCÊ. DÊ O CRÉDITO AOS QUE ESTÃO ACIMA.

As 48 leis do poder, Lei 7: Faça os outros trabalharem para você, mas sempre fique com o crédito

5 DE ABRIL

Recrie-se para se transformar num personagem poderoso

Em 1832, uma editora aceitou o manuscrito de *Indiana*, o primeiro grande romance de Aurore Dupin Dudevant. Ela escolheu publicá-lo sob um pseudônimo, "George Sand", e toda Paris supôs que esse novo e impressionante escritor era evidentemente um homem. Antes de criar "George Sand", Dudevant usava roupas masculinas esporadicamente; então, como figura pública, ela exagerou na imagem. Acrescentou a seu guarda-roupa casacos compridos, chapéus cinza, botas pesadas e gravatas elegantes. Fumava charutos e, nos círculos sociais, se expressava como um homem, sem medo de dominar a conversa ou usar palavras atrevidas. Esse estranho escritor "masculino/feminino" fascinou o público. Mas as pessoas que conheciam Sand um pouco melhor entenderam que sua persona masculina a protegia da intromissão do escrutínio da opinião pública. No mundo, ela gostava de interpretar o papel ao extremo; na esfera privada, continuava sendo ela mesma. Ela percebeu também que a personagem "George Sand" poderia ficar obsoleta ou previsível; para evitar que isso acontecesse, de tempos em tempos alterava drasticamente a personagem que havia criado; começou a meter o bedelho na política, liderando manifestações, inspirando rebeliões estudantis. Ninguém lhe ditaria os limites da personagem que ela havia criado. Muito tempo depois de sua morte, e depois que a maioria das pessoas parou de ler seus romances, a teatralidade quase sobre-humana desse personagem continuou a fascinar e inspirar. Entenda: o personagem que você parece ter nascido para interpretar não é necessariamente quem você é; além das características que herdou, seus pais, seus amigos e seus colegas lhe ajudaram a moldar sua personalidade. A tarefa prometeica dos poderosos é assumir o controle do processo, parar de permitir que outros tenham a capacidade de limitá-los e moldá-los.

LEI DO DIA: RECRIE-SE PARA SE TRANSFORMAR NUM PERSONAGEM PODEROSO. ESCULPIR A SI MESMO COMO UMA PEÇA DE ARGILA DEVE SER UMA DAS SUAS MAIS EXTRAORDINÁRIAS E MAIS PRAZEROSAS MISSÕES DE VIDA. ISSO FAZ DE VOCÊ, EM ESSÊNCIA, UM ARTISTA – UM ARTISTA CRIANDO A SI PRÓPRIO.

As 48 leis do poder, Lei 25: Recrie-se

6 DE ABRIL

Pareça ser mais panaca do que você realmente é

Saiba usar a burrice: há ocasiões em que até o mais sábio dos homens recorre a essa estratégia. Existem momentos em que a mais elevada sabedoria consiste em parecer não saber – você não deve ser ignorante, mas deve ser capaz de fingir que é.

— Baltasar Gracián

Se você é ambicioso, mas se encontra numa baixa posição hierárquica, este truque pode ser útil: parecer menos inteligente do que se é, até mesmo um pouco tolo, é o disfarce perfeito. Aparente ser um porco inofensivo e ninguém acreditará que você alimenta ambições perigosas. Você pode até ganhar uma promoção, já que demonstra ser tão agradável e subserviente. A inteligência é a óbvia qualidade a ser minimizada, mas por que parar por aí? O gosto, as predileções e a sofisticação estão próximos da inteligência na escala das vaidades; faça as pessoas sentirem que são mais sofisticadas do que você e elas baixarão a guarda. Um ar de completa ingenuidade pode fazer maravilhas.

LEI DO DIA: DE MANEIRA GERAL, SEMPRE FAÇA AS PESSOAS ACREDITAREM QUE SÃO MAIS INTELIGENTES E MAIS SOFISTICADAS DO QUE VOCÊ. ELAS MANTERÃO VOCÊ POR PERTO PORQUE VOCÊ AS FAZ SENTIR MELHOR A RESPEITO DE SI MESMAS, E QUANTO MAIS TEMPO VOCÊ ESTIVER PERTO DELAS, MAIS OPORTUNIDADES TERÁ PARA ILUDI-LAS.

As 48 leis do poder, Lei 21: Faça o papel de otário para pegar os otários – pareça ser mais panaca do que você realmente é

7 DE ABRIL
Não seja o cínico da corte

A cera, substância naturalmente dura e quebradiça, pode ser amolecida pela aplicação de um pouco de calor, para que tome a forma que desejar. Da mesma forma, se você for educado e simpático, tornará as pessoas flexíveis e prestativas, mesmo que possam ser rabugentas e malévolas. Portanto, a polidez é para a natureza humana o que o calor é para a cera.
— ARTHUR SCHOPENHAUER (1788-1860, filósofo alemão)

Expresse admiração pelo bom trabalho dos outros. Se você criticar constantemente seus iguais ou subordinados, algumas dessas críticas ficarão impregnadas em você, pairando como uma nuvem cinzenta aonde quer que vá. As pessoas resmungarão a cada novo comentário cínico, e você vai irritá-las. Ao expressar admiração modesta pelas realizações alheias, você paradoxalmente chama a atenção para as suas.

LEI DO DIA: A CAPACIDADE DE EXPRESSAR ADMIRAÇÃO E ENCANTAMENTO, E PARECER SINCERO, É UM TALENTO RARO E QUASE EXTINTO, MAS AINDA MUITO VALORIZADO.

As 48 leis do poder, Lei 24: Represente o cortesão perfeito

8 DE ABRIL
Domine suas respostas emocionais

Um soberano jamais deve colocar em ação um exército motivado apenas pela raiva, e um general jamais deve iniciar uma guerra motivado apenas pela ira.
— Sun Tzu (544 a.C.-496 a.C., general, estrategista e filósofo chinês), *A arte da guerra* (século 4 a.C.)

Pessoas raivosas geralmente acabam fazendo o papel de ridículas, pois a resposta delas parece desproporcional ao que ocasionou sua fúria. Elas levam as coisas muito a sério, exagerando o mal ou o insulto que lhes foi feito. São tão sensíveis a uma afronta ou desfeita que chega a ser cômico o quanto levam as coisas para o lado pessoal. Mais cômica ainda é a convicção de que suas explosões significam potência. Na verdade, é o contrário: petulância não é poder, é sinal de impotência. As pessoas podem ficar temporariamente intimidadas por seus surtos e chiliques, mas no fim acabam perdendo o respeito por você. E também percebem que é muito fácil minar uma pessoa que tem tão pouco autocontrole.

LEI DO DIA: DEMONSTRAR RAIVA E EMOÇÃO É SINAL DE FRAQUEZA; SE VOCÊ NÃO É CAPAZ DE CONTROLAR A SI MESMO, COMO PODE CONTROLAR QUALQUER COISA?

As 48 leis do poder, Lei 39: Agite as águas para atrair os peixes

9 DE ABRIL
Muita coisa depende da reputação

No âmbito social, as aparências são o barômetro de quase todos os nossos julgamentos, e você nunca deve se enganar acreditando em outra coisa. Um deslize, um passo em falso, uma mudança estranha ou repentina em sua aparência podem ser um desastre. Por essa razão, é de suprema importância que você crie e mantenha sua própria reputação. Essa reputação irá protegê-lo no perigoso jogo das aparências, distraindo os olhares enxeridos das outras pessoas e impedindo que saibam quem é você realmente, dando um certo grau de controle sobre como o mundo o julga – uma posição poderosa. A reputação tem um quê de poder mágico: com um movimento de sua varinha, ela pode duplicar a força que você tem. E pode também fazer as pessoas fugirem em disparada para longe de você. As mesmas ações podem parecer brilhantes ou terríveis – depende inteiramente da reputação de quem as pratica. A reputação, portanto, é um tesouro que deve ser cuidadosamente acumulado e guardado. Sobretudo no início, quando você ainda está começando a construir sua reputação, deve protegê-la com rigor, antecipando-se a todos os ataques. Assim que tiver estabelecido uma reputação sólida, não se deixe irritar pelos comentários caluniosos de seus inimigos nem fique na defensiva – atitudes que revelam insegurança e falta de confiança na sua reputação. Em vez disso, pegue o caminho mais fácil e jamais demonstre estar desesperado para se defender.

LEI DO DIA: A REPUTAÇÃO É A PEDRA ANGULAR DO PODER. É SOMENTE POR MEIO DELA QUE VOCÊ PODE INTIMIDAR E VENCER; NO ENTANTO, SE SUA REPUTAÇÃO SOFRER QUALQUER ABALO, VOCÊ FICARÁ VULNERÁVEL E SERÁ ATACADO POR TODOS OS LADOS. NUNCA PERMITA QUE OUTROS DEFINAM SUA PRÓPRIA REPUTAÇÃO.

As 48 leis do poder, Lei 5: Muita coisa depende da reputação – Sacrifique sua própria vida para protegê-la

10 DE ABRIL
Sempre diga menos do que o necessário

As palavras desrespeitosas de um sujeito muitas vezes criam raízes mais profundas do que a lembrança de más ações.
— Sir Walter Raleigh (1552/1554-1618, explorador, corsário, espião, escritor e poeta britânico)

Ao tentar impressionar as pessoas com palavras, quanto mais você diz, mais comum e menos no controle da situação parece estar. Mesmo que esteja dizendo algo banal, parecerá original se você tornar suas palavras vagas, amplas, enigmáticas como uma esfinge. As pessoas poderosas impressionam e intimidam falando menos. Quanto mais você falar, maior a probabilidade de dizer uma tolice.

LEI DO DIA: AO DIZER MENOS DO QUE O NECESSÁRIO, VOCÊ CRIA A APARÊNCIA DE SIGNIFICADO E POTÊNCIA. ALÉM

DISSO, QUANTO MENOS VOCÊ DIZ, MENOS RISCO CORRE DE DIZER ALGO TOLO E ATÉ MESMO PERIGOSO.

As 48 leis do poder, Lei 4: Sempre diga menos do que o necessário

11 DE ABRIL
Apele ao egoísmo das pessoas

> A maneira mais rápida e eficaz de você fazer fortuna é deixar as pessoas verem claramente que é do interesse delas promover o seu interesse.
> — Jean de La Bruyère (1645-1696), moralista francês

Em sua busca pelo poder, você muitas vezes se verá na posição de ter de pedir ajuda a pessoas mais poderosas do que você. Pedir ajuda é uma arte, que depende da sua capacidade de entender a pessoa com quem está lidando, e não confundir suas próprias necessidades com as delas. Em sua maioria as pessoas nunca conseguem fazer isso com êxito, porque estão completamente presas a suas próprias vontades e desejos. Partem do pressuposto de que as pessoas a quem estão apelando são movidas por um interesse altruísta em ajudá-las. Falam como se suas necessidades fossem importantes para as outras pessoas – que provavelmente não dão a mínima. Vez por outra se referem a questões mais amplas: uma causa formidável ou emoções grandiosas como amor e gratidão. Miram o quadro geral, quando a verdade é que realidades mais simples seriam muito mais atraentes. O que não percebem é que até mesmo a pessoa mais poderosa está trancada dentro de suas próprias necessidades, e que se o seu pedido não instigar os interesses egoístas dela, o poderoso o verá meramente como um desesperado ou, na melhor das hipóteses, uma perda de tempo.

LEI DO DIA: QUANDO SOLICITAR ALGUMA COISA A ALGUÉM, DESCUBRA ALGO EM SEU PEDIDO QUE BENEFICIE A PESSOA A QUEM VOCÊ ESTÁ PEDINDO, E ENFATIZE ISSO COM ESTARDALHAÇO, DE MANEIRA DESMEDIDA. ELAS RESPONDERÃO COM ENTUSIASMO QUANDO PERCEBEREM QUE TÊM ALGO A GANHAR.

As *48 leis do poder*, Lei 13: Ao pedir ajuda, apele ao egoísmo das pessoas, nunca à sua misericórdia ou gratidão

12 DE ABRIL
Use seus inimigos

Os homens estão mais dispostos a retribuir uma injúria do que um benefício, porque a gratidão é um fardo, e a vingança, um prazer.
— Tácito (c. 56-c. 117, historiador e senador romano)

Em 1971, durante a Guerra do Vietnã, Henry Kissinger foi alvo de uma tentativa frustrada de sequestro, uma conspiração envolvendo, entre outros, os irmãos Berrigan, renomados jesuítas ativistas antiguerra, mais quatro padres católicos e quatro freiras. Na surdina, sem informar o Serviço Secreto ou o Departamento de Justiça, num sábado de manhã Kissinger marcou uma reunião com três dos supostos sequestradores. Explicando a seus convidados que até meados de 1972 já teria evacuado a maior parte dos soldados norte--americanos do Vietnã, Kissinger os deixou encantados. Os conspiradores deram de presente ao diplomata alguns *buttons* com o slogan "Sequestrem Kissinger", e um deles continuou seu amigo por anos a fio, visitando-o em várias ocasiões. Não foi apenas um estratagema de ocasião: Kissinger adotava uma política de trabalhar com aqueles que discordavam dele. Os colegas comentavam que ele parecia se dar melhor com seus inimigos do que com seus amigos. Sempre que possível, faça as pazes com um inimigo e dê um jeito de fazê-lo trabalhar para você.

LEI DO DIA: COMO DISSE LINCOLN, VOCÊ DESTRÓI UM INIMIGO QUANDO FAZ DELE UM AMIGO.

As 48 leis do poder, Lei 2: Nunca confie demais nos amigos

13 DE ABRIL
Melhor ser atacado do que ignorado

Ninguém nasce com a habilidade de brilhar com mais intensidade do que as pessoas ao seu redor. Como não se trata de um talento inato, você tem que aprender a atrair a atenção, assim como um ímã atrai o ferro. No início de sua carreira, você deve atrelar seu nome e sua reputação a uma qualidade, uma imagem, que o diferencie das outras pessoas. Essa imagem pode ser algo como um estilo característico de se vestir ou uma peculiaridade de personalidade que divirta as pessoas e gere comentários. Uma vez estabelecida a sua imagem, você tem uma aparência e um lugar reservado no céu para a sua estrela. É um erro bastante comum imaginar que essa sua aparência peculiar não deva ser controversa, que ser atacado é algo ruim. Nada poderia estar mais longe da verdade. Se você não quiser ser apenas um fogo de palha, um sucesso efêmero cuja notoriedade é eclipsada por outrem, não deve discriminar os diferentes tipos de atenção; no fim das contas, todo tipo de fama funcionará a seu favor. A sociedade anseia por figuras exuberantes e descomunais, pessoas que estão acima da mediocridade geral. Assim, nunca tenha medo das qualidades que o diferenciam e chamam a atenção para você. Corteje a polêmica, até mesmo o escândalo. É melhor ser atacado, inclusive caluniado, do que ignorado. Todas as profissões são regidas por essa lei, e todos os profissionais devem ser um pouco exibicionistas.

LEI DO DIA: NÃO FAÇA DISTINÇÃO ENTRE OS TIPOS DE ATENÇÃO – QUALQUER TIPO DE NOTORIEDADE TRAZ PODER. MELHOR SER DIFAMADO E ATACADO DO QUE IGNORADO.

As 48 leis do poder, Lei 6: Chame a atenção a todo custo

14 DE ABRIL
Veja o mundo como um imenso palácio interconectado

O mundo é perigoso, e os inimigos estão por toda parte – todos têm que se proteger. Uma fortaleza parece ser o lugar mais seguro. Porém, o isolamento mais expõe você a uma série de perigos do que o protege – você fica alijado de informações valiosas, torna-se visível demais e se converte num alvo fácil. Como o poder é uma criação humana, inevitavelmente aumenta pelo contato e a interação com outras pessoas. Em vez de cair na mentalidade da fortaleza, encare o mundo da seguinte maneira: é como um imenso Palácio de Versalhes em que todos os cômodos se intercomunicam. Você precisa ser permeável, capaz de circular em diferentes círculos e se misturar com pessoas diferentes. Essa espécie de mobilidade e contato social o protegerá de conspiradores, que serão incapazes de esconder segredos de você e de seus inimigos, que não conseguirão isolá-lo de seus aliados. Sempre em movimento, você se mistura e interage nos cômodos do palácio, nunca se senta nem se fixa num único lugar. Nenhum caçador no mundo é capaz de colocar na alça de mira uma criatura tão veloz.

LEI DO DIA: COMO OS HUMANOS SÃO CRIATURAS SOCIAIS POR NATUREZA, O PODER DEPENDE DE INTERAÇÃO SOCIAL E DA CIRCULAÇÃO. PARA SE TORNAR PODEROSO, COLOQUE-SE NO CENTRO DAS COISAS, TORNE-SE MAIS ACESSÍVEL, PROCURE VELHOS ALIADOS E FAÇA NOVOS, OBRIGUE-SE A FREQUENTAR CÍRCULOS CADA VEZ MAIS DIFERENTES.

As 48 leis do poder, Lei 18: Não construa fortalezas para se proteger – o isolamento é perigoso

15 DE ABRIL
Crie uma seita de seguidores

Ter um grande número de seguidores e adeptos abre todos os tipos de possibilidades de dissimulação; seus seguidores não apenas vão adorar você, como vão defendê-lo de seus inimigos e assumirão voluntariamente o trabalho de atrair outros para se juntarem à seita incipiente. Esse tipo de poder irá elevá-lo a outro patamar: você não terá mais que lutar ou recorrer a subterfúgios para impor sua vontade. Você é adorado e nunca erra. Você pode até pensar que é uma tarefa hercúlea criar essa seita, mas na verdade é bastante simples. Como seres humanos, temos uma necessidade desesperada de acreditar em alguma coisa, qualquer coisa. Isso nos torna eminentemente crédulos: simplesmente não somos capazes de suportar longos períodos de dúvida, ou o vazio que vem da falta de algo em que acreditar. Ponha na nossa frente alguma nova causa, um elixir, um esquema de enriquecimento rápido ou a mais recente tendência tecnológica ou movimento artístico, que imediatamente morderemos a isca.

> **LEI DO DIA:** AS PESSOAS TÊM UM DESEJO IRRESISTÍVEL DE ACREDITAR EM ALGO. TORNE-SE O PONTO FULCRAL DESSE DESEJO, OFERECENDO-LHES UMA CAUSA, UMA NOVA FÉ A SEGUIR. NA AUSÊNCIA DE RELIGIÃO ORGANIZADA E GRANDES CAUSAS, SEU NOVO SISTEMA DE CRENÇAS LHE TRARÁ PODER.

As 48 leis do poder, Lei 27: Jogue com a necessidade que as pessoas têm de acreditar em alguma coisa para criar uma seita de seguidores

16 DE ABRIL
Não se comprometa com ninguém

> Prefiro ser mendiga e solteira a uma rainha casada.
> — Rainha Elizabeth I (1533-1603)

Quem sempre se apressa para tomar partido é tolo. Não tome partido, nunca se comprometa com nenhum lado ou causa, mas apenas consigo mesmo. Ao manter sua independência, você se torna o mestre dos outros – domina as pessoas, joga umas contra as outras e faz com que corram atrás de você. Se permitir que as pessoas tenham a sensação de que o dominam em algum grau, você perde poder sobre elas. Se não comprometer seus afetos, as pessoas apenas tentarão conquistá-lo com mais afinco. Mantendo distância, você ganha o poder decorrente da atenção e do desejo frustrado das pessoas.

> **LEI DO DIA:** FAÇA O PAPEL DA RAINHA VIRGEM: DÊ AOS OUTROS ESPERANÇA, MAS NUNCA SATISFAÇÃO.

As 48 leis do poder, Lei 20: Não se comprometa com ninguém

17 DE ABRIL
Não se envolva

> Considere que há mais coragem em não se envolver num combate do que em vencer uma batalha; onde já houver a interferência de um tolo, tome cuidado para que não haja dois.
>
> — Baltasar Gracián

Não permita que as pessoas arrastem você para as disputas, desavenças e brigas mesquinhas delas. Ao mesmo tempo, você não pode ficar completamente de fora, pois isso causaria ofensas e ressentimentos desnecessários. Para jogar o jogo da maneira correta, você deve parecer interessado nos problemas delas, e às vezes até dar a impressão de que tomou partido e está do lado delas. Porém, ao mesmo tempo que dá demonstrações externas de apoio, você deve manter intactas sua energia interior e sanidade, sem envolvimento emocional. Por mais que as pessoas tentem arrastar você para a voragem delas, nunca deixe que seu interesse pelos assuntos e disputas alheios ultrapassem a superfície. Presenteie as pessoas, ouça as queixas delas com uma escuta solidária, e vez por outra até faça o papel de sedutor – mas por dentro mantenha a uma distância segura tanto os reis amigáveis como os tiranos pérfidos. Ao se recusar a se comprometer e a se envolver – dessa maneira, preservando sua autonomia –, você mantém a iniciativa: seus movimentos continuam sendo gestos de sua própria escolha, e não reações defensivas ao puxa-empurra dos conflitos de quem está ao seu redor.

LEI DO DIA: SEMPRE TENTE MANTER INTERNAMENTE SUA INDEPENDÊNCIA E EVITE COMPLICAÇÕES QUE NÃO SÃO DE SUA ESCOLHA.

As 48 leis do poder, Lei 20: Não se comprometa com ninguém

18 DE ABRIL
Assuste as cobras

Você pode relaxar e interpretar os sinais ou pode trabalhar ativamente para descobrir as intenções de seus inimigos. Na Bíblia, lemos sobre a suspeita de Davi de que seu sogro, o rei Saul, desejava em surdina que ele morresse. Como Davi poderia descobrir? Ele confidenciou sua suspeita ao filho de Saul, Jônatas, que era seu amigo íntimo. Jônatas se recusou a acreditar, então Davi sugeriu um teste. Davi era esperado na corte para participar de festejos. Ele não iria, mas Jônatas compareceria e apresentaria as justificativas do amigo, que seriam adequadas, mas não urgentes. Como era de se esperar, a desculpa enfureceu Saul, que exclamou: "Busquem Davi imediatamente e o tragam a mim – ele merece morrer!". O teste de Davi foi bem-sucedido porque era ambíguo. Sua desculpa para se ausentar da festa poderia ser lida de mais de uma maneira: se Saul tivesse boas intenções com relação a Davi, teria entendido a ausência do genro como uma atitude egoísta, na pior das hipóteses; mas como secretamente odiava David, viu o gesto como afronta e perdeu a cabeça. Siga o exemplo de Davi: diga ou faça algo que possa ser interpretado de mais de uma maneira, que possa ser superficialmente elegante, mas que também indique uma leve frieza de sua parte ou até mesmo que possa ser visto como um insulto sutil. Pode ser até que um amigo fique na dúvida, mas vai deixar passar. O inimigo secreto, porém, reagirá com raiva. Qualquer emoção veemente e você saberá que há algo fervilhando sob a superfície.

LEI DO DIA: COMO DIZEM OS CHINESES, BATA NA GRAMA PARA ASSUSTAR AS COBRAS.

33 estratégias de guerra, Estratégia 1: Declare guerra aos seus inimigos – A estratégia da polaridade

19 DE ABRIL
Adapte sua bajulação

Os cortesãos têm que conquistar a atenção dos líderes e agradá-los de algum modo. A forma mais imediata de conseguir isso é por meio da bajulação, já que é inevitável que os líderes tenham grandes egos e uma sede de ter validada a opinião elevada que têm de si mesmos. A bajulação pode fazer maravilhas, mas tem os seus riscos. Se for muito óbvia, o bajulador dá a impressão de desespero, e se torna fácil perceber a estratégia dele. Os melhores cortesãos sabem como ajustar a bajulação às inseguranças específicas do líder e torná-la menos direta. Eles se concentram em tecer elogios por qualidades nas quais ninguém nunca se importou em prestar atenção, mas que precisam de uma validação extra. Se todos elogiam o líder por sua astúcia nos negócios, mas não pelo seu refinamento cultural, é melhor mirar este último. Espelhar as ideias e valores dele sem usar exatamente as mesmas palavras é uma maneira bem eficiente de bajulação indireta.

LEI DO DIA: A BAJULAÇÃO EFUSIVA E ESCANCARADA PODE SER EFICAZ, MAS TEM SEUS LIMITES; É MUITO DIRETA E ÓBVIA E PARECE RUIM PARA OUTROS CORTESÃOS. A BAJULAÇÃO DISCRETA, ADAPTADA ÀS INSEGURANÇAS DO SEU ALVO, É MUITO MAIS PODEROSA.

As leis da natureza humana, Capítulo 14: Resista à pressão descendente do grupo – A Lei do Conformismo

20 DE ABRIL
Seja aristocrático a seu próprio modo

Em todos os grandes embusteiros é digno de nota um fato a que devem seu poder. No próprio ato do embuste, com todos os preparativos, o tom comovedor da voz, da expressão, dos gestos, em meio ao cenário de efeitos, são tomados da crença em si mesmos: é ela que fala de modo miraculoso e convincente aos que estão à sua volta.
— FRIEDRICH NIETZSCHE, *Humano, demasiado humano* (1878)

A maneira como você se comporta muitas vezes determina a forma como você é tratado: no longo prazo, demonstrar vulgaridade ou banalidade fará com que as pessoas o desrespeitem. Pois um rei que respeita a si mesmo inspira nos outros o mesmo sentimento. Cabe a você definir seu próprio valor. Peça menos, e é exatamente isso que você receberá. Peça mais, no entanto, e você enviará a mensagem de que vale muito – uma fortuna exorbitante. Até mesmo as pessoas que rejeitam você demonstrarão respeito por sua confiança, e esse respeito acabará sendo recompensado de maneiras que você sequer imagina.

LEI DO DIA: AO AGIR COM REALEZA E CONFIANÇA EM SEUS PODERES, VOCÊ DEMONSTRA ESTAR DESTINADO A USAR UMA COROA.

As 48 leis do poder, Lei 34: Seja aristocrático a seu próprio modo – aja como um rei para ser tratado como tal

21 DE ABRIL

Seja impiedoso com seus inimigos

> Os restos de um inimigo podem se tornar ativos como os de uma doença ou fogo. Portanto, todo os resquícios do inimigo devem ser exterminados por completo. Nunca se deve ignorar um inimigo sabendo que ele é fraco. A seu tempo ele se torna perigoso feito uma faísca no palheiro.
> — Cautília (estadista e filósofo indiano dos séculos 4 e 3 a.C.)

"Esmagar o inimigo" é um princípio estratégico crucial de Sun Tzu, o autor do tratado militar *A arte da guerra*, escrito durante o século 4 a.C. A ideia é simples: seus inimigos não gostam de você e lhe desejam mal. Não há nada que queiram mais do que eliminá-lo. Se, em seus combates com eles, você, movido por misericórdia ou esperança de reconciliação, parar no meio do caminho ou até depois de ter percorrido três quartos do caminho, você apenas os torna mais determinados e mais amargurados, e um dia eles se vingarão de você. Podem agir de forma amigável por algum período, mas apenas porque você os derrotou. Eles não têm nenhuma escolha a não ser dar tempo ao tempo e esperar a hora certa para retaliar.

Solução: seja impiedoso. Esmague seus inimigos de maneira implacável e total, da mesma forma como eles destruiriam você. Em última análise, a única paz e segurança que você pode esperar de seus inimigos é o desaparecimento deles. Não se trata, é claro, de assassinato; é uma questão de banimento. Suficientemente enfraquecidos e, em seguida, proscritos para sempre de sua corte, seus inimigos se tornam inofensivos. E se for impossível bani-los, saiba pelo menos que estão conspirando contra você e não dê atenção a qualquer gesto de amizade fingida da parte deles.

LEI DO DIA: JULGUE SEUS INIMIGOS COM CUIDADO, OBSERVANDO SEUS PADRÕES ANTERIORES. ÀS VEZES É

MELHOR CONVERTÊ-LOS EM ALIADOS E NEUTRALIZÁ-LOS, MAS COM OUTROS A ÚNICA COISA QUE VALE A PENA É SER IMPIEDOSO E ESMAGÁ-LOS TOTALMENTE.

As 48 leis do poder, Lei 15: Esmague totalmente seu inimigo – Aprenda a manter as pessoas dependentes de você

22 DE ABRIL
Espalhe as sementes da dúvida

É mais fácil lidar com a má consciência do que com a má reputação.
— FRIEDRICH NIETZSCHE, *A gaia ciência* (1882)

A dúvida é uma arma poderosa: quando você espalha rumores insidiosos, coloca seus adversários diante de um horrível dilema. Por um lado, eles podem negar os boatos, até mesmo provar que você os caluniou. Mas uma camada de suspeita permanecerá: por que estão se defendendo de maneira tão veemente e desesperada? Será que o boato tem um fundo de verdade? Se, por outro lado, pegarem o caminho mais fácil e simplesmente ignorarem você, as dúvidas não refutadas ficarão ainda mais fortes. Quando é feito do modo correto, o ato de espalhar rumores pode enfurecer e desestabilizar seus rivais que, ao se defenderem, cometerão inúmeros erros. Trata-se de uma arma perfeita para quem ainda dispõe de uma reputação sólida.

LEI DO DIA: DESTRUA SEUS RIVAIS COM RUMORES.

As 48 leis do poder, Lei 5: Muita coisa depende da reputação – Sacrifique sua própria vida para protegê-la

23 DE ABRIL
Tema o poder da contaminação

As pessoas infelizes que foram nocauteadas por circunstâncias além do controle delas merecem toda a ajuda e solidariedade que pudermos dar. No entanto, há outras que não nasceram para o infortúnio ou infelicidade, mas que atraem a desventura por conta de suas ações destrutivas e do efeito perturbador que exercem sobre quem está ao seu redor. Seria ótimo se pudéssemos reerguê-las e mudar sua vida para melhor, alterar seus padrões, mas na maioria das vezes são os padrões delas que acabam prevalecendo e afetando a nossa vida. A desgraça e o sofrimento alheios podem matar você – os estados emocionais são tão contagiosos quanto as doenças. Você pode julgar que está ajudando o homem que está prestes a se afogar, mas apenas precipita seu próprio desastre. Os infelizes infectados podem ser reconhecidos pelo infortúnio que atraem para si mesmos, por seu passado turbulento, por sua longa sequência de relacionamentos rompidos, por suas carreiras instáveis e pela força de seu próprio caráter, que nos sobrepuja e nos faz perder a razão. Esteja de sobreaviso quanto a esses sinais de um infectado; aprenda a ver o descontentamento em seus olhos. Acima de tudo, não tenha pena. Não tente ajudar. O infectado permanecerá inalterado, mas você sairá desequilibrado.

LEI DO DIA: AS PESSOAS ÀS VEZES ATRAEM O INFORTÚNIO PARA SI MESMAS; OS INFELIZES E AZARADOS CAUSARÃO A SUA INFELICIDADE TAMBÉM. EM VEZ DISSO, ASSOCIE-SE AOS FELIZES E AFORTUNADOS.

As 48 leis do poder, Lei 10: Contágio – Evite os infelizes e azarados

24 DE ABRIL
Evite a falsa aliança

Ninguém consegue ir longe na vida sem aliados. O truque, no entanto, é reconhecer a diferença entre falsos e verdadeiros aliados. Uma falsa aliança é criada a partir de uma necessidade emocional imediata. Requer que você desista de algo essencial sobre si mesmo e impossibilita que você tome suas próprias decisões. Uma aliança de verdade é formada por interesses individuais mútuos em que cada lado fornece o que o outro não é capaz de obter sozinho. Não é preciso fundir sua identidade com a de um grupo nem se exige que você dê atenção às necessidades emocionais de todas as outras pessoas. A aliança verdadeira permite que você tenha autonomia.

LEI DO DIA: CULTIVE ALIADOS VERDADEIROS. ENCONTRE PESSOAS COM INTERESSES MÚTUOS E FORJE UMA ALIANÇA.

33 estratégias de guerra, Estratégia 27: Faça de conta que está trabalhando em prol dos interesses dos outros enquanto favorece os seus próprios – A estratégia da aliança

25 DE ABRIL
Entre em ação com ousadia

Ponha-se sempre a trabalhar sem receio da imprudência.
— Baltasar Gracián

A maioria de nós é tímida. Queremos evitar tensões e conflitos e queremos que todos gostem de nós. Podemos cogitar uma ação ousada, mas raramente a colocamos em prática. Embora possamos disfarçar nossa timidez como uma forma de preocupação com os outros, o desejo de não machucar ou ofender as outras pessoas, na verdade é o oposto – a verdade é que somos egocêntricos, preocupados com nosso próprio umbigo e com a opinião alheia a nosso respeito. A ousadia, por outro lado, é extrovertida e quase sempre faz as pessoas se sentirem mais à vontade, uma vez que é menos inibida e menos reprimida. E por isso admiramos os ousados e preferimos estar perto deles, porque sua autoconfiança nos contagia, nos atrai e nos tira de nossa própria esfera de interioridade e reflexão. Mas poucos nascem ousados. Você deve praticar e desenvolver sua ousadia. Você encontrará muitas oportunidades para usá-la. O melhor lugar para começar é muitas vezes o delicado mundo da negociação, sobretudo as discussões em que lhe pedem que você defina seu próprio preço. Quantas vezes nos desvalorizamos ao pedir muito pouco? Entenda: Se a ousadia não é natural, a timidez também não é. Ela é um hábito adquirido, e que se aprende pelo desejo de evitar o conflito. Se a timidez tomou conta de você, então é necessário se livrar dela. Seus temores das consequências de uma ação ousada são desproporcionais à realidade e, com efeito, as consequências da timidez são piores. Seu valor é reduzido e você cria um ciclo vicioso de dúvidas e desastres autorrealizáveis.

LEI DO DIA: A TIMIDEZ É PERIGOSA: MELHOR ENTRAR EM AÇÃO COM OUSADIA. QUALQUER ERRO QUE VOCÊ COMETER COM AUDÁCIA É FACILMENTE CORRIGIDO COM MAIS AUDÁCIA.

As 48 leis do poder, Lei 28: Entre em ação com ousadia

26 DE ABRIL
Faça suas realizações parecerem fáceis

> Um verso às vezes custa horas a fio; / Mas se não parecer que foi sem luta, / terá sido em vão nossa labuta.
>
> — William Butler Yeats
> (1865-1939, poeta irlandês, "A maldição de Adão")

Em *O livro do cortesão*, publicado em 1528, o diplomata italiano Baldassare Castiglione descreve as maneiras extremamente minuciosas e codificadas do perfeito cidadão palaciano. E, no entanto, Castiglione explica, o cortesão deve executar esses gestos com o que ele chama de *"sprezzatura"*, a capacidade de tornar as coisas difíceis parecerem fáceis. Ele exorta o cortesão a "praticar em todas as coisas certa indiferença que oculte o artifício e torne tudo o que se diz ou se faz parecer espontâneo e descomplicado". Todos nós admiramos a realização de algum feito incomum, mas se o artista executar sua obra de maneira natural e graciosa, disfarçando o emprego do esforço, nossa admiração aumenta dez vezes – "ao passo que [...] se na fábrica o mestre não fizer mistério e mostrar abertamente o suplício [...], com extrema falta de graciosidade faz com que sua obra, qualquer que seja seu valor, seja depreciada". Boa parte da ideia de *sprezzatura* veio do mundo da arte. Todos os grandes artistas renascentistas tinham o cuidado de manter suas obras em sigilo. Somente a obra-prima finalizada poderia ser exibida ao público. Michelangelo proibiu até os papas de verem seu trabalho em andamento. Um artista renascentista sempre tinha o cuidado de manter seus estúdios fechados tanto aos olhos dos mecenas quanto para o público em geral, não por medo de imitação, mas porque ver a confecção das obras estragaria a magia de seu efeito e sua estudada atmosfera de facilidade e beleza natural.

LEI DO DIA: SUAS AÇÕES DEVEM PARECER NATURAIS E EXECUTADAS COM FACILIDADE. QUANDO AGIR, AJA COMO SE FOSSE CAPAZ DE FAZER MUITO MAIS. EVITE A TENTAÇÃO DE REVELAR O QUANTO VOCÊ SE EMPENHA EM SEU TRABALHO – ISSO SERVE APENAS PARA SUSCITAR QUESTÕES.

As 48 leis do poder, Lei 30: Faça suas realizações parecerem fáceis

27 DE ABRIL
Despreze o que vem de graça

Os poderosos sempre têm em mente que tudo aquilo que é oferecido de graça é inevitavelmente um truque. Amigos que oferecem favores sem pedir pagamento vão querer, mais tarde, algo muito mais caro do que o dinheiro que você lhes teria pagado. A pechincha e a oferta imperdível ocultam problemáticas armadilhas, tanto materiais quanto psicológicas. O que tem valor vale a pena pagar. Pagando, você se livra de gratidão, culpa e engano. Muitas vezes também é prudente pagar o preço total – quando se trata de excelência, não se economiza.

LEI DO DIA: APRENDA A PAGAR E A PAGAR COM GENEROSIDADE, SEM PECHINCHAR PARA REDUZIR CUSTOS.

As 48 leis do poder, Lei 40: Despreze o que vem de graça

28 DE ABRIL
A melhor vingança é o esquecimento

A melhor vingança é o esquecimento, pois é o sepultamento do desprezível na poeira da sua própria insignificância.

— Baltasar Gracián

É tentador querer corrigir nossos erros, mas às vezes a melhor política é deixá-los para lá. Em 1971, quando o jornal *The New York Times* publicou os "Documentos do Pentágono", um conjunto de arquivos governamentais sobre o histórico do envolvimento dos Estados Unidos na Indochina, Henry Kissinger teve um violento ataque de nervos. Furioso com a vulnerabilidade do governo Nixon a esse tipo de vazamento prejudicial de informações, fez recomendações que levaram à formação de um grupo, chamado "Encanadores", incumbido de estancar os vazamentos. Mais tarde essa unidade invadiu os escritórios do Partido Democrata no Hotel Watergate, desencadeando a série de eventos que culminaria na queda de Nixon. Na realidade, a publicação dos "Documentos do Pentágono" não era uma ameaça tão séria para o governo, mas a impetuosa reação de Kissinger transformou o episódio num problema de grandes proporções. Ao tentar consertar um problema, ele criou outro: uma paranoia por segurança que, no final das contas, foi muito mais destrutiva para o governo. Se tivesse ignorado os tais "Documentos do Pentágono", o escândalo acabaria por desaparecer. Em vez de inadvertidamente focar a atenção num problema, fazendo-o parecer mais grave ao divulgar o tamanho da preocupação e da ansiedade que ele está causando a você, muitas vezes é muito mais sensato bancar o aristocrata desdenhoso e não se dignar a reconhecer a existência do problema.

LEI DO DIA: QUANTO MAIS TENTAMOS CORRIGIR NOSSOS ERROS, MAIS GRAVES ELES FICAM.

As 48 leis do poder, Lei 36: Despreze as coisas que você não pode ter – ignorá-las é a melhor vingança

29 DE ABRIL
Cultive um ar de imprevisibilidade

As pessoas estão sempre tentando ler os motivos por trás das suas ações e usar sua previsibilidade contra você. Se agir com movimentos completamente inexplicáveis, você as coloca na defensiva. Como não entendem você, elas se enervam e se afligem, e nesse estado é fácil intimidá-las. Pablo Picasso certa vez comentou: "O melhor cálculo é a ausência de cálculo. Assim que você atinge certo nível de reconhecimento, as outras pessoas geralmente imaginam que, quando você faz algo, é por alguma razão inteligente. Sei que é realmente uma tolice planejar seus movimentos com muito cuidado e com antecedência. É melhor agir sem critério". Os humanos são criaturas de hábitos, com uma insaciável necessidade de detectar familiaridade nas ações alheias. A sua previsibilidade lhes dá uma sensação de controle. Vire a mesa: seja imprevisível de caso pensado. Comportamentos que parecem não ter consistência ou propósito mantêm as pessoas em desequilíbrio. Embaralhar os padrões no dia a dia causará um burburinho a seu respeito que estimulará o interesse dos outros. As pessoas falarão sobre você, atribuindo-lhe motivos e explicações que nada têm a ver com a verdade, mas o fato é que pensarão em você o tempo todo.

LEI DO DIA: NO FINAL, QUANTO MAIS IMPREVISÍVEL VOCÊ PARECER, MAIS RESPEITO CONQUISTARÁ. SOMENTE OS SUBORDINADOS IRREMEDIÁVEIS AGEM DE MANEIRA PREVISÍVEL. REVELE ESTRATEGICAMENTE SEU LADO HUMANO.

As 48 leis do poder, Lei 17: Mantenha os outros num constante estado de terror – Cultive um ar de imprevisibilidade

30 DE ABRIL
Nunca pareça ser perfeito demais

> Esconder seu talento e habilidade exige grande talento e destreza.
> — François de la Rochefoucauld, moralista francês (1613-1680)

Sir Walter Raleigh foi um dos homens mais brilhantes na corte da rainha inglesa Elizabeth I. Tinha habilidades como cientista, escrevia poesias ainda hoje reconhecidas como uma das mais belas escritas de seu tempo, foi um líder de homens, um empreendedor, um formidável explorador e corsário, e ainda por cima era um belo e arrojado cortesão que, graças a seu charme, encantou Elizabeth e se tornou um dos favoritos da monarca. Aonde quer que ele fosse, no entanto, havia quem atravancasse seu caminho. Até que um dia Raleigh sofreu uma terrível derrocada, caiu em desgraça, foi preso e por fim decapitado pelo carrasco. Raleigh jamais conseguiu entender a obstinada oposição que enfrentava dos outros cortesãos. Ele não percebeu que não apenas nunca fez a menor tentativa de disfarçar o grau de suas habilidades e qualidades, mas que, pelo contrário, as impunha a todos, exibindo sua versatilidade, achando que assim impressionava as pessoas e angariava amigos. Na verdade, fez inimigos silenciosos, pessoas que se sentiam inferiores a ele e não pouparam esforços para tramar a fim de arruiná-lo no momento em que cometesse o menor deslize ou erro. Ao final, a razão que levou Raleigh a ser executado foi traição, mas a inveja usa qualquer disfarce que encontrar para mascarar sua destrutividade.

LEI DO DIA: PARECER MELHOR DO QUE OS OUTROS É SEMPRE PERIGOSO, MAS O MAIS PERIGOSO DE TUDO É

DEMONSTRAR NÃO TER DEFEITOS OU FRAQUEZAS. A INVEJA CRIA INIMIGOS SILENCIOSOS. PARA ANULAR OS INVEJOSOS, DE VEZ EM QUANDO MINIMIZE SUAS PRÓPRIAS VIRTUDES.

As 48 leis do poder, Lei 46: Nunca pareça ser perfeito demais

MAIO

Os supostos não jogadores do poder

Reconhecendo pessoas tóxicas e estratégias de poder disfarçadas

O poder é um jogo social. Para aprendê-lo e dominá-lo, você deve desenvolver a habilidade de estudar e compreender as pessoas. Como o grande pensador e cortesão do século 18 Baltasar Gracián escreveu: "Muitas pessoas desperdiçam seu tempo estudando as propriedades de animais ou ervas, quando mais importante seria estudar as pessoas, com as quais devemos viver ou morrer!". Para ser um mestre no jogo, você também deve ser um mestre em psicologia. Deve ser capaz de reconhecer motivações ocultas e enxergar através da nuvem de poeira com que as pessoas encobrem suas ações. Algumas pessoas, por exemplo, acreditam que podem optar por não participar do jogo, comportando-se de maneiras que nada têm a ver com o poder. Você deve tomar cuidado com elas, pois embora externamente expressem essas opiniões, muitas vezes essas pessoas figuram entre os jogadores mais hábeis. São o que eu chamo "supostos não jogadores", gente que lança mão de estratégias capazes de disfarçar com extrema destreza a natureza da manipulação envolvida. O mês de maio vai ensiná-lo a reconhecer os supostos não jogadores e outras pessoas tóxicas das quais você vai querer tentar manter distância.

★★★

Certa vez, fiz a conta e constatei que tinha tido cerca de sessenta empregos diferentes antes de escrever As 48 leis do poder.

Tentei muitas coisas e muitas delas diversas entre si, e nessas experiências e andanças vi todo tipo de pessoa faminta por poder que você possa imaginar. Todas as espécies de manipuladores que existem. Eu os vi de perto. Vi suas manobras. Vi como pensavam e agiam.

Depois comecei a trabalhar em Hollywood como assistente de vários diretores. Foi aí que comecei a testemunhar algumas táticas maquiavélicas – das mais extremas e barra-pesada – usadas com atores e produtores, e eu pensava: "Uau, isso me lembra César Bórgia no Renascimento. Isso me lembra o que Napoleão fazia. Isso me lembra aquela frase de Baltasar Gracián".

Eu estava construindo um catálogo de experiências e não sabia que utilidade isso poderia ter.

Até que um dia, quando tinha 36 anos, estava trabalhando num outro emprego na Itália, um dos meus colegas, um designer, editor e produtos de livros chamado Joost Elffers, me perguntou, do nada, se eu tinha alguma ideia para um livro. Interessado na perspectiva, improvisei várias ideias, uma das quais se transformaria em As 48 leis do poder.

Eu disse a Joost que, a julgar por minha experiência, o poder não havia mudado. Vivemos num mundo politicamente correto, em que diretores e produtores de cinema projetam a imagem de serem as pessoas mais legais, mais generosas e mais progressistas do planeta. Porém, a portas fechadas, eles se transformam em furiosos manipuladores, capazes de fazer qualquer coisa para obter exatamente o que querem.

O poder é atemporal. Hoje em dia as pessoas não podem ser decapitadas por cometerem erros; em vez disso, são sumariamente demitidas. Em As 48 leis do poder, a Lei 1, por exemplo, é "Nunca ofusque o brilho do mestre". No passado, Nicolas Fouquet ofuscou Luís XIV e, por ordens do monarca, foi jogado numa prisão e condenado a passar o resto da vida atrás das grades. Agora, você simplesmente é mandado embora sem saber por quê. É apenas uma forma diferente de castigo. O jogo é o mesmo.

Neste mundo existem três tipos de pessoas jogando o jogo. Há os que eu chamo de negadores, as pessoas que negam a existência dessa realidade. Quase querem fingir que somos descendentes de anjos, e não dos primatas. Imaginam que o assunto sobre o qual estou falando aqui é puro cinismo; que na verdade essas leis não existem; que essas táticas explicitamente barra-pesada podem até ser utilizadas, mas apenas pelas pessoas mais desagradáveis e menos dotadas de escrúpulos morais.

Entre esses negadores, você encontrará dois tipos: as pessoas que são genuinamente perturbadas pelo aspecto da politicagem da natureza humana. Elas não querem saber de nenhum tipo de trabalho em que tenham que fazer isso. Como se recusam a entender o jogo, vão sendo lentamente marginalizadas. Aceitam numa boa esse destino. De qualquer maneira, nunca assumirão uma posição de grande responsabilidade – porque isso envolve participar do jogo –, e tudo bem.

O outro ramo dos negadores se compõe dos agressores passivos – pessoas que de maneira consciente não querem admitir que se envolvem em manipulação, mas inconscientemente jogam todos os tipos de jogos. Em vários de meus livros, descrevo as muitas variedades diferentes desses guerreiros passivo-agressivos. Esses tipos, os supostos não jogadores, são muitas vezes os espertalhões mais ardilosos e perigosos de todos.

Além dos negadores, o segundo tipo de pessoa são os que amam a parte maquiavélica da nossa natureza e se deleitam com ela. São mestres manipuladores, trapaceiros e agressores contumazes. Eles não têm problemas em lidar com essa parte do jogo. Na verdade, adoram. As pessoas desse tipo, que existem em qualquer escritório ou grupo – normalmente você sempre encontra uma ou duas por aí –, podem chegar bem longe e subir muito na vida, porém mais cedo ou mais tarde cometem um deslize e caem em desgraça, porque são muito pérfidas. Não entendem que existe todo um outro lado do jogo que exige empatia, cooperação e a necessidade de seduzir as pessoas para que trabalhem para elas. Estão muito presas a seu próprio ego para enxergar os limites do jogo que estão jogando e, portanto, inevitavelmente vão longe demais até sentir na pele a derrocada do poder. Há uma muralha que nunca conseguem transpor.

O terceiro tipo é o que chamo de realista radical. É o que divulgo em meus livros e consiste no seguinte: o desejo de poder faz parte da nossa natureza. É uma parte do modo como evoluímos ao longo de milhões de anos. Não adianta negar nossa natureza. É quem somos, e não somente não negaremos sua existência, mas também aceitaremos que esse é o ser humano que somos, o produto da evolução.

Não há nada de errado com o fato de que neste mundo as pessoas jogam jogos políticos. Não há nada de errado com o fato de que existem sedutores e vigaristas. É a Comédia Humana desde os primórdios da história escrita. É apenas a realidade, o mundo tal qual ele é. Vamos parar de lutar contra isso.

Aceitar esse fato não significa que morremos de amores por todos esses jogos perversos e gostamos de sair por aí colocando-os em prática. Simplesmente entendemos que eles existem. Se, vez por outra, temos que usar as leis para jogar no ataque ou na defesa, lidamos bem com isso, dentro dos limites do razoável. Na maioria das vezes o que acontece é que outras pessoas praticam esses jogos contra nós, e é melhor entender o que elas estão fazendo e quais são suas intenções do que viver no mundo dos sonhos de nossa natureza angelical.

E, assim, entendemos as leis do poder. Entendemos o que as pessoas estão dispostas a fazer, de modo que não possam nos machucar facilmente. Aprendemos a reconhecer de antemão os narcisistas, os agressores rematados, os agressores passivos tóxicos e os não jogadores antes que nos enredem emocionalmente em seus dramas. Armados com essa atitude e munidos desse conhecimento, estamos preparados para lutar no jogo da vida. Em vez de sermos surpreendidos pelos manipuladores, temos a calma, o poder e a liberdade que decorrem do conhecimento das leis.

OS SUPOSTOS NÃO JOGADORES DO PODER

1º DE MAIO
Todo mundo é um jogador

> As cortes são, inquestionavelmente, as sedes da polidez e da boa educação; não fosse assim, seriam a sede de matanças e desolação. Se os bons modos não se interpusessem, os que hoje sorriem e se abraçam se enfrentariam e apunhalariam uns aos outros.
> — Lorde Chesterfield (1694-1773, político, estadista, erudito e diplomata britânico)

Você pode reconhecer os supostos não jogadores pela forma como ostentam suas qualidades morais, sua piedade, seu requintado senso de justiça. No entanto, uma vez que todos nós temos fome de poder e quase todas as nossas ações visam a conquistá-lo, os não jogadores estão apenas jogando poeira em nossos olhos, a fim de nos distrair de suas manobras. Se observá-los de perto, você verá de fato que são muitas vezes os mais hábeis em dissimulação e manipulação indireta, mesmo que alguns pratiquem isso de maneira inconsciente. E eles se ressentem muito de qualquer divulgação das táticas de que se utilizam todos os dias.

LEI DO DIA: O MUNDO É COMO UMA GIGANTESCA CORTE DE INTRIGAS, E ESTAMOS TODOS PRESOS DENTRO DELA. NÃO HÁ COMO OPTAR POR FICAR DE FORA DO JOGO. TODO MUNDO ESTÁ JOGANDO.

As 48 leis do poder, Prefácio

2 DE MAIO
Enfrente as pessoas tóxicas

Quem é agressivo, invejoso e manipulador não costuma se anunciar assim; ao contrário, aprendeu a parecer fascinante em seus primeiros encontros, a usar bajulações e outros meios para nos desarmar. Quando alguém com essas características nos surpreende com seu comportamento horroroso, nos sentimos traídos, furiosos e impotentes. Essas pessoas criam uma pressão constante, sabendo que, ao fazê-lo, subjugam a nossa mente com a sua presença, tornando duas vezes mais difícil pensarmos direito ou criarmos estratégias. Identificar essas pessoas de antemão será sua maior defesa contra elas. Ou você se afastará delas ou, prevendo suas ações manipuladoras, não será surpreendido, podendo, desse modo, manter o seu equilíbrio emocional. Você saberá como reduzi-los mentalmente às suas dimensões reais e se concentrar nas fraquezas e inseguranças evidentes por trás de toda a arrogância. Não se deixará levar pelo mito em torno deles, e isso vai neutralizar a intimidação da qual dependem. Você vai zombar das mentiras e explicações complicadas que oferecerão para justificar seu comportamento egoísta. A sua habilidade de permanecer calmo vai enfurecê-los e, por vezes, os levará a extrapolar ou cometer algum erro.

LEI DO DIA: EM VEZ DE SE SENTIR SUBJUGADO POR ESSES ENCONTROS, APRECIE-OS COMO UMA OPORTUNIDADE DE APERFEIÇOAR AS SUAS HABILIDADES DE AUTODOMÍNIO E DE SE FORTALECER. SOBREPUJAR SÓ UM DESSES TIPOS LHE DARÁ UMA GRANDE DOSE DE CONFIANÇA DE QUE É CAPAZ DE LIDAR COM O PIOR DA NATUREZA HUMANA.

As leis da natureza humana, Introdução

3 DE MAIO

Julgue as pessoas por seu comportamento, não por suas palavras

O caráter de uma pessoa é seu destino.
— Heráclito (540 a.C.-480 a.C., filósofo grego)

Você precisa treinar para prestar menos atenção às palavras que as pessoas dizem e mais atenção às ações delas. As pessoas dirão todos os tipos de coisas sobre seus motivos e intenções; estão acostumadas a mascarar as coisas com palavras. As ações, no entanto, dizem muito mais sobre o que está acontecendo sob a superfície. Apresentam-se com uma fachada inofensiva, mas já agiram de maneira agressiva em várias ocasiões. Dê à constatação dessa agressividade um peso muito maior do que à superfície plácida que ela exibe. Na mesma linha, você deve observar especialmente o modo como as pessoas reagem a situações estressantes – muitas vezes a máscara que usam em público cai no calor do momento. Ao procurar pistas para observar, seja sensível a qualquer tipo de comportamento extremo – por exemplo, um comportamento descomedido, modos excessivamente simpáticos, uma propensão constante para fazer piadas o tempo todo. Muitas vezes você notará que as pessoas usam essa fachada como uma máscara para esconder o contrário. Os espalhafatosos e fanfarrões são, no fundo, muito inseguros; os amigáveis em excesso são, em seu íntimo, ambiciosos e agressivos; os brincalhões e piadistas escondem sua maldade. Até mesmo aspectos que podem parecer probleminhas irrelevantes – atrasos crônicos, atenção insuficiente aos detalhes, o hábito de não retribuir favores – são sinais de algo mais profundo sobre o caráter das pessoas. Nada é pequeno demais para passar despercebido.

LEI DO DIA: O QUE VOCÊ QUER É UM RETRATO DO CARÁTER DE UMA PESSOA AO LONGO DO TEMPO. CONTENHA A TENDÊNCIA NATURAL DE JULGAR DE IMEDIATO, COM BASE

NAS PRIMEIRAS IMPRESSÕES, E DEIXE QUE A PASSAGEM DO TEMPO REVELE CADA VEZ MAIS QUEM SÃO AS PESSOAS.

Maestria, Seção IV – Veja as pessoas como elas realmente são: Inteligência social

4 DE MAIO
A aparência da ingenuidade

Quem se faz de tolo não é tolo.

— Baltasar Gracián

Os que alegam não jogar podem fingir um ar de ingenuidade para se proteger da acusação de que estão atrás de poder. No entanto, tome cuidado, pois a aparência de ingenuidade pode ser um meio eficaz para ludibriar os outros. Nem mesmo a genuína ingenuidade está livre das armadilhas do poder. As crianças podem ser ingênuas de muitas maneiras, mas com frequência agem a partir de uma necessidade elementar de controlar os que estão ao seu redor. As crianças sofrem muito por se sentirem impotentes no mundo adulto, e usam todos os meios disponíveis para conseguir o que querem. Até mesmo as pessoas genuinamente inocentes podem estar jogando pelo poder, muitas vezes com tremenda eficácia, já que para elas a reflexão não é um obstáculo.

LEI DO DIA: AS PESSOAS QUE FAZEM ALARDE OU DÃO DEMONSTRAÇÕES DE INOCÊNCIA SÃO GERALMENTE AS MENOS INOCENTES DE TODAS.

As 48 leis do poder, Prefácio

5 DE MAIO
Cuidado com quem você ofende

No século 5 a.C., Ch'ung-erh, o príncipe de Ch'in (na atual China) foi mandado ao exílio forçado. Vivia com recursos modestos – às vezes, na penúria –, esperando o momento em que poderia voltar para casa e retomar sua vida principesca. Certa vez estava passando pelo estado de Cheng, cujo governante, sem saber quem ele era, tratou-o com grosseria. Anos depois, o príncipe finalmente conseguiu voltar para casa, e as circunstâncias mudaram muito. Ele não se esqueceu de quem tinha sido gentil com ele – e de quem tinha sido insolente – durante seus anos de pobreza. Muito menos se esqueceu do tratamento recebido do governante de Cheng. Na primeira oportunidade, reuniu um vasto exército e marchou sobre Cheng, tomando oito cidades, destruindo o reino e banindo o governante. Nunca presuma que a pessoa com quem você está lidando é mais fraca ou menos importante do que você. A pessoa de pouca importância e pequena riqueza hoje pode ser poderosa amanhã. Esquecemos muita coisa em nossa vida, mas raramente esquecemos um insulto.

LEI DO DIA: ENGULA O IMPULSO DE OFENDER, MESMO QUE A OUTRA PESSOA PAREÇA FRACA. A SATISFAÇÃO É ESCASSA EM COMPARAÇÃO COM O PERIGO DE QUE ALGUM DIA ELE OU ELA ESTEJA EM POSIÇÃO DE PREJUDICAR VOCÊ.

As 48 leis do poder, Lei 19: Saiba com quem você está lidando – Não ofenda a pessoa errada

6 DE MAIO

Cuidado com a falsa fachada

Quem é bom no combate ao inimigo o engana com movimentos inescrutáveis, confunde-o com falsas informações secretas, faz com que ele relaxe ocultando seu próprio poderio [...] ensurdece seus ouvidos misturando ordens e sinais, cega seus olhos invertendo bandeiras e insígnias [...] confunde seu plano de batalha fornecendo-lhe fatos destorcidos.
— *Tou Bi Fu Tan*, tratado militar escrito durante o final do Período Ming (1368-1644)

A falsa fachada é a forma mais antiga de embuste militar. Originalmente envolvia um comandante levar o inimigo a acreditar que seus exércitos eram mais fracos do que de fato eram. Um general fingia bater em retirada, digamos, e preparava uma armadilha para o inimigo, atraindo-o para uma emboscada. Essa era a tática favorita de Sun Tzu. A aparência de fraqueza muitas vezes traz à tona o lado agressivo das pessoas, fazendo-as abrir mão da estratégia e da prudência em troca de um ataque emotivo e violento. Quando Napoleão se viu em menor número e numa posição estratégica vulnerável antes da Batalha de Austerlitz (1805), deliberadamente mostrou sinais de pânico, indecisão e medo. Os exércitos inimigos abandonaram sua forte posição para atacá-lo e se precipitaram diretamente para uma armadilha. Foi a maior vitória de Napoleão. De maneira geral, como se preconiza desde os tempos da antiga China, os não jogadores apresentam ao mundo uma fachada que promete o oposto do que eles estão de fato planejando.

LEI DO DIA: NUNCA CONFUNDA AS APARÊNCIAS COM A REALIDADE.

33 estratégias de guerra, Estratégia 23: Teça uma mescla perfeita de fato e ficção – Estratégias de percepções equivocadas

7 DE MAIO

A estratégia de superioridade sutil

Um amigo, colega ou funcionário chega atrasado todos os dias, mas tem sempre uma desculpa pronta que é lógica, junto com um pedido de desculpas que soa sincero. Ou, de forma análoga, esses indivíduos se esquecem de reuniões, encontros importantes e prazos, com justificativas impecáveis em mãos. Se esse comportamento se repetir com muita frequência, você vai ficar mais irritado, mas, se confrontá-los, talvez eles tentem reverter a situação, pintando-o como impaciente e insensível. Não é culpa deles, dizem – eles têm coisas demais em mente, estão sendo pressionados por outros, são artistas temperamentais que não têm como dar conta de tantos detalhes irritantes, estão sobrecarregados. Talvez até o acusem de lhes aumentar a tensão. Você precisa entender que, na raiz disso, está a necessidade de deixar claro para você e para eles mesmos que são superiores de alguma forma. Caso dissessem de forma explícita que se sentem superiores a você, incorreriam em zombarias e humilhação. Eles querem que você sinta isso de maneiras sutis, e, ao mesmo tempo, pretendem ser capazes de negar o que estão fazendo. Colocar outra pessoa numa posição inferior é uma forma de controle na qual eles definem o relacionamento. Preste atenção ao padrão mais do que às desculpas. Eles não estão arrependidos.

LEI DO DIA: SE ESSE FOR UM COMPORTAMENTO CRÔNICO, VOCÊ NÃO DEVE SE ZANGAR OU DEMONSTRAR A SUA IRRITAÇÃO – OS PASSIVO-AGRESSIVOS SE DELICIAM QUANDO CONSEGUEM PROVOCÁ-LO. EM VEZ DISSO, PERMANEÇA CALMO E ESPELHE DE FORMA SUTIL O COMPORTAMENTO DELES, CHAMANDO ATENÇÃO AO QUE ESTÃO FAZENDO E INDUZINDO-OS A ALGUMA VERGONHA, SE FOR POSSÍVEL.

As leis da natureza humana, Capítulo 16: Veja a hostilidade por trás da fachada amigável – A Lei da Agressão

8 DE MAIO
Examine o passado das pessoas

O indicador mais significativo do caráter de alguém vem de suas ações ao decorrer do tempo. Apesar do que os indivíduos dizem sobre as lições que aprenderam e sobre como mudaram com o passar dos anos, é inevitável que você note as mesmas ações e decisões se repetindo no curso da vida deles. Nessas decisões é que a pessoa revela o próprio caráter. Você precisa tomar nota de quaisquer formas relevantes de comportamento – desaparecer quando há tensão em demasia, não completar uma parte importante do trabalho, tornar-se subitamente agressivo quando desafiado, ou, pelo contrário, encarar surpreendentemente bem a situação ao receber mais responsabilidade. Com isso em mente, pesquise um pouco o passado de quem estiver analisando. Examine outras ações que se encaixem nesse padrão, agora em retrospecto. Preste bastante atenção ao que esse indivíduo faz no presente. Veja as ações dele não como incidentes isolados, mas como partes de um padrão compulsivo. Se você ignorar o padrão, a culpa é toda sua.

LEI DO DIA: AO ESCOLHER PESSOAS COM QUEM TRABALHAR E SE ASSOCIAR, NÃO SE MESMERIZE PELA REPUTAÇÃO DELAS NEM SE DEIXE LEVAR PELA IMAGEM SUPERFICIAL QUE TENTAM PROJETAR. EM VEZ DISSO, TREINE PARA OLHAR MAIS A FUNDO DENTRO DE CADA UMA E LHES VER O CARÁTER.

As leis da natureza humana, Capítulo 4: Determine a força do caráter das pessoas – A Lei do Comportamento Compulsivo

9 DE MAIO

Entenda as explosões emocionais

Se uma pessoa explode de raiva com você (parecendo desproporcional ao que você fez), lembre-se de que o surto não se dirige exclusivamente a você – não seja tão vaidoso. A causa é muito maior, recua no tempo, envolve dezenas de dores anteriores, e na verdade não vale nem a pena se dar ao trabalho de tentar entendê-la. Em vez de ver esses ataques histéricos como sinais de ressentimento ou rancor pessoal, encare a explosão emocional como um movimento de poder velado, uma tentativa de controlar ou punir você disfarçada de mágoa e raiva. Essa mudança de perspectiva permitirá que você jogue o jogo do poder com mais clareza e energia.

LEI DO DIA: EM VEZ DE TER REAÇÕES EXAGERADAS E FICAR PRESO ÀS EMOÇÕES DAS PESSOAS, USE A SEU FAVOR O DESCONTROLE DELAS: VOCÊ MANTÉM A CABEÇA NO LUGAR ENQUANTO ESSAS PESSOAS PERDEM A DELAS.

As 48 leis do poder, Lei 3: Esconda suas intenções

10 DE MAIO

Não confunda a convicção forte com a verdade

Os seres humanos são bastante ingênuos por natureza. Nós *queremos* acreditar em certas coisas – que é possível obter algo sem dar nada em troca; que é fácil reconquistar ou rejuvenescer a saúde graças a algum truque novo, talvez até mesmo enganar a morte; que as pessoas em essência são, na maioria, boas e confiáveis. É por causa dessa propensão que os fraudadores e manipuladores prosperam. Seria de um benefício imenso para o futuro da nossa espécie se fôssemos todos menos ingênuos, mas não é possível mudar a nossa natureza. Em vez disso, o melhor que podemos fazer é aprender a reconhecer certos sinais reveladores de uma tentativa de fraude e manter o ceticismo à medida que examinamos melhor as evidências. O sinal mais claro e comum surge no momento em que os indivíduos assumem uma fachada de animação excessiva. Se sorriem muito, parecem mais do que amigáveis e até são bastante divertidos, é difícil não nos sentirmos atraídos e não baixarmos um pouco a nossa resistência à influência deles. De maneira similar, quando as pessoas tentam encobrir algo, tendem a se tornar mais veementes, zelosas e faladoras. Jogam com o viés de convicção – se eu negar ou disser algo com tanto entusiasmo, fazendo-me de vítima, é difícil duvidar de mim. Tendemos a confundir a convicção forte com a verdade.

LEI DO DIA: VOCÊ DEVE FICAR DESCONFIADO PRECISAMENTE QUANDO AS PESSOAS TENTAM EXPLICAR SUAS IDEIAS COM ENERGIA MUITO EXAGERADA OU QUANDO SE DEFENDEM COM UM NÍVEL INTENSO DE NEGAÇÃO.

As leis da natureza humana, Capítulo 3: Veja por trás das máscaras das pessoas – A Lei da Dramatização

OS SUPOSTOS NÃO JOGADORES DO PODER

11 DE MAIO
O padrão

O problema que Howard Hughes[9] apresentava a todos os que decidiam trabalhar ao seu lado de alguma forma era que ele construiu com cuidado uma imagem pública que ocultava as fraquezas óbvias do seu caráter. Em vez de um microgerenciador irracional, apresentava-se como o individualista rude e como o perfeito norte-americano independente. O que mais causava danos era a sua habilidade de se caracterizar como um empresário de sucesso liderando um império de bilhões de dólares. Na verdade, havia herdado do pai uma fábrica de ferramentas bastante lucrativa. Com o passar dos anos, as únicas partes desse império que rendiam lucros substanciais eram a fábrica de ferramentas e uma versão inicial da Hughes Aircraft, que ele criou a partir dessa fábrica. As muitas outras empresas que comandou pessoalmente – a posterior divisão de aviação, os empreendimentos cinematográficos, os hotéis e imóveis em Las Vegas – tiveram prejuízos substanciais que, por sorte, foram cobertos pelas outras duas. Na verdade, Hughes era um péssimo empresário, e seu padrão de fracassos deixava isso evidente para qualquer um. No entanto, esse é um ponto cego da natureza humana: estamos mal equipados para medir o caráter das pessoas com quem lidamos. A imagem pública e a reputação que as precedem nos hipnotizam com facilidade. Somos cativados pelas aparências. Se os indivíduos se cercam de algum mito encantador, como fez Hughes, *querem* acreditar nesse mito. Em vez de determinar o caráter de alguém – a habilidade de trabalhar com outros, de cumprir promessas, de se manter forte em circunstâncias adversas –, decidimos fazer contratações com base num currículo reluzente, no charme e na inteligência. Contudo, até mesmo um traço positivo como inteligência não tem mérito nenhum se alguém tiver um caráter fraco ou dúbio. Portanto, por causa do nosso ponto cego, sofremos sob

---

9. Howard Robard Hughes Jr. (1905-1976), aviador, engenheiro aeronáutico, industrial, produtor de cinema e diretor cinematográfico norte-americano e um dos homens mais ricos do mundo em sua época. (N. T.)

o líder irresoluto, o chefe microgerenciador, o sócio conivente. Essa é a raiz de tragédias intermináveis na história, o nosso padrão como espécie.

LEI DO DIA: IGNORE A FACHADA QUE AS PESSOAS APRESENTAM, O MITO QUE AS CERCA, E, EM VEZ DISSO, BUSQUE A FUNDO POR SINAIS DO CARÁTER DELES. ISSO SERÁ OBSERVÁVEL NOS PADRÕES QUE REVELARAM NO PASSADO, NA QUALIDADE DAS SUAS DECISÕES, EM COMO DECIDEM SOLUCIONAR PROBLEMAS, COMO DELEGAM AUTORIDADE E TRABALHAM EM EQUIPE E EM INÚMEROS OUTROS SINAIS.

As leis da natureza humana, Capítulo 4: Determine a força do caráter das pessoas – A Lei do Comportamento Compulsivo

12 DE MAIO
Tome cuidado com o gesto nobre

> É um mundo não de anjos, mas de ângulos, onde os homens falam de princípios morais, mas agem por princípios de poder; um mundo onde sempre somos virtuosos e morais, e nossos inimigos, sempre imorais.
> — SAUL DAVID ALINSKY (1909-1972, organizador de comunidades norte-americano), *Rules for Radicals – A Pragmatic Primer for Realistic Radicals* [Regras para radicais – guia pragmático para radicais realistas], 1989

O gesto nobre é uma das mais eficazes cortinas de fumaça – uma das favoritas do suposto não jogador. Certa vez o *marchand* Joseph Duveen se viu diante de um problema terrível. Os milionários que pagavam fortunas pelas pinturas de Duveen já estavam ficando sem espaço na parede, e como os impostos sobre heranças vinham ficando cada vez mais altos, parecia improvável que continuassem comprando. A solução foi a National Gallery of Art (Galeria Nacional de Arte) em Washington, D.C., que Duveen ajudou a criar em 1937, convencendo o multimilionário banqueiro e industrial Andrew Mellon a doar sua coleção. A galeria foi a fachada perfeita para Duveen. Com um único gesto, ele permitiu a seus clientes escapar dos impostos e liberar espaço na parede para compras de novas telas, e reduziu o número de pinturas disponíveis no mercado, mantendo a pressão que assegurava o aumento dos preços das obras. Tudo isso enquanto os doadores criavam a aparência de que eram benfeitores públicos.

LEI DO DIA: AS PESSOAS QUEREM ACREDITAR QUE GESTOS APARENTEMENTE NOBRES SÃO GENUÍNOS, POIS ESSA CRENÇA É PRAZEROSA. RARAMENTE PERCEBEM COMO ESSES GESTOS PODEM SER ENGANOSOS.

As 48 leis do poder, Lei 3: Esconda suas intenções

13 DE MAIO
Reconheça os narcisistas profundos antes de ficar fascinado por eles

É possível reconhecer os narcisistas profundos pelos seguintes padrões de comportamento: sempre que forem insultados ou desafiados, eles não têm defesa, nada interno para os acalentar ou validar. Em geral, reagem com uma fúria imensa, sedentos por vingança e cheios de senso de justiça. Essa é a única maneira que conhecem de aplacar as suas inseguranças. Em batalhas assim, posicionam-se como a vítima magoada, confundindo os outros e até angariando simpatia. São irritadiços e sensíveis em demasia.

Levam quase tudo para o lado pessoal. Talvez se tornem bastante paranoicos e tenham por todos os lados inimigos que possam acusar. Você verá um olhar impaciente ou distante no rosto deles sempre que falar de algo que não os envolve de maneira direta de algum modo. Eles mudam de assunto de imediato para falar de si mesmos, com alguma história ou anedota para disfarçar sua insegurança por trás disso. São propensos a ataques virulentos de inveja caso vejam outros obtendo a atenção que imaginam merecer. É frequente que demonstrem autoconfiança extrema. Isso sempre os ajuda a ganhar atenção, e acoberta muito bem seu enorme vazio interior e seu senso fragmentado de identidade. Contudo, tenha cuidado caso essa autoconfiança algum dia for posta à prova. No que se refere às pessoas em seu redor, os narcisistas profundos têm um relacionamento atípico que é difícil de entender. Eles tendem a ver os outros tal qual uma extensão de si mesmos, o que é conhecido como auto-objetos. As pessoas existem como instrumentos de atenção e validação. O desejo dos narcisistas é controlá-las da mesma maneira como controlam os próprios braços e pernas. Num relacionamento, eles aos poucos farão o parceiro cortar o contato com os amigos, pois não é admissível haver competição pela atenção.

LEI DO DIA: NO FIM, TUDO PRECISA GIRAR EM TORNO DOS NARCISISTAS PROFUNDOS. A MELHOR SOLUÇÃO NESSES CASOS É SAIR DO CAMINHO DELES ANTES QUE NOS ARRASTEM PARA OS SEUS DRAMAS INTERMINÁVEIS, E VOCÊ PODE FAZER ISSO CAPTANDO OS SINAIS DE ALERTA.

As leis da natureza humana, Capítulo 2: Transforme a autoestima em empatia – A Lei do Narcisismo

14 DE MAIO
O líder grandioso

O truque que os líderes grandiosos utilizam é colocar ênfase nos gostos culturais, não no estrato social do qual vieram de fato. Eles voam na primeira classe e vestem os ternos mais caros, mas compensam isso ao dar a impressão de terem os mesmos gostos culinários do público, de gostarem dos mesmos filmes que os outros e de evitarem a todo custo qualquer sombra de elitismo cultural. Na realidade, esforçam-se ao máximo para ridicularizar as elites, mesmo que provavelmente dependam desses especialistas para guiá-los. São apenas como a gente comum por aí, mas com muito mais dinheiro e poder. O público consegue agora se identificar com eles apesar das contradições óbvias. Contudo, a grandiosidade disso vai além de somente conseguir atenção. Esses líderes se inflam de maneira incrível graças à identificação com as massas. Não são apenas um homem ou uma mulher, mas incorporam toda uma nação ou grupo de interesse. Segui-los é ser leal ao grupo em si. Criticá-los é querer crucificá-los e trair a causa. Até no prosaico mundo corporativo dos negócios há essa identificação quase religiosa. Se notar esses paradoxos e formas primitivas de associação popular, recue e analise a realidade do que está acontecendo. Você encontrará no âmago disso algo quase mítico, bem irracional e bastante perigoso, no sentido de que o líder grandioso agora se sente no direito de fazer o que quiser em nome do público.

LEI DO DIA: UM FATO SIMPLES SOBRE OS LÍDERES GRANDIOSOS: ELES DEPENDEM DA ATENÇÃO QUE LHES DAMOS. NÃO ALIMENTE O EGO DELES DANDO-LHES O QUE DESEJAM.

As leis da natureza humana, Capítulo 11: Conheça os seus limites – A Lei da Grandiosidade

15 DE MAIO

O presente maquiavélico

A essência da trapaça de um não jogador é a distração. Distraindo a pessoa a quem se pretende ludibriar, você ganha tempo e espaço para fazer algo que seus alvos não perceberão. Um ato de bondade, generosidade ou honestidade costuma ser a forma mais poderosa de distração, porque desarma as desconfianças. Isso transforma as pessoas em crianças, acreditando avidamente em qualquer tipo de gesto carinhoso e se deleitando com o suposto afeto. Na China antiga, isso era chamado de "dar antes de tomar" – o gesto de doar torna difícil para a outra pessoa perceber que algo está sendo tomado dela. Os não jogadores sabem: trata-se de um dispositivo com infinitas utilidades práticas. Porém, talvez a melhor forma seja a generosidade. Poucas pessoas resistem a um presente, até mesmo de seu inimigo mais empedernido, e é por isso que muitas vezes é a maneira perfeita de desarmar pessoas. Um presente traz à tona a criança que há em nós, instantaneamente baixando nossa guarda e derrubando nossas defesas. Quando somos crianças, todos os tipos de sentimentos complicados em relação aos nossos pais giram em torno de presentes; vemos o recebimento de um presente como um sinal de amor e aprovação, e esse elemento emocional jamais desaparece. A pessoa que ganha um presente, na forma de dinheiro ou de outro tipo, de repente fica tão vulnerável que volta a ser criança, sobretudo quando o presente vem de uma figura de autoridade. Sua determinação fica tão frouxa que a vontade de abrir o presente é irresistível e inevitável. Tome cuidado, especialmente com um presente que surge do nada. Com o presente que é extraordinário pelo fato de você nunca ter recebido nada parecido. Muito provavelmente, a pessoa que presenteia está apenas amaciando o solo antes de plantar suas sementes.

LEI DO DIA: EMBORA MUITAS VEZES OLHEMOS SOB A LUZ MAIS CÍNICA AS AÇÕES DE OUTRAS PESSOAS, RARAMENTE

OS SUPOSTOS NÃO JOGADORES DO PODER

VEMOS O ELEMENTO MAQUIAVÉLICO DE UM PRESENTE, QUE AMIÚDE ESCONDE SEGUNDAS INTENÇÕES.

As 48 leis do poder, Lei 12: Use a honestidade e a generosidade seletivas para desarmar sua vítima

16 DE MAIO
O falso tradicionalista

Quem planeja ou quer reformar o governo de uma cidade ou Estado, se quiser que seja aceito e possa ser mantido com a aprovação de todos, necessita preservar ao menos a aparência dos modos antigos, de forma que ao povo não pareça que a ordem mudou, ainda que, de fato, as novas instituições estejam totalmente alheias às antigas.
— NICOLAU MAQUIAVEL (1469-1527), *Discursos sobre a primeira década de Tito Lívio* (obra escrita em 1517, publicada postumamente em 1531)

Uma estratégia que o não jogador inteligente usa para disfarçar a mudança: exibir publicamente e com estardalhaço o apoio aos valores do passado. A Florença renascentista tinha uma república centenária e desconfiava de qualquer um que desprezasse suas tradições. Cosme de Médici dava entusiásticas demonstrações de apoio à república, mas na realidade trabalhava para colocar a cidade sob o controle de sua família abastada. Na forma, os Médici mantinham a aparência de uma república; em substância, tomavam providências para tornar a república impotente. Na surdina, promoveram uma mudança radical, ao mesmo tempo em que pareciam salvaguardar a tradição.

LEI DO DIA: NÃO SE DEIXE ENGANAR PELAS PESSOAS QUE PARECEM SER FERRENHOS TRADICIONALISTAS. PERCEBA QUE NA REALIDADE ELAS SÃO BEM POUCO CONVENCIONAIS.

As 48 leis do poder, Lei 45: Pregue a necessidade de mudança, mas nunca modifique demais de uma vez só

17 DE MAIO
Decifrando a sombra

No decorrer da sua vida, você conhecerá indivíduos com traços de grande empatia que os distinguem e parecem ser a fonte de sua força – autoconfiança incomum, bondade e afabilidade excepcionais, grande retidão moral e uma aura virtuosa, tenacidade e masculinidade vigorosa, um intelecto intimidador. Se os observar de perto, vai notar um leve exagero neles, como se estivessem representando um papel. Como um estudante da natureza humana, entenda a realidade: o traço de empatia, em geral, está assentado sobre o traço oposto, ocultando-o da visão do público e funcionando como uma distração. É possível ver duas formas disso: desde o início da vida, alguns indivíduos sentem uma suavidade, vulnerabilidade ou insegurança que poderiam se provar embaraçosas ou desconfortáveis. Desenvolvem, de maneira inconsciente, o traço oposto, uma adaptabilidade ou tenacidade que recobre o lado de fora como um escudo protetor. A outra hipótese é que tenham uma qualidade que, a seu ver, seria antissocial – por exemplo, a ambição demasiada ou uma inclinação ao egoísmo – desenvolvendo a qualidade oposta, algo bem pró-social. Em ambos os casos, com o passar dos anos, essas pessoas fortalecem e aperfeiçoam essa imagem pública. A fraqueza latente ou o traço antissocial é um componente fundamental da Sombra delas – algo que é negado e reprimido. No entanto, como ditam as leis da natureza humana, quanto mais profunda é a repressão, maior é a volatilidade da Sombra.

LEI DO DIA: TENHA CUIDADO REDOBRADO JUNTO ÀQUELES QUE DEMONSTRAM ESSES TRAÇOS DE EMPATIA. É MUITO FÁCIL SE DEIXAR LEVAR PELAS APARÊNCIAS E PRIMEIRAS IMPRESSÕES. PROCURE PELOS SINAIS E PELO SURGIMENTO DO OPOSTO COM O PASSAR DO TEMPO.

As leis da natureza humana, Capítulo 9: Confronte o seu lado sombrio – A Lei da Repressão

18 DE MAIO
Olhe por trás das máscaras

Lembre-se de que as pessoas, em geral, procuram apresentar a melhor fachada possível ao mundo. Isso implica camuflar possíveis sentimentos de antagonismo, desejos de poder ou superioridade, tentativas de obter favores e inseguranças. Elas utilizam palavras para esconder os seus sentimentos e distrair os outros da realidade, jogando com a fixação verbal deles. Também usam certas expressões faciais que são fáceis de simular, presumidas como amabilidade. A sua tarefa é olhar além dessas distrações e se tornar ciente desses sinais que elas deixam escapar de forma automática, revelando algo da verdadeira emoção por trás da máscara.

LEI DO DIA: TREINE PARA NÃO PRESTAR ATENÇÃO À FACHADA QUE AS PESSOAS EXIBEM.

As leis da natureza humana, Capítulo 3: Veja por trás das máscaras das pessoas – A Lei da Dramatização

19 DE MAIO
Exigindo igualdade

Outra estratégia do suposto não jogador é exigir igualdade em todas as áreas da vida. Todos devem ser tratados da mesma forma, qualquer que seja seu status e sua força. Mas se, a fim de evitar a mácula do poder, você tentar tratar a todos de forma igualitária e justa, enfrentará o problema de que algumas pessoas fazem certas coisas melhor do que outras. Tratar a todos igualmente significa ignorar suas diferenças, elevando o nível dos menos hábeis e depreciando os que são excelentes.

LEI DO DIA: MUITOS DAQUELES QUE SE DIZEM FORA DO JOGO E EXIGEM IGUALDADE EM TODOS OS SETORES ESTÃO, NA VERDADE, IMPLANTANDO OUTRA ESTRATÉGIA DE PODER, REDISTRIBUINDO AS RECOMPENSAS DAS PESSOAS DA MANEIRA QUE ELES PRÓPRIOS DETERMINAM. JULGUE E RECOMPENSE AS PESSOAS PELA QUALIDADE DO TRABALHO DELAS.

As 48 leis do poder, Prefácio

OS SUPOSTOS NÃO JOGADORES DO PODER

20 DE MAIO
A fachada não ambiciosa

> De todos os distúrbios da alma, a inveja é a única a que ninguém confessa.
> — PLUTARCO (46 d.C.-120 d.C., historiador, biógrafo, ensaísta e filósofo grego)

Quando Ivan, o Terrível, morreu, Boris Godunov sabia que era o único no cenário político que tinha condições de liderar a Rússia. Porém, se demonstrasse sinais explícitos de que almejava avidamente a posição, suscitaria inveja e suspeita entre os boiardos, por isso recusou a coroa não uma, mas várias vezes. Fez as pessoas insistirem que ele assumisse o trono. George Washington lançou mão com grande proveito da mesma estratégia, primeiro recusando-se a manter no cargo de comandante-chefe do exército dos EUA, depois ao resistir à presidência do país. Em ambos os casos, sua popularidade aumentou como nunca. As pessoas não podem invejar o poder que elas mesmas deram a alguém que parecia não desejá-lo.

LEI DO DIA: DESCONFIE DAQUELES QUE PARECEM POUCO AMBICIOSOS.

As 48 leis do poder, Lei 46: Nunca pareça ser perfeito demais

21 DE MAIO

O encantador agressivo

> Naquele tempo prevaleciam a força e as armas; mas agora a sagacidade da raposa está em todos os lugares, então é difícil encontrar um homem fiel ou virtuoso.
>
> — Rainha Elizabeth I

Há um tipo de pessoa que é incrivelmente gentil e obsequiosa quando você a encontra pela primeira vez, tanto que você tende a deixá-la entrar na sua vida bem rápido. Ela sorri bastante, é animada e está sempre disposta a ajudar. Em algum ponto, você talvez retribua o favor, contratando-a para um emprego ou ajudando-a em relação à carreira profissional. Você detectará, ao longo do caminho, algumas rachaduras na máscara – talvez ela faça a você uma crítica um tanto severa de maneira inesperada, ou você ouça dos amigos que ela vem falando de você pelas costas. Então, algo desagradável acontece – uma explosão emocional, algum ato de sabotagem ou uma traição –, algo muito atípico da pessoa gentil e encantadora que você aceitou como amiga. A verdade é que pessoas assim compreendem bem cedo que têm tendências agressivas e invejosas difíceis de controlar. Elas querem o poder e intuem que essas inclinações lhes tornarão a vida complicada. Por muitos anos, cultivam a fachada oposta – uma amabilidade com aspecto quase agressivo. Por meio desse estratagema, obtêm o poder social. Entretanto, em segredo, se ressentem da necessidade de representar esse papel e de ser tão respeitosas. Não são capazes de manter a máscara no lugar. Sob tensão, ou apenas cansadas pelo esforço, insultarão e magoarão você. São capazes disso agora que conhecem você e os seus pontos fracos. E vão, é claro, culpá-lo pelo que acontecer a seguir.

LEI DO DIA: A SUA MELHOR DEFESA É TER CAUTELA COM INDIVÍDUOS QUE ENCANTAM E SE TORNAM SEUS AMIGOS

COM MUITA RAPIDEZ, QUE SE MOSTRAM AMÁVEIS E OBSEQUIOSOS DEMAIS A PRINCÍPIO. ESSA AMABILIDADE EXTREMA NUNCA É NATURAL.

As leis da natureza humana, Capítulo 9: Confronte o seu lado sombrio – A Lei da Repressão

22 DE MAIO
Determine a força do caráter das pessoas

Lembre-se: o caráter fraco vai neutralizar todas as outras qualidades boas que uma pessoa tenha. Por exemplo, aqueles de grande inteligência, mas de caráter fraco podem oferecer boas ideias e até fazer um bom trabalho, porém desmoronarão sob pressão, não reagirão bem às críticas, colocarão os próprios interesses acima de tudo ou a arrogância e qualidades irritantes que demonstram levarão outros ao redor a se demitirem, prejudicando o ambiente geral. Há riscos ocultos em trabalhar com eles ou contratá-los. Alguém menos charmoso e inteligente, mas de caráter forte, se provará mais confiável e produtivo no longo prazo. Possuidores de força real são tão raros quanto ouro; se você os encontrar, deve reagir como se tivesse descoberto um tesouro.

LEI DO DIA: AO AVALIAR A FORÇA OU FRAQUEZA DE CARÁTER, OBSERVE COMO OS INDIVÍDUOS LIDAM COM A RESPONSABILIDADE E COM MOMENTOS DE TENSÃO. OBSERVE OS PADRÕES: O QUE COMPLETARAM OU CONQUISTARAM DE FATO?

As leis da natureza humana, Capítulo 4: Determine a força do caráter das pessoas – A Lei do Comportamento Compulsivo

23 DE MAIO
Nem sempre acredite no que seus olhos veem

Lesley Stahl, repórter do canal de notícias CBS News, estava cobrindo a campanha presidencial de 1984 e, à medida que o dia da eleição se aproximava, teve uma sensação de desassossego. Sua inquietação não se devia ao fato de que o candidato Ronald Reagan vinha se concentrando mais em humores e aspectos emocionais do que em problemas sérios e questões difíceis. O problema era que a mídia o tratava com benevolência, e Stahl julgou que Reagan e sua equipe eleitoral estavam manipulando a imprensa. Então, ela decidiu produzir uma matéria que mostrasse ao público como Reagan usava a televisão para encobrir os efeitos negativos de suas decisões políticas. Na noite em que a matéria foi ao ar, um alto funcionário da Casa Branca telefonou para ela: "Grande reportagem", disse ele. "O quê?", perguntou Stahl, atordoada. "Grande reportagem", repetiu ele. "Vocês ouviram o que eu disse na matéria?", insistiu ela. "Lesley, quando você mostra quatro minutos e meio de excelentes imagens de Ronald Reagan, ninguém ouve o que você diz. Você não sabe que as imagens substituem sua mensagem porque entram em conflito com a sua mensagem? O público vê as cenas e bloqueia sua mensagem. Os espectadores sequer ouviram o que você disse. Então, no nosso entendimento, foi um anúncio gratuito de quatro minutos e meio para a campanha de Ronald Reagan à reeleição". A maioria dos homens da equipe de comunicação de Reagan tinha experiência em marketing. Era gente que sabia da importância de contar uma história de forma clara, concisa, veemente e com esmero visual. Toda manhã eles discutiam qual deveria ser a manchete do dia e analisavam de que maneira poderiam moldá-la numa pequena peça visual, colocando o presidente numa filmagem propícia. Prestavam atenção detalhada ao pano de fundo do presidente no Salão

Oval na Casa Branca, ao modo como a câmera o enquadrava quando estava na presença de outros líderes mundiais, e o filmavam em movimento, com seu andar confiante. A imagem transmitia a mensagem com mais eficácia do que qualquer palavra seria capaz de fazer. O próprio Regan dizia: "Você vai acreditar em quê: nos fatos ou no que seus olhos veem?".

LEI DO DIA: OS NÃO JOGADORES SÃO MESTRES EM EFEITOS VISUAIS PARA DISTRAIR AS PESSOAS DE SUAS MANIPULAÇÕES. PROTEJA-SE PRESTANDO MAIS ATENÇÃO AO CONTEÚDO E AOS FATOS DO QUE À FORMA DA MENSAGEM.

A arte da sedução:[10] Sedução suave – Como vender qualquer coisa para as massas

24 DE MAIO
Dinheiro fácil

> O desejo de obter algo sem dar nada em troca tem custado muito caro a muitas pessoas que fizeram negócios comigo e com outros vigaristas. [...] Quando as pessoas aprenderem – e duvido que aprendam – que ninguém recebe nada de graça, os índices de criminalidade diminuirão e todos viveremos em maior harmonia.
> — JOSEPH WEIL (vulgo "The Yellow Kid", famoso trapaceiro e charlatão norte-americano, 1875-1976)

Seduzir as pessoas com a tentadora promessa de que elas ganharão coisas de graça é o ganha-pão do vigarista. Nenhum homem fazia isso

---

10. Título original: *The Art of Seduction*. Edição brasileira: *A arte da sedução*. Tradução de Talita M. Rodrigues. Rio de Janeiro: Rocco, 2004. (N. T.)

melhor do que o mais bem-sucedido trapaceiro de nossa era, Joseph Weil, também conhecido como "The Yellow Kid" [o Rapaz Amarelo]. O embusteiro Weil aprendeu muito cedo que o que tornava suas fraudes possíveis era a ganância de seus companheiros humanos. Ao longo dos anos, Weil concebeu com artimanha inúmeras maneiras de persuadir as pessoas com a perspectiva de dinheiro fácil. Ele distribuía lotes de terra "gratuitos" – quem resistiria a esse tipo de oferta? – e depois convencia os otários de que tinham que pagar 25 dólares para registrar a venda. Como a terra estava de graça, parecia valer a pena arcar com a elevada taxa de registro; empregando esse ardil, Weil ganhou milhares de dólares. Em troca, dava aos otários uma escritura falsa. Outras vezes, contava a algum trouxa sobre qual era a barbada de uma corrida de cavalos manipulada, ou sobre uma ação que renderia 200% em poucas semanas. Quando contava suas histórias, observava os olhos do otário se arregalarem ao pensar que se daria bem a troco de nada. Não se deixe seduzir pela perspectiva de dinheiro fácil. Como disse o próprio "Yellow Kid": a ganância não compensa.

LEI DO DIA: DESCONFIE DE ALGUÉM QUE TENTA SEDUZI-LO COM A PROMESSA DE ALGO MUITO VANTAJOSO EM TROCA DE NADA. ESQUEMAS DE ENRIQUECIMENTO RÁPIDO QUE OFERECEM RIOS DE DINHEIRO SÃO FRAUDES. A LOTERIA NÃO PASSA DE UM IMPOSTO SOBRE O ANALFABETO MATEMÁTICO. NÃO EXISTEM ATALHOS PARA O PODER.

As 48 leis do poder, Lei 40: Despreze o que vem de graça

25 DE MAIO
Evite o ímã de dramas

> Em tudo, é um erro pensar que se pode realizar uma ação ou se comportar de certa maneira uma vez e nunca mais.
> — Cesare Pavese (1908-1950, escritor italiano)

Indivíduos assim o atraem com a sua presença excitante. Têm uma energia incomum e histórias a contar. Sua fisionomia é animada e seu senso de humor é bem inteligente. É divertido estar perto deles, até que o drama complique tudo. Quando crianças, aprenderam que a única maneira de obter amor e atenção duradouros era emaranhar os pais em seus problemas e encrencas, que precisavam ser grandes o suficiente para mantê-los emocionalmente envolvidos com o passar do tempo. Isso se tornou um hábito, a maneira deles de se sentirem vivos e queridos. A maior parte dos seres humanos se recolhe diante de qualquer tipo de confronto, mas os ímãs de dramas anseiam por ele. À medida que você os conhecer melhor, vai ouvir mais histórias de vida sobre discussões e batalhas, mas eles sempre conseguem se posicionar como vítimas. Entenda que a maior necessidade deles é fisgá-lo de qualquer forma possível. Eles o envolverão em seu drama até o ponto em que você se sentirá culpado por se desvincular deles.

LEI DO DIA: É MELHOR RECONHECÊ-LOS O MAIS CEDO POSSÍVEL, ANTES DE SER CAPTURADO E ARRASTADO PARA O FUNDO. EXAMINE O PASSADO DELES EM BUSCA DE EVIDÊNCIAS DO PADRÃO E FUJA CORRENDO SE SUSPEITAR QUE ESTIVER LIDANDO COM ALGUÉM ASSIM.

As leis da natureza humana, Capítulo 4: Determine a força do caráter das pessoas – A Lei do Comportamento Compulsivo

26 DE MAIO
A tática da sinceridade

Um truque para ter em mente vem de La Rochefoucauld, que escreveu: "Encontramos a sinceridade em pouquíssimas pessoas, e essa que vulgarmente por aí se vê não passa de uma astuta dissimulação para atrair a confiança alheia".

LEI DO DIA: AO FINGIR DESNUDAR O CORAÇÃO PARA VOCÊ, OS NÃO JOGADORES INTELIGENTES SABEM QUE AUMENTAM AS CHANCES DE LEVÁ-LO A REVELAR SEUS PRÓPRIOS SEGREDOS. ELES LHE FAZEM UMA CONFISSÃO FALSA E EM TROCA ESPERAM QUE VOCÊ LHES FAÇA UMA VERDADEIRA.

As 48 leis do poder, Lei 14: Banque o amigo, aja como um espião

27 DE MAIO
Detecte os verdadeiros motivos das pessoas

Conhecendo a principal motivação de uma pessoa você tem, por assim dizer, a chave para a vontade dela.

— BALTASAR GRACIÁN

Na perspectiva maquiavélica, poucos eventos na vida pública são – raramente – o que parecem ser. O poder depende das aparências, da manipulação daquilo que o público vê. Depende de a pessoa parecer boa, enquanto faz o que é necessário para ganhar poder e se manter no poder. Às vezes é fácil enxergar através do nevoeiro e detectar os motivos ou as intenções das pessoas. Mas, em geral, é bastante complicado – "O que realmente está acontecendo?", nós nos perguntamos. No novo ambiente midiático em que vivemos, a capacidade de criar confusão e cortinas de fumaça foi bastante aprimorada. Histórias e rumores falsos podem ser plantados sem fonte e sem autoria. A história se espalha de maneira viral. Antes que as pessoas comecem a questionar a validade da *fake news*, a atenção é distraída por outra coisa, a história B ou C; enquanto isso, a inverídica história A é compartilhada e se enraíza na mente das pessoas de maneiras sutis. É uma camada adicional de incerteza e dúvida que torna bastante fácil disseminar todos os tipos de insinuações. Para decifrar eventos que parecem difíceis de interpretar, às vezes confio numa estratégia que vem da expressão latina *Cui bono?* Foi utilizada pela primeira vez nesse contexto pelo político e orador romano Cícero e se traduz ao pé da letra como "é para o bem de quem?", "quem se beneficia?". Significa o seguinte: quando você tentar descobrir os motivos por trás de alguma ação obscura, procure saber quem realmente se favorece no final, e então vá traçando o caminho de trás para a frente até chegar ao responsável. O egoísmo governa o mundo.

LEI DO DIA: NÃO SE DEIXE ENGANAR PELAS APARÊNCIAS, POR AQUILO QUE ACONTECE, POR AQUILO QUE AS PESSOAS FAZEM E DIZEM. SEMPRE PERGUNTE: *CUI BONO?*

Site powerseductionandwar.com, 23 de novembro de 2007

28 DE MAIO

A verdade efetiva

> Pois os homens, em geral, nutrem-se tanto do que parece como do que é: aliás, muitas vezes se movem mais em função das coisas que parecem do que daquelas que são.
> — NICOLAU MAQUIAVEL, *Discursos sobre a primeira década de Tito Lívio*

Maquiavel chama de "a verdade efetiva" tudo aquilo que acontece de fato, não o que é expresso em palavras ou teorias – na minha opinião, é seu mais brilhante conceito. Funciona assim: as pessoas dirão quase qualquer coisa para justificar suas ações, tudo para dar a seus atos um verniz moral ou hipócrita. A única coisa que é clara, a única maneira pela qual podemos julgar as pessoas e eliminar toda essa porcaria, é olhar para suas ações, para os resultados de suas ações. Essa é sua verdade efetiva. Vejamos o caso do papa, por exemplo. Ele pregará eternamente sobre os pobres, sobre a moralidade, sobre a paz, mas enquanto isso preside a organização mais poderosa do planeta (era, no tempo de Maquiavel). E as ações papais basicamente giram em torno de aumentar esse poder. A verdade efetiva – a "verdade verdadeira", por assim dizer – é que o papa é um animal político, e que suas decisões inevitavelmente envolvem a manutenção do papel de destaque da Igreja Católica no mundo. O palavreado religioso é apenas uma parte de seu jogo político, servindo como um dispositivo de distração.

LEI DO DIA: JULGUE AS PESSOAS NÃO PELAS HISTÓRIAS QUE CONTAM, MAS PELOS RESULTADOS DE SUAS AÇÕES E MANOBRAS.

Site powerseductionandwar.com, 28 de julho de 2006

29 DE MAIO
Não é nada pessoal

Muitas pessoas têm terríveis dificuldades para lidar com política, com a necessidade de dissociar suas emoções do mundo do trabalho ou do âmbito do poder. Elas levam tudo para o lado pessoal. Eu mesmo sofri um bocado trabalhando em escritórios, nos empregos em Hollywood, passei por perrengues quando atuei no jornalismo e assim por diante. Sou um pouco ingênuo, e muitas outras pessoas também são. E basicamente o que acontece nessas situações é que, como ninguém treina a gente para essas coisas, nos tornamos emotivos – levamos para o lado pessoal o que as pessoas dizem e fazem. No momento em que a pessoa se deixa enredar pelas emoções, está frita. Você tem que ser capaz de encarar a vida como se fosse uma série de jogadas num tabuleiro de xadrez. O filósofo e imperador romano Marco Aurélio (121 d.C.-180 d.C.) tem uma citação formidável que parafraseio aqui: se você estiver num ringue de boxe e o boxeador adversário esmurrar seu rosto, não reclame de injustiça ou crueldade. Não, isso é apenas parte do jogo. Quero que você veja a vida da seguinte maneira: se alguém lhe fizer alguma coisa desagradável, mesmo que seja uma horrível maldade, controle suas emoções. Não reaja. Não se aborreça. Entenda como um movimento num tabuleiro de xadrez. As pessoas tentam mover você. Não dê ouvidos ao que as pessoas dizem porque elas dirão qualquer coisa. Preste atenção aos movimentos delas. Veja as manobras. Olhe para as ações anteriores. As ações – e não as palavras – dizem quem as pessoas são. Esse tipo de autocontrole é imensamente libertador e empoderador.

LEI DO DIA: JULGAR AS PESSOAS PELAS AÇÕES DELAS – E NÃO LEVAR PARA O LADO PESSOAL – LIBERTARÁ VOCÊ E O AJUDARÁ A MANTER SEU EQUILÍBRIO EMOCIONAL.

"Robert Greene: Mastery and Research" [Maestria e Pesquisa], *Finding Mastery Conversations with Michael Gervais* [Encontrando a Maestria: Conversas com Michael Gervais], 25 de janeiro de 2017

30 DE MAIO
Todo mundo quer mais poder

Cita-se muito uma frase famosa do historiador britânico Lorde Acton que diz que o poder tende a corromper e que o poder absoluto corrompe de forma absoluta. Mas Malcolm X disse que o oposto também é verdadeiro, a saber, que ter poder pode até corromper, mas não ter absolutamente nenhum poder corrompe de forma absoluta.[11] No livro *As 48 leis do poder*, defendo a tese de que o sentimento de não exercer poder sobre as pessoas e acontecimentos é geralmente insuportável para nós – quando nos sentimos impotentes, nos sentimos uns desgraçados. Ninguém quer menos poder; todos querem mais.

LEI DO DIA: EM CASO DE DÚVIDA, PRESUMA QUE AS PESSOAS ESTÃO FAZENDO O QUE ESTÃO FAZENDO E DIZENDO O QUE ESTÃO DIZENDO PORQUE QUEREM MAIS PODER, NÃO MENOS.

"Robert Greene: *As 48 leis do poder*", entrevista ao programa de TV Between the Lines with Barry Kibrick, 15 de maio de 2015

---

11. John Emerich Edward Dalberg-Acton, o 1º barão Acton (1834-1902), foi um historiador britânico; Malcolm X (Malcolm Little, 1925-1965), foi um ativista norte-americano dos direitos humanos. (N. T.)

31 DE MAIO
Saiba com quem você está lidando

> Acredite: não existem pessoas tão insignificantes e desprezíveis que não possam, um dia, ser úteis a você; elas certamente não serão se você alguma vez já as tratou com desprezo.
>
> — Lorde Chesterfield

A capacidade de avaliar as pessoas é a habilidade mais importante de todas para a obtenção e a manutenção do poder. Sem ela, você fica cego: não somente ofende as pessoas erradas, mas escolhe os indivíduos errados com os quais lidar, pensando que está bajulando as pessoas quando na verdade as está insultando. Antes de iniciar qualquer movimento, avalie seu alvo ou potencial oponente. Caso contrário, perderá tempo e cometerá erros. Estude as fraquezas das pessoas, as rachaduras e frestas nas armaduras delas, suas áreas de orgulho e insegurança. Conheça suas peculiaridades, seus meandros, antes mesmo de decidir se vale ou não a pena lidar com elas. Duas últimas palavras à guisa de alerta: em primeiro lugar, ao julgar e avaliar o oponente, nunca confie nos seus instintos. Você cometerá os maiores equívocos se confiar nesses indicadores imprecisos. Nada pode substituir o acúmulo de conhecimento concreto. Estude e espione seu adversário pelo tempo que for necessário; isso valerá a pena no longo prazo. Em segundo lugar, nunca confie nas aparências. Qualquer pessoa com coração de serpente pode escondê-lo sob um manto de bondade; muitas vezes, uma pessoa que apresenta uma fachada externa turbulenta é na verdade um covarde. Nunca confie na versão que as pessoas apresentam de si mesmas – isso não é nem um pouco digno de confiança.

LEI DO DIA: QUE BEM PODE VIR DA IGNORÂNCIA ACERCA DE OUTRAS PESSOAS?

APRENDA A DIFERENCIAR OS LEÕES DOS CORDEIROS OU PAGUE O PREÇO.

As 48 leis do poder, Lei 19: Saiba com quem você está lidando – Não ofenda a pessoa errada

JUNHO

O talento divino

Dominando a arte do fingimento e da manipulação

Nos mitos gregos, no ciclo do Mahabharata indiano, na epopeia de Gilgámesh no Oriente Médio, é privilégio dos deuses usar as artes enganosas; um grande homem, Ulisses (Odisseu), por exemplo, foi julgado por sua capacidade de rivalizar com a astúcia dos deuses, roubando um pouco do poder divino ao se igualar às divindades em termos de inteligência e trapaça. A mentira astuciosa é uma arte desenvolvida pela civilização e a mais poderosa arma no jogo do poder. O engodo e o disfarce não devem ser vistos como artifícios feios ou imorais. Toda interação humana requer a fraude e o engano em muitos níveis e, de certa forma, o que separa os humanos dos animais é a nossa capacidade de mentir e ludibriar. Por fora, você deve dar a impressão de respeitar as sutilezas da bondade e da retidão moral, mas, por dentro, a menos que seja um tolo, você aprende rapidamente a ser prudente e a seguir o conselho de Napoleão: calce sua mão de ferro com uma luva de veludo. Se conseguir dominar as artes do engano e da dissimulação aprendendo a seduzir, encantar, ludibriar e sutilmente superar em astúcia seus oponentes, você alcançará o auge do poder. O mês de junho vai ensiná-lo a fazer as pessoas se curvarem às suas vontades sem que elas percebam o que você fez. E se não perceberem o que você fez, não ficarão ofendidas, tampouco resistirão a você.

★★★

Alguns anos atrás, para ajudar minha mente a superar a rotina de escrever *33 estratégias de guerra*, comprei uma mesa de sinuca. Depois de um dia de trabalho duro, eu me dedicava ao bilhar e me concentrava completamente no feltro verde, no taco, nas bolas coloridas e listradas, pares e ímpares. Acabou sendo a escolha perfeita de distração. A sinuca, ficou claro, tem tudo a ver com ângulos. Primeiro, há os ângulos simples, pois você deve acertar a bola branca (a tacadeira) de lado quando não estiver em linha reta. Muitas vezes, isso não é tão fácil quanto parece. Em seguida, há os ângulos que você tem de calcular para apenas tangenciar a bola-alvo, resvalando de leve na lateral, um jogo inteiramente novo em si. Isso vai ainda mais longe com as tacadas que repicam de uma tabela para dentro de uma caçapa de canto.

Existem os ângulos das tacadas combinadas, e combinações ainda mais intrincadas quando você usa uma bola ímpar para deslizar pela mesa e encaçapar uma bola par. E há toda a linguagem dos ângulos que entra em cena quando você está pensando à frente e tentando manter a bola branca numa boa posição, trabalhando com os espaços abertos sobre a mesa.

Por fim, há os ângulos abstratos no espaço e no tempo psicológicos: jogar com a mente do seu oponente; deixando-o matar algumas bolas, mas encurralando-o num canto da mesa com as últimas bolas, numa situação de sinuca de bico da qual é impossível escapar (o saco de truques); ou esquadrinhando a mesa inteira para saber como você dominará rapidamente a partida. Em outras palavras, existem camadas de ângulos cada vez mais sutis e artísticas à medida que você sobe de patamar e melhora seu jogo. Já deixei de ser um iniciante, mas estou longe de me considerar um macaco velho das mesas de bilhar. Ainda não.

Para jogar bem, para elevar seu jogo, seu foco deve ser total.

É assim na sinuca e também na vida. Otários e iniciantes estão presos na mentalidade "uma bola de cada vez" e ficam empolgados quando acertam uma tacada inteligente, mas não têm para onde ir. Nunca aprendem os ângulos acima dos ângulos acima dos ângulos.

Há ainda as pessoas que aprimoraram um pouco o seu jogo, que aparentam saber os macetes, que são realmente capazes de encaçapar bolas numa rápida de sequência de tacadas certeiras. Em Hollywood, trabalhei para gente assim. Pessoas que delegavam o trabalho para outros fazerem e levavam todo o crédito. Conheci um diretor que tinha o hábito de jogar o jogo de contratar outra pessoa para dirigir o roteiro de estimação que ele havia escrito. O contratado era sempre alguém jovem, ansioso e inexperiente, que inevitavelmente fracassava logo no início do processo; então o tal diretor entrava em cena para salvar a situação, o que era seu objetivo o tempo todo. Para ele, era melhor configurar as coisas dessa forma do que ser visto como um profissional excessivamente ambicioso e ganancioso, sempre insistindo em dirigir todos os projetos. Foi mais ou menos assim que Pat Riley projetou seu retorno às quadras como técnico de basquete.[12]

Mas a verdade é que essas pessoas não enxergam a mesa inteira nem têm uma boa estratégia completa já definida de antemão. Elas têm alguns ângulos, mas não de uma ordem elevada. Nunca chegam tão longe. Despertam muito ressentimento e resistência. São jogadores de nível baixo a médio.

Há alguns anos, um conhecido meu que administra seu próprio negócio de mídia me procurou com um problema: um funcionário de alto escalão de sua empresa vazou algo embaraçoso sobre ele para outros empregados. O ângulo do funcionário responsável pelo vazamento era chamar a atenção do chefe e alertá-lo sobre as outras coisas que ele poderia fazer. Estava preocupado com a possibilidade de ser demitido e então resolveu disparar esse tiro de advertência.

O conselho que dei para meu amigo foi, em primeiro lugar, ter a noção do que o vazador estava fazendo e não indicar nenhum tipo de reação negativa de sua parte. Ele deveria continuar parecendo amigável, como se nada tivesse acontecido. Isso era fachada, uma distração. O funcionário teria que se concentrar nessa ausência de reação e descobrir o que significava. O chefe estava sendo evasivo? Não dava a mínima? Estava tentando conquistar de novo a confiança dele? Estava se sentindo intimidado? Com isso, meu amigo ganharia tempo.

À medida que investigávamos a situação, descobrimos mais aspectos do que estava acontecendo e elaboramos uma solução. Para começo

---

12. Ex-jogador e técnico tetracampeão da National Basketball Association (NBA) como técnico do Los Angeles Lakers na década de 1980, Riley atuou depois como comentarista e técnico do time New York Knicks; em 2006, deixou as funções de dirigente para assumir novamente o posto de técnico, agora do Miami Heat, com o qual obteve seu quinto título de campeão da NBA. (N. T.)

de conversa, meu amigo demitiu dois outros funcionários que estavam em conluio com o vazador e eram obviamente encrenqueiros. Um terceiro cúmplice foi transferido para um escritório num local distante. Aparentemente isso foi feito em decorrência do mau desempenho dos funcionários e não tinha ligação com o vazador em questão. O objetivo era duplo: isolar o alvo, dificultar que conspirasse e enviar a ele uma mensagem indireta de que o chefe não era alguém com quem ele poderia mexer e se safar impunemente.

As manobras do chefe não eram simples de decifrar; elas chamaram a atenção do vazador, que ficou paralisado. Enquanto avaliávamos as possíveis reações dele a esses movimentos e como ele poderia intensificar suas ações caso se sentisse ameaçado, trabalhamos num ângulo mais alto para nos anteciparmos a essa reação, de modo a englobar todas as possibilidades. Planejamos minuciosamente até mesmo uma maneira de dar um xeque-mate se ele resolvesse ir a público com suas informações.

Iceberg Slim[13] é um dos meus escritores favoritos. Para ele, o mundo é dividido entre malandros e otários. Ou você é um ou é outro. O otário não tem ângulos na vida, nenhum senso da arte do fingimento e da trapaça, e só é capaz de fazer uma jogada estúpida de cada vez. O malandro sempre mira os ângulos, aprende a trabalhar com eles e se torna um artista no jogo.

---

13. Pseudônimo de Robert Beck (1918-1992), cafetão norte-americano que mais tarde se tornou um autor influente entre os leitores, principalmente afro-americanos; seus romances foram adaptados para o cinema. (N. T.)

1º DE JUNHO

Use a máscara adequada

Você jamais terá sucesso na arte da dissimulação a menos que encare a si mesmo com certo distanciamento – a menos que possa ser muitas pessoas diferentes, usando a máscara que o dia e o momento exigem. Com esse tipo de enfoque flexível de todas as aparências, incluindo a sua, você se livra de boa parte do peso interior que limita e controla as pessoas. Torne seu rosto tão maleável quanto o de um ator; trabalhe para esconder dos outros as suas verdadeiras intenções; pratique atrair as pessoas para armadilhas.

LEI DO DIA: BRINCAR COM AS APARÊNCIAS E DOMINAR AS ARTES DO FINGIMENTO E DO ENGODO ESTÃO ENTRE OS PRAZERES ESTÉTICOS DA VIDA. TAMBÉM SÃO COMPONENTES-CHAVE NA AQUISIÇÃO DE PODER.

As 48 leis do poder, Prefácio

2 DE JUNHO

Use a ausência para aumentar o respeito e a honra

Se eu for visto com frequência no teatro, as pessoas deixarão de me notar.
— NAPOLEÃO BONAPARTE (1769-1821, estadista e líder militar francês)

Hoje em dia, num mundo inundado de presença por conta da enxurrada de imagens, dominar o jogo do afastamento e da ausência retirada é uma ferramenta poderosa. Raramente sabemos qual é o momento de sair de cena, e a ideia de privacidade parece ter entrado em extinção, por isso ficamos impressionados com quem é capaz de se retirar e desaparecer por escolha própria. Na ciência econômica, a lei da escassez nos ensinou uma verdade: a circulação em excesso faz o preço cair, e a escassez cria valor. Porém, ao retirar algo do mercado, você cria valor instantâneo. Na Holanda do século 17, as classes altas queriam fazer da tulipa mais do que apenas uma bela flor – queriam que fosse uma espécie de símbolo de status. Tornando a flor escassa – até o ponto de se transformar num artigo quase impossível de obter – desencadearam o que mais tarde seria chamado de "tulipomania", "mania das tulipas", "febre das tulipas", ou "crise das tulipas". Uma única flor agora valia mais do que seu peso em ouro. Estenda a lei da escassez para suas próprias habilidades. Faça com que aquilo que você oferece ao mundo seja raro e difícil de encontrar, e assim você aumentará instantaneamente o seu valor.

LEI DO DIA: QUANTO MAIS VOCÊ É VISTO E OUVIDO, MAIS COMUM PARECE. SE VOCÊ JÁ SE ESTABELECEU NUM GRUPO, SUA RETIRADA TEMPORÁRIA FARÁ DE VOCÊ UMA FIGURA MAIS COMENTADA, ATÉ MAIS ADMIRADA.
VOCÊ DEVE APRENDER QUANDO SAIR DE CENA.
CRIE VALOR POR MEIO DA ESCASSEZ.

As 48 leis do poder, Lei 16: Use a ausência para aumentar o respeito e a honra

O TALENTO DIVINO

3 DE JUNHO
Assuma o controle de sua imagem

> O homem que pretende fazer fortuna nesta antiga capital do mundo [Roma] deve ser um camaleão apto a refletir as cores da atmosfera que o cerca – um Proteu capaz de assumir todas as formas, todos os formatos.
> — Giovanni Casanova (1725-1798, escritor, aventureiro e libertino italiano)

As pessoas tendem a julgar as outras com base na aparência. Se você não tomar cuidado e simplesmente presumir que é melhor ser você mesmo, começarão a lhe atribuir todos os tipos de qualidades que pouco têm a ver com quem você é, mas que correspondem ao que elas querem ver. Tudo isso pode confundir você, torná-lo inseguro e consumir sua atenção. Ao internalizar seus julgamentos, você achará difícil concentrar-se em seu trabalho. Sua única proteção é reverter essa dinâmica moldando conscientemente as aparências, criando a imagem que combina com você e controlando os julgamentos que as pessoas fazem a seu respeito. Por vezes você achará apropriado dar um passo para trás e criar certo mistério ao seu redor, intensificando sua presença. Em outras ocasiões, você vai preferir ser mais direto e impor uma aparência mais específica. De maneira geral, nunca se acomode numa única imagem, tampouco dê às pessoas o poder de decifrá-lo por completo. Você deve estar sempre um passo à frente do público.

LEI DO DIA: NÃO SEJA PREVISÍVEL: NUNCA PERMITA QUE AS PESSOAS PENSEM QUE DECIFRARAM VOCÊ DE CABO A RABO. CRIE ALGUM MISTÉRIO EM TORNO DE SI.

Maestria, Seção IV – Veja as pessoas como elas realmente são: Inteligência social

4 DE JUNHO

Manipule o instinto das pessoas de confiar nas aparências

> Quando usadas com artifício, aparência e intenção inevitavelmente seduzem e enganam as pessoas, mesmo que percebam que há uma intenção ulterior por trás da aparência evidente.
> — Yagyū Munenori (1571-1646, espadachim japonês)

O aspecto básico para a capacidade de enganar é uma verdade simples acerca da natureza humana: nosso primeiro instinto é sempre confiar nas aparências. Não podemos sair por aí duvidando da realidade daquilo que vemos e ouvimos – imaginar constantemente que as aparências escondem outras coisas nos deixaria exauridos e aterrorizados. Por causa desse fato, enganar as pessoas é algo relativamente fácil. Basta colocar diante dos olhos delas um objeto que você pareça desejar, um objetivo que pareça almejar, e elas confundirão a aparência com a realidade. Assim que os olhos delas se concentram no chamariz, não conseguem mais enxergar o que você realmente está fazendo e quais são as suas verdadeiras intenções.

LEI DO DIA: ESCONDA SUAS INTENÇÕES ATRÁS DE UM MANTO DE APARÊNCIAS METICULOSAMENTE CONSTRUÍDAS.

As 48 leis do poder, Lei 3: Esconda suas intenções

5 DE JUNHO
Crie efeitos dramáticos

Na época da eleição presidencial de Franklin Delano Roosevelt, em 1932, os Estados Unidos passavam por uma terrível crise econômica. As falências dos bancos se sucediam num ritmo alarmante. Pouco depois de vencer a eleição, Roosevelt entrou numa espécie de retiro. Não disse uma palavra sobre seus planos ou suas nomeações para os ministérios. Ele se recusou inclusive a se reunir com o então presidente Herbert Hoover para discutir a transição. Quando Roosevelt tomou posse, o país vivia um estado de grande ansiedade. Em seu primeiro discurso oficial, Roosevelt mudou de tática. Proferiu uma fala vigorosa e enfática, deixando claro que pretendia conduzir os rumos do país numa direção completamente nova, desvencilhando-se dos gestos tímidos de seus antecessores. A partir daí, seus discursos e decisões públicas – nomeações de ministros, legislação ousada – adquiririam uma velocidade vertiginosa. O período após a posse de Roosevelt ficou conhecido como os "Cem Dias", e o sucesso em alterar o estado de ânimo do país se originou em parte do ritmo inteligente de Roosevelt e do uso que ele fazia do contraste dramático. O presidente se alternava entre manter a população em suspense e, em seguida, surpreendê-la anunciando a implementação de uma série de medidas arrojadas, que pareciam ainda mais impactantes porque surgiam aparentemente do nada.

LEI DO DIA: USE O FATOR TEMPO DE MANEIRA TEATRAL PARA SURPREENDER E DISTRAIR. APRENDA A ORQUESTRAR EVENTOS COMO ROOSEVELT FAZIA, SEM NUNCA REVELAR TODAS AS SUAS CARTAS DE UMA SÓ VEZ, MAS MOSTRANDO-AS AOS POUCOS, DE UMA MANEIRA QUE AUMENTE SEU EFEITO DRAMÁTICO.

As 48 leis do poder, Lei 25: Recrie-se

6 DE JUNHO

Desempenhe bem o seu papel

No Método de Interpretação para o Ator, você se treina a fim de manifestar as emoções apropriadas quando quiser. Sente-se triste quando o papel pede isso, relembrando as suas próprias experiências que causaram essas emoções, ou, se necessário, simplesmente imaginando-as. A finalidade é estar no controle. Na vida real, não é possível nos treinar a esse ponto, mas se não tivermos nenhum controle, se sempre expressarmos quaisquer emoções que sentirmos, emitiremos sinais sutis de fraqueza e falta geral de autocontrole. Aprenda a se colocar de forma consciente no estado emocional correto ao imaginar como e por que você sentiria a emoção adequada à ocasião ou ao papel que estiver prestes a interpretar. Entregue-se ao sentimento para que o seu rosto e corpo se tornem animados de modo natural. Às vezes, ao sorrir ou franzir a testa, você sentirá algumas das emoções que combinam com essas expressões. É igualmente importante que você se treine para voltar a uma expressão mais neutra num momento natural, com cuidado para não ir longe demais com a dramatização. Compreenda o seguinte: a palavra *personalidade* vem de *persona*, que em latim significa "máscara". Em público, todos usamos máscaras, e isso tem uma função positiva. Se demonstrássemos exatamente quem somos e falássemos o que pensamos com sinceridade, ofenderíamos quase todos e revelaríamos qualidades que é melhor esconder. Ter uma persona e desempenhar bem um papel nos protege de sermos observados com muita atenção e de todas as inseguranças que isso traria à tona.

LEI DO DIA: NO TEATRO DA VIDA, SOMOS TODOS ATORES; QUANTO MELHOR VOCÊ DESEMPENHAR SEU PAPEL E USAR A MÁSCARA ADEQUADA, MAIS PODER ACUMULARÁ.

As leis da natureza humana, Capítulo 3: Veja por trás das máscaras das pessoas – A Lei da Dramatização

7 DE JUNHO

Nunca conteste a inteligência das pessoas

> A melhor maneira de ser bem recebido por todos é vestir-se com a pele da mais estúpida fera selvagem.
>
> — Baltasar Gracián

A sensação de que outra pessoa possa ser mais inteligente do que a gente é quase intolerável. Costumamos tentar justificá-la de diferentes maneiras: "O conhecimento dele é apenas teórico, ao passo que o meu conhecimento é calcado na realidade"; "Os pais dela gastaram uma fortuna para bancar uma boa educação para ela. Se meus pais tivessem o mesmo dinheiro, se eu tivesse tido os mesmos privilégios..."; "Ele não é tão inteligente quanto pensa". Por último, mas não menos importante: "Ela pode até conhecer sua estreita área de atuação melhor do que eu, mas tirando isso ela não é nada inteligente. Até mesmo Einstein era um bobalhão fora do âmbito da física". Uma vez que a ideia de inteligência é muito importante para a vaidade da maioria das pessoas, é fundamental nunca insultar ou questionar a capacidade cerebral alheia. Isso é um pecado imperdoável. Porém, se você conseguir fazer essa regra de ferro funcionar para você, abrirá todos os tipos de portas para a dissimulação. Esse ar de superioridade intelectual que você dará às pessoas enfraquecerá a desconfiança delas.

LEI DO DIA: ASSEGURE SUBLIMINARMENTE ÀS PESSOAS QUE ELAS SÃO MAIS INTELIGENTES DO QUE VOCÊ, OU ATÉ MESMO QUE VOCÊ É UM POUCO TOSCO – DESSA MANEIRA, VOCÊ PASSARÁ A PERNA NELAS.

As 48 leis do poder, Lei 21: Faça o papel de otário para pegar os otários – pareça ser mais panaca do que você eventualmente é

8 DE JUNHO
Distraia as pessoas do seu verdadeiro objetivo

Durante a Guerra da Sucessão Espanhola em 1711, o duque de Marlborough, comandante do exército inglês, queria destruir um importante forte francês, cuja função era proteger uma estrada que funcionava como uma crucial via de acesso à França. No entanto, o duque sabia que, se o destruísse, os franceses perceberiam suas intenções: avançar ao longo daquela estrada. Em vez disso, Marlborough simplesmente capturou o forte e o guarneceu com algumas de suas tropas, dando a impressão de que tinha interesses específicos nele. Os franceses atacaram o forte e o duque deixou que o reconquistassem. Tão logo o recapturaram, porém, eles o destruíram, imaginando que o duque tinha algum motivo importante para querer tomar posse da fortificação. Agora que o forte havia sido varrido do mapa, a estrada ficou desprotegida e Marlborough pôde marchar facilmente França adentro. Use essa tática da seguinte maneira: esconda suas intenções, porém não se feche por completo (isso acarreta o risco de parecer misterioso e desperta a desconfiança das pessoas), mas fale sem parar sobre seus desejos e objetivos – só que não sobre seus *verdadeiros* desejos e objetivos. Você matará três coelhos com uma cajadada só: parecerá uma pessoa amigável, franca e confiante; esconderá suas intenções, anulando desconfianças; e deixará seus rivais desnorteados, porque as pistas falsas os farão perder tempo com buscas inúteis, procurando agulha no palheiro.

LEI DO DIA: DÊ A IMPRESSÃO DE QUERER ALGO EM QUE VOCÊ NÃO ESTÁ DE FATO INTERESSADO; ISSO DESPISTARÁ SEUS INIMIGOS, QUE FICARÃO CONFUSOS E COMETERÃO TODOS OS TIPOS DE ERROS.

As 48 leis do poder, Lei 3: Esconda suas intenções

9 DE JUNHO

Dê às pessoas a oportunidade de se sentirem superiores

Algumas pessoas consideram que apelar ao egoísmo delas é algo feio e ignóbil. Na verdade, preferem poder exercitar a caridade, a misericórdia e a justiça, que são as maneiras delas de se sentirem superiores a você: quando você lhes implora por ajuda, enfatiza o poder e a posição delas. Elas são suficientemente fortes para não precisarem nem um pouco de você, exceto a chance de se sentirem superiores. Esse é o vinho que as inebria. Virtuosas, estão loucas de vontade de financiar seu projeto, de apresentar você a pessoas poderosas – contanto, é claro, que tudo isso seja feito em público, e por uma boa causa (geralmente, quanto mais testemunhas, melhor). Portanto, a tática do apelo ao egoísmo cínico não funciona com todo mundo. Algumas pessoas sentem repulsa disso, porque não querem dar a impressão de que são movidas pelos próprios interesses. Elas precisam de oportunidades para mostrar que têm bom coração. Não seja tímido. Dê a elas essa oportunidade. Você não as está enganando ao lhes pedir ajuda – elas realmente sentem prazer em ser generosas e em ser vistas sacrificando os próprios interesses em benefício dos outros.

LEI DO DIA: VOCÊ DEVE DESCOBRIR QUAIS SÃO AS MOTIVAÇÕES E OS INTERESSES DAS PESSOAS. QUANDO EXALAREM GANÂNCIA, APELE PARA A GANÂNCIA DELAS. QUANDO QUISEREM PARECER CARIDOSAS E NOBRES, APELE PARA A BENEVOLÊNCIA DELAS.

As 48 leis do poder, Lei 13: Ao pedir ajuda, apele ao egoísmo das pessoas, nunca à sua misericórdia ou gratidão

10 DE JUNHO

Contagie o grupo com emoções produtivas

Contagie o grupo com um senso de resolução que emane de você. Não se aborreça com os contratempos; continue avançando e trabalhando nos problemas. Seja persistente. O grupo perceberá isso, e indivíduos sentem vergonha de se tornar histéricos diante da menor alteração nas condições. Tente transmitir ao grupo a sua autoconfiança, mas tenha cuidado para que isso não degringole para uma noção de grandiosidade. A sua autoconfiança e a do grupo resultam, em larga medida, de um histórico de sucesso. Altere as rotinas de tempos em tempos, surpreenda a todos com algo novo e desafiador. Isso acordará os membros e os tirará da complacência que pode se estabelecer em qualquer grupo que obtém o sucesso. O mais importante é que demonstrar uma falta de medo e uma abertura geral a novas ideias terá o efeito mais terapêutico de todos. Os membros do grupo se tornarão menos defensivos, sendo encorajados a pensar por conta própria e a não operar como autômatos.

LEI DO DIA: O SER HUMANO É, POR NATUREZA, MAIS EMOCIONAL E PERMEÁVEL AOS ÂNIMOS DOS OUTROS. VOCÊ DEVE TRABALHAR COM A NATUREZA HUMANA E TRANSFORMÁ-LA EM ALGO POSITIVO AO CONTAGIAR O GRUPO COM O CONJUNTO APROPRIADO DE EMOÇÕES. AS PESSOAS SÃO MAIS SUSCETÍVEIS AOS ÂNIMOS E ATITUDES DO LÍDER QUE AOS DE QUALQUER OUTRO.

As leis da natureza humana, Capítulo 14: Resista à pressão descendente do grupo – A Lei do Conformismo

11 DE JUNHO

Ataque o pastor

Quando a árvore cai, os macacos se dispersam.

— Provérbio chinês

Em qualquer grupo, quase sempre é fácil detectar a origem do problema – a pessoa infeliz e cronicamente insatisfeita que sempre provocará desavença e contaminará com a sua doença o restante do grupo. Num piscar de olhos, antes mesmo que você tenha tempo para perceber o que o atingiu, o descontentamento se espalha. Aja antes que se torne impossível desembaraçar o novelo de infelicidade ou entender como a coisa toda começou. Primeiro, reconheça os encrenqueiros por sua presença arrogante e autoritária ou por sua natureza reclamona. Depois de identificá-los, não tente modificá-los tampouco apaziguá-los – isso só vai piorar as coisas. Não os ataque de maneira direta nem indireta, pois são naturalmente venenosos e trabalharão na surdina para destruí-lo. Em vez disso, faça o seguinte: dê um jeito de bani-los antes que seja tarde demais. Separe-os do grupo antes que se tornem o olho do furacão. Não lhes dê tempo ou oportunidade para suscitar inquietação e semear descontentamento; não lhes dê margem de manobra. Que uma pessoa sofra para que as demais possam viver em paz.

LEI DO DIA: QUANDO O LÍDER DO REBANHO É TIRADO DE CENA, O CENTRO DE GRAVIDADE DESAPARECE; NÃO HÁ MAIS PONTO DE REFERÊNCIA E TUDO DESMORONA. ATAQUE A FONTE DO PROBLEMA, E AS OVELHAS SE DISPERSARÃO.

As 48 leis do poder, Lei 42: Ataque o pastor e as ovelhas se dispersarão

12 DE JUNHO
Use a tática da rendição

Quando você for o mais fraco, nunca lute em nome da honra; em vez disso, opte pela rendição. A rendição lhe proporciona tempo para se recuperar, tempo para atormentar e irritar o seu conquistador, tempo para esperar que o poder dele diminua. Não dê a seu adversário a satisfação de lutar contra você e derrotá-lo – antes disso, renda-se. Ao oferecer a outra face, você enfurece e perturba seu inimigo. Faça da rendição uma ferramenta de poder. E tenha em mente o seguinte: as pessoas que tentam ostentar autoridade são facilmente enganadas pela tática da rendição. Se você der sinais exteriores de submissão, fará com que elas se sintam importantes; satisfeitas por considerarem que têm o seu respeito, tornam-se alvos mais fáceis para um futuro contra-ataque.

LEI DO DIA: SE VOCÊ SE ENCONTRAR TEMPORARIAMENTE NA CONDIÇÃO DE PARTE MAIS FRACA, A TÁTICA DA RENDIÇÃO É PERFEITA PARA VOCÊ SE REERGUER – ELA DISFARÇA SUA AMBIÇÃO E LHE ENSINA PACIÊNCIA E AUTOCONTROLE, HABILIDADES FUNDAMENTAIS NO JOGO.

As 48 leis do poder, Lei 22: Use a tática da rendição – Transforme a fraqueza em poder

13 DE JUNHO

Lidere pelo exemplo, na linha de frente

> Aníbal foi o mais formidável general da antiguidade devido à sua admirável compreensão do moral do combate [...] Seus homens não eram melhores do que os soldados romanos. Não eram tão bem armados, e em número não chegavam à metade. Ainda assim, ele era sempre o conquistador. Compreendia o valor do moral. Tinha a absoluta confiança de seus homens.
>
> — Coronel Charles Ardant du Picq (1821-1870, oficial estrategista militar francês)

O moral é contagioso, e você, como líder, é quem estabelece o tom. Peça sacrifícios que você mesmo não faria (tudo por meio de auxiliares e assistentes) e suas tropas se tornarão letárgicas e ressentidas; seja bonzinho demais, mostre excessiva preocupação com o bem-estar de seus homens, e você drena a tensão de suas almas e cria crianças mimadas e reclamonas que choramingam à menor pressão ou solicitação para que trabalhem mais. O exemplo pessoal é a melhor maneira de definir o tom adequado e elevar o moral. Quando os homens sob seu comando veem sua devoção à causa, incorporam seu espírito de energia e autossacrifício. Faça algumas críticas oportunas aqui e ali, e eles se esforçarão ainda mais para agradá-lo e para estar à altura de seus altos padrões. Em vez de ter que empurrar e puxar na marra os soldados de seu exército, eles é que correrão atrás de você.

LEI DO DIA: EM TERMOS DE INFLUÊNCIA NO MUNDO, OS SERES HUMANOS – UM DEDICADO EXÉRCITO DE SEGUIDORES – SÃO MAIS VALIOSOS DO QUE DINHEIRO. ELES FARÃO POR VOCÊ COISAS QUE O DINHEIRO NÃO PODE COMPRAR.

---

33 estratégias de guerra, Estratégia 7: Transforme sua guerra numa cruzada – Estratégias para levantar o moral

14 DE JUNHO
Intimide com uma presença ameaçadora

> Quando os adversários não estão dispostos a lutar com você, é porque pensam que isso é contrário aos interesses deles, ou porque você os induziu a pensar assim.
>
> — Sun Tzu

Todos nós temos que nos encaixar, participar do jogo político, parecer simpáticos, prestativos e acolhedores. Na maioria das vezes isso funciona bem, mas, em momentos de perigo e dificuldade, ser visto como bonzinho demais é um tiro no próprio pé, porque transmite a mensagem de que você pode ser manipulado, coagido, ameaçado, jogado de um lado para o outro, desencorajado e tolhido. Se você nunca deu demonstrações de que estava disposto a lutar, nenhum gesto ameaçador que você fizer terá credibilidade. Entenda: há grande valor em mostrar às pessoas que, quando necessário, você pode deixar de lado sua gentileza e amabilidade e ser um indivíduo difícil, durão e desagradável. Algumas poucas demonstrações, claras e violentas, já serão suficientes. Tão logo as pessoas o vejam como um lutador, elas se aproximarão com um pouco de medo no coração. E, como disse Maquiavel, é mais útil ser temido do que ser amado. A incerteza às vezes é melhor do que a ameaça declarada: se seus adversários nunca tiverem certeza quanto às consequências de mexer com você, não vão querer pagar para ver.

LEI DO DIA: CONSTRUA UMA REPUTAÇÃO:
VOCÊ É MEIO LOUCO; LUTAR CONTRA VOCÊ

> NÃO VALE A PENA. CRIE ESSA REPUTAÇÃO
> E TORNE-A CRÍVEL COM ALGUNS ATOS –
> IMPRESSIONANTEMENTE VIOLENTOS.

33 estratégias de guerra, estratégia 10: Crie uma presença ameaçadora – Estratégias de dissuasão

15 DE JUNHO
A arte da presença e da ausência

> A ausência diminui as paixões medíocres e aumenta as grandes, assim como o vento apaga as velas e atiça as fogueiras.
> — FRANÇOIS DE LA ROCHEFOUCAULD

Os líderes devem saber equilibrar a presença e a ausência. De maneira geral, é melhor se apoiar um pouco mais na direção da ausência, de forma que, quando aparecer diante do grupo, gere excitação e drama. Fazendo isso da maneira correta, naqueles momentos em que não estiver disponível, elas pensarão em você. Hoje em dia, o ser humano perdeu essa arte, mantendo-se presente e familiar demais, com todos os seus movimentos expostos nas redes sociais. Isso talvez faça os outros simpatizarem com você, mas também o torna igual a todos, e é impossível projetar autoridade com uma presença tão comum. Tenha em mente que falar demais é um tipo de presença excessiva que irrita e revela fraqueza. O silêncio é uma forma de ausência e retirada que atrai a atenção; expressa autocontrole e poder; quando você falar, terá um efeito maior. De maneira análoga, se cometer um erro, não ofereça explicações muito longas nem se desculpe demais. Deixe claro que aceita a responsabilidade e que prestará contas por quaisquer fracassos, e siga em frente. A sua contrição deveria ser relativamente silenciosa; as suas ações subsequentes mostrarão que você aprendeu a lição. Evite parecer defensivo ou choroso se for atacado. Você está acima disso.

LEI DO DIA: SE VOCÊ FOR MUITO PRESENTE E FAMILIAR, SEMPRE DISPONÍVEL E VISÍVEL, PARECERÁ BANAL DEMAIS. NÃO HAVERÁ NENHUM ESPAÇO PARA QUE AS PESSOAS O IDEALIZEM. NO ENTANTO, SE FOR DISTANTE DEMAIS, ELAS NÃO SE IDENTIFICARÃO COM VOCÊ.

As leis da natureza humana, Capítulo 15: Faça-os quererem segui-lo – A Lei da Inconsistência

16 DE JUNHO
Você dá as cartas

Palavras como "liberdade", "opções" e "escolha" evocam um poder de possibilidade que vai muito além da realidade dos benefícios que elas acarretam. Quando examinadas mais de perto, as escolhas que temos – no mercado, nas eleições, em nossos empregos – tendem a ter consideráveis limitações: muitas vezes são uma questão de escolha simplesmente entre A e B, e o resto do alfabeto não entra na jogada. No entanto, enquanto tremeluzir ao longe a mais ínfima miragem de escolha, raramente nos concentramos nas opções ausentes. Nós "escolhemos" acreditar que o jogo é justo e que temos nossa liberdade. Preferimos não pensar muito sobre a extensão e a profundidade de nossa liberdade de escolha.

Essa relutância em sondar a estreiteza de nossas escolhas decorre do fato de que liberdade em excesso cria uma espécie de ansiedade. A expressão "opções ilimitadas" soa infinitamente promissora, mas opções de fato ilimitadas nos paralisariam e obscureceriam nossa capacidade de escolher. Nossa gama restrita de opções nos conforta. Ela proporciona aos espertalhões e astutos enormes oportunidades de trapaça, pois as pessoas que se veem diante da necessidade de escolher entre duas alternativas acham difícil acreditar que estão sendo manipuladas ou enganadas; não conseguem ver que você permite a elas uma pequena quantidade de livre-arbítrio em troca de uma imposição muito mais vigorosa de sua própria vontade. Definir um estreito leque de opções, então, deve sempre fazer parte de suas trapaças.

LEI DO DIA: EXISTE UM PROVÉRBIO QUE DIZ "SE VOCÊ CONSEGUIR FAZER O PÁSSARO ENTRAR NA GAIOLA POR LIVRE E ESPONTÂNEA VONTADE, ELE VAI CANTAR MUITO MAIS LINDAMENTE". DÊ ÀS PESSOAS OPÇÕES QUE SEMPRE SE MOSTREM FAVORÁVEIS A VOCÊ MESMO, QUALQUER QUE SEJA A ESCOLHA DELAS. OBRIGUE-AS A ESCOLHER ENTRE O MENOR DE DOIS MALES, AMBOS SERVINDO A SEUS PRÓPRIOS PROPÓSITOS.

As 48 leis do poder, Lei 31: Controle as opções – Você dá as cartas

17 DE JUNHO

O visual sedutor

Pois o vulgo é capturado por aquilo que parece.
— Nicolau Maquiavel, *O príncipe* (1532)

Quando o vigarista "Yellow Kid" Weil criou um boletim informativo divulgando as falsas ações que estava vendendo na bolsa de valores, chamou de "Boletim da letra vermelha" e o imprimiu, a um custo considerável, em tinta vermelha. A cor criava uma sensação de urgência, poder e boa sorte. Weil reconhecia que esse tipo de detalhe era essencial à trapaça – como bem sabem os publicitários e os profissionais de marketing de massa modernos. Por exemplo, se você usar a palavra *ouro* no título de qualquer coisa que esteja tentando vender, imprima o anúncio na cor dourada. Como são os olhos que predominam, as pessoas responderão mais à cor do que à palavra.

LEI DO DIA: NUNCA NEGLIGENCIE A MANEIRA COMO VOCÊ ORGANIZA AS COISAS EM TERMOS VISUAIS. FATORES COMO A COR TÊM ENORME RESSONÂNCIA SIMBÓLICA.

As 48 leis do poder, Lei 37: Crie espetáculos atraentes

18 DE JUNHO
Nunca mude coisas demais de uma vez só

Deve-se considerar que não há coisa mais difícil de lidar, nem mais duvidosa de conseguir, nem mais perigosa de manejar que chefiar o estabelecimento de uma nova ordem de coisas.
— Nicolau Maquiavel, *O príncipe* (1532)

A psicologia humana contém muitas dualidades; uma delas é que embora as pessoas entendam a necessidade de mudança, sabendo como é importante que instituições e indivíduos sejam ocasionalmente renovados, ao mesmo tempo ficam irritadas e chateadas pelas mudanças que as afetam pessoalmente. As pessoas sabem que a mudança é necessária e que a novidade alivia o tédio, mas no fundo se apegam ao passado. Elas desejam as mudanças abstratas ou superficiais, mas ficam profundamente perturbadas com uma mudança que desorganize seus principais hábitos e rotinas. Nenhuma revolução ocorre sem uma poderosa reação contrária, pois em longo prazo o vazio que ela cria mostra ser inquietante demais para o animal humano, que inconscientemente associa esses vazios à morte e ao caos. A oportunidade de mudança e renovação seduz as pessoas para o lado da revolução, mas, tão logo o entusiasmo desvanece – e ele sempre definha –, sentem certo vazio. Ansiando pelo passado, criam uma abertura para que ele se insinue de volta. É muito mais fácil, e menos sangrento, jogar uma espécie de jogo de trapaça. Apregoe mudanças o quanto quiser, e até mesmo decrete reformas, mas dê a elas a reconfortante aparência de tradições e eventos mais antigos.

LEI DO DIA: SE VOCÊ É NOVO NUMA POSIÇÃO DE PODER, OU ESTÁ TENTANDO CONSTRUIR UMA BASE DE PODER, DÊ UMA ESCANCARADA DEMONSTRAÇÃO DE RESPEITO PELA MANEIRA ANTIGA DE FAZER AS COISAS. SE A MUDANÇA FOR NECESSÁRIA, FAÇA COM QUE PAREÇA UMA SUAVE MELHORIA EM RELAÇÃO AO PASSADO.

As 48 leis do poder, Lei 45: Pregue a necessidade de mudança, mas nunca modifique demais de uma vez só

19 DE JUNHO

Faça as pessoas virem até você

Filippo Brunelleschi, o grande artista e arquiteto renascentista, foi um grande praticante da arte de fazer os outros irem até ele como um sinal de seu poder. Certa ocasião, foi contratado para restaurar a cúpula da

Catedral de Santa Maria del Fiore, em Florença. A incumbência era importante e prestigiosa. Mas quando as autoridades da cidade contrataram um segundo homem, Lorenzo Ghiberti, para trabalhar com Brunelleschi, o grande artista ficou preocupado e ruminou em segredo. Sabia que Ghiberti havia conseguido o emprego por meio de seus contatos, e que não faria trabalho nenhum e ainda por cima receberia metade do crédito. Num momento decisivo da construção, Brunelleschi de repente desenvolveu uma misteriosa doença. Foi obrigado a parar de trabalhar, mas apontou para as autoridades florentinas que elas tinham contratado Ghiberti, que deveria continuar o trabalho por conta própria. Logo ficou claro que Ghiberti era imprestável, e as autoridades municipais da cidade foram procurar Brunelleschi para implorar que retomasse os trabalhos. Ele ignorou os apelos, insistindo que Ghiberti deveria terminar o projeto, até que por fim os figurões da cidade de Florença constataram qual era o problema e demitiram Ghiberti. Por algum milagre, Brunelleschi recobrou a saúde em poucos dias. Não precisou ter um chilique nem fazer papel de bobo; simplesmente praticou a arte de fazer os outros irem até ele.

LEI DO DIA: SE EM ALGUMA DETERMINADA OCASIÃO VOCÊ CONSIDERAR UMA QUESTÃO DE DIGNIDADE QUE AS PESSOAS VENHAM ATÉ VOCÊ E SE ISSO DER CERTO, CONTINUARÃO A PROCURÁ-LO MESMO DEPOIS QUE VOCÊ PARAR DE TENTAR.

As 48 leis do poder, Lei 8: Faça as pessoas virem até você – se necessário, use uma isca

20 DE JUNHO

Deixe implícito um indício de fraqueza

Aprenda a transformar suas vulnerabilidades em poder. O jogo é sutil: se você chafurdar na sua própria fraqueza, se exagerar na mão, será visto como alguém faminto por simpatia, ou, pior ainda, como uma pessoa patética. Nada disso. O que funciona melhor é permitir que as pessoas tenham ocasionais vislumbres do lado suave e frágil do seu temperamento, e geralmente só depois de conhecê-lo por algum tempo. Esse vislumbre tornará você mais humano, diminuindo as desconfianças das pessoas acerca do seu caráter e preparando o terreno para um vínculo mais profundo. Normalmente forte e no controle das situações, em alguns momentos você deve se soltar, ceder à sua fraqueza e deixar que as pessoas vejam esse instante de vulnerabilidade.

LEI DO DIA: NÃO LUTE CONTRA SUAS VULNERABILIDADES, NEM AS TENTE REPRIMIR, MAS COLOQUE-AS EM JOGO.

A arte da sedução, Parte 2 (O processo sedutor), Capítulo 13: Desarme usando a fraqueza e a vulnerabilidade estratégicas

21 DE JUNHO

A lenta tomada do poder

A ambição rasteja e se eleva em igual medida.
— EDMUND BURKE (1729-1797), filósofo, e orador irlandês

Em quase todos os filmes que dirigiu, Alfred Hitchcock teve que enfrentar as mesmas guerras, gradualmente arrancando o controle do filme das garras do produtor, dos atores e do restante da equipe técnica. Suas batalhas com os roteiristas eram um microcosmo da guerra mais ampla. Hitchcock sempre quis ver sua visão de um filme refletida com exatidão no roteiro, mas pressionar demais seu roteirista não lhe renderia nada além de ressentimento e trabalho medíocre. Então, em vez disso, ele agia devagar, começando por dar ao roteirista espaço para trabalhar livremente a partir de suas anotações, depois pedia revisões que iam moldando o roteiro à sua maneira. Aos poucos o controle de Hitchcock tornava-se óbvio, e a essa altura o escritor já estava emocionalmente ligado ao projeto e, por mais frustrado que ficasse, trabalhava para obter a aprovação do diretor. Homem muito paciente, Hitchcock deixava seus jogos de poder se desdobrarem ao longo do tempo, de modo que o produtor, o roteirista, os astros e as estrelas compreendiam a totalidade de sua dominação apenas quando o filme terminava. Para obter o controle de qualquer projeto, você deve estar disposto a fazer do tempo seu aliado. Se começar logo de cara com controle total, você mina o ânimo das pessoas e desperta inveja e ressentimento. Portanto, comece gerando a ilusão de que todos estão trabalhando juntos num esforço de equipe, depois vá mordiscando devagar, comendo pelas beiradas, por assim dizer. Se, no processo, você deixar as pessoas zangadas, não se preocupe. Isso é apenas um sinal de que elas estão emocionalmente envolvidas, o que significa que podem ser manipuladas.

LEI DO DIA: A MANIPULAÇÃO ABERTA E TOMADAS DE PODER SÃO PERIGOSAS, PORQUE GERAM INVEJA, DESCONFIANÇA E SUSPEITA. MUITAS VEZES, A MELHOR SOLUÇÃO É AGIR DEVAGAR E AOS POUCOS.

33 estratégias de guerra, Estratégia 29: Morda pedacinhos – A estratégia do *fait accompli*

22 DE JUNHO
Controle o que você revela

> Não abra a boca antes dos seus subordinados. Quanto mais tempo você permanecer calado, mais rapidamente os outros começarão a dar com a língua nos dentes. Quando eles movem os lábios, posso compreender suas verdadeiras intenções [...] Se o soberano não for misterioso, os ministros terão oportunidade de tirar proveito.
> — HAN-FEIZI (c. 280 a.C.-233 a.C.), filósofo chinês

Em muitos sentidos, o poder é um jogo de aparências, e quando você diz menos do que necessário, inevitavelmente parece maior e mais poderoso do que de fato é. O seu silêncio deixará as outras pessoas desconfortáveis. Os seres humanos são máquinas de interpretação e explicação; têm a necessidade de saber o que as outras pessoas estão pensando. Quando você controla com cuidado aquilo que revela, ninguém consegue perscrutar suas intenções ou seus pensamentos. Se você der apenas respostas curtas, as pessoas ficarão na defensiva, e, inquietas, vão se intrometer na conversa, preenchendo nervosamente o silêncio com todo tipo de comentário e acabarão revelando informações valiosas sobre si mesmas e as próprias fraquezas. Sairão de um encontro com você sentindo-se roubadas, e voltarão para casa ponderando sobre cada palavra que você disse. Essa atenção adicional aos seus breves comentários aumentará o poder que você tem.

LEI DO DIA: PESSOAS PODEROSAS IMPRESSIONAM E INTIMIDAM DIZENDO MENOS.

As 48 leis do poder, Lei 4: Sempre diga menos do que o necessário

23 DE JUNHO

Jogue com a auto-opinião alheia

> O verdadeiro espírito da conversação consiste mais em extrair a esperteza dos outros do que em mostrar muito dela em si mesmo.
> — Jean de La Bruyère

Se precisar de um favor de alguém, não o lembre do que você fez por ele no passado, tentando estimular um sentimento de gratidão. A gratidão é rara porque tendemos a pensar em nossa impotência e dependência em relação aos outros. Gostamos de nos sentir independentes. Em vez disso, lembre a pessoa das coisas boas que ela fez por você no passado. Isso ajudará a confirmar a auto-opinião dela: "Sim, sou generoso". E uma vez que tenha sido lembrada disso, ela vai querer manter essa imagem e realizar outra boa ação. Um efeito similar ocorre ao perdoar de repente os seus inimigos e estabelecer uma reconciliação. No tumulto emocional que isso cria, eles se sentem obrigados a estar à altura da opinião elevada que você demonstrou ter deles e se mostrarão mais motivados a provar o seu valor.

LEI DO DIA: ESTIMULE SENTIMENTOS DE ALTA AUTO-OPINIÃO EM SEUS ALVOS.

As leis da natureza humana, 7: Diminua a resistência das pessoas confirmando a opinião que elas têm de si mesmas – A Lei da Atitude Defensiva

24 DE JUNHO
Linguagem demoníaca

A maioria das pessoas emprega linguagem simbólica – suas palavras representam algo real, os sentimentos, ideias e crenças que elas realmente têm. Ou representam coisas concretas do mundo real (a origem da palavra *simbólico* está num vocábulo grego que quer dizer "juntar as coisas" – neste caso, uma palavra e algo real). Para dominar a arte da incerteza e da tramoia, você precisa dominar o oposto: linguagem diabólica. Suas palavras não representam nada real; o som delas e os sentimentos que evocam são mais importantes do que aquilo que supostamente representam (a palavra *diabólico*, em última análise, significa "separar", "desfazer as coisas" – aqui, palavras e realidade). Quanto mais você fizer as pessoas se concentrarem em sua linguagem doce e nas ilusões e fantasias que ela evoca, mais você diminui o contato dessas pessoas com a realidade. Você as conduz para as nuvens, onde é difícil distinguir a verdade da inverdade, o real do irreal.

LEI DO DIA: MANTENHA SUAS PALAVRAS VAGAS E AMBÍGUAS PARA QUE AS PESSOAS NUNCA TENHAM CERTEZA DO QUE VOCÊ REALMENTE QUER DIZER. ENVOLVA OS INTERLOCUTORES EM LINGUAGEM DEMONÍACA E DIABÓLICA E ELES NÃO SERÃO CAPAZES DE SE CONCENTRAR EM SUAS MANOBRAS, NAS POSSÍVEIS CONSEQUÊNCIAS DE SUAS MAQUINAÇÕES E MANIPULAÇÕES.

A arte da sedução, Parte 2 (O processo sedutor), Capítulo 10: Use o poder demoníaco das palavras para semear confusão

25 DE JUNHO
Crie um ar de mistério

> Acrescente um pouco de mistério em tudo, e o próprio mistério despertará a veneração.
> — Baltasar Gracián

O conde austro-húngaro Victor Lustig, o aristocrata dos vigaristas, jogou o jogo à perfeição. Estava sempre fazendo coisas que eram diferentes ou pareciam sem sentido. Chegava aos melhores hotéis numa limusine conduzida por um chofer japonês – ninguém jamais tinha visto um motorista japonês, então isso parecia exótico e estranho. Lustig se vestia com as roupas mais caras, mas sempre com algum acessório – um medalhão, uma flor, uma braçadeira – deslocado, pelo menos em termos da moda convencional. Isso era visto não como prova de mau gosto, mas como uma atitude estranha e intrigante. Nos hotéis, Lustig recebia telegramas o tempo todo, entregues dia e noite por seu chofer japonês – telegramas que ele rasgava com total indiferença (verdade seja dita, eram falsos, completamente em branco). O conde estelionatário se sentava sozinho na sala de jantar, lendo um livro enorme de aspecto impressionante, sorrindo para as pessoas, mas mantendo-se distante. Depois de alguns dias, é claro, todos os hóspedes estavam absolutamente interessados naquele homem bizarro. Graças a toda essa atenção, Lustig atraía facilmente os otários, que imploravam por sua confiança e sua companhia. Todos queriam ser vistos com o misterioso aristocrata. E, distraídas na presença desse enigma, nem sequer percebiam que estavam sendo roubados até o último centavo.

LEI DO DIA: AS PESSOAS ADORAM MISTÉRIOS E ENIGMAS, ENTÃO DÊ A ELAS O QUE ELAS QUEREM.

As 48 leis do poder, Lei 6: Chame a atenção a todo custo

26 DE JUNHO
Convencional nunca

Ninguém é tão corajoso que não se perturbe com algo inesperado.
— Júlio César (100 a.C.-44 a.C., líder militar e político romano)

O não convencional é geralmente o domínio dos jovens, que não se sentem à vontade com as normas e sentem grande prazer em ridicularizá-las. O perigo é que, à medida que envelhecemos, precisamos de mais conforto e previsibilidade e perdemos nosso gosto pelo pouco ortodoxo. Foi assim que Napoleão entrou em declínio como estrategista: passou a confiar mais no tamanho de seus exércitos e na superioridade em termos de quantidade de armamentos do que em novas estratégias e manobras fluidas. Perdeu o gosto pelo espírito de estratégia e sucumbiu ao peso crescente do acúmulo dos anos de vida. Você deve combater o processo de envelhecimento psicológico mais ainda do que de envelhecimento físico, pois com uma mente plena de estratagemas, truques e manobras fluidas você continuará jovem. Mantenha as rodas girando e revirando o solo de modo que nada se acomode e se aglutine no convencional.

LEI DO DIA: FAÇA QUESTÃO DE ROMPER OS HÁBITOS QUE VOCÊ DESENVOLVEU, DE AGIR DE UMA FORMA QUE SEJA CONTRÁRIA À FORMA COMO VOCÊ OPEROU NO PASSADO; PRATIQUE EM SUA PRÓPRIA MENTE UMA ESPÉCIE DE GUERRA NÃO CONVENCIONAL.

---

33 estratégias de guerra, Estratégia 24: Adote a linha do mínimo de expectativas – A estratégia do ordinário-extraordinário

27 DE JUNHO

Brinque com as fantasias das pessoas

> A pessoa mais detestada do mundo é aquela que sempre diz a verdade, que nunca romanceia. [...] Acho muito mais interessante e lucrativo romancear do que dizer a verdade.
> — Joseph Weil, vulgo "The Yellow Kid"

Quase sempre, evita-se a verdade por ser feia e desagradável. Nunca recorra à verdade e à realidade, a menos que esteja preparado para enfrentar a raiva que acompanha o desencanto. A fim de ganhar poder, você deve ser uma fonte de prazer para as pessoas ao seu redor – e o prazer vem de brincar com as fantasias delas. Nunca prometa uma melhoria gradual que venha por meio do trabalho árduo; em vez disso, prometa a Lua, a transformação extraordinária e repentina, o pote de ouro.

LEI DO DIA: A VIDA É TÃO DURA E ANGUSTIANTE QUE AS PESSOAS QUE SABEM FABRICAR ROMANCES OU EVOCAR A FANTASIA SÃO COMO OÁSIS NO DESERTO: TODOS RECORREM A ELAS. TIRAR PROVEITO DAS FANTASIAS DAS MASSAS É UMA FONTE DE IMENSO PODER.

As 48 leis do poder, Lei 32: Brinque com as fantasias das pessoas

28 DE JUNHO

Rejuvenesça a sua aura de autoridade

A sua autoridade vai crescer a cada ação que inspirar confiança e respeito. Isso lhe dá o luxo de se manter no poder por tempo suficiente para realizar grandes projetos. No entanto, à medida que envelhece, a autoridade que estabeleceu se torna rígida e tediosa. Você se transforma na figura paterna, que parece opressora por ter monopolizado o poder por tanto tempo, não importa o quanto o tenham admirado no passado. É inevitável que surja uma nova geração que será imune ao seu charme, à aura que você criou. Ela o vê como uma relíquia. Você também tem a tendência de se tornar, ao envelhecer, um pouco intolerante e tirânico, pois não consegue deixar de esperar que os outros o sigam. Sem se dar conta, começará a se sentir merecedor, e as pessoas perceberão isso. Além disso, o público quer novidades e rostos diferentes.

O primeiro passo para evitar esse perigo é manter um tipo de sensibilidade, notando os ânimos por trás das palavras das pessoas, avaliando o efeito que você provoca nos jovens e recém-chegados. Perder essa empatia deve ser o seu maior temor, à medida que começar a se insular na sua grande reputação. O segundo passo é procurar por novos mercados e públicos aos quais atrair, para que estes o forcem a se adaptar. Se possível, expanda o alcance da sua autoridade. Não faça papel de bobo tentando atrair um público jovem que você não consegue entender de verdade, mas tente alterar um pouco o seu estilo com o passar dos anos. Nas artes, esse foi o segredo do sucesso para Pablo Picasso, Alfred Hitchcock ou Coco Chanel, por exemplo.

LEI DO DIA: FLEXIBILIDADE E ADAPTABILIDADE DÃO A VOCÊ UM TOQUE DO DIVINO E IMORTAL – SEU ESPÍRITO PERMANECE VIVO E ABERTO, E SUA AUTORIDADE É RENOVADA.

As leis da natureza humana, Capítulo 15: Faça-os quererem segui-lo – A Lei da Inconsistência

29 DE JUNHO
Espelhe os valores alheios

> Não deis aos cães as coisas santas, nem lanceis aos porcos as vossas pérolas, não aconteça que as pisem com os pés e, voltando-se, vos despedacem.
> — Jesus Cristo, Mateus 7:6

As pessoas sábias e inteligentes aprendem desde cedo que podem exibir comportamentos convencionais e expressar ideias convencionais sem ter necessariamente que acreditar nisso. O poder que essas pessoas ganham ao se misturar e se adaptar é a autonomia para terem os pensamentos que quiserem ter e manifestá-los para as pessoas a quem desejarem sem sofrer isolamento ou ostracismo. A extensão lógica dessa prática é a inestimável capacidade de ser todas as coisas para todas as pessoas. Quando você ingressa na sociedade, deixa para trás suas próprias ideias e valores e coloca a máscara mais apropriada ao grupo em que você se encontra. As pessoas morderão a isca porque para elas é lisonjeiro acreditar que você compartilha suas ideias. Se você for cuidadoso, ninguém vai considerá-lo um hipócrita – pois como alguém poderá acusá-lo de hipocrisia se você não permitir que os outros saibam exatamente o que você pensa e defende? Tampouco o verão como alguém desprovido de valores. Claro que você tem valores – os valores que você compartilha com as pessoas enquanto está na companhia delas.

LEI DO DIA: A LIBERDADE DE EXPRESSÃO TOTAL É UMA IMPOSSIBILIDADE SOCIAL. PORTANTO, ESCONDA SEUS PENSAMENTOS, E VÁ CONTANDO

O TALENTO DIVINO

AOS IRRITADIÇOS, COMPLICADOS E INSEGUROS O QUE VOCÊ SABE QUE ELES QUEREM OUVIR.

As *48 leis do poder*, Lei 38: Pense como quiser, mas comporte-se como os outros

30 DE JUNHO
Dê uma de trapaceiro honesto

Nenhuma cortina de fumaça, pista falsa, sinceridade dissimulada ou qualquer outra manobra diversionista e tática de distração conseguirá ocultar suas intenções se você já tiver uma reputação estabelecida como embusteiro. E à medida que você envelhece e alcança o sucesso, quase sempre fica cada vez mais difícil disfarçar sua astúcia. Todo mundo sabe que você é um praticante do engodo, um impostor; se você teimar em bancar o ingênuo, corre o risco de parecer o mais asqueroso hipócrita, o que limitará drasticamente sua margem de manobra. Nesses casos, é melhor admitir, parecer o trapaceiro honesto, ou ainda melhor, o velhaco arrependido. Você não apenas será admirado por sua franqueza, mas, a coisa mais estranha de todas, poderá continuar a praticar seus estratagemas de embuste. À medida que P. T. Barnum,[14] o rei da trapaça do século 19, foi envelhecendo, aprendeu a abraçar sua reputação de grande enganador. A certa altura, organizou uma caçada aos búfalos em Nova Jersey, uma empreitada completa, com direito a índios e alguns búfalos importados. Divulgou a expedição como genuína, mas era tão escancaradamente falsa que a multidão, em vez de ficar irritada e exigir seu dinheiro de volta, se divertiu muito. As pessoas sabiam que Barnum fazia

---

14. Phineas Taylor Barnum (1810-1891), *showman*, dono de circo e empresário norte-americano do ramo do entretenimento; a ele atribui-se, erroneamente, o crédito por ter cunhado a frase "Nasce um trouxa por minuto". (N. T.)

truques o tempo todo; esse era o segredo do seu sucesso, e as pessoas o amavam por isso. Aprendendo a lição com esse episódio, Barnum parou de esconder todos os seus esquemas e estratagemas, e inclusive revelou suas artimanhas numa reveladora autobiografia. Como Kierkegaard escreveu: "O mundo quer ser ludibriado".

LEI DO DIA: QUANDO NÃO PUDER MAIS DISFARÇAR SUA ASTÚCIA, REVELE SEUS TRUQUES.

As 48 leis do poder, Lei 3: Esconda suas intenções

JULHO

A personalidade sedutora

Penetrando em corações e mentes

A maioria de nós conhece o poder de fazer alguém se apaixonar por nós. Nossas ações, nossos gestos, as coisas que dizemos, tudo isso tem efeitos positivos sobre a pessoa apaixonada; muitos de nós talvez não entendam por completo o que fizemos de certo para alguém se apaixonar por nós, mas o fato é que esse sentimento de poder é inebriante. Ele nos dá confiança, o que nos torna mais sedutores. Também podemos ter essa experiência num ambiente social ou profissional – há dias em que nosso estado de ânimo é sublime e as pessoas parecem mais responsivas, mais encantadas por nós. Esses momentos de poder são fugazes, mas ressoam na memória com grande intensidade. Nós os queremos de volta. Ninguém gosta de se sentir desajeitado ou incapaz de se comunicar com as pessoas. O canto da sereia da sedução é irresistível porque o poder é irresistível, e nada no mundo moderno nos dará mais poder do que a capacidade de seduzir. Reprimir o desejo de seduzir é uma espécie de reação histérica, revelando seu profundo fascínio pelo processo; você está apenas fortalecendo seus desejos. Mais cedo ou mais tarde eles virão à tona. Ter esse poder não exige uma transformação total em sua personalidade ou qualquer tipo de melhoria em sua aparência física. A sedução é um jogo de psicologia, não de beleza, e qualquer pessoa pode se tornar um mestre nesse jogo. O mês de julho vai fornecer a você as armas do charme, para que as pessoas ao seu redor percam lentamente a capacidade de resistir sem saber como ou por que aconteceu. É uma arte da guerra para tempos árduos.

★★★

Quero que você se livre da ideia de que sedução é apenas o ato ou processo de atrair ao contato sexual. É algo que permeia nossa cultura. Está na publicidade. Está no marketing. Está na internet. Está na política.

Há ligeiras diferenças em cada caso. Claro, uma sedução sexual não é exatamente a mesma coisa que um político seduzindo a opinião pública norte-americana ou uma influenciadora digital seduzindo seus seguidores. Mas a dinâmica, o lançamento do feitiço, o encantamento, o processo são semelhantes.

Eu digo às pessoas que é como quando você assiste a um filme e tem a sensação de estar sendo enfeitiçado. O filme está atraindo você para dentro da história. Está tendo um impacto emocional sobre você. Está tirando você da sua vida, do trabalho banal do dia a dia, transportando-o numa viagem, numa jornada de encantamento. Ao final do filme, você está comovido, é levado às lágrimas ou às gargalhadas ou o que quer que seja. Isso é uma forma de sedução. O diretor, o roteirista, os atores e atrizes penetraram na sua psicologia.

As pessoas morrem de vontade de sentir esse tipo de sedução em sua vida. Querem algum encantamento. Anseiam por um pouco de drama. Querem prazer. Querem ser levadas numa jornada, numa aventura.

É um desejo calcado na infância. Seduzir é como acessar a criança que existe dentro da pessoa. Quando você era criança, qual era seu maior prazer? Era ser erguido no ar por sua mãe ou seu pai, que o seguravam pelos braços esticados e faziam você girar em círculos, rasgando o ar em rodopios. A sensação de que alguém estava levando você a algum lugar, de que você estava sob o controle de outra pessoa, fazia você rir, lhe proporcionava uma incrível alegria. É o que acontece quando se está assistindo a um filme: ele carrega você numa jornada na qual não se sabe exatamente para onde se está indo ou o que está acontecendo.

Na vida cotidiana as pessoas não convivem com uma dose suficiente dessa sensação. É um poder incrível que você poderia ter.

Começa com o desejo de ser um sedutor. Você talvez seja tentado a pensar: "Ah, eu não quero ser um sedutor, não estou interessado em sedução". Sim, você quer. Sim, você está. Pense nos muros que as pessoas normalmente erguem: você não consegue chegar até seus filhos, não consegue se fazer entender por seu cônjuge, não consegue se comunicar com aquele funcionário, com aqueles colegas de trabalho. Eles estão fechados e inacessíveis. Isso deixa você muito frustrado. Agora, pense num momento de sua vida no qual você sentiu que tinha poder sobre outra pessoa, que alguém estava sob seu feitiço, que as coisas que você dizia a deixavam entusiasmada e interessada. Havia eletricidade em suas conversas e interações. É incrível. É poderoso. Você quer mais disso. Quer ser capaz de seduzir. Quer penetrar nos muros que as pessoas normalmente erguem em torno de seus corações e mentes.

Esta é a primeira coisa: você quer sedução em sua vida.

Em segundo lugar: o conceito que você tem de sedução está equivocado. A maioria das pessoas tem uma noção errada. Não se trata de descobrir estratégias muito frias e calculistas. Tem que haver naturalidade. Se você é alguém que faz muitos cálculos no processo de sedução – "é isto o que eu vou fazer: primeiro a etapa A, depois a etapa B e em seguida a etapa C" –, não é nem um pouco sedutor. As pessoas podem sentir o cheiro da sua frieza. Dá para perceber quando a outra pessoa está se esforçando demais, que ela leu *A arte da sedução*, que está aplicando as 24 estratégias. Não funciona.

Você deve exibir as qualidades naturais que você tem, e eu defendo a tese de que cada pessoa tem qualidades naturais que a tornam autenticamente sedutora. Essas qualidades estão em você. Estão latentes. Querem vir à tona. E são elas que vão fazer de você um sedutor interessante e dos bons.

Isso, e adotar o enfoque do sedutor para a vida, é tudo um jogo, uma arena onde jogar. Sabendo que os moralistas – uns rabugentos reprimidos – resmungam sobre os males causados pelos sedutores porque no fundo invejam o poder deles, os sedutores não se preocupam com as opiniões de outras pessoas. Não dão a mínima para julgamentos morais alheios – nada poderia ser menos sedutor.

Tudo é flexível, fluido, maleável, adaptável, como a própria vida. A sedução é uma forma de trapaça, mas as pessoas querem ser desencaminhadas, anseiam por ser seduzidas.

Livre-se de quaisquer tendências moralizantes, adote a filosofia lúdica do sedutor, e você achará o resto do processo fácil e natural.

1º DE JULHO
Veja o mundo através dos olhos de um sedutor

Para ter o poder de sedução, você não precisa passar por uma transformação total de sua personalidade nem qualquer tipo de drástica melhoria de sua aparência física. A sedução é um jogo de psicologia, não de beleza, e se tornar um mestre nisso está ao alcance de qualquer pessoa. Basta ver o mundo de forma diferente, através dos olhos de um sedutor. Um sedutor enxerga a vida como um palco de teatro, em que todas as pessoas são atores e atrizes. A maioria das pessoas julga ter papéis restritos na vida, o que as torna infelizes. Os sedutores, por outro lado, podem ser qualquer um e representar inúmeros papéis. Os sedutores têm prazer em atuar e não se sentem sobrecarregados por sua identidade, tampouco por alguma necessidade de serem eles mesmos ou de serem naturais. Essa liberdade dos sedutores, sua fluidez de corpo e alma, é o que os torna atraentes. O que falta às pessoas na vida não é mais realidade, e sim mais doses de ilusão, fantasia, jogo. As roupas que os sedutores vestem, os lugares para onde levam você, suas palavras e ações são ligeiramente intensificados – não demasiadamente teatrais, mas com um delicioso toque de irrealidade, como se vocês dois estivessem vivendo uma obra de ficção ou fossem personagens de um filme.

LEI DO DIA: A SEDUÇÃO É UMA ESPÉCIE DE TEATRO NA VIDA REAL, O ENCONTRO DA ILUSÃO E DA REALIDADE.

A arte da sedução, Prefácio

2 DE JULHO
Adie a satisfação

A capacidade de adiar a satisfação é a suprema arte da sedução – enquanto espera, a vítima é subjugada, parece enfeitiçada. Os coquetes são os grandes mestres desse jogo, orquestrando um movimento de vaivém entre esperança e frustração. Eles seduzem com a promessa de recompensa – a esperança de prazer físico, felicidade, fama por associação, poder. No entanto, tudo isso se mostra enganoso e ilusório; ainda assim, a promessa faz com que seus alvos os persigam ainda mais. Os coquetes dão a impressão de serem totalmente autossuficientes: parecem dizer que não precisam de você, e o narcisismo deles se mostra diabolicamente atraente. Você quer conquistá-los, mas são eles quem dão as cartas. A estratégia do Coquete é jamais oferecer satisfação total. Imite a alternância entre calor e frieza do Coquete e você manterá o seduzido no seu encalço. Você deve entender uma propriedade fundamental do amor e do desejo: quanto mais óbvia for a perseguição a uma pessoa, mais é provável que você a afugente. O excesso de atenção pode ser interessante por algum tempo, mas logo se torna enjoativo e, por fim, claustrofóbico e assustador. É sinal de fraqueza e carência, uma combinação nada sedutora. Quantas vezes cometemos esse erro, por pensar que nossa presença persistente será uma garantia de tranquilidade e renovação da confiança? Mas os Coquetes têm uma profunda compreensão dessa dinâmica específica. Mestres da retirada seletiva, insinuam frieza, ausentando-se vez por outra para manter sua vítima instável, surpresa, intrigada. Os recuos e sumiços dos Coquetes os tornam misteriosos, e nós os construímos em nossa imaginação (a familiaridade, por outro lado, solapa o que construímos.) Um surto de distanciamento embaralha ainda mais as nossas emoções; em vez de nos deixar com raiva, nos deixa inseguros. Talvez os coquetes realmente não gostem de nós, talvez tenham perdido o interesse em nós. Uma vez que nossa vaidade está em jogo, sucumbimos ao Coquete apenas para provar que ainda somos desejáveis.

LEI DO DIA: A ESSÊNCIA DO COQUETE NÃO ESTÁ NA PROVOCAÇÃO E NA TENTAÇÃO, MAS NO SUBSEQUENTE PASSO PARA TRÁS, A RETIRADA EMOCIONAL. ESSA É A CHAVE PARA ESCRAVIZAR O DESEJO.

A arte da sedução, Parte 1 (A personalidade sedutora): O Coquete

3 DE JULHO
Olhe para fora, não para dentro

Os sedutores nunca são egocêntricos, absortos no próprio umbigo. Eles olham para fora, não para dentro. As razões para isso são várias. Em primeiro lugar, a dedicação excessiva a si mesmo é um sinal de insegurança; é antissedutor. Todo mundo tem inseguranças, mas os sedutores conseguem ignorá-las, e seu modo de encontrar a cura para os momentos de dúvida pessoal é se deixar absorver pelo mundo exterior. Isso lhes dá um espírito dinâmico, alegre, animado – queremos estar ao redor deles. Em segundo lugar, colocar-se no lugar de alguém e imaginar como é ser essa pessoa ajuda o sedutor a reunir informações valiosas, aprender as motivações e os interesses dela e saber que tipo de coisa a fará perder a capacidade de pensar direito e cair numa armadilha. Munido dessas informações, um sedutor pode fornecer atenção focada e individualizada – mercadoria rara num mundo onde a maioria das pessoas nos vê apenas por trás da tela de seus próprios preconceitos.

LEI DO DIA: QUANDO VOCÊ CONHECE ALGUÉM, SEU PRIMEIRO MOVIMENTO DEVE SER SE COLOCAR

A PERSONALIDADE SEDUTORA

NO LUGAR DESSA PESSOA, ENTRAR NA PELE DELA, VER O MUNDO ATRAVÉS DOS OLHOS DELA.

A arte da sedução, Prefácio

4 DE JULHO
A atitude empática

O maior perigo que você enfrenta é a sua suposição geral de que entende de fato as pessoas e que pode julgá-las com rapidez. Em vez disso, você precisa começar com a suposição de que é um ignorante e tem vieses naturais que o farão formar um conceito sobre os outros de maneira incorreta. Cada indivíduo que encontrar é um país desconhecido, com um psicológico muito específico a ser explorado com cuidado. Esse espírito aberto e flexível é similar à energia criativa – uma disposição para considerar mais possibilidades e opções. Na verdade, desenvolver a empatia também vai melhorar os seus poderes criativos. O melhor lugar para começar essa mudança de atitude é nas suas muitas conversas diárias. Tente reverter o impulso normal de falar e de dar a sua opinião, desejando, em vez disso, ouvir o ponto de vista do outro. Você tem uma curiosidade fantástica nesse aspecto. Interrompa o seu incessante monólogo interior ao máximo. Dê atenção integral ao outro. O que importa aqui é a qualidade da sua atenção, de modo que no decorrer da conversa você seja capaz de espelhar para o seu interlocutor o que ele disse, ou o que não foi dito, mas que você percebeu mesmo assim. Isso terá um tremendo efeito sedutor.

LEI DO DIA: DEIXE DE LADO A TENDÊNCIA AOS JULGAMENTOS INSTANTÂNEOS. ABRA A MENTE PARA VER AS PESSOAS SOB UMA NOVA LUZ. NÃO PRESSUPONHA

QUE VOCÊS SÃO SEMELHANTES OU QUE ELAS
COMPARTILHAM OS SEUS VALORES.

As leis da natureza humana, Capítulo 2: Transforme a autoestima em empatia – A Lei do Narcisismo

5 DE JULHO
Instigue transgressões e tabus

As pessoas podem estar se esforçando para eliminar restrições ao comportamento privado, para tornar tudo mais livre no mundo de hoje, mas isso só transforma a sedução em algo mais difícil e menos empolgante. Faça o que puder para reintroduzir um sentimento de transgressão e crime, mesmo que seja apenas psicológico ou ilusório. Deve haver obstáculos a superar, normas sociais a desdenhar, leis a infringir, antes que a sedução possa ser consumada. Pode parecer que uma sociedade permissiva impõe poucos limites; encontre alguns. Sempre haverá limites, vacas sagradas, padrões de comportamento – munição infinita para atiçar transgressões e tabus. Assim que o desejo de transgredir atrair seus alvos para você, será difícil fazer com que parem.

LEI DO DIA: LEVE AS PESSOAS MAIS LONGE DO QUE IMAGINAVAM – O SENTIMENTO COMPARTILHADO DE CULPA E CUMPLICIDADE CRIARÁ UM VÍNCULO PODEROSO.

A arte da sedução, Parte 2 (O processo sedutor), Capítulo 18: Instigue a transgressão e o tabu

6 DE JULHO

A venda suave

Digamos que seu objetivo seja vender a si mesmo – como personalidade, influenciador, criador de tendências, candidato a um cargo público. Existem dois caminhos a seguir: a venda difícil (abordagem direta) e a venda suave (abordagem indireta). Na venda difícil, você apresenta seus argumentos de forma forte e sem rodeios. Para vender o seu peixe, você divulga suas realizações, cita dados estatísticos, apresenta opiniões de especialistas e chega ao ponto de induzir um pouco de medo se o público ignorar sua mensagem. Algumas pessoas ficarão ofendidas e resistirão à sua mensagem, mesmo que você diga a verdade. Outros julgarão que você os está manipulando – quem é que pode confiar em especialistas e estatísticas e por que você está insistindo com tanto empenho? Por outro lado, a venda suave tem o potencial de atrair milhões porque é divertida, agradável aos ouvidos e pode ser repetida sem irritar as pessoas. A técnica foi inventada pelos grandes charlatães da Europa do século 17. A fim de vender seus elixires e poções alquímicas, eles primeiro davam um show – encenações com palhaços, música, danças do tipo *vaudeville* – que nada tinha a ver com os produtos que queriam vender. Uma multidão se formava e, enquanto o público gargalhava e relaxava com o espetáculo, o charlatão subia ao palco e discorria de maneira breve e dramática sobre os efeitos milagrosos dos elixires e bálsamos. Nos séculos seguintes, publicitários, anunciantes, estrategistas políticos e outros levaram esse método a novos patamares, mas os rudimentos da venda suave permanecem os mesmos: proporcionar prazer criando uma atmosfera positiva em torno de seu nome ou mensagem.

LEI DO DIA: NUNCA DÊ A IMPRESSÃO DE QUE ESTÁ VENDENDO ALGO – ISSO PARECERÁ MANIPULADOR E SUSPEITO. EM VEZ DISSO, DEIXE QUE O VALOR DO ENTRETENIMENTO

E OS BONS SENTIMENTOS SE TORNEM O CENTRO DAS
ATENÇÕES E SORRATEIRAMENTE FAÇA A VENDA.

A arte da sedução: Sedução suave – Como vender qualquer coisa para as massas

7 DE JULHO
Pareça ser um objeto de desejo

Na maioria das vezes preferimos uma coisa em detrimento da outra porque ela é o que nossos amigos já preferem, ou porque esse objeto tem destacado significado social. [...] Quando dizemos que um homem ou uma mulher são desejáveis, o que estamos afirmando na verdade é que outras pessoas os desejam.
— SERGE MOSCOVICI (1928-2014, psicólogo social romeno),
The Age of the Crowd: a Historical Treatise on Mass Psychology
[A era da multidão: um tratado histórico sobre psicologia de massas][15]

Poucos se sentem atraídos por alguém que os outros evitam ou negligenciam; as pessoas se aglutinam em torno de quem já despertou interesse. Queremos o que os outros querem. A fim de atrair suas vítimas mais para perto e torná-las ávidas para possuí-lo, crie uma aura de desejo – a aura de que você é ardentemente cobiçado e cortejado por muitos. Para as pessoas será motivo de vaidade serem o objeto preferido de sua atenção e conquistá-lo em meio a uma multidão de admiradores. Fabrique a ilusão de popularidade cercando-se de membros do sexo oposto – amigos, ex-amantes, pretendentes atuais. Crie triângulos que estimulem a rivalidade e aumentem o seu valor.

---

15. Original em francês: *L'âge des foules: un traité historique de psychologie des masses*, 1981. (N. T.)

LEI DO DIA: CONSTRUA UMA REPUTAÇÃO QUE PRECEDA VOCÊ: SE MUITOS OUTROS SUCUMBIRAM A SEUS ENCANTOS, DEVE HAVER UMA RAZÃO.

A arte da sedução, Parte 2 (O processo sedutor), Capítulo 4: Pareça ser um objeto de desejo – Crie triângulos

8 DE JULHO

O antissedutor

Os antissedutores vêm em muitas formas e tipos, mas quase todos compartilham um único atributo, a fonte de sua repulsa: a insegurança. Todos nós somos inseguros e sofremos por isso. No entanto, às vezes somos capazes de superar esses sentimentos; um envolvimento sedutor pode nos tirar de nosso habitual egocentrismo, e, na medida em que seduzimos ou somos seduzidos, nos sentimos eletrizados e confiantes. Os antissedutores, no entanto, são tão inseguros que não é possível arrastá-los para o processo sedutor. Suas necessidades, suas ansiedades e sua inibição os isolam. Eles interpretam a mais ínfima ambiguidade de alguém como um desrespeito ao ego deles; encaram a mera sugestão de retraimento como uma traição, e são propensos a reclamar veementemente disso. Parece fácil: os antissedutores repelem, então seja repelido – evite-os. Infelizmente, porém, muitos antissedutores não podem ser detectados à primeira vista. São mais sutis e, a menos que você seja cuidadoso, eles o enredarão na armadilha de um relacionamento dos mais insatisfatórios. Você deve procurar indícios do egoísmo e da insegurança deles: talvez sejam mesquinhos, ou talvez sejam briguentos e gostem de discutir com tenacidade incomum, ou talvez sejam excessivamente críticos. Pode ser que cubram você de elogios indevidos, declarando seu amor antes mesmo de saber qualquer coisa a seu respeito. Ou, aspecto ainda mais importante, eles não prestam atenção aos detalhes. Como não são capazes de ver o que torna você diferente, não podem surpreendê-lo com atenção expressiva. Falta-lhes a sutileza para criar a promessa de prazer que a sedução exige.

LEI DO DIA: LIVRE-SE DE QUAISQUER TENDÊNCIAS ANTISSEDUTORAS SAINDO DE SI MESMO E DE SUAS INSEGURANÇAS E ENTRANDO NA MENTE DELES.

A arte da sedução: O Antissedutor

9 DE JULHO
Faça com que as pessoas queiram mimar você

As pessoas muitas vezes acreditam erroneamente que os aspectos que tornam uma pessoa desejável e sedutora são a beleza física, a elegância ou a sexualidade desinibida. Mas a cortesã Cora Pearl não era uma beldade linda de morrer; tinha um corpo de menino, e seu estilo era extravagante e de mau gosto. Mesmo assim, os homens mais arrojados da Europa competiam para cair em suas graças, muitas vezes arruinando-se no processo. O que encantava os homens eram a essência e a atitude de Cora. Mimada pelo pai, ela imaginava que ser paparicada era natural – que todos os homens deveriam fazer o mesmo. A consequência foi que, quando criança, Cora nunca sentiu que deveria tentar agradar. Era o poderoso ar de independência de Cora que fazia os homens quererem possuí-la. A lição é simples: pode ser um pouco tarde demais para você ser mimado por seu pai ou sua mãe, mas nunca é tarde demais para fazer outras pessoas mimarem você. Tudo depende da sua atitude. As pessoas são atraídas por quem espera muito da vida, e tendem a desrespeitar os medrosos e pouco exigentes.

LEI DO DIA: A INDEPENDÊNCIA IRRESTRITA TEM UM EFEITO PROVOCATIVO SOBRE NÓS: ELA NOS ATRAI, AO MESMO TEMPO EM QUE NOS APRESENTA UM DESAFIO – QUEREMOS SER OS ÚNICOS A DOMÁ-LA, A TORNAR A PESSOA ENTUSIASMADA DEPENDENTE DE NÓS.

A arte da sedução: O Natural

10 DE JULHO

Dispare efeitos virais

No momento em que as pessoas sabem que você está atrás de algo – um voto, uma venda –, elas se tornam resistentes. Mas se você disfarçar seu discurso de vendas como um evento de notícias, não apenas contornará a resistência, como também poderá criar uma tendência social que se encarregará de fazer a venda por você. Para que isso funcione, o evento que você configurou deve se destacar em relação a todos os outros que são cobertos pela mídia, mas não pode sobressair demais ou parecerá artificial. Um evento que aparece na cobertura do noticiário tem a aprovação da realidade. É importante atribuir associações positivas a esse evento fabricado. Associações patrióticas, digamos, ou sutilmente sexuais, ou espirituais – qualquer coisa agradável e sedutora – ganham vida própria. Quem pode resistir? Em essência, as pessoas se convencem a se juntar à multidão sem nem perceberem que uma venda ocorreu. A sensação de participação ativa é crucial para a sedução. Ninguém quer se sentir excluído de um movimento crescente. Anuncie sua mensagem como uma tendência e ela se tornará uma. O objetivo é criar uma espécie de efeito viral em que um número cada vez maior de pessoas será contagiado pelo desejo de ter tudo o que você oferece.

LEI DO DIA: PAREÇA ESTAR NA VANGUARDA DE UMA TENDÊNCIA OU ESTILO DE VIDA E O PÚBLICO, POR MEDO DE FICAR PARA TRÁS, VAI ACREDITAR AVIDAMENTE EM VOCÊ.

A arte da sedução: Sedução suave – Como vender qualquer coisa para as massas

11 DE JULHO
De amigo a amante

> Não me encontro com ela, limito-me a aflorar a periferia da sua existência [...]. São estes os primeiros fios da trama a apertar ao seu redor.
> — SØREN KIERKEGAARD (1813-1855, filósofo e teólogo dinamarquês), *Diário de um sedutor* (1843)

Passar da amizade para o amor pode ser uma estratégia bem-sucedida sem chamar a atenção como uma manobra. Em primeiro lugar, conversas amigáveis com seu alvo fornecerão a você informações valiosas sobre o temperamento, gostos, fraquezas e anseios da infância que regem o comportamento adulto dele. Em segundo lugar, ao passar mais tempo com seu alvo, você pode deixá-lo à vontade na sua presença. Acreditando que você está interessado apenas em suas ideias, em sua companhia, a outra pessoa vai baixar a resistência, dissipando a tensão habitual entre os sexos. Agora seu alvo está vulnerável, pois sua amizade com ele abriu o portão dourado de acesso ao corpo da presa: a mente dela. Nesse ponto, qualquer comentário improvisado, qualquer leve contato físico desencadeará um pensamento que pegará o alvo desprevenido: o de que talvez possa haver algo mais entre vocês. Assim que esse sentimento desperta, o alvo se perguntará por que você não tomou a iniciativa, e tomará a iniciativa por conta própria, desfrutando da ilusão de que está no controle. Na sedução, não há nada mais eficaz do que fazer os seduzidos pensarem que são eles os sedutores.

LEI DO DIA: CULTIVE UM RELACIONAMENTO RELATIVAMENTE NEUTRO, PASSANDO AOS POUCOS DE AMIGO A AMANTE.

A arte da sedução, Parte 2 (O processo sedutor), Capítulo 2: Crie uma falsa noção de segurança – Aborde indiretamente

12 DE JULHO
Despreze as expectativas da outra pessoa

> A paz muito constante produz um tédio mortal. A uniformidade mata o amor, pois assim que o espírito metódico se mistura com as coisas do coração, a paixão desaparece, sobrevém o langor, o fastio começa a cansar e o desgosto encerra o capítulo.
> — Ninon de L'Enclos (1620-1705, cortesã e escritora francesa)

A familiaridade é a morte da sedução. Se o alvo sabe tudo sobre você, o relacionamento ganha um nível de conforto, mas perde os elementos de fantasia e ansiedade. Sem ansiedade e uma pitada de medo, a tensão erótica se dissolve. Lembre-se: a realidade não é sedutora. Mantenha certo mistério, caso contrário será tido como garantido, e seu alvo não lhe dará o devido valor. A culpa do que acontecer a seguir será exclusivamente sua.

LEI DO DIA: MANTENHA ALGUNS CANTOS ESCUROS EM SUA PERSONALIDADE, DESPREZE AS EXPECTATIVAS ALHEIAS, USE AUSÊNCIAS PARA FRAGMENTAR A ATRAÇÃO APEGADA E POSSESSIVA QUE PERMITE QUE A FAMILIARIDADE SE INFILTRE.

A arte da sedução: Cuidado com as consequências

13 DE JULHO

Faça uso de contrastes

Tirar cuidadoso proveito de pessoas que são enfadonhas ou pouco atraentes pode, por comparação, aumentar sua desejabilidade. Num evento social, por exemplo, certifique-se de que seu alvo seja obrigado a conversar com a pessoa mais chata disponível. Depois vá ao resgate de seu alvo, que ficará encantado ao ver você. Em *Diário de um sedutor*, de Søren Kierkegaard, Johannes está interessado na jovem e inocente Cordélia. Sabendo que seu amigo Edward é irremediavelmente tímido e sem graça, ele incentiva esse homem a cortejá-la; algumas semanas das atenções de Edward farão os olhos de Cordélia vagarem em busca de outra pessoa, qualquer outra pessoa, e Johannes tomará providências para que pousem nele. Johannes escolheu criar estratégias e manobras, mas praticamente todo ambiente social conterá contrastes que você pode utilizar de modo quase natural.

LEI DO DIA: FAÇA USO DE CONTRASTES – DESENVOLVA E EXIBA ATRIBUTOS ATRAENTES (HUMOR, VIVACIDADE E ASSIM POR DIANTE) QUE SÃO OS MAIS ESCASSOS EM SEU PRÓPRIO

GRUPO SOCIAL, OU ESCOLHA UM GRUPO EM QUE SUAS QUALIDADES NATURAIS SEJAM RARAS E BRILHEM.

A arte da sedução, Parte 2 (O processo sedutor), Capítulo 4: Pareça ser um objeto de desejo – Crie triângulos

14 DE JULHO
Crie surpresas calculadas

Crianças geralmente são criaturas obstinadas e teimosas, que, de propósito, fazem o contrário do que pedimos. Mas há uma situação em que as crianças alegremente desistem de sua habitual obstinação: quando alguém lhes promete uma surpresa. Pode ser um presente escondido numa caixa, uma brincadeira com um final imprevisível, uma viagem com destino desconhecido, uma história de suspense com um desfecho inesperado. Nos momentos em que as crianças esperam uma surpresa, sua força de vontade fica em suspensão. Enfeitiçadas, elas estão sob seu domínio enquanto você balançar diante delas a possibilidade. Esse hábito infantil está profundamente entranhado dentro de nós, e é a fonte de um prazer humano elementar: ser conduzido por uma pessoa que sabe para onde está indo e que nos leva numa viagem. Na sedução, você precisa criar tensão e suspense constantes, a sensação de que, com você, nada é previsível. No instante em que a pessoa sente que sabe o que esperar de você, o efeito do seu feitiço sobre ela se dissipa. Mais que isso: você lhes cedeu poder. A única maneira de conduzir o seduzido e manter o controle sobre ele é criar suspense, uma surpresa calculada. As pessoas adoram um mistério, e essa é a chave para atraí-las ainda mais para a sua teia. Comporte-se de uma maneira que leve as pessoas a se perguntar quais são as suas intenções. Fazer algo que as pessoas não esperam de você dará a elas uma deliciosa sensação de espontaneidade – não serão capazes de prever o que virá em seguida. Você estará sempre um passo à frente e no controle da situação. Propicie às pessoas emoções intensas com mudanças repentinas de direção.

LEI DO DIA: EXISTEM DIVERSOS TIPOS DE SURPRESAS CALCULADAS DAS QUAIS VOCÊ PODE LANÇAR MÃO COM SUAS VÍTIMAS – ENVIAR UMA MENSAGEM DO NADA, APARECER INESPERADAMENTE, LEVÁ-LAS A UM LUGAR AONDE NUNCA FORAM. MAS AS MELHORES SURPRESAS DE TODAS SÃO AS QUE REVELAM ALGUMA NOVIDADE SOBRE A SUA PERSONALIDADE E O SEU CARÁTER.

A arte da sedução, Parte 2 (O processo sedutor), Capítulo 9: Mantenha as pessoas em suspense – o que virá em seguida?

15 DE JULHO
Intensifique a experiência

Na série de romances *Em busca do tempo perdido*, de Marcel Proust, o personagem Swann vê-se gradualmente seduzido por uma mulher que, no fundo, não faz seu tipo. Ele é um esteta e um *bon vivant* que ama as coisas boas da vida. Ela é de uma classe mais baixa, menos refinada, até um tanto vulgar. O que poetiza essa mulher na mente de Swann é uma série de momentos exuberantes que compartilham juntos, momentos que daí por diante ele passa a associar a ela. Um desses momentos é um concerto num salão a que vão juntos e em que ele se inebria com a melodia de uma sonata. Toda vez que pensa nela, Swann se lembra desse pequeno fraseado. Pequenos presentes que ela lhe deu e objetos que ela tocou ou manuseou começam a ganhar vida própria. Você tem que encontrar uma maneira de compartilhar esses momentos com seus alvos – um concerto, uma peça de teatro, um encontro espiritual, seja o que for –, de modo que associem você a algo elevado ou sublime. Dividir com outra pessoa momentos exuberantes exerce imensa atração sedutora. Ademais, qualquer tipo de objeto pode ser encharcado de ressonâncias poéticas e associações sentimentais. Os presentes que você dá e outros objetos podem ficar impregnados de sua presença; se estiverem associados a lembranças agradáveis, a visão deles manterá você na mente das pessoas e acelerará o processo de poetização.

LEI DO DIA: QUALQUER TIPO DE EXPERIÊNCIA INTENSA, SEJA ARTÍSTICA, SEJA ESPIRITUAL, PERMANECE NA MENTE DE UMA PESSOA POR MUITO MAIS TEMPO DO QUE A EXPERIÊNCIA NORMAL.

A arte da sedução: Poetize a sua presença

16 DE JULHO
Entre na alma das pessoas

> As grandes e implacáveis paixões amorosas estão todas ligadas ao fato de que um ser imagina que vê seu eu mais secreto espionando-o por trás da cortina dos olhos de outro.
> — ROBERT MUSIL (1880-1942), romancista austríaco

Todos nós somos narcisistas. Na infância, nosso narcisismo era físico: estávamos interessados em nossa própria imagem, nosso próprio corpo, como se fosse um ser separado. À medida que envelhecemos, nosso narcisismo se torna mais psicológico: ficamos absortos em nossos próprios gostos, obcecados por nossas próprias opiniões e experiências. Forma-se uma casca dura ao nosso redor. Paradoxalmente, a maneira de seduzir as pessoas do lado de fora dessa carapaça é se tornar mais parecido com elas, na verdade uma espécie de imagem refletida delas. Você não precisa passar dias estudando o que se passa na mente das pessoas; basta simplesmente amoldar-se a seus estados de ânimo e mudanças de humor, adaptar-se a seus gostos, fingir que concorda com o que aparecer no seu caminho. Ao fazer isso, você reduzirá a resistência natural delas. O senso de autoestima delas não se sentirá ameaçado por sua estranheza ou seus hábitos diferentes. As pessoas realmente amam a si mesmas, mas o que elas amam acima de tudo é ver as próprias ideias e gostos refletidos em outra pessoa. Isso lhes dá validação e legitimação. Faz desaparecer sua insegurança habitual. Hipnotizadas por sua imagem no espelho, as pessoas relaxam. Agora o muro interior de defesa desmoronou, elas estão indefesas e vulneráveis, você pode lentamente atraí-las para si e, mais cedo ou mais tarde, inverter a dinâmica. Depois que se abrem para você, torna-se fácil contagiá-las com seus próprios estados de espírito e seu calor. Entrar na alma da outra pessoa é uma espécie de hipnose; é a forma mais traiçoeira e eficaz de persuasão conhecida pelo homem.

LEI DO DIA: PARA TIRAR AS PESSOAS DE SUA INTRATABILIDADE NATURAL E SEU EGOCENTRISMO, SEDUZA-AS ENTRANDO NA ALMA DELAS.
EM POUCO TEMPO VOCÊ SERÁ CAPAZ DE INVERTER A DINÂMICA: DEPOIS DE ENTRAR NO ESPÍRITO DELAS, PODERÁ FAZÊ-LAS ENTRAR NO SEU, NUM PONTO EM QUE JÁ SERÁ TARDE DEMAIS PARA VOLTAR ATRÁS.

A arte da sedução: Entre na alma das pessoas

A PERSONALIDADE SEDUTORA

17 DE JULHO
Crie tentação

> A única maneira de se livrar de uma tentação é cedendo a ela.
> — OSCAR WILDE (1854-1900, romancista, poeta e dramaturgo irlandês)

O que as pessoas querem não é a tentação; a tentação acontece todos os dias. O que as pessoas querem é ceder à tentação, entregar-se. Essa é a única maneira de se livrarem da tensão com a qual convivem. Resistir à tentação custa mais caro do que se render a ela. Sua tarefa, então, é criar uma tentação que seja mais forte do que a cotidiana. Tem de ser focada nas pessoas, voltada para elas como indivíduos – em seus pontos fracos. Entenda: todo mundo tem uma fraqueza principal, da qual se originam as outras. Encontre essa insegurança infantil, aquilo que falta na vida delas, e você terá nas mãos a chave para despertar nelas a tentação. A fraqueza pode ser ganância, vaidade, tédio, algum desejo profundamente reprimido, a fome de um fruto proibido. As pessoas sinalizam a fraqueza em pequenos detalhes que escapam ao controle consciente: o estilo do vestuário, um comentário improvisado. O passado das pessoas, e sobretudo seus romances do passado, estão repletos de pistas. Ofereça a elas uma tentação potente, ajustada às suas fraquezas, e você poderá fazer a esperança de prazer que instiga nelas figurar com mais realce acima das dúvidas e ansiedades que a acompanham.

LEI DO DIA: ENCONTRE O PONTO FRACO DA PESSOA, A FANTASIA QUE ELA AINDA NÃO REALIZOU, E INSINUE QUE VOCÊ É CAPAZ DE LEVÁ-LA ATÉ LÁ. PODE SER RIQUEZA, PODE SER AVENTURA, A FRUIÇÃO DE PRAZERES PROIBIDOS E CARREGADOS DE PECADO; A CHAVE É MANTER TUDO VAGO.

A arte da sedução: Crie tentação

18 DE JULHO

Ponha-se à prova

Ao tornar a sua ação o mais arrojada e galante possível, você elevará a sedução a outro patamar, despertará emoções profundas e esconderá quaisquer eventuais segundas intenções que possa ter. Os sacrifícios que você faz devem ser visíveis; falar sobre eles ou explicar o quanto são custosos dará a impressão de que você está contando vantagem. Perca o sono, adoeça, perca tempo valioso, coloque em risco a sua carreira, gaste mais dinheiro do que você tem. Você pode exagerar tudo isso para criar efeito dramático, mas não seja flagrado se gabando ou sentindo pena de si mesmo: cause dor a si mesmo e deixe as pessoas verem. Uma vez que quase todo mundo parece agir movido pelos próprios interesses, seu ato nobre e altruísta será irresistível.

LEI DO DIA: ESCOLHA UMA AÇÃO DRAMÁTICA E DIFÍCIL QUE REVELE O TEMPO E O DOLOROSO ESFORÇO ENVOLVIDOS.

A arte da sedução: Ponha-se à prova

19 DE JULHO

Atraia outras pessoas para o seu mundo de fantasia

Desde muito cedo, Josephine Baker achava insuportável a sensação de não ter nenhum controle sobre o mundo. Sua solução foi algo que as crianças costumam fazer: diante de um ambiente sem esperança, ela se fechou em seu próprio mundo, alheia à feiura ao redor. Esse mundo era repleto de danças, brincadeiras e palhaçadas, sonhos grandes. Enquanto as outras pessoas choravam e se lamuriavam, Josephine sorria, permanecia confiante e autoconfiante. Quase todos que a conheceram, desde os primeiros anos até os últimos, comentavam o quanto essa qualidade era sedutora. Por causa da recusa de Josephine em se comprometer ou em ser o que esperavam que ela fosse, tudo o que ela fazia parecia autêntico e natural. A criança adora brincar e criar um pequeno mundo independente. Quando estão absortas no faz de conta, as crianças são irremediavelmente encantadoras. Elas incutem um bocado de seriedade e sentimento em sua imaginação. Os Adultos Naturais fazem algo semelhante, sobretudo se forem artistas: criam seu próprio mundo de fantasia, e vivem nele como se fosse o mundo real. A fantasia é muito mais agradável do que a realidade, e como a maioria das pessoas não tem o poder ou coragem para criar esse tipo de mundo, gostam de estar perto daqueles que o fazem.

LEI DO DIA: APRENDA A BRINCAR COM SUA IMAGEM, SEM NUNCA SE LEVAR MUITO A SÉRIO. A CHAVE É IMPREGNAR SUA BRINCADEIRA COM A CONVICÇÃO E O SENTIMENTO DE UMA CRIANÇA, FAZENDO COM QUE PAREÇA NATURAL. QUANTO MAIS ABSORTO VOCÊ PARECE ESTAR EM SEU PRÓPRIO MUNDO REPLETO DE ALEGRIA, MAIS SEDUTOR VOCÊ SE TORNA.

A arte da sedução: O Natural

20 DE JULHO
Seja uma fonte de prazer

Ninguém quer ouvir você falar sobre seus problemas e dificuldades. Ouça as reclamações dos seus alvos, mas, ainda mais importante, distraia-os dos problemas dando-lhes prazer (faça isso com bastante frequência e eles cairão no seu feitiço). Uma presença enérgica é mais encantadora do que a letargia, que insinua o tédio, um enorme tabu social; elegância e estilo geralmente vencem a vulgaridade, já que a maioria das pessoas gosta de se associar ao que considera elevado e culto.

LEI DO DIA: SER ALEGRE E DIVERTIDO É SEMPRE MAIS ENCANTADOR DO QUE SER SÉRIO E CRÍTICO.

A arte da sedução: O Encantador

21 DE JULHO
A lei da cobiça

Desde o princípio, Coco Chanel fez questão de que suas roupas fossem vistas em todos os lugares. Observar outras mulheres trajando aquelas roupas estimulava os desejos competitivos de ter o mesmo e não ficar de fora. Na realidade, os primeiros chapéus de palha que ela criou não eram nada além de objetos comuns que qualquer um poderia comprar numa loja de departamentos. As primeiras roupas que produziu eram feitas dos materiais mais baratos. O perfume era uma mistura de flores comuns. Foi a pura magia psicológica que os transformou em objetos que estimulavam desejos tão intensos de possuí-los. Entenda: assim como Chanel, você precisa reverter a sua perspectiva. Em vez de se concentrar no que você quer e cobiça no mundo, treine para se concentrar nos outros, nos desejos que estão reprimidos e nas fantasias que não estão satisfeitas. Veja como eles percebem a sua pessoa e os objetos que você produz, como se estivesse olhando para si e para o seu trabalho pelo lado de fora. Isso lhe dará o poder quase ilimitado de moldar as percepções das pessoas sobre esses objetos e entusiasmá-las. Os indivíduos não querem a verdade e a honestidade, não importa o quanto escutemos essa bobagem sendo repetida de modo incessante. Eles querem ter a imaginação estimulada e levada além das suas circunstâncias banais. Crie um ar de mistério ao seu redor e em torno do seu trabalho. Associe-o a algo novo, desconhecido, exótico, progressista e tabu. Não defina a sua mensagem, mas deixe-a vaga.

LEI DO DIA: CRIE UMA ILUSÃO DE UBIQUIDADE – FAÇA O SEU OBJETO SER VISTO EM TODOS OS LUGARES E DESEJADO PELOS OUTROS. ENTÃO, DEIXE QUE A COBIÇA, TÃO LATENTE EM TODOS OS SERES HUMANOS, FAÇA O RESTO, INICIANDO UMA REAÇÃO EM CADEIA DE DESEJO.

As leis da natureza humana, Capítulo 5: Torne-se um objeto inatingível de desejo – A Lei da Cobiça

22 DE JULHO

Crie uma ferida

Em *O banquete,* também conhecido como *Simpósio* – diálogo de Platão que é o mais antigo tratado de amor do Ocidente e um texto que teve influência determinante em nossas ideias acerca do desejo –, a cortesã Diotima explica a Sócrates a ascendência de Eros, o deus do amor. O pai de Eros era Artimanha, ou Astúcia, e sua mãe era Pobreza ou Penúria. Eros puxa aos pais: vive sempre em necessidade, carente de suavidade e beleza, um vazio que constantemente tenta preencher. Na condição de deus do amor, sabe que o amor não pode ser induzido em outra pessoa a menos que ela também sinta necessidade. E é isso que suas flechas fazem: perfuram a carne das pessoas, causando nelas um sentimento de falta, uma dor, uma fome. Essa é a essência de sua tarefa como sedutor. Tal qual Eros, você deve criar uma ferida em sua vítima, mirar o ponto fraco dela, a vulnerabilidade, a fissura da autoestima. Se estão presas numa rotina, na mesmice, faça-as sentir de maneira mais profunda, "inocentemente" trazendo o assunto à tona e falando a respeito. Crie uma ferida, uma insegurança que você pode alargar um pouco, uma ansiedade que possa ser aliviada pelo envolvimento com outra pessoa, ou seja, você.

LEI DO DIA: TENTE SE POSICIONAR COMO UM FORASTEIRO, COMO UMA ESPÉCIE DE ESTRANGEIRO. VOCÊ REPRESENTA MUDANÇA, DIFERENÇA, QUEBRA DE ROTINAS. FAÇA SUAS VÍTIMAS SENTIREM QUE, EM COMPARAÇÃO, LEVAM UMA VIDA ENFADONHA, E QUE OS AMIGOS DELAS SÃO MENOS INTERESSANTES DO QUE PENSAM.

A arte da sedução, Parte 2 (O processo sedutor), Capítulo 5: Crie uma necessidade – Desperte ansiedade e descontentamento

23 DE JULHO
Preste atenção aos detalhes

Quando éramos crianças, nossos sentidos eram muito mais ativos. As cores de um brinquedo novo ou um espetáculo como o circo nos fascinavam; um cheiro ou um som poderiam nos deixar encantados. Nos jogos e brincadeiras que criávamos, muitos deles reproduzindo em menor escala algum aspecto do mundo adulto, sentíamos imenso prazer em orquestrar cada detalhe. Reparávamos em tudo. À medida que envelhecemos, nossos sentidos ficam embotados. Já não reparamos em tudo, pois estamos constantemente correndo para fazer as coisas às pressas, para dar conta da tarefa seguinte. Na sedução, você está sempre tentando transportar o alvo de volta aos momentos dourados da infância. A criança é menos racional, mais fácil de enganar, e também mais sintonizada com os prazeres dos sentidos. Assim, quando você estiver com seus alvos, nunca lhes dê as mesmas sensações que eles normalmente obtêm no mundo real, onde todos somos apressados, implacáveis, cada um por si. Você precisa deliberadamente desacelerar as coisas e devolvê-las aos tempos mais simples de sua juventude. Os detalhes que você orquestrar – cores, presentes, pequenas cerimônias – devem ser dirigidos aos sentidos de seus alvos, ao deleite infantil que sentimos com os encantos imediatos do mundo natural. Repletos de coisas deliciosas, os sentidos de seus alvos perdem um pouco da capacidade de usar a razão e a racionalidade. Preste atenção aos detalhes e você se verá adotando um ritmo mais lento; seus alvos não se concentrarão naquilo que você pode estar procurando, porque você parece uma pessoa muito ponderada, muito atenciosa. No reino infantil dos sentidos em que os circundou, eles têm a clara percepção de que você os está envolvendo em algo distinto do mundo real – um ingrediente essencial da sedução.

LEI DO DIA: PALAVRAS GRANDILOQUENTES E GESTOS GRANDIOSOS PODEM SER SUSPEITOS: POR QUE VOCÊ TENTA

LEIS DIÁRIAS

COM TANTO AFINCO AGRADAR OS OUTROS?
OS DETALHES DE UMA SEDUÇÃO – OS GESTOS SUTIS,
AS COISAS QUE VOCÊ FAZ DE IMPROVISO – SÃO MUITAS
VEZES MAIS CHARMOSOS E REVELADORES.

A arte da sedução, Parte 2 (O processo sedutor), Capítulo 11: Preste atenção aos detalhes

24 DE JULHO
Faça com que fetichizem você

Quando Marlene Dietrich entrava no recinto ou chegava a uma festa, todos os olhos inevitavelmente se voltavam para ela. Primeiro, por causa de suas roupas surpreendentes, escolhidas de propósito para chamar a atenção. E havia seu ar de indiferença e desinteresse. Os homens e também as mulheres ficavam obcecados por ela, fetichizando-a por muito tempo depois de as outras lembranças da noite se dissiparem. Ela mantinha certa distância de si mesma: era capaz de estudar seu próprio rosto, suas pernas, seu corpo, como se fosse outra pessoa. Isso dava a Dietrich a capacidade de moldar seu visual, transformando sua aparência para criar efeito. Ela era como um belo objeto, algo a se fetichizar e admirar exatamente como admiramos uma obra de arte. Se você vir a si mesmo como um objeto, as outras pessoas farão a mesma coisa. Um ar etéreo e onírico ajudará a intensificar essa impressão. Considere-se uma tela em branco. Flutue pela vida sem compromisso e as pessoas vão querer agarrá-lo e consumi-lo. De todas as partes do seu corpo que atraem essa atenção fetichista, a mais forte é o rosto; então, aprenda a afinar seu rosto como um instrumento, fazendo-o irradiar uma imprecisão fascinante. E já que você terá que se destacar de outras estrelas no céu, precisará desenvolver um estilo capaz de chamar a atenção. Dietrich foi a grande praticante dessa arte; seu estilo era chique o suficiente para deslumbrar, e estranho o bastante para encantar.

LEI DO DIA: SUA PRÓPRIA IMAGEM E PRESENÇA SÃO MATERIAIS QUE VOCÊ PODE CONTROLAR. A NOÇÃO DE QUE VOCÊ ESTÁ ENVOLVIDO NESSE TIPO DE JOGO FARÁ COM QUE AS PESSOAS O VEJAM COMO SUPERIOR E DIGNO DE IMITAÇÃO.

A arte da sedução: A Estrela

25 DE JULHO

Envie sinais ambíguos

Para capturar e manter a atenção, você precisa mostrar atributos que não condizem com sua aparência física criando profundidade e mistério. Se você tem um rosto angelical e um ar inocente, deixe escapar indícios de que há em sua personalidade algo sombrio, até mesmo vagamente cruel. Isso não é anunciado em suas palavras, mas em seus modos. Não se preocupe se essa subqualidade for negativa, como perigo, crueldade ou amoralidade; as pessoas serão atraídas para o enigma de qualquer maneira, e a bondade pura raramente é sedutora.

LEI DO DIA: NINGUÉM É MISTERIOSO POR NATUREZA, PELO MENOS NÃO POR MUITO TEMPO; MISTÉRIO É ALGO QUE VOCÊ TEM QUE TRABALHAR, UM ESTRATAGEMA DE SUA PARTE,

E ALGO QUE DEVE SER UTILIZADO LOGO NAS PRIMEIRAS ETAPAS DA SEDUÇÃO.

A arte da sedução: Envie sinais ambíguos

26 DE JULHO

Envie sinais ambíguos

O amor nunca morre de fome, mas quase sempre de congestão.
— Ninon de L'Enclos

A sedutora russa Lou Andreas-Salomé tinha uma presença intensa; os homens com quem saía tinham a sensação de que os olhos penetrantes dela os perfuravam, e muitas vezes ficavam em transe com seus modos coquetes e personalidade esfuziante. Mas em seguida, quase sempre, alguma coisa surgia – Lou tinha que sair da cidade por algum tempo, ou estava ocupada demais para ver seu pretendente. Era durante essas suas ausências que os homens se apaixonavam perdidamente por ela e prometiam ser mais enérgicos no encontro seguinte. Entenda: nesse último estágio da sedução, suas ausências devem parecer pelo menos um pouco justificadas. Você não deve rejeitar ninguém de forma explícita e descarada, mas apenas insinuar uma ligeira dúvida: talvez tenha encontrado algum motivo para ficar, talvez esteja perdendo o interesse, talvez haja outra pessoa.

LEI DO DIA: NA SUA AUSÊNCIA, A ADMIRAÇÃO POR VOCÊ AUMENTARÁ. SEUS PRETENDENTES ESQUECERÃO SUAS FALTAS, PERDOARÃO SEUS PECADOS. NO MOMENTO EM QUE VOCÊ VOLTAR, CORRERÃO ATRÁS

A PERSONALIDADE SEDUTORA

DE VOCÊ COMO VOCÊ DESEJAR. SERÁ COMO SE VOCÊ TIVESSE VOLTADO DOS MORTOS.

A arte da sedução: Dê às pessoas espaço para cair – O perseguidor é perseguido

27 DE JULHO
Saiba quando ser ousado

Quanto mais timidez um amante demonstrar na nossa presença, mais o nosso orgulho se anima a instigá-lo; quanto mais respeito ele tiver por nossa resistência, mais respeito exigimos dele. De bom grado diríamos a vocês, homens: "Ah, por piedade, não suponham que somos tão virtuosas; estão nos forçando a ter virtudes em demasia".

— Ninon de L'Enclos

Ninguém nasce tímido; a timidez é uma proteção que desenvolvemos. Se nunca nos arriscarmos, se nunca tentarmos, nunca teremos que sofrer as consequências do fracasso ou do sucesso. Se formos gentis e discretos, não ofenderemos a ninguém – na verdade, pareceremos santos e agradáveis. De fato, as pessoas tímidas são muitas vezes egocêntricas, autocentradas, obcecadas pela maneira como as outras pessoas as veem e nem um pouco santas. E a humildade pode até ter seus usos sociais, mas quando se trata de sedução, é mortal. Você precisa ser capaz de bancar o santo humilde às vezes; é uma máscara. Porém, na sedução, livre-se dela. A ousadia é estimulante, erótica e absolutamente necessária para levar o processo de sedução até o fim. Quando utilizada da maneira correta, comunica aos alvos que eles fizeram você perder sua contenção normal, e lhes dá licença para que façam o mesmo. As pessoas anseiam por uma chance de manifestar os lados reprimidos da própria personalidade.

LEI DO DIA: NA FASE FINAL DE UMA SEDUÇÃO, A OUSADIA ELIMINA QUALQUER CONSTRANGIMENTO OU DÚVIDA.

A *arte da sedução*: Domine a arte da iniciativa ousada

28 DE JULHO
Comunique-se com os sentidos das pessoas

Liberte-se da necessidade de se comunicar de maneira direta normal e você dará a si mesmo maiores oportunidades para a venda suave. Faça com que as palavras que você diz soem discretas, vagas, atraentes. Dê atenção muito maior ao seu estilo, ao seu visual, à história que eles contam. Transmita uma sensação de movimento e progresso, mostrando-se em ação. Expresse confiança não por meio de fatos e números, mas por meio de cores e imagens positivas, apelando para a criança que existe em todos. Se você permitir que a mídia faça uma cobertura desorientada a seu respeito, estará à mercê dela. Então, inverta a dinâmica – a imprensa precisa de drama e recursos visuais? Forneça-os. Tudo bem discutir questões ou a "verdade", contanto que você as embrulhe num pacote divertido. Lembre-se: as imagens permanecem na mente muito depois de as palavras terem sido esquecidas. Não queira dar um sermão no público porque isso nunca funciona. Aprenda a expressar sua mensagem por meio de recursos visuais que insinuem emoções positivas e sentimentos felizes. As pessoas podem se concentrar superficialmente no conteúdo ou na moral que você está pregando, mas na verdade estão absorvendo os elementos visuais, que as impressionam e deixam marcas que permanecem por mais tempo do que quaisquer palavras ou pronunciamentos enfadonhos.

A PERSONALIDADE SEDUTORA

LEI DO DIA: DÊ MAIS ATENÇÃO À FORMA DE SUA MENSAGEM DO QUE AO CONTEÚDO. IMAGENS SÃO MAIS SEDUTORAS DO QUE PALAVRAS, E OS RECURSOS VISUAIS DEVEM SER SUA VERDADEIRA MENSAGEM.

A arte da sedução: Sedução suave – Como vender qualquer coisa para as massas

29 DE JULHO
O perseguidor é perseguido

> Bato em retirada e, nesse movimento, eu assim ensino Cordélia a ser vitoriosa ao me perseguir. Continuarei a recuar, e nesse movimento para trás, eu a ensinarei a reconhecer, agindo sobre mim, todos os poderes do amor erótico, seus pensamentos turbulentos, sua paixão, e o que são o anseio, a esperança e a impaciente expectativa.
> — Søren Kierkegaard, *Diário de um sedutor*

Cada gênero tem suas próprias atrações sedutoras, que lhes ocorrem naturalmente. Quando você parece interessado em alguém, mas não responde sexualmente, isso é perturbador e apresenta um desafio: a pessoa encontrará uma maneira de seduzi-lo. Para produzir esse efeito, primeiro revele interesse em seus alvos por meio de escritos ou insinuações sutis. Mas quando estiver na presença deles, assuma uma espécie de neutralidade assexuada. Seja amigável, até mesmo afetuoso, mas não vá além disso. Você os está forçando a se armarem com os encantos sedutores que são naturais de seu sexo – exatamente o que você quer.

LEI DO DIA: CRIE A ILUSÃO DE QUE O SEDUTOR ESTÁ SENDO SEDUZIDO.

A arte da sedução: Dê às pessoas espaço para cair – O perseguidor é perseguido

30 DE JULHO
A intensa emoção da ilusão

O teatro cria a sensação de um mundo separado e mágico. A maquiagem dos atores, os cenários falsos, mas encantadores, os figurinos ligeiramente irreais – esses elementos visuais intensificados pela história da peça criam ilusão. Para produzir esse efeito na vida real, você deve moldar suas roupas, maquiagem e atitudes de modo que tenham um toque lúdico e artificial – a percepção de que você se vestiu para o prazer da sua plateia. Esse é o efeito divino de uma Marlene Dietrich. As suas interações com seus alvos também devem ter uma sensação de drama, a ser alcançada por meio das configurações que você escolher e por meio de suas ações. O alvo não pode saber o que acontecerá a seguir. Crie suspense por meio de reviravoltas que levem ao final feliz; você está encenando, representando um papel.

LEI DO DIA: SEMPRE QUE SE ENCONTRAR COM SEUS ALVOS, DÊ A ELES A VAGA SENSAÇÃO DE ESTAR NUMA PEÇA TEATRAL, A EMPOLGANTE EMOÇÃO DE USAR MÁSCARAS, DE DESEMPENHAR UM PAPEL DIFERENTE DAQUELE QUE A VIDA ATRIBUIU A VOCÊ.

A arte da sedução: Apêndice A – Ambiente Sedutor/Tempo Sedutor

31 DE JULHO

Poetize a sua presença

> O homem que não sabe cortejar uma donzela, poetizando-se para se introduzir como um sonho na imaginação dela, aquele que não sabe levá-la a acreditar que é ela quem toma todas as iniciativas, é e sempre será um desmazelado. [...] Poetizar-se assim é uma arte.
>
> — SØREN KIERKEGAARD, *Diário de um sedutor*

Em um mundo duro e repleto de decepções, é um imenso prazer ser capaz de fantasiar a respeito da pessoa com quem você está envolvido. Isto torna fácil a tarefa do sedutor: as pessoas estão morrendo de vontade de ter a chance de fantasiar sobre você. Não estrague essa oportunidade de ouro expondo-se em demasia ou tornando-se tão previsível e banal que seu alvo o veja exatamente como você é. Você não precisa ser um anjo ou um modelo de virtude – isso seria bastante entediante. Você pode ser perigoso, travesso, até um pouco vulgar, a depender dos gostos de sua vítima.

LEI DO DIA: NUNCA SEJA COMUM OU LIMITADO. NA POESIA (AO CONTRÁRIO DA REALIDADE), TUDO É POSSÍVEL.

A arte da sedução: Poetize a sua presença

AGOSTO

O mestre da persuasão

Suavizando a resistência das pessoas

Nós, humanos, não conseguimos deixar de tentar influenciar os outros. Tudo o que dizemos ou fazemos é examinado e interpretado em busca de pistas quanto às nossas intenções. Na condição de animais sociais, não conseguimos deixar de jogar constantemente esse jogo, de forma consciente ou não. A maioria das pessoas não quer despender o esforço que é necessário para pensar nos outros e descobrir uma estratégia capaz de penetrar em suas defesas. São preguiçosas. Querem apenas ser elas mesmas, falar com honestidade, ou não fazer nada e justificar isso para si mesmas como se fosse o resultado de alguma grande escolha moral. Já que o jogo é inevitável, é melhor ser habilidoso do que viver em estado de negação ou apenas improvisando a cada momento. No final, ser bom em influenciar é, na verdade, mais benéfico em termos sociais do que a postura moralista. Para nos tornarmos proficientes em persuasão, precisaremos mergulhar na perspectiva dos outros, exercitando a nossa empatia. O mês de agosto lhe ensinará as manobras e estratégias que o instruirão acerca de como criar um feitiço, quebrar a resistência das pessoas, dar movimento e força à sua persuasão e induzir seu alvo a se render.

★★★

Muitas vezes me perguntam por que converso com o leitor por meio de histórias.

Sou muito focado no leitor. Enquanto escrevo, estou sempre pensando: "Como ele vai absorver essa informação?".

Há um problema que psicólogos notaram: muitos professores supõem que seus alunos têm o mesmo conhecimento que eles, o que os torna professores ruins. Sei que meus leitores não necessariamente conhecem o assunto que estou abordando. Se estou falando de Carl Jung, por exemplo, e recorro a jargões da psicologia, o leitor não vai entender patavina. Então, tenho que fazer isso de maneira que seja compreensível para o leitor mediano. Em *A arte da sedução*, falo sobre como contar uma história diminui a resistência das pessoas. Histórias fazem a mente se abrir.

Desde a infância – carregados no colo por nossos pais ou brincando de esconde-esconde –, a sensação de não saber o que acontece a seguir está profundamente arraigada na psicologia humana.

Então, se eu contar uma história sobre Rockefeller para ilustrar a agressividade, sei que enquanto o leitor está sendo puxado para dentro da história, não sabe aonde estou indo nem quem é o agressor na história, tampouco a lição que estou tentando extrair. Por isso, ele vai querer ler. Vai querer avançar mais e mais e mais. Consigo passar a perna nele para chegar à página oito. Contudo, se eu imediatamente bombardeá-lo com Jung e este ou aquele estudo e alguns jargões da sociologia, sua mente se fecha. Ele pega no sono.

Este é o erro que 98% das pessoas que escrevem livros cometem: não pensam no leitor. Presumem que o leitor é tão interessado pelo material quanto elas. Você tem que seduzir o leitor. Tem que convencê-lo de que o que você tem a dizer vale a pena. É por isso que eu conto histórias.

As pessoas cometem o mesmo erro na esfera social, ao tentar persuadir ou influenciar os outros. Se você quer que alguém faça o que está sugerindo – que o ajude, que financie seu filme ou seja lá o que for –, se pensa apenas no que você quer ou merece, isso não tem efeito. Mas se pensar em termos de como as pessoas pensam, as histórias que elas querem ouvir, o que vai agradá-las, o que vai despertar o interesse delas, aí o jogo muda. Você tem o poder de influenciá-las.

Assim como tenho o poder de influenciar o leitor quando começo a pensar sobre o que ele quer, você tem o poder de influenciar as pessoas quando começa a pensar sobre o que elas querem.

1º DE AGOSTO
A arte do hipnotista

O objetivo do discurso persuasivo é, muitas vezes, criar uma espécie de hipnose: você está distraindo as pessoas, minando suas defesas, tornando-as mais vulneráveis à sugestão. Aprenda as lições de repetição e afirmação do hipnotista, elementos essenciais para colocar um sujeito para dormir. A repetição envolve o emprego das mesmas palavras reiteradas algumas vezes, de preferência uma palavra com conteúdo emocional: *impostos*, *esquerdistas*, *intolerantes*. O efeito é arrebatador – as ideias podem ser implantadas de maneira definitiva no inconsciente das pessoas apenas por serem repetidas com bastante frequência. A afirmação é basicamente fazer declarações positivas fortes, idênticas aos comandos de um hipnotista. A linguagem sedutora deve ter uma espécie de ousadia, que encobrirá uma infinidade de pecados. Seu público ficará tão envolvido por sua linguagem audaciosa que não terá tempo para refletir sobre a veracidade do que você diz. Nunca diga: "Não acho que o outro lado tomou uma decisão sensata"; diga: "Merecemos coisa melhor", ou "Eles cometeram tantos erros que estragaram tudo". A linguagem afirmativa é uma linguagem ativa, repleta de verbos, imperativos e frases curtas.

LEI DO DIA: ELIMINE "EU ACREDITO", "TALVEZ", "NA MINHA OPINIÃO". VÁ DIRETO AO CERNE.

A arte da sedução, Parte 2 (O processo sedutor), Capítulo 10: Use o poder demoníaco das palavras para semear confusão

2 DE AGOSTO
Apele ao espírito competitivo das pessoas

Em 1948, o diretor Billy Wilder estava escolhendo o elenco para o seu próximo filme, *A mundana*, que seria ambientado em Berlim logo após a guerra. Um dos personagens principais era uma mulher chamada Erika von Shluetow, uma cantora alemã de cabaré com laços suspeitos com vários nazistas. Wilder sabia que Marlene Dietrich seria a atriz perfeita para o papel, mas ela havia expressado em público o desprezo intenso que sentia por qualquer coisa ligada aos nazistas, e trabalhara de forma árdua por várias causas das Forças Aliadas. Quando lhe ofereceram pela primeira vez o papel, ela o considerou repugnante demais, e esse foi o fim da discussão. Wilder não protestou nem implorou, o que teria sido inútil, dada a notória teimosia de Dietrich. Em vez disso, disse a ela que havia encontrado duas atrizes norte-americanas perfeitas para ocupar a vaga, mas que queria a opinião dela sobre qual seria a melhor. Será que ela poderia ver as audições? Sentindo-se mal por ter recusado algo ao velho amigo Wilder, Dietrich naturalmente concordou. No entanto, com muita esperteza, Wilder havia feito testes com duas atrizes bem conhecidas que ele sabia que seriam péssimas naquele filme, ridicularizando a figura da sensual cantora de cabaré alemã. O truque funcionou à perfeição. Dietrich, muito competitiva, ficou horrorizada com as atuações das duas e se ofereceu de imediato para fazer o papel.

LEI DO DIA: AS SUAS TENTATIVAS DE INFLUÊNCIA DEVEM SEMPRE SEGUIR UMA LÓGICA SIMILAR: COMO CONSEGUIR QUE OUTROS PERCEBAM O FAVOR QUE VOCÊ QUER PEDIR COMO ALGO QUE ELES DESEJAM?

As leis da natureza humana, Capítulo 7: Diminua a resistência das pessoas confirmando a opinião que elas têm de si mesmas – A Lei da Atitude Defensiva

3 DE AGOSTO

Faça as outras pessoas serem as estrelas do show

A maioria dos homens [...] busca menos ser instruída, ou mesmo entretida, do que ser elogiada e aplaudida.

— Jean de La Bruyère

A influência sobre as pessoas e o poder que advém disso são obtidos da forma oposta da qual você talvez imagine. Em geral, tentamos seduzir os outros com as nossas próprias ideias, exibindo-nos sob a melhor luz possível. Fazemos alarde das nossas conquistas passadas e grandes promessas acerca de nós mesmos. Pedimos favores, acreditando que a honestidade é a melhor política, mas o que não percebemos é que estamos concentrando toda a atenção em nós mesmos. Num mundo em que o ser humano está cada vez mais egocêntrico, o efeito de todas essas ações é fazer os indivíduos reagirem se voltando ainda mais para dentro, pensando mais nos próprios interesses do que nos nossos. A via mestra para a influência e o poder é seguir na direção contrária: ponha o foco nos outros. Deixe que eles falem, que sejam os astros do espetáculo. As opiniões e valores deles são dignos de serem emulados; as causas que apoiam são as mais nobres. Esse tipo de atenção é tão raro nesse mundo, e as pessoas estão tão faminfas por ela, que lhes oferecer essa validação lhes baixará as defesas e lhes abrirá a mente para quaisquer ideias que você queira insinuar.

LEI DO DIA: NUMA CONVERSA, TENTE FAZER A OUTRA PESSOA MONOPOLIZAR 70% DA FALA SEM QUE ELA SEQUER SE DÊ CONTA DISSO E VEJA O EFEITO.

As leis da natureza humana, Capítulo 7: Diminua a resistência das pessoas confirmando a opinião que elas têm de si mesmas – A Lei da Atitude Defensiva

4 DE AGOSTO
Canalize emoções avassaladoras

Malcolm X discursou de uma ponta à outra dos Estados Unidos. Jamais lia um texto preparado de antemão; encarando a plateia, fazia contato visual, apontava o dedo. Sua raiva era óbvia, não tanto em seu tom de voz – sempre foi controlado e articulado –, mas evidente em sua energia feroz, nas veias saltando no pescoço. Muitos líderes ativistas negros anteriores usavam palavras cautelosas e pediam aos seguidores que lidassem de maneira paciente e cortês com seu destino social, por mais injusto que fosse. Malcolm era um alívio. Ridicularizava os racistas, zombava dos esquerdistas, tirava sarro do presidente; nenhum branco escapava de seu desprezo. Se os brancos eram violentos, disse Malcolm, era necessário responder usando a mesma linguagem da violência, pois era a única língua que entendiam. "A hostilidade é uma coisa boa!", bradava ele. "Durante muito tempo ela foi represada." Malcolm X teve um efeito estimulante em muitas pessoas que sentiam a mesma raiva que ele, mas tinham medo de expressá-la. Era um Carismático da estirpe de Moisés: um libertador. O poder desse tipo de Carismático vem da expressão de emoções sombrias que se acumularam ao longo de anos de opressão. Essa é a essência do carisma – é uma emoção avassaladora que se comunica nos gestos, no tom de voz, em sinais sutis, ainda mais poderosos pelo fato de não serem traduzidos em palavras. Você sente algumas coisas com mais intensidade do que outras, e nenhuma emoção é mais potente e mais capaz de gerar uma reação carismática do que o ódio, sobretudo se vier de sentimentos de opressão profundamente arraigados. Expresse o que as outras pessoas têm medo de expressar e elas verão grande poder em você. Diga o que os outros querem dizer, mas não conseguem.

LEI DO DIA: APRENDA A CANALIZAR SUAS EMOÇÕES. NADA É MAIS CARISMÁTICO DO QUE A SENSAÇÃO DE QUE ALGUÉM ESTÁ LUTANDO COM UMA EMOÇÃO FORTÍSSIMA EM VEZ DE SIMPLESMENTE SUCUMBIR A ELA.

A arte da sedução, Parte 1 (A personalidade sedutora): O Carismático

5 DE AGOSTO
Vença por meio de suas ações

Durante sua carreira extremamente longa como o mais célebre arquiteto da Inglaterra, Sir Christopher Wren recebia frequentes instruções de seus clientes para fazer mudanças impraticáveis em seus projetos. Nunca discutia nem se ofendia. Tinha outras maneiras de provar seu ponto de vista. Em 1688, Wren projetou um magnífico edifício para ser a prefeitura da cidade de Westminster. O prefeito, porém, não ficou satisfeito; na verdade, ficou nervoso. Disse a Wren que temia que o segundo andar não fosse seguro, e que tudo poderia acabar desabando em cima de seu gabinete no primeiro andar. Exigiu que Wren adicionasse duas colunas de pedra para fornecer suporte adicional. Wren, engenheiro tarimbado, sabia que essas colunas não serviriam para nada, e que os temores do prefeito eram infundados. Mesmo assim construiu as pilastras, e o prefeito agradeceu. Anos mais tarde, operários num alto andaime constataram que as colunas terminavam antes de chegar ao teto. Eram falsas. Mas os dois homens conseguiram o que queriam: o prefeito ficou sossegado e Wren sabia que a posteridade entenderia que seu projeto original funcionava e as colunas eram desnecessárias.

LEI DO DIA: DEMONSTRE, NÃO EXPLIQUE.

As 48 leis do poder, Lei 9: Vença por meio de suas ações, nunca por meio de discussões

6 DE AGOSTO
Mantenha as pessoas na dúvida

Apenas alguns meses depois de chegar a Paris, em 1926, Josephine Baker já havia encantado e seduzido o público francês com sua dança selvagem. Porém, menos de um ano depois, percebeu que o interesse das plateias diminuiu. Desde a infância, ela odiava sentir que não tinha mais o controle de sua vida. Por que ficar à mercê do público inconstante? Baker foi embora de Paris e voltou um ano depois com o estilo completamente alterado – agora ela fazia o papel de uma elegante francesa, que por acaso era uma talentosíssima dançarina e artista. Os franceses se apaixonaram de novo; Baker havia reconquistado o poder. Se você está no centro das atenções do público, deve aprender o truque do fator surpresa. As pessoas se entediam não apenas com a vida que levam, mas também com as pessoas destinadas a evitar que fiquem entediadas. No minuto em que sentirem que podem prever seu próximo passo, elas o comerão vivo. O artista Andy

Warhol passou a vida inteira mudando de encarnação em encarnação, e ninguém era capaz de prever qual seria sua versão seguinte – artista, cineasta, homem da alta sociedade. Tenha sempre uma carta na manga.

LEI DO DIA: PARA MANTER A ATENÇÃO DO PÚBLICO, MANTENHA AS PESSOAS NA DÚVIDA. DEIXE QUE OS MORALISTAS ACUSEM VOCÊ DE INSINCERIDADE, DE NÃO TER NÚCLEO NEM CENTRO. NA VERDADE, ELES ESTÃO COM INVEJA DA LIBERDADE E DO CARÁTER LÚDICO QUE VOCÊ REVELA EM SUA PERSONA PÚBLICA.

A arte da sedução, Parte 2 (O processo sedutor), Capítulo 9: Mantenha as pessoas em suspense – o que virá em seguida?

7 DE AGOSTO
Mantenha as pessoas na dúvida

> A maioria das pessoas é tão completamente egocêntrica que nada de fato lhes interessa, a não ser elas mesmas.
> — Arthur Schopenhauer

A maneira mais rápida de conquistar a mente das pessoas é demonstrar, da maneira mais simples possível, como uma ação as beneficiará. O interesse pessoal é o motivo mais forte de todos: uma grande causa pode capturar mentes, mas uma vez que o primeiro jorro de empolgação minguar, o interesse delas diminuirá – a menos que tenham algo a ganhar. O interesse pessoal é a base mais sólida de todas. As causas mais eficazes usam um verniz de nobreza para encobrir um flagrante apelo ao interesse próprio; a causa seduz, mas o interesse próprio assegura o negócio.

LEI DO DIA: MOSTRE ÀS PESSOAS O QUE ELAS TÊM A GANHAR.

As 48 leis do poder, Lei 43: Conquiste corações e mentes

8 DE AGOSTO
Evite discussões

Nunca discuta. Em sociedade, nada deve ser discutido: apenas dê resultados.
— BENJAMIN DISRAELI (1804-1881, primeiro-ministro britânico)

O Discutidor não entende que as palavras nunca são neutras, e que, ao discutir com um superior, ele questiona a inteligência de alguém mais poderoso do que ele. Ele tampouco tem consciência acerca da pessoa com quem está lidando. Uma vez que todo homem acredita ter razão – e palavras raramente o convencerão do contrário –, o raciocínio do Discutidor cai em ouvidos surdos. Quando encurralado, ele debate e argumenta ainda mais, cavando sua própria cova. Depois que fez a outra pessoa se sentir insegura e inferior em suas convicções, nem mesmo a eloquência de um Sócrates poderia remediar a situação. Não se trata simplesmente de evitar uma discussão com as pessoas que estão acima de você. Todos nós acreditamos que somos mestres no âmbito das opiniões e dos raciocínios.

LEI DO DIA: VOCÊ DEVE ESTAR DISPOSTO A SEMPRE TENTAR DEMONSTRAR DE MANEIRA INDIRETA QUE SUAS IDEIAS ESTÃO CORRETAS.

As 48 leis do poder, Lei 9: Vença por meio de suas ações, nunca por meio de discussões

9 DE AGOSTO
O efeito moral

O poder do argumento verbal é extremamente limitado e muitas vezes realiza o oposto do que se pretende. Como observa Gracián: "A verdade geralmente é vista, raramente ouvida". O Efeito Moral é uma maneira perfeita de demonstrar suas ideias por meio da ação. Para explicar em termos muito simples: você ensina aos outros uma lição, dando-lhes um gostinho de seu próprio remédio. No Efeito Moral, você espelha o que outras pessoas fizeram com você de uma maneira que as leva a perceber que você está agindo exatamente como elas agiram com você. Faz com que reconheçam que tiveram um comportamento desagradável, e faz isso sem reclamar ou lamuriar-se o tempo todo, o que só serve para robustecer as defesas delas. E quando sentem o resultado de suas ações refletido de volta para elas, percebem da maneira mais profunda o quanto seu comportamento antissocial machuca ou pune as outras pessoas.

LEI DO DIA: OBJETIFIQUE AS QUALIDADES DAS QUAIS VOCÊ QUER QUE ELES SE SINTAM ENVERGONHADOS E CRIE UM ESPELHO EM QUE ELES POSSAM CONTEMPLAR SUAS TOLICES E APRENDER UMA LIÇÃO SOBRE SI MESMOS.

As 48 leis do poder, Lei 44: Desarme e enfureça com o efeito espelho

10 DE AGOSTO
Ancore o ego alheio

Pense no ego e na vaidade das pessoas como uma espécie de fachada. Quando você sofre ataques e não sabe o motivo, muitas vezes é porque inadvertidamente ameaçou o ego delas, o senso de importância delas no mundo. Sempre que possível, você deve trabalhar para que as pessoas se sintam seguras sobre si mesmas. Use qualquer coisa que funcione: bajulações sutis, um presente, uma promoção inesperada, uma proposta de aliança, a apresentação da ideia de que você e elas são iguais, um espelhamento de suas ideias e valores. Todas essas coisas farão com que as pessoas se sintam ancoradas na posição que ocupam em relação ao mundo, baixando suas defesas e fazendo com que gostem de você. Seguras e confortáveis, elas agora estão preparadas para a persuasão. Essa manobra é especialmente devastadora com alvos cujo ego é delicado.

LEI DO DIA: QUANDO AS PESSOAS SE SENTEM SEGURAS A RESPEITO DE SI MESMAS, QUANDO VOCÊ ANCORA O EGO QUE ELAS EXIBEM, ELAS SÃO DESARMADAS E SE TORNAM MANOBRÁVEIS.

33 estratégias de guerra, Estratégia 18: Exponha e ataque o flanco frágil de seus adversários – A estratégia decisiva

11 DE AGOSTO
Domine a arte da insinuação

Nenhum sedutor ou persuasor pode esperar ter sucesso sem dominar a linguagem e a arte da insinuação. Lapsos, atos falhos, comentários aparentemente involuntários que fazem o interlocutor "ir dormir pensando no assunto", referências instigantes, declarações pelas quais você rapidamente se desculpa – tudo isso tem um imenso poder insinuante. São ideias que se plantam na mente das pessoas e se infiltram na sua pele feito veneno e ganham vida própria. A chave para obter sucesso com suas insinuações é fazê-las quando seus alvos estão num momento relaxado ou distraído, de modo que não tenham consciência do que está acontecendo. As brincadeiras banais e gracejos bem-educados costumam ser a fachada perfeita para isso, porque as pessoas ficam pensando sobre o que dirão a seguir ou estão absortas em seus próprios pensamentos. Suas insinuações mal serão perceptíveis, e isso é exatamente o que você quer. Há muito pouco mistério no mundo; muitas pessoas dizem exatamente o que sentem ou querem. Ansiamos por algo enigmático, algo que alimente nossas fantasias. Por causa da escassez de sugestão e ambiguidade na vida cotidiana, a pessoa que utiliza a insinuação parece subitamente ter algo sedutor e repleto de promessas.

LEI DO DIA: A INSINUAÇÃO É O MEIO SUPREMO DE INFLUENCIAR AS PESSOAS. DICAS, SUGESTÕES, COMENTÁRIOS AMBÍGUOS E INSINUAÇÕES CONTORNAM A RESISTÊNCIA NATURAL DAS PESSOAS. TORNE TUDO SUGESTIVO.

A arte da sedução, Parte 2 (O processo sedutor), Capítulo 6: Domine a arte da insinuação

12 DE AGOSTO

Use as emoções das pessoas

No livro *Mudança*,[16] os autores terapeutas (Paul Watzlawick, John H. Weakland e Richard Fisch) discutem o caso de um adolescente rebelde, suspenso da escola pelo diretor por ter sido flagrado traficando drogas. Ele ainda tinha que fazer a lição de casa, mas estava proibido de ir ao campus. Isso provocaria um grande prejuízo ao seu negócio de tráfico de drogas, e o rapaz ardia com uma sede de vingança.

A mãe consultou um terapeuta, que lhe disse o seguinte: "Explique ao seu filho que o diretor acredita que apenas os alunos que frequentam as aulas pessoalmente se sairão bem. Na cabeça dele, ao manter o garoto longe da escola, estará garantindo que este seja reprovado, e ele se sentirá desconfortável caso o rapaz conclua melhor seus estudos em casa. Nem será bom tentar com muito afinco neste semestre. Em vez disso, prove que o diretor está certo, conquistando assim a boa opinião dele". É claro que esse conselho foi concebido para jogar com as emoções do estudante. Agora não havia nada que ele desejasse mais do que constranger o diretor, e assim ele se debruçou sobre as tarefas de casa com grande energia, que era o objetivo do terapeuta.

LEI DO DIA: EM ESSÊNCIA, A IDEIA NÃO É SE CONTRAPOR ÀS EMOÇÕES FORTES DAS PESSOAS, MAS SE MOVER COM ELAS E ENCONTRAR UMA MANEIRA DE CANALIZÁ-LAS NUMA DIREÇÃO PRODUTIVA.

Robert Greene, "4 Strategies for Becoming a Master Persuader" [Estratégias para se tornar um mestre persuasivo], plataforma *Medium*, 14 de novembro de 2008

---

16. Título original: *Change*. Edição brasileira: *Mudança – Princípios de formação e resolução de problemas*. São Paulo, Cultrix: 1977. (N. T.)

13 DE AGOSTO
Penetre na mente das pessoas

Maquiavel ansiava pelo poder de espalhar suas ideias e conselhos. Depois que lhe foi negada essa possibilidade pela política, ele se lançou à empreitada de conquistá-la por meio dos livros: converteria leitores para sua causa, e estes se encarregariam de disseminar suas ideias, conscientes ou não do papel de mensageiros. Maquiavel sabia que os poderosos muitas vezes relutam em aceitar conselhos, sobretudo de alguém em posição aparentemente inferior. Sabia também que muitas pessoas que não estavam no poder poderiam ficar assustadas com os aspectos perigosos de sua filosofia – que suas ideias atrairiam e afugentariam muitos leitores ao mesmo tempo. A fim de conquistar os leitores resistentes e ambivalentes, os livros de Maquiavel teriam que ser estratégicos, indiretos e astutos. Assim, ele concebeu táticas retóricas não convencionais para romper as defesas de seus leitores. Primeiro, recheou seus livros de conselhos indispensáveis – ideias práticas sobre como obter poder, permanecer no poder, assegurar e proteger o poder. Isso atrai leitores de todos os tipos, pois todos nós pensamos sobretudo em nosso próprio interesse. Em seguida, Maquiavel costurou ao longo do texto uma porção de narrativas históricas para ilustrar suas ideias. As pessoas gostam de encontrar maneiras de se imaginar como Césares ou Médicis modernos, e gostam de se entreter com uma boa história; e uma mente cativada por uma história é relativamente indefesa e suscetível a sugestões. Por fim, Maquiavel usou uma linguagem crua e sem adornos para dar movimento ao seu texto. Em vez da sensação de que sua mente está desacelerando até quase parar, seus leitores são contagiados pelo desejo de ir além do pensamento e entrar em ação.

LEI DO DIA: VOCÊ PODE TER IDEIAS BRILHANTES, CAPAZES DE REVOLUCIONAR O MUNDO, MAS A MENOS QUE CONSIGA EXPRESSÁ-LAS DE MANEIRA EFICAZ,

ELAS NÃO TERÃO FORÇA NEM PODER PARA PENETRAR NA MENTE DAS PESSOAS DE FORMA PROFUNDA E DURADOURA. SEJA ESTRATÉGICO EM SUAS MENSAGENS.

―――――

33 estratégias de guerra, Estratégia 30: Penetre em suas mentes – Estratégias de comunicação

14 DE AGOSTO
Deixe um sentimento nas pessoas

Para a maioria de nós, a conclusão de qualquer coisa – um projeto, uma campanha, uma tentativa de persuasão – representa uma espécie de muro: nosso trabalho está feito e é hora de contabilizar nossas perdas e ganhos e seguir em frente. O político norte-americano Lyndon Johnson[17] olhava para o mundo de forma muito diferente: um final não era um muro, estava mais para uma porta, que levava à próxima fase ou à batalha seguinte. O que importava para ele não era obter uma vitória, mas o lugar onde a porta o deixava, uma abertura para a rodada seguinte. Ele se mantinha de olho no futuro e no tipo de êxito que o manteria sempre em frente. Johnson usou o mesmo enfoque em seus esforços para conquistar os eleitores. Em vez de tentar recorrer a discursos bombásticos e palavras extravagantes para persuadir as pessoas a apoiá-lo (na verdade ele não era um bom orador), Johnson se concentrava no sentimento que deixava nas pessoas. Ele sabia que a persuasão é, em última análise, um processo de emoções: as palavras podem soar como música aos ouvidos das pessoas, mas se um político levar o povo a desconfiar de que está sendo insincero ou meramente tentando ganhar votos, as pessoas virarão as costas para ele e o esquecerão. Por

―――――

17. Depois de uma longa carreira política como deputado e senador, Lyndon Baines Johnson (1908-1973) foi presidente dos EUA de 1963 a 1969. (N. T.)

isso, Johnson trabalhava para estabelecer uma conexão emocional com os eleitores, e encerrava suas conversas com um caloroso aperto de mão, com um olhar fixo nos olhos do interlocutor e um ligeiro tremor na voz que selavam o vínculo entre eles. Johnson deixava nas pessoas o sentimento de que voltaria a encontrá-las, e mexia com emoções que apagavam qualquer suspeita de fingimento. O fim da conversa era, na verdade, uma espécie de começo, porque ficava na cabeça das pessoas e se traduzia em votos.

LEI DO DIA: FIQUE DE OLHO NAS CONSEQUÊNCIAS E RESULTADOS DE QUALQUER ENCONTRO. PENSE MAIS NO SENTIMENTO QUE VOCÊ DEIXA NAS PESSOAS – SENTIMENTO QUE PODE SE TRADUZIR NUM DESEJO DE REVÊ-LO MAIS VEZES.

---

33 estratégias de guerra, Estratégia 22: Saiba como terminar as coisas – A estratégias da saída

15 DE AGOSTO
Crie espetáculos atraentes

Usar palavras para apresentar argumentos e defender ideias é um negócio arriscado: palavras são instrumentos perigosos, e muitas vezes dão errado. As palavras que as pessoas utilizam para nos persuadir praticamente nos convidam a refletir sobre elas com nossas próprias palavras; pensamos e, muitas vezes, acabamos acreditando no contrário do que dizem (isso faz parte da nossa natureza perversa). Amiúde acontece também de as palavras nos ofenderem, instigando associações não intencionais por parte de quem as pronuncia. O elemento visual, por outro lado, faz entrar em curto-circuito o labirinto de palavras. Ele nos atinge com um poder emocional e um imediatismo que não deixam brechas para reflexão e dúvida. Tal qual a música, salta direto sobre os pensamentos racionais e razoáveis. A melhor maneira de usar elementos visuais é organizar imagens e símbolos num esplêndido espetáculo que deixe as pessoas impressionadas e as distraia de realidades desagradáveis. Isto é fácil de fazer: as pessoas adoram o que é grandioso, deslumbrante, majestoso, memorável e extraordinário. Apele para as emoções das pessoas e elas se amontoarão em hordas para assistir ao seu espetáculo. O visual é o caminho mais fácil para arrebatar o coração das pessoas.

LEI DO DIA: ENCENE ESPETÁCULOS PARA AS PESSOAS AO SEU REDOR, E OS ENCHA DE ELEMENTOS VISUAIS E SÍMBOLOS RADIANTES QUE REALCEM SUA PRESENÇA. TODOS FICARÃO TÃO DESLUMBRADOS COM AS APARÊNCIAS QUE NINGUÉM VAI NOTAR O QUE VOCÊ REALMENTE ESTÁ FAZENDO.

As 48 leis do poder, Lei 37: Crie espetáculos atraentes

16 DE AGOSTO
Faça uso da rigidez das pessoas

O filho de um penhorista certa vez abordou Hakuin, o grande mestre zen do século 18, com o seguinte problema: ele queria convencer o pai a praticar o budismo, mas o velho fingia estar ocupado demais com a contabilidade para ter tempo de fazer um único cântico ou prece. Hakuin conhecia o penhorista – era um avaro inveterado que só estava usando isso como desculpa para evitar a religião, que considerava uma perda de tempo. Hakuin aconselhou o rapaz a contar ao pai que o próprio mestre zen compraria dele cada prece e cântico que fizesse diariamente. Era um acordo de negócios apenas. É claro que o penhorista se mostrou muito feliz com aquilo – faria o filho se calar e ganharia dinheiro no processo. Todos os dias ele apresentava a Hakuin a conta pelas suas preces, e este lhe pagava a devida soma. Mas no sétimo dia ele não apareceu. Aparentemente havia ficado tão absorto nos cânticos que, enlevado, se esqueceu de contar o número de preces que tinha feito. Alguns dias depois, admitiu a Hakuin que se encantara por completo com os cânticos, sentindo-se tão melhor que não precisava mais ser pago. Logo ele se tornou um doador muito generoso do templo de Hakuin. A rigidez dos indivíduos em se opor a algo tem raízes num medo profundo de mudanças e da incerteza que elas podem trazer. Precisam ter tudo nos termos deles e se sentir no controle. Você faz o jogo deles se tentar, com todos os seus conselhos, encorajar mudanças – isso dará a eles algo a que reagir e justificará a própria rigidez. As pessoas se tornam teimosas. Pare de lutar contra elas e use a verdadeira natureza desse comportamento rígido para causar uma mudança sutil que levará a algo maior.

LEI DO DIA: MUITAS VEZES AS PESSOAS NÃO FARÃO O QUE OS OUTROS LHES PEDEM PARA FAZER SIMPLESMENTE PORQUE QUEREM AFIRMAR A PRÓPRIA VONTADE. SE VOCÊ CONCORDAR COM ENTUSIASMO COM A REBELIÃO DELAS E LHES DISSER PARA CONTINUAR A AGIR DA MESMA MANEIRA, ELAS TALVEZ SE REBELEM DE NOVO E AFIRMEM A PRÓPRIA VONTADE INDO NA DIREÇÃO CONTRÁRIA, QUE ERA O QUE VOCÊ PRETENDIA DESDE O INÍCIO – A ESSÊNCIA DA PSICOLOGIA REVERSA.

As leis da natureza humana, Capítulo 7: Diminua a resistência das pessoas confirmando a opinião que elas têm de si mesmas – A Lei da Atitude Defensiva

17 DE AGOSTO
Convença as pessoas com um toque de leveza

A mais antissedutora forma de linguagem é a argumentação. Quantos inimigos silenciosos fazemos por meio de discussões? Existe uma maneira superior de levar as pessoas a ouvir e se convencer: humor e um toque de leveza. Benjamin Disraeli, político inglês do século 19, era um mestre nesse jogo. No Parlamento, deixar de responder a uma acusação ou comentário calunioso era um erro fatal: o silêncio significava que o acusador estava certo – quem cala consente. No entanto, responder com raiva, entrar numa discussão acalorada eram gestos feios de quem está na defensiva. Disraeli usava uma tática diferente: mantinha a calma. Quando chegava a hora de responder a um ataque, caminhava devagar até a mesa do orador, fazia uma pausa e, em seguida, proferia uma resposta bem-humorada ou sarcástica. Todos caíam na risada. Depois de entusiasmar as pessoas, ele refutava seu adversário, ainda incluindo em sua fala um bocado de comentários jocosos, ou simplesmente mudava de assunto, como se estivesse acima da coisa toda. Seu humor tirava o peso das acusações ou anulava a força de qualquer crítica contra ele. Risos e aplausos têm um efeito dominó: depois que seus ouvintes riram uma vez, estão mais propensos a rir de novo. Nesse estado de ânimo mais leve e alegre, também estão mais aptos a ouvir.

LEI DO DIA: UM TOQUE SUTIL E UMA LIGEIRA DOSE DE IRONIA ABREM ESPAÇO PARA PERSUADIR AS PESSOAS, TRAZÊ-LAS PARA O SEU LADO, ZOMBAR DE SEUS INIMIGOS. ESSA É A FORMA SEDUTORA DE ARGUMENTAR.

A arte da sedução, Parte 2 (O processo sedutor), Capítulo 10: Use o poder demoníaco das palavras para semear confusão

18 DE AGOSTO

Faça as pessoas entenderem o que você quer dizer

Certa vez, um desordeiro interrompeu Nikita Kruchev[18] no meio de um discurso em que ele estava denunciando os crimes de Josef Stalin. "O senhor foi colega de Stalin! Por que não o impediu naquela época?", gritou o sujeito. Aparentemente sem conseguir enxergar o enfadonho perguntador na plateia, Kruchev gritou: "Quem foi que disse isso?". Ninguém levantou a mão. Ninguém ousou mover um músculo. Depois de alguns segundos de silenciosa tensão, Kruchev por fim comentou em voz baixa: "Agora você sabe por que eu não o impedi". Em vez de apenas argumentar que qualquer pessoa sentia medo diante de Stalin, por saber que o menor indício de rebeldia e dissidência significaria a morte certa, Kruchev fez a plateia saber qual era a sensação de enfrentar Stalin – fez as pessoas sentirem na pele a paranoia, o medo de falar, o terror de enfrentar o líder, neste caso o próprio Kruchev. A demonstração foi tão visceral que eliminou a necessidade de qualquer outro argumento. O poder da demonstração cabal é que seus oponentes não ficam na defensiva, portanto, são mais suscetíveis à persuasão.

LEI DO DIA: SEU OBJETIVO DEVE SER O DE FAZER AS PESSOAS SENTIREM NA PELE – LITERAL E FISICAMENTE – O QUE VOCÊ QUER DIZER, EM VEZ DE DESPEJAR SOBRE ELAS UMA ENXURRADA DE PALAVRAS.

As 48 leis do poder, Lei 9: Vença por meio de suas ações, nunca por meio de discussões

---

18. Kruchev (1894-1971) foi secretário-geral do Partido Comunista da União Soviética de 1953 a 1964 e primeiro-ministro de 1958 a 1964. (N. T.)

19 DE AGOSTO

Deixe os outros ganharem nas questões menos importantes

Em 1782, o dramaturgo francês Pierre-Augustin Caron de Beaumarchais deu os toques finais em sua obra-prima *As bodas de Fígaro*. Era necessária a aprovação do rei Luís XVI, que, ao ler o manuscrito, ficou furioso. Aquela peça levaria a uma revolução. "Esse homem zomba de tudo que deve ser respeitado num governo", ele disse. Depois de muita pressão, porém, concordou com uma apresentação privada num teatro em Versalhes. O público da aristocracia adorou. O rei permitiu mais apresentações, mas ordenou que os censores confiscassem o roteiro e alterassem as piores passagens antes que estas fossem apresentadas à plateia. Para contornar esse problema, Beaumarchais convocou um tribunal de acadêmicos, intelectuais, cortesãos e ministros do governo para analisar a peça com ele. Um homem que participou da reunião escreveu: "O sr. Beaumarchais anunciou que aceitaria sem reservas todos os cortes e alterações que os cavalheiros e até as damas presentes julgassem apropriados [...]. Todos queriam acrescentar algo seu [...]. O sr. Breteuil sugeriu um gracejo, Beaumarchais o aceitou e lhe agradeceu [...] 'Vai salvar o quarto ato'. A sra. Matignon contribuiu com a cor do laço do jovem pajem. A cor foi adotada e entrou em voga". Beaumarchais era, na realidade, um cortesão muito astuto. Ao permitir que outros fizessem até as menores alterações na sua obra-prima, ele lhes lisonjeava imensamente o ego e a inteligência. É claro que quanto às mudanças maiores pedidas depois pelos censores de Luís, Beaumarchais não cedeu. Àquela altura, já havia conquistado os membros do seu próprio tribunal, que o defenderam com fervor, e Luís teve de recuar.

LEI DO DIA: APRENDA A BAIXAR AS DEFESAS DAS PESSOAS CONCORDANDO COM ELAS EM QUESTÕES QUE NÃO SÃO IMPORTANTES.

> ISSO LHE DARÁ UMA GRANDE LIBERDADE
> PARA MOVÊ-LAS NA DIREÇÃO QUE DESEJA
> E FAZÊ-LAS CEDER AOS SEUS DESEJOS
> NAS QUESTÕES MAIS IMPORTANTES.

As leis da natureza humana, Capítulo 7: Diminua a resistência das pessoas confirmando a opinião que elas têm de si mesmas – A Lei da Atitude Defensiva

20 DE AGOSTO
Como lidar com os irritantes

Quando o renomado psicoterapeuta Milton Erickson, ainda no início da carreira, era professor de Medicina numa universidade, teve de lidar com uma aluna bastante inteligente chamada Anne, que sempre chegava atrasada às aulas, depois se desculpava profusamente e com muita sinceridade. Ela tirava a nota máxima em todas as provas. Sempre prometia chegar na hora para a aula seguinte, mas nunca o fazia. Isso trazia problemas para os colegas; com frequência, ela atrasava as palestras ou o trabalho de laboratório. E, no primeiro dia de um dos cursos de Erickson, recorreu aos seus velhos truques, mas o professor estava preparado. Quando chegou atrasada, ele pediu que a classe inteira se levantasse e se curvasse para ela numa reverência zombeteira; ele fez o mesmo. Mesmo depois da aula, à medida que a garota caminhava pelo corredor, os alunos continuaram com as reverências. A mensagem era clara – "Você não nos engana" – e, embaraçada e envergonhada, ela parou de chegar atrasada.

LEIS DIÁRIAS

LEI DO DIA: ENSINE UMA LIÇÃO AOS IRRITANTES, DANDO-LHES UMA AMOSTRA DE SEU PRÓPRIO REMÉDIO OU MOSTRANDO-LHES QUE VOCÊ NÃO CAI NO JOGO DELES.

As leis da natureza humana, Capítulo 16: Veja a hostilidade por trás da fachada amigável – A Lei da Agressão

21 DE AGOSTO
O mestre motivador

Na véspera da primeira batalha de seu exército contra as temíveis legiões romanas, o general Aníbal tinha de dar um jeito de reanimar seus homens já combalidos. Decidiu organizar um espetáculo: reuniu um grupo de prisioneiros e lhes ordenou que lutassem entre si até a morte numa competição de gladiadores; os vencedores ganhariam a liberdade e um lugar no exército cartaginês. Os prisioneiros concordaram em disputar o torneio, e os soldados de Aníbal foram brindados com horas de entretenimento sangrento. Assim que a competição acabou, Aníbal se dirigiu a seus homens: "Vocês, soldados, estão exatamente na mesma posição dos prisioneiros. Estão a muitos quilômetros de distância de casa, em território hostil, e não têm para onde ir. É liberdade ou escravidão, a vitória ou a morte. Mas lutem como estes homens lutaram hoje e vocês triunfarão". O torneio e o discurso conseguiram arrebatar os soldados de Aníbal, que no dia seguinte combateram com ferocidade mortal e derrotaram os romanos. Aníbal era um mestre motivador de um tipo raro. Enquanto outros comandantes enchiam a cabeça de seus soldados com uma enfadonha lenga-lenga, ele sabia que depender de palavras era estar numa condição lamentável: palavras atingem apenas a superfície de um soldado, e um líder deve agarrar o coração de seus homens, fazer o sangue deles ferver, entrar em sua mente, alterar seus estados de espírito. Aníbal atingia indiretamente as emoções de seus soldados, fazendo com que relaxassem, acalmando-os, levando-os a se esquecerem de seus problemas e se unirem. Só então os impactava com um discurso que enfatizava sua realidade precária e dominava suas emoções.

LEI DO DIA: MOTIVAR AS PESSOAS É UMA ARTE SUTIL. MIRE INDIRETAMENTE AS EMOÇÕES DAS PESSOAS. AO CONFIGURAR SEU APELO EMOCIONAL, VOCÊ CHEGARÁ NO ÂMAGO, EM VEZ DE APENAS ARRANHAR A SUPERFÍCIE.

---

33 estratégias de guerra, Estratégia 7: Transforme sua guerra numa cruzada – *Estratégias para levantar o moral*

22 DE AGOSTO
A atração do desconhecido

Uma das partes perversas da natureza humana é que sempre desejamos o que não temos. Estamos sempre de olho no outro lado da cerca – a grama do vizinho é sempre mais verde, ele tem um carro melhor, seus filhos são mais bem-comportados. Estamos sempre cobiçando o que as outras pessoas têm. É do nosso feitio pensar que aquilo que não temos é melhor. Essa é a natureza do desejo. Quando realmente conseguimos alguma coisa, nem é uma sensação tão boa. A importância do desejo é sempre nos instigar a perseguir alguma coisa, algo fora de nós. Queremos o que é desconhecido, o que é exótico, o que nunca tivemos na vida. Queremos o que é transgressor, o que é tabu, o que outras pessoas não têm, o que é novo ou recente. Em todas as coisas que você fizer na vida, tem que criar esse objeto de desejo. Você precisa dar às pessoas a sensação de que nas suas criações há algo de tabu e de transgressor – foi o que eu fiz com *As 48 leis do poder*. Quem pega esse livro para ler sente que está fazendo algo um pouco sujo e indecente. Você quer criar a sensação de que está oferecendo algo que não é conhecido e habitual.

LEI DO DIA: QUANDO UMA PESSOA OU UM OBJETO
É CONHECIDO E HABITUAL, SENTIMOS CERTO DESDÉM.
MAS QUANDO É ALGO DISTANTE, SEDUTOR E MISTERIOSO,
QUE NÃO TEMOS – INCENDEIA NOSSO DESEJO.
ESSA É A CHAVE PARA QUALQUER TIPO
DE MARKETING OU VENDA SUAVE.

Robert Greene em palestra na série *Live Talks Los Angeles*, 11 de fevereiro de 2019

23 DE AGOSTO
Descubra o calcanhar de aquiles das pessoas

Descubra o calcanhar de aquiles de cada homem. É a arte de colocar suas vontades em ação. Requer mais habilidade do que resolução. Você deve saber o ponto exato que quer atingir em cada um. Cada vontade tem um motivo especial que varia conforme o gosto. Todos os homens são idólatras, alguns da fama, outros do próprio interesse, a maioria do prazer. A habilidade consiste em conhecer esses ídolos para colocá-los em jogo. Conhecendo a mola mestra das motivações de um homem, você tem, por assim dizer, a chave da sua força de vontade.

— Baltasar Gracián

Todos nós temos resistências. Vivemos com uma perpétua armadura ao nosso redor, uma couraça que nos defende da mudança e das ações invasivas de amigos e rivais. Gostaríamos que apenas nos deixassem em paz para fazermos as coisas do nosso jeito. Enfrentar continuamente essas resistências demanda muita energia. Uma das coisas mais importantes a se compreender sobre as pessoas, no entanto, é que todas têm um ponto fraco, alguma parte de sua armadura psicológica que é incapaz de resistir, um ponto vulnerável que se curvará à sua vontade se você conseguir encontrá-lo e investir contra ele. Algumas pessoas mostram suas fraquezas abertamente, outras as disfarçam. Muitas vezes a maneira mais eficaz de destruir os que as disfarçam é tirar proveito dessa estreita brecha em sua armadura.

LEI DO DIA: TODO MUNDO TEM UM CALCANHAR DE AQUILES, UMA FRESTA NA MURALHA DE DEFESA DO CASTELO. ASSIM QUE VOCÊ ENCONTRAR ESSA VULNERABILIDADE, PODERÁ USÁ-LA A SEU FAVOR.

As 48 leis do poder, Lei 33: Descubra o calcanhar de aquiles das pessoas

24 DE AGOSTO
Misture rudeza e bondade

Napoleão foi o maior gerente de homens da história: pegou milhões de jovens indisciplinados, rebeldes e sem treinamento militar, recém-libertos pela Revolução Francesa, e os converteu numa das mais bem-sucedidas forças de combate já conhecidas. De todas as técnicas de Napoleão, nenhuma foi mais eficaz do que o uso do sistema de punições e recompensas, todas engendradas para causar o maior impacto dramático. Suas reprimendas pessoais eram raras, mas quando se zangava, quando punia, o efeito era devastador: o alvo da ira napoleônica se sentia deserdado, renegado, repudiado. Como se tivesse sido exilado do calor de sua família, o punido lutava para reconquistar a simpatia do general, e depois nunca mais lhe dava motivos para se enfurecer de novo. Promoções, recompensas e elogios públicos eram igualmente raros, e, quando ocorriam, deviam-se sempre ao mérito, nunca a algum cálculo político. Encurralados entre dois polos – o desejo de nunca desagradar Napoleão e o anseio pelo reconhecimento do general –, seus homens eram atraídos para o domínio de Bonaparte, seguindo-o com devoção, mas sem nunca conseguir alcançá-lo de fato. Aprenda com o mestre: a maneira de gerenciar pessoas é mantê-las em suspense. Primeiro, crie um vínculo entre seus soldados e você. Eles o respeitam, o admiram, sentem certo medo de você. Para tornar o vínculo mais forte, contenha-se, crie algum espaço ao seu redor; você é afetuoso, mas mantém certa distância. Depois de forjado o vínculo, apareça com menos frequência. Torne suas punições e seus elogios ocorrências raras e inesperadas, sejam por erros ou por acertos que na ocasião podem parecer irrelevantes, mas têm significado simbólico. Compreenda: uma vez que as pessoas sabem o que o agrada e o que o irrita, elas se transformam em cachorrinhos adestrados, esforçando-se para encantá-lo com aparente bom comportamento.

LEI DO DIA: MANTENHA AS PESSOAS EM SUSPENSE – FAÇA COM QUE PENSEM EM VOCÊ CONSTANTEMENTE E QUEIRAM AGRADÁ-LO, MAS SEM JAMAIS SABER EXATAMENTE COMO. DEPOIS QUE CAÍREM NA ARMADILHA, VOCÊ EXERCERÁ SOBRE ELAS UMA ATRAÇÃO MAGNÉTICA. A MOTIVAÇÃO SE TORNARÁ AUTOMÁTICA.

33 estratégias de guerra, Estratégia 7: Transforme sua guerra numa cruzada – Estratégias para levantar o moral

25 DE AGOSTO
Cultive o terceiro olho

Em 401 a.C., 10 mil soldados mercenários gregos de repente se viram perdendo a batalha e encurralados no coração da Pérsia. Perambularam pelo campo, lamentando a própria sorte. Entre eles estava o escritor Xenofonte, que estudara Filosofia como discípulo de Sócrates e havia partido com os soldados como uma espécie de repórter. Acreditava na supremacia do pensamento racional, em ver o quadro por inteiro, a ideia geral por trás das aparições passageiras da vida cotidiana. Naquela noite, teve uma visão de como os gregos poderiam escapar do cerco e voltar para casa: viu-os se movendo devagar e em silêncio pela Pérsia, sacrificando tudo pela velocidade, partindo de imediato, utilizando o elemento surpresa para ganhar alguma distância. Pensou no que havia adiante – no relevo, na rota a ser seguida, nos muitos inimigos que enfrentariam, em como poderiam ajudar e empregar os cidadãos que se revoltaram contra os persas. No espaço de algumas horas, concebera os detalhes da retirada, toda inspirada pela percepção geral da rota veloz em ziguezague até o mar Mediterrâneo e a terra natal. Embora não tivesse nenhuma experiência militar, a sua visão era tão completa, e ele a comunicou com tanta confiança, que os soldados o nomearam líder. Essa história encarna a essência de toda a autoridade e o elemento mais essencial para estabelecê-la. A maioria das pessoas se tranca no instante atual. São predispostas a reagir de forma exagerada e a entrar em pânico, a ver apenas uma parte limitada da realidade que o grupo enfrenta. Não conseguem contemplar ou priorizar ideias alternativas. Aqueles que mantêm a presença de espírito e elevam a perspectiva acima do momento exploram poderes visionários da mente humana e cultivam esse terceiro olho para as forças e tendências invisíveis. Eles se destacam do grupo, cumprem a verdadeira função da liderança.

LEI DO DIA: CRIE UMA AURA DE AUTORIDADE AO DAR A IMPRESSÃO DE POSSUIR A HABILIDADE DIVINA DE PREVER

O FUTURO. E ESSE É UM PODER QUE PODE SER PRATICADO, DESENVOLVIDO E APLICADO A QUALQUER SITUAÇÃO.

As leis da natureza humana, Capítulo 15: Faça-os quererem segui-lo – A Lei da Inconsistência

26 DE AGOSTO
Apele para a grandeza não realizada

A maioria das pessoas julga ser melhor por dentro do que por fora, ou seja, que sua melhor versão é a interior, e não a exterior, a que aparece para o mundo. Essas pessoas estão repletas de ideais não realizados: poderiam ter sido artistas, pensadores, líderes, figuras espirituais, mas o mundo as esmagou, negou-lhes a chance de deixar suas habilidades florescerem. Essa é a chave para seduzir tais pessoas – e mantê-las seduzidas ao longo do tempo. Se você apelar apenas para o aspecto físico das pessoas, como fazem muitos sedutores amadores, elas ficarão ressentidas pelo fato de você tirar proveito de seus instintos mais básicos. Mas, se você apelar para a melhor versão delas – seu lado interior –, para um padrão mais elevado de beleza, elas dificilmente perceberão que foram seduzidas.

LEI DO DIA: FAÇA SEUS ALVOS SE SENTIREM ELEVADOS, SUBLIMES, GRANDIOSOS E ESPIRITUAIS, E SEU PODER SOBRE ELES SERÁ ILIMITADO.

A arte da sedução, Parte 1 (A personalidade sedutora): O amante ideal

27 DE AGOSTO
Transforme-se num ouvinte atento

Você conhece os seus próprios pensamentos muito bem. Raramente se surpreende. A sua mente tende a circular de forma obsessiva em torno dos mesmos assuntos. Contudo, cada indivíduo que você encontra representa um território desconhecido cheio de surpresas. Imagine por um momento que você poderia entrar na mente das pessoas, e que viagem fantástica isso seria. Aquelas que parecem quietas e tediosas muitas vezes têm a vida interior mais estranha para se explorar. Até mesmo com broncos e simplórios você consegue se informar quanto às origens e à natureza dos defeitos deles.

LEI DO DIA: TRANSFORMAR-SE NUM OUVINTE ATENTO NÃO APENAS SERÁ MAIS DIVERTIDO À MEDIDA QUE VOCÊ ABRIR A SUA MENTE À MENTE DOS OUTROS, MAS TAMBÉM LHE FORNECERÁ AS LIÇÕES MAIS INESTIMÁVEIS SOBRE A PSICOLOGIA HUMANA.

As leis da natureza humana, Capítulo 7: Diminua a resistência das pessoas confirmando a opinião que elas têm de si mesmas – A Lei da Atitude Defensiva

28 DE AGOSTO

Sua tarefa é incutir nas pessoas um sentimento de segurança interior

Ao tentar convencer as pessoas de algo, uma de três coisas vai acontecer. Na primeira, você talvez desafie sem querer um aspecto específico da auto-opinião delas. Na segunda, você pode deixar a auto-opinião delas numa posição neutra – sem a desafiar nem confirmar. Na terceira, você age de forma a confirmar a auto-opinião delas. Nesse caso, estará realizando uma das maiores necessidades emocionais do ser humano. Talvez imaginemos que somos independentes, inteligentes, honrados e autossuficientes, mas apenas os outros podem nos confirmar isso de verdade. E num mundo hostil e competitivo em que somos todos propensos a duvidar de nós mesmos, quase nunca recebemos essa validação que desejamos. Quando a oferecer às pessoas, obterá o mesmo efeito mágico ocorrido quando você estava bêbado, numa manifestação pública, ou apaixonado. Você fará os indivíduos relaxarem. Não mais consumidos por inseguranças, eles serão capazes de direcionar a atenção para fora. A mente deles se abrirá, tornando-os suscetíveis a sugestões e insinuações. Se eles decidirem ajudá-lo, sentirão que o fazem por livre e espontânea vontade.

LEI DO DIA: A SUA TAREFA É SIMPLES: INCUTIR NAS PESSOAS UM SENTIMENTO DE SEGURANÇA INTERIOR. ESPELHE OS VALORES DELAS; MOSTRE QUE AS APRECIA E RESPEITA. FAÇA-AS SENTIR QUE VOCÊ LHES VALORIZA A SABEDORIA E EXPERIÊNCIA

As leis da natureza humana, Capítulo 7: Diminua a resistência das pessoas confirmando a opinião que elas têm de si mesmas – A Lei da Atitude Defensiva

29 DE AGOSTO

Contagie as pessoas com o estado de espírito adequado

Se você estiver relaxado e prevendo uma experiência agradável, isso será transmitido aos outros e produzirá neles um efeito espelhado. Uma das melhores atitudes a adaptar com esse propósito é a de indulgência total. Não julgue os indivíduos; aceite-os como são. No romance *Os embaixadores*, o autor Henry James pinta o retrato desse ideal na forma de Marie de Vionnet, uma francesa de meia-idade com maneiras impecáveis que, de forma sorrateira, utiliza um norte-americano chamado Lambert Strether para ajudá-la a ter um caso de amor. Desde o primeiro momento em que a vê, Strether se sente cativado. Ela lhe parece um "misto de lucidez e mistério". A moça escuta com atenção ao que ele diz e, sem responder, lhe dá a sensação de entendê-lo por completo, envolvendo-o em sua empatia. Ela age desde o princípio como se tivessem se tornado bons amigos, mas demonstra isso com seu jeito, não com algo que diga. Lambert lhe chama o espírito indulgente de "uma bela brandura consciente" que tem poder hipnótico sobre ele. Muito antes de Marie lhe pedir ajuda, o rapaz já estava dominado pelo seu encanto e faria tudo por ela. Essa atitude replica a figura da mãe ideal – incondicional em seu amor. Não é expressada tanto em palavras quanto em olhares e na linguagem corporal. Funciona de igual forma em homens e mulheres, e tem um efeito hipnótico sobre quase todos.

LEI DO DIA: COMO ANIMAIS SOCIAIS, SOMOS SUSCETÍVEIS AO EXTREMO AOS ÂNIMOS ALHEIOS. USE ESSE PODER PARA INCUTIR DE FORMA SUTIL NAS PESSOAS O ESTADO DE ESPÍRITO APROPRIADO A FIM DE INFLUENCIÁ-LAS.

As leis da natureza humana, Capítulo 7: Diminua a resistência das pessoas confirmando a opinião que elas têm de si mesmas – A Lei da Atitude Defensiva

30 DE AGOSTO
Tente imaginar as pessoas sob a melhor luz

Tenha em mente que as suas expectativas sobre os outros são comunicadas a eles de modo não verbal. Foi demonstrado, por exemplo, que os professores que esperam mais de seus alunos conseguem, sem dizer nada, ter um efeito positivo no trabalho e nas notas deles. Ao se sentir especialmente entusiasmado para encontrar alguém, você transmite isso à pessoa de uma forma poderosa. Alguns alegam ter obtido grandes resultados simplesmente ao imaginar que o outro é bonito ou tem boa aparência.

LEI DO DIA: SE HÁ UMA PESSOA A QUEM VOCÊ PRETENDE PEDIR UM FAVOR, TENTE IMAGINÁ-LA SOB A MELHOR LUZ – GENEROSA E TERNA –, SE FOR POSSÍVEL.

As leis da natureza humana, Capítulo 7: Diminua a resistência das pessoas confirmando a opinião que elas têm de si mesmas – A Lei da Atitude Defensiva

31 DE AGOSTO
Faça as pazes com a sua própria auto-opinião

Por fim, no que se refere à sua auto-opinião, tente manter uma distância irônica dela. Tome consciência da sua existência e de como ela opera dentro de você. Aceite o fato de que não é tão livre e autônomo como gostaria de acreditar. Você se adapta às opiniões dos grupos aos quais pertence; compra produtos por causa de influências subliminares; é manipulável. Entenda também que você não é tão bom quanto a imagem idealizada da sua auto-opinião. Como todos os outros, é bastante absorto em si mesmo e obcecado por seus próprios interesses. Com essa consciência, não sentirá a necessidade de ser validado pelas pessoas.

LEI DO DIA: VOCÊ DEVE SE ESFORÇAR PARA SE TORNAR INDEPENDENTE DE VERDADE E PARA SE PREOCUPAR COM O BEM ALHEIO, E NÃO PERMANECER ATRELADO À ILUSÃO DA SUA AUTO-OPINIÃO.

As leis da natureza humana, Capítulo 7: Diminua a resistência das pessoas confirmando a opinião que elas têm de si mesmas – A Lei da Atitude Defensiva

SETEMBRO

O grande estrategista
Saindo do inferno tático

A estratégia é uma arte que requer não apenas uma maneira diferente de pensar, mas também um enfoque completamente diferente para a vida em si. Quase sempre há um abismo entre nossas ideias e conhecimentos, de um lado, e nossa experiência real, de outro. Absorvemos banalidades, trivialidades e informações que ocupam espaço mental, mas não nos levam a lugar algum. Lemos livros que nos divertem, mas têm pouca relevância para a nossa vida cotidiana. Temos ideias grandiosas que não colocamos em prática. Temos também uma porção de experiências riquíssimas que não analisamos o suficiente, que não nos inspiram ideias, e cujas lições ignoramos. A estratégia exige um contato constante entre os dois reinos. É o conhecimento prático da forma mais elevada. Os acontecimentos da vida nada significam se você não refletir sobre eles de maneira profunda, e as ideias contidas nos livros são inúteis se não tiverem aplicação na vida que você vive. Na estratégia, tudo que existe na vida é um jogo que você está jogando. O jogo é emocionante, mas requer atenção profunda e seriedade. As apostas são muito altas. Aquilo que você sabe deve se traduzir em ação, e a ação deve se traduzir em conhecimento. Dessa forma, a estratégia torna-se um desafio para a vida inteira e fonte de constante prazer na superação de dificuldades e resolução de problemas. O mês de setembro tem como objetivo transformar você num guerreiro estratégico na vida cotidiana.

★★★

Em meu livro *33 estratégias de guerra*, afirmo que a maioria de nós habita um reino que chamo de inferno tático. Esse inferno consiste em todas as pessoas ao nosso redor que estão competindo por poder ou algum tipo de controle e cujas ações se entrecruzam com nossa vida em mil direções diferentes. Constantemente temos que reagir ao que determinada pessoa faz ou diz, e no processo ficamos emotivos. Depois que afundamos nesse inferno, é muito difícil trazer a mente à tona. Você lida com uma batalha após a outra, e nenhuma termina com algum tipo de resolução. É muito difícil ver o inferno como ele é; você está muito perto dele, muito atolado dentro dele para pensar nele de qualquer outra maneira. Como hoje em dia há muita gente competindo pelo poder neste mundo e nossas atenções estão dispersas em muitas direções diferentes, essa dinâmica fica cada vez pior.

A estratégia é a única resposta. Não se trata de um árido pomo da discórdia acadêmico. A bem da verdade, é uma questão de grande importância, a diferença entre uma vida de sofrimento e extrema infelicidade e uma de equilíbrio e sucesso. A estratégia é um processo mental em que a sua mente se eleva acima do campo de batalha. Você tem um senso de propósito mais elevado para a sua vida, de onde quer estar no futuro, a noção do que você estava destinado a realizar. Isso torna mais fácil decidir o que é de fato relevante, quais batalhas evitar. Você é capaz de controlar suas emoções, de ver o mundo com certo grau de desapego.

Se uma pessoa tenta sugar você para as batalhas ou os problemas dela, você tem a distância e a perspectiva necessárias para mantê-la afastada ou ajudá-la sem perder o equilíbrio. Você vê tudo como uma preocupação estratégica, incluindo a maneira como o grupo que você lidera está estruturado – para mobilidade, para o moral. Uma vez que se começa a trilhar esse caminho, tudo se torna mais fácil. Uma derrota ou um revés é uma lição a ser aprendida, não um confronto pessoal. O sucesso não sobe à cabeça; ele faz você ir além.

No mundo existem falsos estrategistas que nada mais são do que mestres da tática. Parecem estrategistas porque são capazes de gerenciar problemas imediatos com algum grau de desenvoltura. Sabem como consertar problemas. Avançam, ou melhor, conseguem simplesmente emergir a cabeça acima da água. Mas inevitavelmente escorregam e falham.

Na minha opinião, o ex-presidente Bill Clinton é um exemplo disso, em comparação com um Abraham Lincoln ou um Franklin Delano Roosevelt, estes sim verdadeiros estrategistas.

Há outros que também parecem ter uma visão, um plano grandioso na vida. Eles também parecem estrategistas, mas seus planos não têm a menor relação com a realidade. Seus projetos e objetivos são, na verdade, reflexos de seus desejos, e isso se reflete na execução. Tudo se transforma em atrito. A "grande estratégia" do então presidente Bush para remodelar o Oriente Médio é um exemplo disso. Parecia um abrangente conjunto de medidas de grande envergadura, que no papel até fazia algum sentido, mas na prática foi um retumbante fracasso, porque não tinha relação com a realidade no terreno. Os estrategistas são no mínimo realistas – conseguem olhar para o mundo e para si mesmos com um grau de objetividade mais alto do que as outras pessoas.

Meus livros já foram rotulados como "maléficos" e "imorais", e eu fui tachado de alguém que, ao escrevê-los, faz mais mal do que bem ao mundo. Não encaro isso como ofensa pessoal, mas, a meu ver, livros não são nem um pouco nocivos. Acredito que muito mais coisas ruins acontecem neste mundo pelo fato de as pessoas não saberem como agir de forma eficaz, ou de forma estratégica. Elas deflagram guerras sem saber para onde estão indo; abrem negócios que são alicerçados na instabilidade e não chegam a lugar nenhum; dirigem campanhas políticas que são mal planejadas e resultam em fiasco; desperdiçam tempo e energia valiosos em coisas desimportantes. Para as pessoas sentadas no conforto de suas poltronas, é tentador falar sobre o bem e o mal. Nada é mais fácil. Mas traduzir essas ideias em realidade requer pensamento estratégico. Até Gandhi sabia disso.

Para os antigos gregos, a burrice e a incompetência causam muito mais danos a este mundo do que o mal absoluto. Os indivíduos que são evidentemente maus podem ser combatidos porque são fáceis de reconhecer e rechaçar. Já os incompetentes e os burros são muito mais perigosos, porque nunca sabemos ao certo para onde estão nos levando até que seja tarde demais. Os maiores desastres militares na história quase sempre se originaram de decisões catastróficas de líderes a quem faltava sabedoria estratégica.

É uma questão quase religiosa: você se converterá ao lado da luz, da estratégia? Ou vai se manter nas trevas do inferno tático? O comprometimento mental de ser mais estrategista do que outra coisa na vida é meia batalha. É tudo o que peço aos meus leitores.

O GRANDE ESTRATEGISTA

1º DE SETEMBRO
Eleve-se acima do campo de batalha

> [Estratégia] é mais do que uma ciência: é a aplicação de conhecimentos à vida prática, o desenvolvimento de pensamentos capazes de modificar a ideia-guia original à luz de situações sempre cambiantes; é a arte de agir sob a pressão das condições mais árduas.
> — Helmuth von Moltke (1800-1891, marechal de campo prussiano)

Na guerra, estratégia é a arte de comandar, na íntegra, a operação militar. A tática, por outro lado, é a habilidade de formar o exército para a batalha em si e lidar com as necessidades imediatas do campo de batalha. Nós, na grande maioria, ao longo da nossa vida somos táticos, não estrategistas. Ficamos tão enredados nos nossos conflitos que só conseguimos pensar em como conquistar o que queremos na batalha que estamos enfrentando no momento. Pensar de maneira estratégica é difícil e antinatural. Você pode imaginar que está sendo estratégico, mas muito provavelmente está apenas sendo tático. Para ter o poder que somente a estratégia pode dar, você deve ser capaz de se elevar acima do campo de batalha, concentrar-se em seus objetivos de longo prazo, engendrar uma campanha bélica inteira, sair do modo reativo a que as tantas batalhas na vida o prendem. Tendo em mente seus objetivos gerais, fica muito mais fácil decidir quando lutar e quando bater em retirada. Isso torna as decisões táticas da vida cotidiana muito mais simples e racionais.

LEI DO DIA: PESSOAS TÁTICAS SÃO PESADAS E PRESAS NO CHÃO; ESTRATEGISTAS TÊM LEVEZA NOS PÉS E ENXERGAM LONGE. DE QUE LADO VOCÊ ESTÁ NESSE ESPECTRO?

---

33 estratégias de guerra, Prefácio

2 DE SETEMBRO

Controle o tabuleiro de xadrez inteiro

O diretor de cinema Alfred Hitchcock fez dessa estratégia um princípio de vida. Cada uma de suas ações era uma manobra elaborada concebida de antemão para produzir resultados no futuro, e ele pensava calmamente à frente e avançava passo a passo. Seu objetivo era fazer um filme que correspondesse à sua visão original, não corrompida pela influência de atores, atrizes, produtores, diretores de arte, editores e outros membros da equipe que necessariamente apareciam ao longo do caminho. Ao controlar de forma obsessiva cada detalhe do roteiro do filme, ele tornava quase impossíveis as eventuais interferências do produtor. Caso um produtor tentasse se intrometer durante as filmagens, Hitchcock deixava uma câmera de prontidão no set, sem rolos de filme. Assim poderia fingir que estava providenciando as cenas extras que o produtor queria – artimanha que dava ao intrometido a sensação de poder e ao mesmo tempo não acarretava risco para o resultado final. Hitchcock lançava mão do mesmo subterfúgio com os atores e atrizes: em vez de lhes dizer diretamente o que fazer, contagiava-os com a emoção que queria que demonstrassem – medo, raiva, desejo – pela forma como os tratava no set de filmagem. Cada passo na trilha se encaixava perfeitamente no passo seguinte.

LEI DO DIA: MANTENHA O CONTROLE DE SUAS EMOÇÕES E PLANEJE SEUS MOVIMENTOS COM ANTECEDÊNCIA, ENXERGANDO O TABULEIRO DE XADREZ INTEIRO.

33 estratégias de guerra, Estratégia 12: Perca batalhas, mas ganhe a guerra – A grande estratégia

3 DE SETEMBRO
Ataque o centro de gravidade

O primeiro princípio é que se deve procurar a essência da força do inimigo no menor número possível de fontes e, idealmente, em apenas uma. [...] Na busca constante desse centro de poder, ousando-se tudo para conquistar a todos, derrota-se o inimigo.
— Carl von Clausewitz (1780-1831, general e estrategista militar prussiano), *Da guerra* (*Vom Kriege*, 1832)

É da natureza do poder apresentar uma fachada poderosa, uma aparência ameaçadora e intimidante, vigorosa e decisiva. Mas essa demonstração externa é muitas vezes exagerada ou mesmo totalmente enganosa, pois o poder não ousa mostrar suas fragilidades. É sob a fachada que se assenta o sustentáculo do poder – seu "centro de gravidade". A expressão é de von Clausewitz, que a definiu como "o eixo de todo poder e movimento, do qual tudo depende". Atacar esse centro de gravidade para neutralizá-lo ou destruí-lo é a estratégia fundamental, pois sem ele toda a estrutura entra em colapso. Atingir o centro de gravidade do inimigo é a melhor maneira de acabar de maneira definitiva com um conflito em termos econômicos. Ao procurar esses centros, é crucial não se deixar enganar pela fachada exterior intimidante ou deslumbrante, confundindo a aparência externa com aquilo que a põe em movimento. Você provavelmente terá que dar vários passos, um de cada vez, para descobrir essa fonte decisiva de energia, descascando camada após camada.

LEI DO DIA: QUANDO ESQUADRINHAR SEUS RIVAIS, PROCURE O CENTRO DE GRAVIDADE QUE MANTÉM A COESÃO DE TODA A ESTRUTURA. ESSE CENTRO PODE SER A RIQUEZA OU A POPULARIDADE DO INIMIGO, UMA POSIÇÃO-CHAVE, UMA ESTRATÉGIA VENCEDORA.

ATINGIR OS INIMIGOS NO CENTRO DE GRAVIDADE
LHES INFLIGIRÁ UMA DOR DESPROPORCIONAL.

33 estratégias de guerra, Estratégia 16: Atinja o inimigo onde dói – A estratégia do centro de gravidade

4 DE SETEMBRO
Evite o inferno tático

Muitas vezes, vemos essa dinâmica em brigas conjugais: não se trata mais de reparar o relacionamento, mas de impor o próprio ponto de vista. Às vezes, ao ser apanhado por essas batalhas, você se sente mesquinho e na defensiva, o seu espírito sendo tragado para baixo. Esse é um sinal quase certo de que você caiu no inferno tático. A nossa mente está programada para o raciocínio estratégico – calcular vários movimentos de antemão em direção aos nossos objetivos. No inferno tático, nunca erguemos a nossa perspectiva o suficiente para pensar dessa forma. Reagimos aos movimentos dessa ou daquela pessoa, enredado nos dramas e emoções delas, andando em círculos. A única solução é um recuo temporário ou permanente acerca dessas batalhas, em especial se elas estiverem ocorrendo em frentes diversas. É preciso algum distanciamento e perspectiva. Tranquilize o seu ego. Lembre-se de que vencer uma discussão ou provar o seu ponto de vista não leva a nada no longo prazo. Vença por meio das ações, não das palavras. Comece a reconsiderar as suas metas de longo prazo.

LEI DO DIA: CRIE UMA ESCALA DE VALORES E PRIORIDADES NA VIDA, LEMBRANDO-SE DO QUE IMPORTA DE VERDADE PARA VOCÊ. SE DECIDIR QUE UMA BATALHA ESPECÍFICA É REALMENTE IMPORTANTE, VOCÊ AGORA CONSEGUIRÁ,

O GRANDE ESTRATEGISTA

COM UM SENSO MAIOR DE DISTANCIAMENTO,
CONCEBER UMA RESPOSTA MAIS ESTRATÉGICA.

As leis da natureza humana, Capítulo 7: Diminua a resistência das pessoas confirmando a opinião que elas têm de si mesmas – A Lei da Atitude Defensiva

5 DE SETEMBRO
Coloque-se em *shih*

Para se distinguir dos tipos humanos mecânicos e reativos, você precisa se livrar de um conceito equivocado bastante comum: a essência da estratégia não é executar um plano brilhante que ocorre progressivamente em etapas; é colocar-se em situações nas quais você tenha mais opções do que o inimigo. Em vez de se agarrar a uma opção A como a única resposta certa, a verdadeira estratégia é posicionar-se para ser capaz de fazer A, B ou C, a depender das circunstâncias. Esse é o pensamento estratégico profundo, em oposição ao pensamento formulaico. Sun Tzu expressou essa ideia de forma diferente: o que você busca em estratégia, disse ele, é *shih*, uma posição de força potencial – a posição de uma pedra precariamente empoleirada no topo de uma colina, digamos, ou de uma corda de arco bem retesada. Um ligeiro toque na pedra, um leve alívio na tensão da corda esticada do arco, e a força potencial é desencadeada com violência. A pedra ou a flecha pode ir em qualquer direção; está voltada para as ações do inimigo. O que importa não é seguir passos predeterminados, mas colocar-se em *shih* e dar a si mesmo opções.

LEI DO DIA: LIVRE-SE DA ILUSÃO DE QUE A ESTRATÉGIA É UMA SÉRIE DE ETAPAS A SEREM SEGUIDAS EM DIREÇÃO A UM

LEIS DIÁRIAS

OBJETIVO. CORRA NA DIREÇÃO CONTRÁRIA DE QUALQUER ESPECIALISTA OU GURU QUE PROCLAME POSSUIR UMA FÓRMULA SECRETA PARA O SUCESSO E O PODER.

---

33 estratégias de guerra, Estratégia 6: Segmente suas forças – A estratégia do caos controlado

6 DE SETEMBRO
Nunca ataque seus oponentes de frente

> É fazendo virar o inimigo, atacando seu flanco, que se vencem as batalhas.
> — NAPOLEÃO BONAPARTE

Uma das estratégias favoritas de Napoleão era o que ele chamava de manobra *sur les derrières* – ataque pelos flancos –, artimanha cujo sucesso se baseava em duas verdades: a primeira é que os generais gostam de colocar seus exércitos numa vigorosa posição frontal. Napoleão costumava tirar proveito dessa tendência de enfrentar a batalha parecendo atacar o inimigo frontalmente; no caos da batalha, era difícil ver que na verdade apenas metade de seus exércitos estava posicionada na vanguarda, e enquanto isso ele movimentava sorrateiramente a outra metade para o flanco ou a retaguarda. A segunda é que, ao detectar uma investida inimiga pelo flanco, o exército fica alarmado e vulnerável e deve se voltar para enfrentar a ameaça. Esse momento de virada inclui grande dose de fragilidade e confusão. Aprenda com o grande mestre estrategista: apenas em raríssimas ocasiões atacar pela frente é sinal de sensatez. Vá para os flancos, o lado vulnerável. Esse princípio se aplica a conflitos e todo tipo de embate, em qualquer escala. As pessoas muitas vezes expõem seu flanco, isto é, sinalizam suas vulnerabilidades, por seu oposto, numa fachada que exibem de forma mais visível ao mundo. Essa fachada pode ser uma personalidade agressiva, uma maneira de lidar com as pessoas, intimidando-as. Pode ser suas convicções e ideias mais acalentadas; pode ser o jeito como os indivíduos se tornam queridos. Quanto mais você conseguir fazer com que as pessoas exponham essa fachada, mostrem mais de si mesmas e das direções em que tendem a se mover, mais os flancos desprotegidos delas entrarão em foco – desejos inconscientes, inseguranças escancaradas, alianças precárias, compulsões incontroláveis. Assim que você concentrar suas forças contra os flancos, seus alvos se voltarão para enfrentá-lo e perderão o equilíbrio. Todos os inimigos são vulneráveis nas laterais. Não existem defesas contra uma manobra de flanco bem arquitetada.

LEI DO DIA: QUANDO VOCÊ ATACA AS PESSOAS DE FRENTE, ROBUSTECE A RESISTÊNCIA DELAS E TORNA A TAREFA MUITO MAIS DIFÍCIL. EM VEZ DISSO, DISTRAIA A ATENÇÃO DE SEUS OPONENTES PARA A FRENTE DE BATALHA E EM SEGUIDA ATAQUE-OS DE LADO, ONDE ELES MENOS ESPERAM.

33 estratégias de guerra, Estratégia 18: Exponha e ataque o flanco frágil de seus adversários – A estratégia decisiva

7 DE SETEMBRO
Dividir e conquistar

Miyamoto Musashi, o grande espadachim japonês do século 17, em várias ocasiões enfrentou bandos de guerreiros determinados a matá-lo. A simples visão de um desses grupos de homens intimidaria a maioria das pessoas. Outra tendência seria reagir atacando com violência, tentando abruptamente matar o maior número possível de agressores de uma vez, mas correndo o risco de perder o controle da situação. Musashi, no entanto, era acima de tudo um estrategista, e resolvia esses dilemas da maneira mais racional possível. Ele se posicionava de uma forma que os homens tinham de se aproximar dele numa fila em linha reta ou em ângulo. Assim, concentrava-se em matar o primeiro homem da fila e ia se movendo a passos velozes ao longo da linha. Em vez de ficar sobrecarregado ou ter de se esforçar em excesso, ele rapidamente desmembrava em partes o bando de assassinos. Em seguida, bastava apenas matar o oponente número um, já ficando a postos para lidar com o oponente número dois e evitando que sua mente ficasse turva e confusa. O efeito era que ele conseguia preservar o foco enquanto mantinha seus adversários desequilibrados, pois à medida que avançava na linha dando cabo de um por um, os demais iam ficando intimidados e perturbados. Quer você seja assolado por muitos contratempos pequenos ou por um problema gigantesco, faça de Musashi o modelo para o seu processo mental. Se permitir que a complexidade da situação o confunda, e se hesitar ou atacar sem pensar, perderá o controle mental, o que servirá apenas para intensificar o impulso da força negativa que o atingirá em cheio. Sempre opte por desmembrar a questão com a qual você tem de lidar, primeiro colocando-se numa posição central, depois avançando ao longo da linha, matando seus problemas um por um. Muitas vezes é sensato começar com o menor dos problemas enquanto mantém o mais grave e perigoso a certa distância. Resolvê-lo ajudará você a criar um ímpeto que o impulsionará a superar todo o resto.

LEI DO DIA: ATAQUE OS PROBLEMAS UM DE CADA VEZ.

33 estratégias de guerra, Estratégia 17: Derrote os inimigos em detalhes – A estratégia de dividir e conquistar

8 DE SETEMBRO
Tire proveito do caos

> Caos – onde nascem os sonhos brilhantes.
> — I CHING, China, século 8 a.C.

Pense em sua mente como um exército. Os exércitos devem se adaptar à complexidade e ao caos da guerra moderna, tornando-se mais fluidos e manobráveis. A extensão máxima dessa evolução é a guerra de guerrilha, que tira proveito do caos fazendo da desordem e da imprevisibilidade uma estratégia. O exército de guerrilha nunca para a fim de defender determinado lugar ou cidade; vence pelo incessante deslocamento, mantendo-se um passo à frente. Por não seguirem nenhum padrão definido e não obedecerem à disciplina e às regras militares, as tropas de guerrilha não oferecem ao inimigo nenhum alvo. O exército guerrilheiro jamais repete a mesma tática. Responde à situação, reage ao momento, ao terreno onde se encontra. Não há frente de batalha, nem linha concreta de comunicação ou abastecimento, tampouco comboio vagaroso. O exército de guerrilha é mobilidade pura. Esse é o modelo para sua nova maneira de pensar. Não aplique nenhuma tática de maneira rígida; não permita que sua mente se acomode em posições estáticas, defendendo um lugar ou ideia específica, repetindo as mesmas manobras inertes. Permanecendo em constante movimento, você não propicia aos inimigos alvos onde mirar. Você explora o caos do mundo em vez de sucumbir a ele.

LEI DO DIA: ATAQUE OS PROBLEMAS DE NOVOS ÂNGULOS, ADAPTANDO-SE À PAISAGEM E AO QUINHÃO QUE LHE COUBER.

---

33 estratégias de guerra, Estratégia 2: Não combata a guerra que já passou – A estratégia da guerrilha mental

9 DE SETEMBRO

Veja os maiores perigos, que avultam ao longe

> A experiência mostra que, se uma pessoa for capaz de prever com bastante antecedência os passos a serem dados, pode agir rapidamente quando chegar o momento de executá-los.
> — Cardeal Richelieu (1585-1642, político e primeiro-ministro francês)

De acordo com a cosmologia dos antigos gregos, pensava-se que os deuses tinham uma visão total e completa do futuro. Eles viam tudo o que estava por vir, até mesmo os detalhes mais intrincados dos acontecimentos vindouros. Os homens, por outro lado, eram tidos como vítimas do destino, presos ao momento e às suas emoções, incapazes de enxergar além dos perigos imediatos. Heróis como Odisseu (Ulisses), capazes de olhar além do presente e planejar vários passos à frente, pareciam desafiar o destino e se rivalizar com os deuses considerando a habilidade de determinar o futuro. A comparação ainda é válida – aqueles de nós que pensam mais à frente e pacientemente conseguem realizar seus planos parecem ter um poder divino. Como a maioria das pessoas está aprisionada demais no momento presente para planejar com esse tipo de antevisão, a capacidade de ignorar perigos e prazeres imediatos se traduz em poder.

LEI DO DIA: SUPERE A TENDÊNCIA HUMANA NATURAL DE REAGIR ÀS COISAS À MEDIDA QUE ELAS ACONTECEM, E EM VEZ DISSO, TREINE PARA DAR UM PASSO ATRÁS, IMAGINAR AS COISAS DE MAIOR FÔLEGO QUE VÃO TOMANDO FORMA ALÉM DA SUA VISÃO IMEDIATA.

As 48 leis do poder, Lei 29: Planeje o caminho todo até o fim

10 DE SETEMBRO
Nunca pareça estar na defensiva

O homem. Chute-o. Ele o perdoará. Bajule-o. Talvez ele perceba suas verdadeiras intenções (talvez não). Mas ignore-o, e ele o odiará.
— Idries Shah (1924-1996, escritor indiano, mestre da tradição sufi), *Caravana dos sonhos*

O escritor renascentista Pietro Aretino (1492-1556) gostava de se gabar de sua linhagem aristocrática, o que se tratava, é claro, de uma ficção, já que na verdade ele era filho de um sapateiro. Quando um inimigo finalmente revelou a embaraçosa verdade, a fofoca se espalhou rapidamente, e logo toda a cidade de Veneza (onde ele morava na época) ficou horrorizada com as mentiras de Aretino. Tivesse ele tentado se defender, apenas afundaria ainda mais na desmoralização. Sua resposta foi magistral: anunciou aos quatro ventos que era de fato filho de um sapateiro, mas que isso somente comprovava sua grandeza, uma vez que havia ascendido do estrato mais baixo da sociedade até o topo. A partir de então, Aretino nunca mais mencionou sua mentira anterior, alardeando em vez disso sua nova posição acerca da questão de sua ascendência. Lembre-se: as respostas mais poderosas a pequenos e insignificantes aborrecimentos e irritações são o desprezo e o desdém. Nunca demonstre que alguma coisa o afetou ou o ofendeu – isso serve apenas para mostrar que você admitiu um problema. O desprezo é um prato que se serve frio e sem afetação.

LEI DO DIA: AO RECONHECER UM PROBLEMA IRRELEVANTE, VOCÊ LHE DÁ EXISTÊNCIA E CREDIBILIDADE. QUANTO MENOS INTERESSE VOCÊ DEMONSTRAR, MAIS SUPERIOR PARECERÁ.

As 48 leis do poder, Lei 36: Despreze as coisas que você não pode ter – ignorá-las é a melhor vingança

11 DE SETEMBRO
O credo do guerreiro

É possível definir a realidade por uma nítida série de limitações impostas a todos os seres vivos cujo limite final é a morte. Temos uma quantidade finita de energia para gastar antes de nos exaurirmos; há apenas um montante finito de alimentos e recursos disponíveis para nós; nossas habilidades e capacidades podem ir somente até certo ponto. Os animais vivem dentro desses limites: nenhum deles tenta voar mais alto nem correr mais rápido ou gastar energia infinita acumulando uma pilha de comida, pois isso o deixaria esgotado e vulnerável a ataques. Ele simplesmente tenta aproveitar ao máximo o que tem. Um gato, por exemplo, pratica de maneira instintiva uma economia de movimentos e gestos, nunca desperdiça esforço. As pessoas que vivem na pobreza, da mesma forma, têm aguda consciência de suas limitações: forçadas a tirar o máximo proveito possível do que têm, são infinitamente inventivas. A necessidade exerce um poderoso efeito sobre a criatividade delas. O problema enfrentado por pessoas que, como nós, vivem em sociedades de abundância, é que perdemos o senso de limite. A abundância nos torna ricos em sonhos, pois nos sonhos não existem restrições, mas nos torna pobres na realidade. Nós nos tornamos molengas e decadentes, entediados com o que temos e precisando de constantes choques e solavancos para nos lembrar de que estamos vivos. Na vida você tem que ser um guerreiro, e a guerra exige realismo. Outros podem encontrar beleza nos sonhos infindos, mas guerreiros a encontram na realidade, na consciência dos limites, no máximo aproveitamento daquilo de que dispõem. Tal qual o gato, procuram a perfeita economia de movimentos e gestos – a maneira para dar a seus golpes a maior potência com o mínimo de esforço. A consciência de que seus dias estão contados – de que eles podem morrer a qualquer instante – os faz colocar os pés no chão, fincados na realidade. Há coisas que eles nunca poderão fazer, talentos que nunca terão, objetivos elevados que jamais alcançarão, mas isso nem de longe os incomoda. Guerreiros concentram-se naquilo que têm, em seus pontos fortes, que devem usar de maneira criativa. Sabendo quando desacelerar, renovar, recuar, eles duram mais que seus oponentes. Jogam no longo prazo.

LEI DO DIA: ÀS VEZES, NA ESTRATÉGIA, VOCÊ TEM QUE IGNORAR SEU PODERIO SUPERIOR E OBRIGAR A SI MESMO A EXTRAIR O MÁXIMO A PARTIR DO MÍNIMO. NA GUERRA, MESMO QUE TENHA A TECNOLOGIA, LUTE COMO UM CAMPONÊS.

---

33 estratégias de guerra, Estratégia 8: Escolha suas batalhas com cuidado – A estratégia da economia perfeita

12 DE SETEMBRO
Tempo é tudo

Espaço eu posso recuperar. Tempo, nunca.

— Napoleão Bonaparte

No pensamento estratégico, o tempo é tão importante quanto o espaço, e saber usar o tempo fará de você um estrategista de quilate superior, conferindo uma dimensão adicional às suas manobras de ataque e defesa. Para tanto, você deve parar de pensar no tempo como uma abstração: na realidade, a partir do minuto em que nasce, o tempo é tudo que você tem. É seu único e verdadeiro bem. As pessoas podem tirar suas posses, mas – a não ser em caso de assassinato – nem mesmo os agressores mais poderosos podem tirar de você o tempo, a menos que você permita. Mesmo numa prisão o seu tempo é seu, contanto que você o utilize para seus próprios propósitos. Desperdiçar seu tempo em batalhas que não são de sua escolha é mais do que apenas um erro, é burrice do mais alto calibre.

LEI DO DIA: RESISTA À TENTAÇÃO DE RESPONDER A ABORRECIMENTOS BANAIS. O TEMPO PERDIDO JAMAIS PODE SER RECUPERADO.

33 estratégias de guerra, Estratégia 11: Troque espaço por tempo – A estratégia do não envolvimento

13 DE SETEMBRO
Pense nas consequências não intencionadas

Os anos ensinam muito que os dias nunca sabem.
— RALPH WALDO EMERSON

Na Roma Antiga, um grupo de homens leais à República temia que Júlio César tornasse a sua ditadura permanente e estabelecesse uma monarquia. Em 44 a.C., resolveram assassiná-lo, restaurando, assim, a República. No caos e vácuo de poder decorrentes, o sobrinho-neto de César, Otávio, rapidamente ascendeu, assumiu o poder e pôs fim permanente à República, estabelecendo uma monarquia na prática. Após a morte de César, descobriu-se que ele nunca tivera a intenção de criar um sistema monárquico. Os conspiradores causaram exatamente aquilo que haviam tentado evitar. Sempre, nesses casos, o raciocínio do ser humano é notavelmente simples e preguiçoso: mate César e a República retornará; a ação A levará ao resultado B. Entenda: qualquer fenômeno no mundo é, por natureza, complexo. As pessoas com quem você lida são igualmente complexas. Qualquer ação dá início a uma cadeia ilimitada de reações. Nunca é tão simples quanto A levará a B; B levará a C, a D, e assim por diante. Outros atores serão atraídos para o drama, e é difícil prever suas motivações e respostas. Você não conseguirá mapear essas cadeias ou ter uma noção completa dos resultados. Contudo, ao tornar o seu raciocínio mais focado nas consequências, conseguirá pelo menos se tornar ciente dos efeitos negativos mais óbvios que se seguirão, e isso muitas vezes representa a diferença entre o sucesso e o desastre. Aprofunde o seu pensamento e imagine vários graus de permutações o mais longe que a sua mente conseguir alcançar.

LEI DO DIA: EXAMINE TODAS AS POSSÍVEIS CONSEQUÊNCIAS DE UMA ESTRATÉGIA OU LINHA DE AÇÃO.

As leis da natureza humana, Capítulo 6: Eleve a sua perspectiva – A Lei da Miopia

14 DE SETEMBRO
Expulse o pânico

O lorde Yamanouchi, aristocrata do Japão do século 18, certa vez convidou seu mestre do chá para acompanhá-lo numa visita a Edo (mais tarde Tóquio). Ora, o mestre do chá sabia tudo o que havia para saber sobre a cerimônia do chá, mas pouca coisa além disso. No entanto, vestia-se como um samurai. Um dia, o mestre do chá foi abordado por um samurai que o desafiou para um duelo. Embora o mestre do chá não fosse um espadachim, recusar o desafio seria uma desgraça tanto para sua família quanto para o lorde Yamanouchi. Ele aceitou – sabendo que isso significava morte certa –, mas solicitou apenas que o duelo fosse adiado para o dia seguinte. Seu desejo foi atendido. Em pânico, o mestre do chá correu às pressas até a escola de esgrima mais próxima. Se ia morrer, queria aprender a morrer de maneira honrosa. O mestre de esgrima ouviu sua história e concordou em ensinar ao pobre visitante a arte de morrer, mas primeiro quis que ele lhe servisse um pouco de chá. Enquanto o mestre do chá realizava o meticuloso ritual de preparação da bebida, o mestre espadachim berrou, empolgado: "Não há necessidade de você aprender a arte de morrer! O estado de espírito em que você se encontra agora é suficiente para enfrentar qualquer samurai. Quando encontrar seu desafiante, imagine que está prestes a servir chá a um convidado". Terminado o ritual, o mestre do chá deveria erguer sua espada com o mesmo espírito alerta. Aí estaria pronto para morrer. O mestre do chá concordou em fazer o que seu professor disse. No dia seguinte, foi ao encontro do samurai, que não pôde deixar de notar a expressão de serenidade e dignidade no rosto de seu oponente enquanto tirava o casaco. O samurai pensou que aquele desajeitado mestre do chá devia ser na verdade um hábil espadachim. Pediu perdão por seu comportamento e fugiu às pressas. Quando as circunstâncias nos assustam, nossa imaginação tende a tomar conta, enchendo nossa mente com ansiedades sem fim. Você precisa controlar sua imaginação. Uma mente focada não tem espaço para ansiedade ou para os efeitos de uma imaginação hiperativa.

LEI DO DIA: DÊ A SI MESMO O CONTROLE FORÇANDO SUA MENTE A SE CONCENTRAR EM ALGO RELATIVAMENTE SIMPLES – UM RITUAL CALMANTE, UMA TAREFA REPETITIVA NA QUAL VOCÊ SEJA BOM. ASSIM VOCÊ CRIA O TIPO DE SERENIDADE QUE NATURALMENTE FAZ PARTE DE SUA NATUREZA QUANDO SUA MENTE ESTÁ ABSORTA NUM PROBLEMA.

---

33 estratégias de guerra, Estratégia 3: Em meio ao turbilhão de acontecimentos, não perca a presença de espírito – A estratégia do contrapeso

15 DE SETEMBRO
Abandone suas noções preconcebidas

> Se você coloca uma cabaça vazia na água e a toca, ela escorrega para um lado. Por mais que você tente, a cabaça não fica no mesmo lugar. A mente de quem chegou ao estado máximo não fica com coisa alguma, nem por um segundo. É como uma cabaça vazia na água, sendo empurrada de um lado para o outro.
> — Takuan Sōhō (1573-1645, prelado budista japonês)

Os maiores generais, os estrategistas mais criativos, destacam-se não porque têm mais conhecimento, mas porque são capazes, quando necessário, de abandonar suas noções preconcebidas e se concentrar intensamente no momento presente. É assim que a fagulha da criatividade ganha vida e as oportunidades são aproveitadas. Conhecimento, experiência e teoria têm limitações: nenhuma quantidade de pensamento antecipado pode preparar você para o caos da vida, para as infinitas possibilidades do momento. O grande filósofo da guerra e especialista em estratégias de batalhas Carl von Clausewitz chamou isso de "fricção": a diferença entre nossos planos e o que realmente acontece. Como esse atrito é inevitável, nossa mente deve ser capaz de acompanhar as mudanças e se adaptar ao inesperado. Quanto melhor pudermos adaptar nossos pensamentos às circunstâncias cambiáveis, mais realistas serão nossas respostas. Quanto mais nos perdermos em teorias pré-digeridas e experiências passadas, mais inadequada e delirante será nossa resposta. Pode ser valioso analisar o que deu errado no passado, mas é muito mais importante desenvolver a capacidade de pensar no momento. Dessa forma você cometerá muito menos erros a serem analisados.

LEI DO DIA: PENSE NA MENTE COMO UM RIO: QUANTO MAIS RÁPIDO ELA FLUI, MELHOR ACOMPANHA O PRESENTE E REAGE ÀS MUDANÇAS.

33 estratégias de guerra, Estratégia 2: Não combata a guerra que já passou – A estratégia da guerrilha mental

16 DE SETEMBRO
Force as pessoas a sair da negatividade

É sempre mais fácil argumentar pelo viés negativo – criticando as ações de outras pessoas, dissecando seus motivos etc. E é por essa razão que a maioria das pessoas opta pela negatividade. Se tivessem que descrever uma visão positiva acerca do que querem no mundo, ou de como realizariam determinada tarefa, isso as exporia a toda sorte de ataques, censuras e condenações. Custa muito esforço e reflexão estabelecer uma posição positiva. É menos custoso trabalhar em cima do que outras pessoas fizeram e apontar inúmeros defeitos e falhas. Isso também faz você parecer durão e perspicaz, porque as pessoas se deliciam em ouvir alguém destroçar uma ideia. Enfrentar os arautos da negatividade num debate ou discussão é enfurecedor. Eles podem atacar você de todos os ângulos: fustigá-lo com sarcasmo e comentários depreciativos, tecer todos os tipos de abstrações capazes de deixar você em frangalhos. Se você se rebaixar à posição deles, acaba como um boxeador que troca socos com o ar. Esses adversários não lhe oferecem nada em que bater (na guerra, é sempre mais fácil manter terreno do que ganhar terreno.) Sua tarefa é forçá-los a sair dessa posição, fazendo com que se comprometam com alguma posição positiva. Agora, você tem um alvo. Se eles resistirem ou se recusarem a fazer isso, você pode atacá-los por essa resistência.

> **LEI DO DIA:** EVITE A TENTAÇÃO DE REVIDAR NO MESMO NÍVEL QUE O OPONENTE. VOCÊ DEVE SEMPRE DESLOCAR OS TERMOS DA BATALHA PARA O TERRENO DE SUA ESCOLHA. NESSE MOMENTO DE MUDANÇA, VOCÊ DETÉM A INICIATIVA E A VANTAGEM.

Robert Greene, "Only the Dull and Stupid Fight Head-on: Some Strategic Points" [Apenas os imbecis e estúpidos atacam de frente: alguns pensamentos estratégicos], *site powerseductionandwar.com*, 15 de julho de 2007

17 DE SETEMBRO
Equilibre fins e meios

Ao longo da história, os generais sábios aprenderam a começar pelo exame dos recursos que tinham em mãos para, em seguida, desenvolver sua estratégia a partir dessas ferramentas. Eles sempre pensavam primeiro nos dados – a composição de seu próprio exército e o do inimigo, suas respectivas proporções de cavalaria e infantaria, o terreno, o moral das tropas, o clima. Isso lhes dava base não somente para o seu plano de ataque, mas também para os fins que queriam alcançar em determinado combate. Em vez de ficarem presos a uma única maneira de lutar, constantemente ajustavam seus fins a seus meios. Da próxima vez que você lançar uma campanha, faça uma experiência: não pense em objetivos concretos ou sonhos, tampouco planeje sua estratégia no papel. Em vez disso, pense profundamente sobre o que você tem – as ferramentas e os materiais com os quais irá trabalhar. Aferre-se não a sonhos e planos, mas fundamente-se na realidade: pense em suas próprias habilidades, em qualquer vantagem política que tiver, no moral de suas tropas e numa maneira criativa de usar os meios que estiverem à sua disposição. Em seguida, a partir desse processo, deixe que seus planos e metas aflorem. Suas estratégias não apenas serão mais realistas: serão mais inventivas e vigorosas. Primeiro sonhar com o que você quer e depois tentar encontrar os meios para realizar o sonho é uma receita para a exaustão, o desperdício e a derrota.

LEI DO DIA: EQUILIBRE CONSTANTEMENTE FINS E MEIOS: VOCÊ PODE TER O MELHOR PLANO PARA ALCANÇAR UM DETERMINADO FIM, MAS, A MENOS QUE DISPONHA DOS MEIOS PARA REALIZÁ-LO, SEU PLANO É INÚTIL.

33 estratégias de guerra, Estratégia 8: Escolha suas batalhas com cuidado – A estratégia da economia perfeita

18 DE SETEMBRO
A estratégia do pouco a pouco

Multiplicar pequenos sucessos é precisamente construir um tesouro após o outro. Com o tempo, fica-se rico sem saber como.
— Frederico, o Grande (Frederico II da Prússia, 1712-1786)

O problema que muitos de nós enfrentamos é que temos grandes sonhos e ambições. Enredados nas emoções dos nossos sonhos e na vastidão dos nossos desejos, achamos muito difícil nos concentrar nos pequenos e tediosos passos que geralmente são necessários para realizá-los. Tendemos a pensar em saltos gigantescos em direção às nossas metas. Porém, tanto no mundo social como na natureza, qualquer coisa que tem tamanho considerável e estabilidade cresce devagar. A estratégia do pouco a pouco é o antídoto perfeito para a nossa impaciência: ela ajusta nosso foco para as coisas pequenas e imediatas, uma primeira mordida, depois como e onde uma segunda mordida pode nos aproximar do nosso derradeiro objetivo. A estratégia do avanço gradual nos obriga a pensar em um processo, uma sequência de etapas e ações conectadas, por menores que sejam, que tenham também benefícios psicológicos incomensuráveis. Muitas vezes, a magnitude de nossos desejos nos oprime; dar esse pequeno primeiro passo faz com que pareçam realizáveis. Não existe nada mais terapêutico do que a ação.

LEI DO DIA: TENHA UMA NOÇÃO CLARA DO SEU OBJETIVO, MAS EM SEGUIDA IDENTIFIQUE AS PEQUENAS E MÚLTIPLAS ETAPAS. AGORA, REALIZAR SEUS SONHOS FICOU FÁCIL: PASSO A PASSO.

33 estratégias de guerra, Estratégia 29: Morda pedacinhos – A estratégia do *fait accompli*

19 DE SETEMBRO
Use a pata do gato

> Negócios importantes quase sempre exigem recompensas e punições. De você só deve vir o que é bom, o ruim virá dos outros.
> — BALTASAR GRACIÁN

Na fábula, o Macaco agarra a pata de seu amigo, o Gato, e a usa para tirar castanhas assadas do braseiro, e dessa forma devora as castanhas que deseja sem se chamuscar.

Se há algo desagradável ou impopular que precisa ser feito, é muito arriscado fazer o trabalho sozinho. Você precisa de uma pata de gato

– alguém que faça o trabalho sujo e perigoso por você. A pata do gato agarra o que você precisa agarrar, machuca quem você precisa machucar e impede as pessoas de perceberem que o único responsável é você.

LEI DO DIA: DEIXE QUE OUTRA PESSOA SEJA O CARRASCO OU O PORTADOR DE MÁS NOTÍCIAS ENQUANTO VOCÊ TRAZ APENAS ALEGRIA E BOAS-NOVAS.

As 48 leis do poder, Lei 26: Mantenha as mãos limpas

20 DE SETEMBRO
Ataque a partir de ângulos inesperados

As pessoas esperam que seu comportamento se sujeite aos padrões e se ajuste às convenções conhecidas. Sua tarefa como estrategista é contrariar as expectativas alheias. Surpreenda as pessoas com caos e imprevisibilidade – que elas tentam desesperadamente manter sob controle. Para Sun Tzu e os antigos chineses, fazer algo extraordinário tinha pouco efeito se não viesse acompanhado de um arranjo de algo comum. Era necessário misturar os dois – enganar as expectativas de seu adversário armando alguma manobra banal e comum, um padrão confortável que esperavam que você seguisse. Com o inimigo hipnotizado, em seguida você o atacaria com o extraordinário, uma demonstração de força avassaladora a partir de um ângulo totalmente novo. Emoldurado pelo previsível, a investida teria o dobro do impacto.

LEI DO DIA: OPERE DE ACORDO COM SEUS PRÓPRIOS RITMOS, ADAPTANDO ESTRATÉGIAS A SUAS IDIOSSINCRASIAS, E NÃO O CONTRÁRIO. RECUSAR-SE

A SEGUIR PADRÕES COMUNS FARÁ COM QUE
AS PESSOAS TENHAM DIFICULDADE PARA ADIVINHAR
O QUE VOCÊ FARÁ EM SEGUIDA.

Robert Greene, "What Muhammad Ali Can Teach us About Success and an Authentic Life" [O que Muhammad Ali pode nos ensinar sobre sucesso e uma vida autêntica], *The Observer*, 22 de julho de 2015

21 DE SETEMBRO
Faça com que as pessoas revelem suas intenções

> Se você tem motivos para suspeitar que uma pessoa está lhe contando uma mentira, dê a impressão de que acreditou em cada palavra que ela disse. Isso dará a ela coragem para continuar; ela se tornará mais veemente em suas afirmações e, no final, trairá a si mesma.
> — Arthur Schopenhauer

Na esfera do poder, seu objetivo é ter certo grau de controle sobre acontecimentos futuros. Assim, parte do problema que você enfrenta é que as pessoas não lhe contarão todos os pensamentos, emoções e planos pessoais delas. Controlando o que dizem, elas geralmente mantêm escondidas as partes mais importantes e decisivas da própria personalidade – fragilidades, motivações, obsessões. O resultado é que você não consegue prever os movimentos alheios e, por conseguinte, está quase sempre no escuro. O truque é encontrar uma maneira de sondar as pessoas, descobrir seus segredos e intenções ocultas, sem deixá-las saber o que você está fazendo. O político francês Charles Maurice de Talleyrand (1754-1838) foi um dos maiores praticantes dessa arte. Ele tinha uma incrível capacidade de extrair segredos de pessoas numa conversa refinada. Um contemporâneo de Talleyrand, o barão de Vitrolles, escreveu: "A sagacidade e a graça caracterizavam sua conversa. Ele possuía a arte de ocultar seus pensamentos ou sua malícia sob um véu transparente de insinuações, palavras que implicavam algo mais do que expressavam. Apenas quando necessário, injetava sua própria personalidade". A chave aqui é a capacidade de Talleyrand de se apagar na conversa, de fazer os outros falarem sem parar a respeito de si mesmos e, inadvertidamente, revelarem seus planos e intenções.

LEI DO DIA: APAGUE-SE NA CONVERSA. DEIXE OS OUTROS FALAREM SEM PARAR.

As 48 leis do poder, Lei 14: Banque o amigo, aja como um espião

22 DE SETEMBRO
Crie o máximo de desordem

Portanto, obter cem vitórias em cem batalhas não é a maior excelência; a mais alta excelência é subjugar o exército inimigo sem lutar.

— Sun Tzu

Seu inimigo depende da capacidade de interpretar você, de ter alguma noção acerca de quais são as suas intenções. O objetivo de suas manobras deve ser tornar isso impossível, de modo a enviar o inimigo a uma busca infrutífera por informações sem sentido, criar ambiguidade quanto ao caminho que você vai seguir.

LEI DO DIA: QUANTO MAIS VOCÊ DESTRÓI A CAPACIDADE DAS PESSOAS DE RACIOCINAR SOBRE VOCÊ, MAIS DESORDEM INJETA NO SISTEMA DELAS.

33 estratégias de guerra, Estratégia 20: Manipule as pessoas em direção à fraqueza – A estratégia do amadurecimento-para-a-foice

23 DE SETEMBRO
Desenvolva seu *fingerspitzengefühl*

A presença de espírito depende não apenas da capacidade da sua mente de ajudar você em situações difíceis, mas também da rapidez com que esse socorro acontece. Esperar até o dia seguinte para pensar na atitude certa a tomar não adianta. "Velocidade" aqui significa reagir às circunstâncias com rapidez e tomar decisões imediatas. Esse poder é muitas vezes lido como uma espécie de intuição, à qual os alemães chamam de *fingerspitzengefühl* (sensibilidade intuitiva na ponta dos dedos).[19] O marechal de campo Erwin Rommel (1891-1944), que liderou a campanha de blindados alemães no Norte da África durante a Segunda Guerra Mundial, tinha grande sensibilidade na ponta dos dedos. Ele podia sentir quando os Aliados atacariam e de que direção. Rommel não se limitava a estudar apenas seus homens, seus tanques, informações sobre o terreno e o inimigo – entrava na pele deles, entendia o espírito que os animava, o que os motivava. Depois de tatear o caminho para penetrar na essência das coisas, no decorrer da batalha Rommel entrava num estado de espírito em que não precisava pensar de maneira consciente na situação ao seu redor. A totalidade do que acontecia já estava embutida em seu sangue, na ponta dos dedos. Ele tinha *fingerspitzengefühl*. Tenha você ou não uma mente como a de Rommel, há coisas que você pode fazer para se ajudar a reagir mais rápido e trazer à tona a sensação intuitiva que todos os animais possuem. Um profundo conhecimento do terreno permitirá que você processe informações mais rapidamente do que seus inimigos,

---

19. Einstein emprega esse termo para descrever um tipo de "conhecimento sensível", um misto de conhecimento e sentimento que se dá na ponta dos dedos, uma disposição sensorial para aquilo que a racionalidade não consegue captar. (N. T.)

o que é uma tremenda vantagem. Aprimorar sua sensibilidade com relação à alma dos homens e das coisas materiais, tentando usar a reflexão para conhecer seu âmago em vez de olhar para eles de fora para dentro, ajudará você a se colocar num estado de espírito diferente, menos consciente e forçado, mais inconsciente e intuitivo.

LEI DO DIA: TREINE SUA MENTE PARA QUE SE HABITUE A TOMAR DECISÕES NUM PISCAR DE OLHOS, CONFIANDO NO TATO DA PONTA DOS DEDOS. VOCÊ DESENVOLVERÁ ESSA CAPACIDADE CONHECENDO, NO GRAU MAIS PROFUNDO POSSÍVEL, TODOS OS DETALHES EM QUALQUER SITUAÇÃO.

---

33 estratégias de guerra, Estratégia 3: Em meio ao turbilhão de acontecimentos, não perca a presença de espírito – A estratégia do contrapeso

24 DE SETEMBRO
Recuar para ganhar perspectiva

> Permanecer disciplinado e calmo enquanto espera surgir a desordem entre o inimigo é a arte do autocontrole.
> — Sun Tzu

O problema que todos enfrentamos na estratégia, e na vida, é que cada um de nós é único e tem uma personalidade singular. Nossas circunstâncias também são incomparáveis; a verdade é que nenhuma situação se repete. Porém, na maioria das vezes mal temos consciência daquilo que nos torna ímpares – em outras palavras, de quem realmente somos. Nossas ideias vêm de livros, professores, de todos os tipos de influências invisíveis. Reagimos de forma rotineira e mecânica aos acontecimentos, em vez de tentar entender as diferenças entre cada um. Também nas nossas relações com outras pessoas somos facilmente contagiados por seu ritmo e estado de ânimo. Tudo isso cria uma espécie de nevoeiro. Não conseguimos enxergar os acontecimentos por aquilo que são; não nos conhecemos. Sua tarefa como estrategista é simples: ver as diferenças entre você e as outras pessoas, entender a si mesmo, compreender seu lado e o do inimigo da melhor maneira possível a fim de obter um entendimento mais aprofundado dos fatos, conhecer as coisas por aquilo que elas são. No burburinho da vida cotidiana, isso não é fácil – na verdade, a poderosa capacidade para fazer isso pode vir somente de saber quando e como recuar. Se você está sempre avançando, sempre atacando, sempre respondendo de maneira emocional e apressada às pessoas, não tem tempo para avaliar algo com mais precisão, clareza, lucidez. Suas estratégias serão fracas e mecânicas, baseadas em coisas que aconteceram no passado ou com outra pessoa. Feito um macaco, você vai imitar em vez de criar.

LEI DO DIA: RECUAR NÃO É DEMONSTRAÇÃO DE FRAQUEZA, MAS SINAL DE FORÇA. É ALGO QUE VOCÊ DEVE FAZER DE VEZ EM QUANDO PARA ENCONTRAR A SI MESMO E SE DESAPEGAR DE INFLUÊNCIAS CONTAGIOSAS.

33 estratégias de guerra, Estratégia 11: Troque espaço por tempo – A estratégia do não envolvimento

25 DE SETEMBRO
Fique longe dos cantos

Em quase todos os jogos de tabuleiro – xadrez, go (weiqi ou baduk), gamão etc. – os cantos significam derrota e morte. Esses cantos também existem em lugares mais elevados, planos mais abstratos. Na posição que você ocupa agora, em sua profissão, seus relacionamentos pessoais ou batalhas em curso, pode ser que você esteja se encurralando num canto. E raramente se dá conta disso, porque quase sempre acontece quando você está empolgado e emocionado, interessado e comprometido, com a sensação de que está se movendo em alguma direção ou que resolveu um problema – é aí que você inadvertidamente prende a si mesmo numa armadilha. Sempre há maneiras de escapar, num sentido tático, mas o caminho mais sensato é tornar-se um *estrategista* no sentido que Sun Tzu dava ao termo. O que importa no universo de Sun Tzu não são posições de força e poder, mas situações em que você tem opções, plenas de força potencial. No nível da carreira, por exemplo, sempre aconselho as pessoas a olharem para a frente e estarem abertas a mudanças de rumo. O emprego que parece tão bom agora pode facilmente se transformar num pesadelo se você não enxergar os possíveis cantos em que ele pode te jogar. Sei disso por experiência própria, porque, trabalhando em Hollywood, seduzido pelo alto salário, acabei encurralado num desses cantos. Só consegui sair pensando muito à frente e traçando uma trajetória muito diferente para a minha vida. Em vez de tentar me tornar um roteirista, a posição mais encurralada de todas, tive como objetivo escrever livros sobre assuntos que me entusiasmavam e apresentavam infinitas possibilidades de seguir nesta ou naquela direção, inclusive voltar a roteirizar se eu quisesse, mas nos meus próprios termos e condições.

LEI DO DIA: OS ESTRATEGISTAS PENSAM DE FORMA DIFERENTE EM COMPARAÇÃO COM O MODO A QUE MUITOS ESTÃO ACOSTUMADOS, EM QUE UM BOCADO DE COISAS GIRA EM TORNO DE UMA META. ISSO É PENSAMENTO LINEAR. O QUE VOCÊ QUER É SEMPRE TER COMO OBJETIVO AUMENTAR SUAS OPÇÕES DE PODER E MOBILIDADE.

"Corners" [Cantos], *site powerseductionandwar.com*

26 DE SETEMBRO
Livre-se do passado

> Assim, as vitórias na batalha não podem ser repetidas – elas assumem sua forma em resposta a circunstâncias inesgotavelmente cambiantes.
> — Sun Tzu

O que limita os indivíduos, assim como as nações, é a incapacidade de confrontar a realidade, de ver as coisas como elas são. À medida que envelhecemos, nos tornamos mais enraizados no passado. O hábito toma conta. Algo que antes funcionava para nós torna-se uma doutrina, uma casca para nos proteger da realidade. A repetição substitui a criatividade. Raramente percebemos que fazemos isso, porque para nós é quase impossível ver a coisa acontecendo em nossa própria mente. Então, de repente, cruza nosso caminho o jovem Napoleão, uma pessoa que não respeita a tradição, que combate de uma nova maneira. Só então vemos que nossos modos de pensar e reagir aos acontecimentos ficaram para trás no tempo. Nunca considere que seus êxitos passados continuarão no futuro. Na verdade, seus sucessos passados são seu maior obstáculo: cada batalha, cada guerra é diferente, e você não pode presumir que o que funcionou antes vai funcionar hoje também.

LEI DO DIA: PENSE NA MENTE COMO UM RIO: QUANTO MAIS RÁPIDO ELA FLUI, MELHOR ACOMPANHA O PRESENTE E RESPONDE ÀS MUDANÇAS. PENSAMENTOS OBSESSIVOS E EXPERIÊNCIAS PASSADAS (TRAUMAS OU SUCESSOS) SÃO COMO PEDREGULHOS OU LAMA NAS ÁGUAS DESSE RIO.

33 estratégias de guerra, Estratégia 2: Não combata a guerra que já passou – A estratégia da guerrilha mental

27 DE SETEMBRO
Dê a si mesmo espaço para manobrar

Realizar qualquer projeto – artístico, profissional ou científico – é como travar uma guerra. Há certa lógica estratégica na maneira como você ataca um problema, molda seu trabalho, lida com o atrito (a "fricção") e a discrepância entre o que você quer e o que você consegue fazer. Diretores de cinema ou artistas geralmente começam com grandes ideias, mas ao longo do planejamento criam para si mesmos uma camisa de força, um roteiro a ser seguido de forma estrita e fôrmas tão rígidas nas quais se encaixar que o processo perde toda a alegria; não sobra nada a explorar na criação em si, e o resultado parece decepcionante e inerte. Por outro lado, os artistas podem começar com uma ideia vaga que parece promissora, mas são preguiçosos ou indisciplinados demais para lhe dar forma e formato. Criam tanto espaço e confusão que no final tudo é desconexo e incoerente. A solução é planejar, ter uma ideia clara a respeito do que você quer, depois colocar-se num espaço aberto e dar a si mesmo opções para trabalhar. Isso significa não se sobrecarregar com compromissos e obrigações que limitarão suas opções. Significa não tomar posições que acabarão com suas possibilidades de escolher novos caminhos. A necessidade de espaço é tanto psicológica quanto física: você deve ter liberdade ilimitada para criar qualquer coisa que valha a pena.

LEI DO DIA: VOCÊ SEMPRE QUER ESPAÇO ABERTO, NUNCA POSIÇÕES MORTAS. DIRECIONE A SITUAÇÃO, MAS DEIXE ESPAÇO LIVRE PARA OPORTUNIDADES INESPERADAS E ACONTECIMENTOS ALEATÓRIOS.

33 estratégias de guerra, Estratégia 20: Manipule as pessoas em direção à fraqueza – A estratégia do amadurecimento-para-a-foice

28 DE SETEMBRO
Planeje o caminho todo até o fim

> A causa mais comum dos erros que as pessoas cometem é estarem apavoradas demais diante do perigo presente, e não assustadas o suficiente acerca do perigo distante.
> — Jean-François Paul de Gondi, Cardeal de Retz (1613-1679, clérigo, escritor e ativista francês)

Os perigos longínquos, as ameaças que avultam a distância... se conseguíssemos avistá-los à medida que vão tomando forma, quantos erros evitaríamos. Quantos planos abortaríamos instantaneamente caso percebêssemos que estávamos escapando de um pequeno perigo apenas para entrar num outro maior. Uma larga porção do poder não é o que você faz, mas o que você não faz; as ações precipitadas e tolas das quais você se abstém antes que o coloquem em apuros. Planeje detalhadamente antes de agir e não permita que projetos vagos resultem em problemas e encrencas. Finais infelizes são muito mais comuns do que finais felizes; não se deixe influenciar pelo final feliz que existe em sua mente.

LEI DO DIA: ANTES DE CADA AÇÃO POTENCIAL, PERGUNTE A SI MESMO: ISSO TERÁ CONSEQUÊNCIAS NÃO INTENCIONAIS? FAREI NOVOS INIMIGOS? ALGUÉM VAI TIRAR PROVEITO DO MEU TRABALHO?

As 48 leis do poder, Lei 29: Planeje o caminho todo até o fim

29 DE SETEMBRO
Adote a ausência de forma

A consumação da formação de um exército é chegar à ausência de forma. A vitória na guerra não é repetitiva, mas adapta infinitamente sua forma. [...] Um efetivo militar não tem formação constante, a água não tem forma constante: a capacidade de obter a vitória por meio da mudança e da adaptação de acordo com o oponente chama-se gênio.
— Sun Tzu

Tudo na vida depende das circunstâncias em que você se encontra. Por isso, a última lei em *As 48 leis do poder* é "Adote a ausência de forma". A ideia é que evitar ter uma forma definida, a exemplo da água, é a maneira mais elevada de poder e estratégia. Nesse capítulo, contradigo meu livro inteiro e afirmo essencialmente: não existem leis. Você tem que estar no momento presente. Você tem que entender as circunstâncias em que se encontra. Aprender a se adaptar a cada nova circunstância significa ver os eventos através de seus próprios olhos, e muitas vezes ignorar os conselhos que as pessoas constantemente espalham ao longo do seu caminho. Isso significa que, em última análise, você deve jogar fora as leis que outros apregoam, descartar os livros que os outros escrevem para lhe dizer o que fazer e ignorar os sábios conselhos dos anciãos. "As leis que regem as circunstâncias são abolidas por novas circunstâncias", Napoleão escreveu, o que significa que cabe a você avaliar cada nova situação.

LEI DO DIA: ACEITE O FATO DE QUE NÃO EXISTEM CERTEZAS E NENHUMA LEI OU ESTRATÉGIA É FIXA. A MELHOR MANEIRA DE SE PROTEGER É SER FLUIDO E SEM FORMA DEFINIDA – COMO A ÁGUA, QUE É AMORFA; NUNCA APOSTE NA ESTABILIDADE OU NA ORDEM DURADOURA. TUDO MUDA.

"Robert Greene: Mastery and Research" [Maestria e Pesquisa], *Finding Mastery Conversations with Michael Gervais* [Encontrando a Maestria: Conversas com Michael Gervais], 25 de janeiro de 2017

30 DE SETEMBRO
Não ultrapasse a meta que você almejava

O maior perigo ocorre no momento da vitória.

— Napoleão Bonaparte

A essência da estratégia é controlar o que vem a seguir, e a euforia da vitória pode atrapalhar de duas maneiras a sua capacidade de controlar os acontecimentos vindouros. Em primeiro lugar, seu sucesso se deve a um padrão que você tende a tentar repetir. Você tentará continuar na mesma direção, avançando sem parar a fim de identificar se esse ainda é o melhor caminho para você. Em segundo lugar, o sucesso tende a subir à sua cabeça e torná-lo emotivo. Sentindo-se invulnerável, você toma atitudes agressivas, movimentos intempestivos que acabam destruindo a vitória que conquistou. A lição é simples: os poderosos variam seus ritmos e padrões, mudam de rota, adaptam-se às circunstâncias e aprendem a improvisar. Em vez de deixar que seus pés dançantes os empurrem para a frente, eles recuam e olham para onde estão indo. É como se sua corrente sanguínea carregasse uma espécie de antídoto para a embriaguez da vitória, o que lhes permite controlar suas emoções e chegar a uma espécie de parada mental assim que alcançam o sucesso. Eles se mantêm firmes e dão a si mesmos espaço para refletir sobre o que aconteceu e examinar qual foi o papel das circunstâncias e da sorte em seu êxito. Como dizem na escola de equitação: primeiro você tem que ser capaz de controlar a si mesmo antes de poder controlar o cavalo.

LEI DO DIA: O MOMENTO DA VITÓRIA É MUITAS VEZES O MAIS PERIGOSO. NÃO DEIXE O SUCESSO LHE SUBIR À CABEÇA. NÃO EXISTE SUBSTITUTO PARA A ESTRATÉGIA E O PLANEJAMENTO CUIDADOSO. ESTABELEÇA UMA META E, QUANDO ALCANÇÁ-LA, PARE.

As 48 leis do poder, Lei 47: Não ultrapasse a meta que você almejava – Na vitória, saiba quando parar

OUTUBRO

O eu emocional
Fazendo as pazes com nosso lado sombrio

Durante milhares de anos, nosso destino foi, em grande medida, tatear nas sombras no que diz respeito a compreender a nós mesmos e nossa própria natureza. Pelejamos sob o jugo de um bocado de ilusões sobre o animal humano – imaginando que descendemos magicamente de uma fonte divina, de anjos em vez de primatas. Consideramos profundamente angustiantes quaisquer indícios de nossa natureza primitiva e nossas raízes animais, algo a se negar e reprimir. Encobrimos nossos impulsos mais sombrios com todos os tipos de desculpas e racionalizações, o que torna mais fácil para algumas pessoas se safarem impunemente de comportamentos e atitudes desagradáveis. Mas finalmente chegamos a um ponto em que podemos superar nossa resistência à verdade sobre quem somos, graças ao peso do conhecimento agora acumulado acerca da natureza humana. O mês de outubro vai ajudá-lo a fazer as pazes com ela, aceitar que existem padrões além do seu controle e entender suas raízes primitivas para que você não seja destruído por elas.

★★★

Ao longo de vários anos após a publicação de *As 48 leis do poder*, recebi milhares de e-mails e mensagens de leitores que entravam em contato comigo para mencionar seus problemas. Também fui abordado por centenas de pessoas que queriam consultoria individual para o enfrentamento de suas vicissitudes.

Depois de muita reflexão profunda sobre essas experiências e minhas próprias vivências com pessoas conhecidas, cheguei à seguinte conclusão: os seres humanos têm um segredinho sujo. É um segredo que não tem nada a ver com a vida sexual, fantasias ou qualquer coisa excitante. Pelo contrário, o segredo é que todos nós, em algum grau, sentimos dor. É uma dor que não discutimos nem sequer compreendemos.

A fonte dessa dor são as outras pessoas.

Eu me refiro aos nossos relacionamentos invariavelmente decepcionantes, superficiais e insatisfatórios com as pessoas. Essa dor vem na forma das relações e conexões não muito profundas entre nós e aqueles a quem consideramos nossos amigos, o que resulta num bocado de solidão. Vem na forma das nossas péssimas escolhas de colegas, sócios, funcionários e parceiros – que levam a conflitos e complicadas separações. Vem de deixarmos narcisistas tóxicos entrarem em nossa vida, o que ocasiona todos os tipos de traumas emocionais que podem levar anos para ser superados, quando isso é possível. E vem também da nossa incapacidade de persuadir as pessoas, de comovê-las, de influenciá-las, de fazer com que se interessem por nossas ideias, o que gera em nós sentimentos de frustração e de raiva.

Somos animais profundamente sociais, e vivenciar relacionamentos sociais disfuncionais resulta em todos os tipos de problemas. Leva à depressão. Leva a pensamentos obsessivos recorrentes, à incapacidade de nos concentrarmos em nosso trabalho, a distúrbios alimentares, até mesmo a males físicos, por exemplo, doenças cardíacas. Enxergamos apenas a superfície do fenômeno – a solidão, a depressão ou a doença física. Não vemos a fonte subjacente. E às vezes sequer estamos conscientes de que padecemos de solidão.

Dessa maneira, em 2012, enquanto escrevia *Maestria*, decidi que o que eu realmente queria fazer a seguir era escrever um livro que ajudasse as pessoas a enfrentar e superar essa dor muito intensa, que a meu ver um grande número dos meus leitores estava expressando. Mas eu não queria somente escrever o habitual e estúpido livro de autoajuda que joga no colo do leitor um amontoado de pequenas fórmulas patetas, frases muito convenientes e ensaiadas sobre como se dar bem com pessoas. Eu queria escrever um livro – como sempre tento fazer – que entra no íntimo do leitor, muda sua forma de pensar sobre o mundo, penetra em sua essência e realmente altera sua perspectiva sobre as pessoas e o mundo.

Assim, tendo em mente esse objetivo "modesto", eu me fiz uma pergunta, como sempre faço quando escrevo um livro: qual é a fonte dessa dor, desse problema? A resposta óbvia é que, de maneira geral, somos observadores muito precários das pessoas ao nosso redor. Somos péssimos ouvintes. Nossos smartphones e nossa tecnologia nos tornaram muito egocêntricos. Não prestamos atenção. E, quando prestamos atenção, projetamos nas pessoas nossas próprias emoções, nossos próprios desejos. Ou somos rápidos demais para julgar e categorizar os outros – aquela pessoa é boa, aquela pessoa é má, aquela pessoa é simpática, esta pessoa não é legal.

Por enxergarmos apenas uma pequena parte de quem as pessoas são, logicamente nós as interpretamos e as julgamos mal – erros que resultam em todos os tipos de problemas, decisões ruins e estratégias equivocadas.

Portanto, se essa é a fonte do nosso problema, então a solução é todos nós simplesmente nos tornarmos melhores observadores e ouvintes, que é o que dizem muitos livros de autoajuda que tratam do tema. Mas achei essa resposta bastante insatisfatória. Não era por aí que eu queria começar.

Refleti muito profundamente e concluí que queria fazer outra pergunta: existem momentos em nossa vida em que de fato nos sentimos diferentes? Em que prestamos atenção de verdade nas pessoas? Em que realmente as observamos? E minha resposta foi que sim, existem.

Em primeiro lugar, na infância. As crianças são mestres na observação das pessoas. São muito sintonizadas com as emoções e estados de espírito de seus pais – a sobrevivência delas depende disso. Trapaceiros e vigaristas detestam crianças porque elas são capazes de perceber a falsidade, a dissimulação, a charlatanice. Quando crianças, éramos todos grandes observadores. Em segundo lugar: quando viajamos para um país estrangeiro, em que tudo é exótico e estranho, nossos sentidos se aguçam. Prestamos atenção nas pessoas. Elas parecem tão diferentes que queremos entendê-las. Além disso, quando começamos num novo emprego e estamos um pouco nervosos, prestamos atenção em todas as pequenas dinâmicas de poder que estão em jogo. Obviamente, quando nos apaixonamos, dedicamos toda a atenção do mundo à pessoa amada.

Detectamos cada pequeno gesto e detalhe em busca de sinais de que ela gosta de nós, de quem é ela, de como é sua personalidade. E, por fim, estranhamente, quando lemos um romance muito bom ou assistimos a um grande filme, ficamos fascinados pelos personagens que alguém criou e queremos entrar no mundo deles.

O que todas essas experiências têm em comum? Nesses momentos, estamos envolvidos, nosso desejo está mobilizado. Estamos empolgados. Nossa curiosidade está aguçada. Sentimos a necessidade de prestar atenção nas pessoas. Nossa sobrevivência pode até depender disso. E quando estamos entusiasmados e curiosos e sentimos essa necessidade, de súbito nossos olhos ganham uma centelha de vida. Estamos observando. Somos vigilantes. Estamos entrando nas pessoas. Nesses momentos, nosso ego diminui. Saímos de nós mesmos para adentrar o mundo de outras pessoas.

Normalmente, não nos sentimos assim. Na verdade, sentimos pouco interesse pelas pessoas ao nosso redor. Odeio dizer isso, mas é verdade. As pessoas com as quais lidamos todos os dias são conhecidas demais, já estamos habituados a elas. Não nos parecem empolgantes. Temos a sensação de que nossos próprios pensamentos e nosso próprio mundo são mais interessantes que os delas. Temos nossas próprias necessidades e nossos próprios problemas para lidar.

Então decidi: e se eu conseguisse escrever um livro capaz de transportar o leitor de volta à posição que ocupava num daqueles momentos? E se eu pudesse fazer você se sentir de novo como uma criança? E se eu pudesse fazer você se sentir num daqueles momentos em que estava apaixonado ou viajando num país estrangeiro ou entusiasmado e curioso e realmente ávido por sondar a mente das pessoas ao seu redor?

Isso mudaria tudo. Você não teria que subitamente imaginar que era um ouvinte ou observador melhor. Você *se tornaria de fato* um ouvinte e observador melhor.

Então, de que forma eu poderia criar esse tipo de magia? Pegando o leitor pela mão para conduzi-lo às entranhas do mundo interior das pessoas ao seu redor. Fazendo você ver quais são as fantasias das pessoas, como é a vida delas por dentro.

Sou da opinião de que as pessoas com quem você lida no dia a dia são muito mais interessantes, complexas e esquisitas do que você imagina.

Você pode achar que tem que viajar para alguma região estrangeira como Bali ou que precisa assistir a algum filme para encontrar pessoas interessantes. Não, aquele balconista da farmácia, ou quem quer que seja – eles realmente têm uma vida interior muito profunda e rica. São fascinantes. Você simplesmente não está percebendo.

Então, como serei capaz de fazer isso? Como farei você compreender as pessoas em vez de deixar que elas lhe causem dor?

Conduzindo você num profundo mergulho no estudo da natureza humana. E, como eu disse, alterarei completamente a forma como você percebe as pessoas. Depois que chegar lá, você nunca mais vai querer voltar para onde estava antes.

1º DE OUTUBRO
A lei fundamental da natureza humana

Vamos começar com a lei fundamental da natureza humana. Se tivesse que explicá-la, diria que é a seguinte: negar que há uma natureza humana, negar que estamos sujeitos a essas forças. Nós pensamos: "Eu não sou irracional, não sou agressivo, não sinto inveja, não sou narcisista", e é sempre o outro lado. São os republicanos, são os espartanos, são os etíopes – eles é que são os irracionais e agressivos. "Eu? Não, senhor." A verdade é que todos evoluímos da mesma fonte, do mesmo pequeno número de pessoas. Nossos cérebros são basicamente os mesmos. Temos configuração semelhante. Nossa experiência no mundo é, em termos emocionais, parecida com a forma como os caçadores-coletores vivenciavam o mundo. Pouca coisa mudou nesse sentido. Então, se todos nós viemos da mesma fonte, por que é que apenas pequenos grupos de pessoas são tidos como agressivos ou irracionais? Todos somos iguais.

LEI DO DIA: ACEITE A NATUREZA QUE VOCÊ COMPARTILHA COM OS OUTROS. PARE DE SE SEPARAR E SE DISTINGUIR COMO ESPECIAL OU SUPERIOR.

"The Laws of Human Nature: An Interview with Robert Greene" [As leis da natureza humana: uma entrevista com Robert Greene], *site dailystoic.com*, 23 de outubro de 2018

2 DE OUTUBRO

Não existe nada mais forte que a natureza humana

O homem só se torna melhor quando é forçado a ver como ele é.
— Anton Tchekhov (1860-1904, dramaturgo e contista russo)

O leitor talvez esteja tentado a imaginar que esse conhecimento acerca da natureza humana é um pouco antiquado. Afinal, você pode argumentar: "Somos hoje tão sofisticados e avançados tecnologicamente, tão progressistas e esclarecidos. Fomos muito além das nossas raízes primitivas; estamos no processo de reescrever a nossa natureza". No entanto, a verdade é, de fato, o oposto: nunca fomos tão escravos da natureza humana e do seu potencial destrutivo como somos hoje. E, ao ignorarmos esse fato, brincamos com fogo. Observe como a permeabilidade das nossas emoções tem se elevado pelas redes sociais, ambiente em que os efeitos virais nos arrastam de maneira contínua e a maioria dos líderes manipuladores é capaz de nos explorar e controlar. Reflita sobre a agressão que é hoje demonstrada abertamente no mundo virtual, em que é tão mais fácil expor o nosso lado sombrio sem repercussões. Note como a nossa propensão para nos comparar aos outros, sentir inveja e buscar *status* chamando atenção apenas se intensificou com a nossa habilidade de nos comunicar tão rapidamente com inúmeras pessoas. E, por fim, pense nas nossas tendências tribais e em como elas agora têm o meio perfeito em que operar – somos capazes de encontrar um grupo com o qual nos identificamos, reforçar as nossas opiniões tribais numa câmara de ressonância virtual e demonizar quem não pertença a ela, levando à intimidação pela multidão. O potencial para o caos, derivado do lado primitivo da nossa natureza, apenas aumentou. É simples: a natureza humana é mais forte do que qualquer indivíduo, instituição ou invenção tecnológica. Acaba moldando o que criamos para refletir a si mesma e as suas raízes primitivas. Ela nos move como peões. Ignore as leis por sua conta e risco.

LEI DO DIA: RECUSAR-SE A FAZER AS PAZES COM A NATUREZA HUMANA SIGNIFICA SIMPLESMENTE QUE VOCÊ ESTARÁ CONDENADO A PADRÕES ALÉM DO SEU CONTROLE E A SENTIMENTOS DE CONFUSÃO E IMPOTÊNCIA.

As leis da natureza humana, Introdução

3 DE OUTUBRO
A Atena interior

> O que temo não é a estratégia do inimigo, mas os nossos próprios erros.
> — Péricles (*c.* 495/492 a.C.-429 a.C., estadista, orador e general da Grécia antiga)

Na concepção de Péricles, a mente humana precisa adorar alguma coisa, precisa ter a sua atenção direcionada para algo que valorize acima de todo o resto. Para a maioria das pessoas, é o próprio ego; para algumas, é a família, o clã, o deus para quem rezam, ou a nação. Para Péricles, seria *nous* – a palavra em grego antigo que significa "mente" ou "inteligência". *Nous* é uma força que permeia o universo, criando significado e ordem. A mente humana é atraída por natureza pela ordem; essa é a fonte da nossa inteligência. O conceito de *nous* que Péricles venerava era encarnado pela figura da deusa Atena. Atena nasceu literalmente da cabeça de Zeus, e seu nome reflete isso – uma combinação de "deus" (*theos*) e "mente" (*nous*). No entanto, Atena passou a representar uma espécie bastante particular de *nous* – eminentemente prática, feminina e terrena. Ela é a voz que chega aos heróis nos momentos de necessidade, incutindo-lhes um espírito de calma, orientando-lhes a mente em direção à ideia perfeita de vitória e sucesso e dando-lhes a energia para alcançar esses objetivos. Em essência,

Atena representava a racionalidade, o maior dom concedido pelos deuses aos mortais, pois só a racionalidade era capaz de fazer um humano agir com a sabedoria divina. A voz de Atena existe dentro de você agora, um potencial que talvez você tenha sentido em momentos de calma e concentração, aquela ideia perfeita que lhe vem depois de muito raciocínio. Você não está conectado a esse poder mais elevado no presente porque a sua mente está sobrecarregada com emoções.

LEI DO DIA: CULTIVE SUA ATENA INTERIOR E ADORE-A. A RACIONALIDADE SERÁ, ENTÃO, O QUE VOCÊ VALORIZARÁ MAIS E O QUE LHE SERVIRÁ COMO GUIA.

As leis da natureza humana, Capítulo 1: Domine o seu lado emocional – A Lei da Irracionalidade

4 DE OUTUBRO
Analise, esquadrinhe, questione

É como se o seu segundo eu estivesse ao seu lado; um é sensato e racional, mas o outro eu é impelido a fazer algo completamente insensato e, às vezes, muito engraçado; e, de repente, você percebe que tem vontade de fazer aquilo que é divertido, sabe-se lá por quê. Isto é, você quer, desse modo, agir contra a própria vontade; embora você lute contra isso com todas as forças, é o que você quer.
— Fiódor Dostoiévski (1821-1881, escritor russo), *O adolescente* (1875)

A fim de cultivar a sua Atena interior, Péricles precisou primeiro descobrir uma maneira de dominar as suas próprias emoções, pois elas fazem com que nos voltemos para dentro, para longe do *nous*, longe da realidade.

Ficamos remoendo a nossa raiva ou inseguranças. Ao olharmos para o mundo e tentarmos resolver os problemas, vemos tudo através da lente dessas emoções; elas obscurecem a nossa visão. Péricles se treinou para nunca reagir de imediato, jamais tomar uma decisão sob a influência de uma emoção forte. Em vez disso, analisava os seus sentimentos. Em geral, quando observava mais de perto as suas inseguranças ou sua raiva, percebia que elas não eram de todo justificadas, perdendo a significância sob escrutínio. Às vezes tinha que se afastar fisicamente do alvoroço da Assembleia e se recolher em casa, onde permanecia sozinho por muitos dias, acalmando-se. Lentamente, a voz de Atena chegaria a ele.

LEI DO DIA: OBSERVE AS EMOÇÕES QUE INFECTAM DE FORMA CONTÍNUA AS SUAS IDEIAS E DECISÕES. APRENDA A SE QUESTIONAR: "POR QUE SINTO ESSA RAIVA OU RESSENTIMENTO? DE ONDE VEM ESSA NECESSIDADE INCESSANTE DE ATENÇÃO?".

As leis da natureza humana, Capítulo 1: Domine o seu lado emocional – A Lei da Irracionalidade

5 DE OUTUBRO
Não deixe o sucesso intoxicar você

Nós, seres humanos, possuímos uma fraqueza latente que nos empurrará para um processo delirante sem que tenhamos sequer consciência dessa dinâmica. Ela vem da nossa tendência natural a superestimar as nossas habilidades. Costumamos ter uma auto-opinião um pouco elevada em relação à realidade. Temos uma necessidade profunda de nos sentir superiores aos outros em alguma coisa – inteligência, beleza, charme, popularidade ou virtuosidade. Isso pode ser positivo. Uma dose de confiança nos impele a aceitar desafios, a ir além dos nossos limites e a aprender no processo. No entanto, uma vez que tenhamos experimentado o sucesso em qualquer nível – o aumento da atenção de um indivíduo ou grupo, uma promoção, o financiamento de um projeto –, a autoconfiança tenderá a crescer em extrema velocidade, e haverá uma discrepância cada vez maior entre a auto-opinião e a realidade.

LEI DO DIA: DEPOIS DE QUALQUER TIPO DE TRIUNFO, ANALISE OS COMPONENTES. VEJA O ELEMENTO INEVITÁVEL DA SORTE, ASSIM COMO O PAPEL QUE OUTRAS PESSOAS, INCLUSIVE MENTORES, DESEMPENHARAM NO SEU ÊXITO.

As leis da natureza humana, Capítulo 11: Conheça os seus limites – A Lei da Grandiosidade

6 DE OUTUBRO
Investigue sua própria natureza

Somos criaturas muito complicadas. Não sabemos de onde vêm as ideias. Não sabemos de onde vêm as nossas emoções. Mas você pode chegar perto. Pode conseguir algum grau de clareza. Pode começar a ver o lado sombrio ou o desconhecido interior. E essa é realmente a única esperança, porque quando você está em negação, não percebe que está sendo um narcisista, não percebe que está sendo governado por suas emoções. Você pode até pensar que é superior a outras pessoas apenas por causa da opinião que defende. Corre o risco de deixar seu lado sombrio vir à tona sem sequer estar ciente disso. Você precisa aceitar o fato de que 95% de suas ideias e opiniões não são de fato suas – vêm do que outras pessoas lhe ensinaram, do que você lê na internet, do que outras pessoas estão dizendo e fazendo. Você é um conformista – sim, é. Eu sou assim e todo mundo é assim, e você só percebe isso ao elucidar algumas coisas sobre si mesmo e compreender que essas qualidades, essas falhas incorporadas em nós, estão dentro de você também. Só então você pode começar a superá-las e usá-las para fins produtivos. Questione, questione, questione. Não presuma que a razão pela qual você sente algo é correta apenas porque você sente. E, nesse tipo de processo, você se tornará racional, se tornará alguém capaz de ter empatia, terá a capacidade de julgar as pessoas da maneira adequada e aceitá-las por quem elas são, em vez de manter uma postura continuamente moralizante, desejando que sejam algo que não são. Você percorrerá um caminho muito mais suave vida afora, ficará muito mais calmo e mais pacífico sem ter de carregar toda a bagagem emocional que o arrasta para baixo. Mas isso começa com um movimento de olhar para dentro de si e se questionar, em vez de supor que tudo o que você sente ou pensa é certo.

LEI DO DIA: PERGUNTE A SI MESMO:
"ONDE FOI QUE OBTIVE ESSA CRENÇA?";
"ISSO É VERDADE?";
"EU CONCORDARIA COM ISSO SE OUVISSE
PELA PRIMEIRA VEZ HOJE?".

"'Stop Assuming that Everything You Feel or Think is Right' – An Interview with Robert Greene" [Pare de presumir que tudo o que você sente ou pensa está certo – entrevista com Robert Greene], revista on-line *Quillette*, 1º de janeiro de 2019

7 DE OUTUBRO
Racionalidade: uma definição simples

É claro que as palavras *racional* e *irracional* são um pouco capciosas. As pessoas sempre rotulam de "irracionais" aquelas de quem discordam. O que precisamos é de uma definição simples que seja aplicável a fim de julgar, da maneira mais precisa possível, a diferença entre as duas. O que se segue deve servir como o nosso barômetro: sentimos emoções constantemente, e estas infectam o nosso pensamento o tempo todo, nos desviando em direção a pensamentos que nos agradam e que deleitam o nosso ego. É impossível não termos as nossas inclinações e sentimentos envolvidos de algum modo no que pensamos. Indivíduos racionais têm consciência disso e, por meio de esforço e introspecção, são capazes de, até certo ponto, subtrair as emoções daquilo que pensam, neutralizando o seu efeito. Os irracionais não têm essa consciência, partindo para a ação sem considerar cuidadosamente as ramificações e consequências. Em todos os casos, o grau de consciência representa a diferença. Indivíduos racionais conseguem admitir de imediato as suas tendências irracionais e a necessidade de serem vigilantes. Por outro lado, irracionais se tornam bastante emocionais quando são desafiados a respeito das raízes emocionais de suas decisões. São incapazes de fazer introspecção e de conquistar aprendizado. Os erros que cometem os colocam cada vez mais numa posição defensiva.

LEI DO DIA: COMO VOCÊ SE CLASSIFICARIA NESSA ESCALA?

As leis da natureza humana, Capítulo 1: Domine o seu lado emocional – A Lei da Irracionalidade

8 DE OUTUBRO

A loucura dos grupos

> A loucura é algo raro nos indivíduos – mas é a regra em grupos, partidos, povos e eras.
>
> — FRIEDRICH NIETZSCHE, *Além do bem e do mal* (1886)

Se tivéssemos, como indivíduos, algum plano que fosse claramente ridículo, outros nos alertariam e colocariam nossos pés de volta no chão, mas num grupo acontece o oposto – todos parecem validar o esquema, não importa o quão absurdo seja (por exemplo, invadir o Iraque e esperar ser recebido como uma força libertadora), e não há ninguém de fora para nos jogar um balde de água fria. Sempre que se sentir excepcionalmente certo e entusiasmado a respeito de um plano ou ideia, recue e avalie se é um efeito viral do grupo atuando sobre você. Se conseguir se desligar por um momento do seu entusiasmo, você notará como o seu pensamento é utilizado para racionalizar as suas emoções, procurando confirmar essa certeza que você *quer* sentir.

LEI DO DIA: NUNCA ABRA MÃO DA SUA HABILIDADE DE DUVIDAR, REFLETIR E CONSIDERAR OUTRAS OPÇÕES – A SUA RACIONALIDADE COMO INDIVÍDUO É A SUA ÚNICA PROTEÇÃO CONTRA A LOUCURA QUE PODE DOMINAR UM GRUPO.

As leis da natureza humana, Capítulo 14: Resista à pressão descendente do grupo – A Lei do Conformismo

9 DE OUTUBRO
O poder da associação

Os seres humanos são extremamente suscetíveis aos estados de espírito, humores, emoções e até maneiras de pensar das pessoas com quem convivem. Os indivíduos irremediavelmente infelizes e os instáveis incuráveis têm um poder de contágio especialmente forte, porque a personalidade e os estados emocionais deles são muito intensos. Costumam se apresentar como vítimas, o que a princípio dificulta perceber que seu sofrimento é autoinfligido. Antes que você se dê conta da verdadeira natureza dos problemas dessas pessoas, já foi contaminado por elas. Entenda o seguinte: as pessoas com quem você se associa são importantíssimas. O risco de se associar com contaminantes é que você perderá tempo e energia valiosos tentando se libertar. Por conta de uma espécie de culpa por associação, você também será, aos olhos dos outros, um sofredor.

LEI DO DIA: ESTEJA CIENTE DO PODER QUE AQUELES COM QUEM VOCÊ SE ASSOCIA EXERCEM SOBRE VOCÊ.

As 48 leis do poder, Lei 10: Contágio – Evite os infelizes e azarados

10 DE OUTUBRO
Pense por conta própria

Nós, seres humanos, tendemos a ser animais incrivelmente convencionais. Recebemos ideias de nossos pais, de nossa escola, das pessoas ao nosso redor, e essa se torna a maneira como pensamos a respeito de tudo no mundo. Paramos de pensar por nós mesmos, e na era das mídias sociais ficou muito pior. Temos medo de pensar por conta própria. O exemplo clássico dessa covardia de pensamento vem dos acadêmicos – indivíduos que deveriam ser os pensadores mais brilhantes de todos –, muitos dos quais foram em ampla medida doutrinados numa forma específica de ver o mundo, repleta de jargões e ortodoxias. Eles são incapazes de escapar desse esquema – tudo o que escrevem, tudo o que veem, tudo o que pensam está dentro da pequena bolha com a qual foram inculcados em sua formação acadêmica. Você precisa ser destemido. Precisa ser capaz de se livrar de tudo aquilo em que sempre acreditou. Você precisa se livrar de todas as estratégias que utilizava. Todas as ideias convencionais.

LEI DO DIA: VOCÊ PRECISA PENSAR POR SI MESMO E NÃO FICAR PRESO AO QUE OUTRAS PESSOAS LHE DISSERAM ACERCA DA REALIDADE.

Website oficial de Robert Greene, "Irrationality 2020" [Irracionalidade 2020], YouTube, 29 de agosto de 2020

11 DE OUTUBRO

Cuidado com o ego frágil

De todas as emoções humanas, nenhuma é mais traiçoeira ou evasiva do que a inveja, a sensação de que os outros têm mais daquilo que desejamos – posses, atenção, respeito. Merecemos ter tanto quanto eles têm, mas nos vemos, por algum motivo, incapazes de obter essas coisas. No entanto, paradoxalmente, a inveja acarreta admitir, para nós mesmos, que somos inferiores ao outro em algum aspecto que valorizamos. Não apenas é doloroso admitir essa inferioridade, como é ainda pior perceberem que nos sentimos assim. Desse modo, quase no mesmo instante em que sentimos as pontadas iniciais da inveja, somos motivados a disfarçá-la de nós mesmos – não é inveja que sentimos, mas a injustiça quanto à distribuição de bens e de atenção, ressentimento por essa injustiça e até raiva. A sensação latente de inferioridade é forte demais, levando a uma hostilidade que não se consegue descarregar com um mero comentário ou gozação. Viver com a própria inveja por um longo período é doloroso e frustrante; sentir uma indignação virtuosa contra a pessoa invejada, porém, é revigorante. Deixar a inveja guiar as suas ações, fazendo algo para prejudicar o outro, traz satisfação, embora essa satisfação dure pouco, pois os invejosos sempre encontram algo novo para invejar.

LEI DO DIA: A INVEJA TALVEZ SEJA A MAIS FEIA DAS EMOÇÕES HUMANAS. DESTRUA-A ANTES QUE ELA DESTRUA VOCÊ. DESENVOLVA SEU SENSO DE AMOR-PRÓPRIO A PARTIR DE PADRÕES INTERNOS, E NÃO DE COMPARAÇÕES INCESSANTES.

As leis da natureza humana, Capítulo 10: Cuidado com o ego frágil – A Lei da Inveja

12 DE OUTUBRO

Veja as coisas como elas são, não com o colorido que suas emoções lhes conferem

Você deve olhar para as suas respostas emocionais aos acontecimentos como uma espécie de doença a ser curada com remédios. O medo fará você superestimar o inimigo e agir de modo excessivamente defensivo. A raiva e a impaciência o levarão a cometer atitudes precipitadas que limitarão suas opções. O excesso de confiança, sobretudo como resultado do sucesso, fará com que você vá longe demais. O amor e o afeto o cegarão para as traiçoeiras manobras de pessoas que aparentemente estão do seu lado. Até mesmo as gradações mais sutis dessas emoções podem conferir um colorido à maneira como você enxerga os fatos. O único remédio é ter consciência de que a atração que as emoções exercem é inevitável, e notar quando isso estiver acontecendo. Quando conseguir, seja ainda mais cauteloso. Quando estiver com raiva, não faça nada. Quando sentir medo, saiba que vai exagerar os perigos que você enfrenta.

LEI DO DIA: A VIDA EXIGE O MÁXIMO DE REALISMO, VER AS COISAS COMO ELAS SÃO. QUANTO MAIS VOCÊ PUDER LIMITAR OU COMPENSAR SUAS REAÇÕES EMOCIONAIS, MAIS PRÓXIMO CHEGARÁ DESSE IDEAL.

33 estratégias de guerra, Prefácio

13 DE OUTUBRO
Mude as suas circunstâncias mudando de atitude

A maior descoberta da minha geração é o fato de que os seres humanos são capazes de alterar a própria vida ao alterar a sua atitude mental.
— WILLIAM JAMES (1842-1910, filósofo e psicólogo norte-americano)

Imagine a seguinte situação: um jovem norte-americano precisa passar um ano estudando em Paris. É um pouco tímido e cauteloso, propenso a sentimentos de depressão e baixa autoestima, mas está sinceramente entusiasmado pela oportunidade. Ao chegar lá, descobre que é difícil falar o idioma local, e os erros que comete e a atitude um tanto negligente dos parisienses lhe dificultam ainda mais o aprendizado. Tem a impressão de que as pessoas não são nada amigáveis. O clima é úmido e sombrio. A comida é muito pesada. Até a Catedral de Notre-Dame parece decepcionante e a área em torno é apinhada demais de turistas. Ele conclui que Paris é uma cidade supervalorizada e um lugar bem desagradável. Agora, imagine a mesma situação, mas com uma jovem moça mais extrovertida e que tem um espírito aventureiro. Ela não se incomoda com os erros de francês que comete, nem com um comentário sarcástico ocasional de um parisiense; aprender o idioma é um desafio agradável. Outras pessoas consideram cativante a atitude dela. Faz amigos com mais facilidade e, com mais contatos, o seu conhecimento de francês melhora. O clima lhe parece romântico e bem apropriado ao lugar. Para ela, a cidade representa aventuras intermináveis, e acha isso encantador. Nesse caso, duas pessoas veem e julgam a mesma cidade de maneiras opostas. O mundo simplesmente existe do jeito que é – objetos ou acontecimentos não são bons ou ruins, certos ou errados, feios ou bonitos. Somos nós, com as nossas perspectivas particulares, que damos cor às coisas e aos indivíduos, ou que a subtraímos. Nós nos concentramos na bela arquitetura gótica ou nos turistas irritantes.

LEI DO DIA: NÓS, COM A NOSSA ATITUDE MENTAL, PODEMOS LEVAR OS OUTROS A NOS RESPONDEREM DE MANEIRA AMIGÁVEL OU HOSTIL, DEPENDENDO DA NOSSA ANSIEDADE OU FRANQUEZA. MOLDAMOS MUITO DA REALIDADE QUE PERCEBEMOS A PARTIR DOS NOSSOS ÂNIMOS E EMOÇÕES.

As leis da natureza humana, Capítulo 8: Mude as suas circunstâncias mudando de atitude – A Lei da Autossabotagem

14 DE OUTUBRO
Confronte o seu lado sombrio

> Todo nosso ser não é nada além de uma luta contra as forças sombrias dentro de nós mesmos. Viver é guerrear com ogros no coração e na alma. Escrever é pôr a si mesmo em julgamento.
> — Henrik Ibsen (1828-1906, dramaturgo norueguês)

Você construiu uma identidade pública que acentua os seus pontos fortes e esconde as suas fraquezas. Você reprimiu os traços socialmente menos aceitáveis que possuía por natureza quando criança. Você se tornou gentil e agradável. Mas tem um lado sombrio, cuja existência odeia admitir ou examinar. Este contém as suas inseguranças mais profundas, os desejos secretos de prejudicar pessoas, até aquelas que lhe são próximas, as fantasias de vingança, as suspeitas acerca dos outros, a fome por mais atenção e poder. Esse lado sinistro assombra os seus sonhos. Ele lhe escapa em momentos de depressão inexplicável, ansiedade incomum, ânimos delicados, carência repentina e pensamentos desconfiados. É expresso em comentários precipitados dos quais você se arrepende mais tarde. E, às vezes, esse lado sombrio causa um comportamento destrutivo. Você tenderá a culpar as circunstâncias ou aos outros por esses ânimos, mas eles continuarão a ocorrer, pois não está consciente da fonte deles. A depressão e a ansiedade resultam da sua recusa em aceitar o seu eu completo, sempre interpretando um papel. Manter o controle sobre essa faceta sombria exige grande energia, mas, às vezes, o comportamento desagradável lhe escapa como uma forma de descarga da tensão interior.

LEI DO DIA: RECONHEÇA E EXAMINE O LADO SOMBRIO DO SEU CARÁTER. SUBMETIDO A UM ESCRUTÍNIO CONSCIENTE, ELE PERDE O SEU PODER DESTRUTIVO.

As leis da natureza humana, Capítulo 9: Confronte o seu lado sombrio – A Lei da Repressão

15 DE OUTUBRO

Distancie-se do grupo para criar espaço mental

Se nos observarmos com atenção e honestidade, teríamos de admitir que, no momento em que entramos no nosso ambiente de trabalho ou em qualquer grupo, sofremos uma mudança. Passamos com facilidade para modos primitivos de pensamento e comportamento sem nos darmos conta. Junto aos outros, tendemos naturalmente a nos sentir inseguros quanto ao que eles pensam de nós. Sentimos uma pressão para nos encaixarmos e, para conseguir isso, começamos a moldar os nossos pensamentos e crenças às ortodoxias do grupo. Imitamos de maneira inconsciente os demais membros – na aparência, nas expressões verbais e nas ideias. Tendemos a nos preocupar bastante com o nosso *status* e com nosso lugar na hierarquia: "Estou recebendo o mesmo respeito que os meus colegas recebem?". Esse é o lado primata da nossa natureza, pois compartilhamos essa obsessão pelo *status* com os nossos parentes chimpanzés. Dependendo dos padrões da primeira infância, no ambiente de grupo nos tornamos mais passivos ou mais agressivos do que o normal, revelando as facetas menos desenvolvidas do nosso caráter. Para resistir a essa pressão descendente que os grupos exercem de modo inevitável sobre nós, precisamos conduzir um experimento sobre a natureza humana com um único objetivo em mente – desenvolver a habilidade de nos separar do grupo e criar um espaço mental para o verdadeiro pensamento independente. Começaremos esse experimento ao aceitar a realidade do efeito poderoso que o grupo exerce sobre nós.

LEI DO DIA: SEJA BRUTALMENTE HONESTO CONSIGO MESMO, CIENTE DE COMO A SUA NECESSIDADE DE SE

ENCAIXAR MOLDA E DISTORCE O SEU PENSAMENTO. SERÁ QUE ESSA ANSIEDADE OU INDIGNAÇÃO QUE VOCÊ SENTE VEM SÓ DE DENTRO, OU É INSPIRADA PELOS DEMAIS?

As leis da natureza humana, Capítulo 14: Resista à pressão descendente do grupo – A Lei do Conformismo

16 DE OUTUBRO
Teste de inveja

A raiz da palavra *invidia*, "inveja" em latim, significa "olhar através, examinar com os olhos como uma adaga". O significado inicial do vocábulo era associado ao "olho maligno" e à crença de que um olhar poderia realmente transmitir uma maldição e ferir alguém fisicamente. Os olhos são, de fato, um indicador que revela muito, mas a microexpressão invejosa afeta todo o rosto. O filósofo alemão Arthur Schopenhauer (1788-1860) concebeu uma maneira rápida de atrair esses olhares e testá-los quanto à inveja. Conte àqueles que você suspeita de serem invejosos alguma boa notícia sobre você mesmo – uma promoção, um novo e excitante interesse romântico, um contrato para publicar um livro. Você notará uma expressão bem rápida de desapontamento neles. O tom de voz com que lhe darão os parabéns trairá alguma tensão e esforço. Da mesma forma, conte-lhes sobre alguma infelicidade que lhe aconteceu e note a microexpressão incontrolável de alegria pela dor de outra pessoa, um sentimento que os alemães chamam de *schadenfreude*. Os olhos se iluminam por um breve segundo. Indivíduos invejosos não conseguem deixar de sentir algum prazer ao saber da má sorte daqueles que invejam.

LEI DO DIA: SE VOCÊ NOTAR OLHARES ASSIM NAS PRIMEIRAS VEZES EM QUE SE ENCONTRAR COM ALGUÉM,

> E ESSES OLHARES ACONTECEREM MAIS DE UMA VEZ, MANTENHA-SE ALERTA QUANTO À PRESENÇA DE UM INVEJOSO PERIGOSO NA SUA VIDA.

As leis da natureza humana, Capítulo 10: Cuidado com o ego frágil – A Lei da Inveja

17 DE OUTUBRO

Identifique a essência do *zeitgeist* (o espírito da época)

> As deficiências de um homem são tomadas da sua época; as suas virtudes e grandeza pertencem a ele mesmo.
> — Johann Wolfgang von Goethe

Você deve alterar a sua atitude em relação à sua própria geração. Gostamos de imaginar que somos autônomos e que os nossos valores e ideias vêm de dentro, e não de fora, mas esse, na verdade, não é o caso. O seu objetivo é entender da forma mais abrangente possível a profundidade com que o espírito da sua geração, e da época em que vive, influenciou a maneira como você percebe o mundo. Considere-se um arqueólogo escavando o próprio passado e o da sua geração em busca de artefatos, de observações que você consiga juntar para formar uma imagem do espírito subjacente. Quando examinar as suas lembranças, tente fazê-lo com algum distanciamento, mesmo quando recordar as emoções que sentiu na época. Flagre-se no processo inevitável de emitir julgamentos positivos e negativos sobre a sua geração ou a seguinte e deixe-os de lado. Desenvolva essa habilidade por meio da prática. Construir essa atitude desempenhará um papel fundamental no seu desenvolvimento.

LEI DO DIA: COM ALGUM DISTANCIAMENTO E CONSCIÊNCIA, VOCÊ SE TORNARÁ MUITO MAIS DO QUE UM SEGUIDOR DA SUA GERAÇÃO, OU DO QUE UM REBELDE CONTRA ELA; VOCÊ PODERÁ MOLDAR O SEU PRÓPRIO RELACIONAMENTO COM O *ZEITGEIST* E SE TORNAR UM CRIADOR FORMIDÁVEL DE TENDÊNCIAS.

As leis da natureza humana, Capítulo 17: Aproveite o momento histórico – A Lei da Miopia Geracional

18 DE OUTUBRO
Pense como um escritor

A família de Anton Tchekhov era grande e pobre, e o pai, um alcoólatra, espancava todos os filhos sem piedade, inclusive o jovem Anton. Este se tornou médico e passou a escrever como carreira alternativa, aplicando o seu treinamento da Medicina ao animal humano e tomando como meta entender o que nos faz tão irracionais, infelizes e perigosos. Em suas histórias e peças, ele considerava imensamente terapêutico dedicar-se a seus personagens ao extremo e compreender até mesmo os piores tipos. Dessa forma, era capaz de perdoar qualquer um, até mesmo o próprio pai. A sua abordagem nesses casos era imaginar que cada pessoa tinha um motivo, não importando o quão deturpado, para ter se transformado no que é; uma lógica que faria sentido para ela. Ao seu modo, todos estão lutando para se satisfazerem, mas de maneira irracional. Ao dar um passo para trás e imaginar a história desses indivíduos a partir da perspectiva deles, Tchekhov desmitificou os brutos e os agressores, reduzindo-os às suas dimensões reais. Eles não inspiravam mais ódio, mas pena.

LEI DO DIA: PENSE MAIS COMO UM ESCRITOR AO ABORDAR AQUELES COM QUEM LIDA, ATÉ MESMO OS PIORES TIPOS.

As leis da natureza humana, Capítulo 1: Domine o seu lado emocional – A Lei da Irracionalidade

19 DE OUTUBRO
Aceite as pessoas como fatos

Se encontrar qualquer traço especial de mesquinharia ou estupidez [...], tome cuidado para não deixar que isso o aborreça ou perturbe, e encare-o apenas como um acréscimo ao seu conhecimento – um novo fato a ser considerado ao estudar o caráter da humanidade. A sua atitude em relação a esse traço será igual à de um mineralogista que topa com um espécime bastante característico de mineral.

— Arthur Schopenhauer

As interações com as pessoas são a fonte principal de agitação emocional, mas não precisa ser assim. O problema é que as julgamos o tempo todo, desejando que fossem algo que não são. Queremos mudá-las, queremos que pensem e ajam de determinada maneira, em geral da maneira que nós pensamos e agimos. E como isso não é possível, já que cada um é de um jeito, nos sentimos frustrados e decepcionados o tempo todo. Em vez disso, veja-as como fenômenos, tão neutros como cometas ou plantas. Simplesmente existem; surgem em todas as variedades, tornando a vida rica e interessante. Trabalhe com o que elas lhe dão, em vez de resistir e tentar mudá-las. Transforme a tarefa de entendê-las num jogo divertido, na montagem de um quebra-cabeça. É tudo parte da comédia humana. Sim, as pessoas são irracionais, mas o mesmo se aplica a você. Torne a sua aceitação da natureza humana a mais radical possível. Isso o acalmará e o ajudará a observar os indivíduos de forma mais desapaixonada, entendendo-os num nível mais profundo. Você vai parar de projetar as suas próprias emoções nos outros. Tudo isso vai lhe dar mais equilíbrio e tranquilidade, mais espaço mental para pensar.

LEI DO DIA: EXAMINE AS FALHAS QUE VOCÊ VÊ NOS OUTROS E COMO ELAS ESTÃO EM VOCÊ TAMBÉM.

As leis da natureza humana, Capítulo 1: Domine o seu lado emocional – A Lei da Irracionalidade

20 DE OUTUBRO
Veja além do momento

Nós, seres humanos, tendemos a viver no momento. É a parte animal da nossa natureza. Respondemos primeiro, e acima de tudo, ao que vemos e ouvimos, ao que é mais dramático num acontecimento. Entretanto, não somos apenas animais atrelados ao presente. A realidade humana engloba o passado – cada acontecimento está conectado a algo que ocorreu antes numa cadeia infinita de causalidade histórica. Qualquer problema atual tem raízes profundas no passado. Também engloba o futuro. O que quer que façamos tem consequências que se estendem ao longo dos anos que estão por vir. Quando limitamos os nossos pensamentos àquilo que os nossos sentidos nos informam, ao que é imediato, descendemos ao puro nível animal em que os nossos poderes de raciocínio são neutralizados. Não temos mais ciência de como e por que tudo acontece. Imaginamos que algum esquema bem-sucedido que durou alguns meses só vai melhorar. Não consideramos mais as consequências possíveis de algo que colocamos em movimento. Reagimos ao que é dado no momento com base apenas em pequenas peças do quebra-cabeça. Os vendedores e demagogos exploram essa fraqueza da natureza humana para nos enganar com o prospecto de ganhos fáceis e gratificação instantânea. O nosso único antídoto é nos treinar para nos afastarmos continuamente da urgência imediata dos acontecimentos e elevar a nossa perspectiva.

LEI DO DIA: EM VEZ DE REAGIR APENAS, RECUE E ESTUDE O CONTEXTO MAIS AMPLO. CONSIDERE AS VÁRIAS RAMIFICAÇÕES POSSÍVEIS DE QUALQUER AÇÃO QUE REALIZA. TENHA EM MENTE QUE MUITAS VEZES É MELHOR NÃO FAZER NADA, NÃO REAGIR, E DEIXAR O TEMPO PASSAR E VER O QUE ELE REVELA.

As leis da natureza humana, Capítulo 6: Eleve a sua perspectiva – A Lei da Miopia

21 DE OUTUBRO
Reconheça seus impulsos agressivos

> Os homens não são criaturas gentis e amigáveis que desejam o amor, e que só se defendem quando atacadas [...]. Um desejo poderoso de agressão tem que ser reconhecido como parte da sua [...] capacidade.
> — SIGMUND FREUD (1856-1939, neurologista e psiquiatra austríaco)

O que isso significa é o seguinte: todos entendemos que os seres humanos têm sido capazes de cometer muita violência e agressão, tanto no passado como no presente. Sabemos que, no mundo lá fora, existem criminosos sinistros, empresários gananciosos e inescrupulosos, negociantes belicosos e agressores sexuais. No entanto, criamos uma linha divisória nítida entre nós e esses exemplos. Temos um bloqueio poderoso que nos impede de imaginar qualquer tipo de *continuum* ou espectro no que diz respeito aos nossos próprios momentos agressivos e aqueles da variedade mais extrema em outros. Na verdade, definimos a palavra como uma descrição das manifestações mais fortes de agressão, excluindo-nos. É sempre o outro que é beligerante, que começa as brigas, que é agressivo. Esse é um conceito bem errôneo da natureza humana. A agressão é uma tendência latente em cada indivíduo humano, é programada na nossa espécie. Nós nos tornamos o animal proeminente neste planeta precisamente por causa da nossa energia agressiva, suplementada pela nossa inteligência e astúcia. Não podemos separar essa agressividade da maneira como atacamos os problemas, alteramos o meio ambiente para tornar a nossa vida mais fácil, lutamos contra a injustiça, ou criamos algo em larga escala.

LEI DO DIA: PROCURE EM AÇÕES PASSADAS OS SINAIS DE SEUS PRÓPRIOS IMPULSOS AGRESSIVOS – COMO ELES LEVARAM AO ATRITO OU AO SUCESSO.

As leis da natureza humana, Capítulo 16: Veja a hostilidade por trás da fachada amigável – A Lei da Agressão

22 DE OUTUBRO

Perdido em trivialidades

Você se sente sobrecarregado pela complexidade do seu trabalho, pela necessidade de estar a par de todos os detalhes e tendências globais, de forma a controlar tudo melhor, mas está se afogando em informações. É difícil ver a floresta se só notamos uma árvore. Esse é um sinal claro de que você perdeu a noção das suas prioridades – quais fatos são mais importantes, quais problemas ou detalhes exigem mais atenção. O que você precisa é de um sistema de filtragem mental com base numa escala de prioridades e nas suas metas de longo prazo. Saber o que quer realizar ao fim de tudo o ajudará a separar o essencial do não essencial. Não é preciso saber todos os detalhes. Às vezes, é necessário delegar – deixe que os seus subordinados tratem da coleta de informações.

LEI DO DIA: LEMBRE-SE DE QUE O CONTROLE MAIOR SOBRE OS ACONTECIMENTOS VIRÁ DE AVALIAÇÕES REALISTAS DA SITUAÇÃO, QUE É PRECISAMENTE O MAIS DIFÍCIL DE FAZER QUANDO O CÉREBRO SE ENCONTRA AFOGADO EM TRIVIALIDADES.

As leis da natureza humana, Capítulo 6: Eleve a sua perspectiva – A Lei da Miopia

23 DE OUTUBRO
O eu perdido

A sua tarefa é se libertar da rigidez que o domina quando você se identifica em excesso com o papel do gênero esperado. O poder está em explorar o meio-termo entre o masculino e o feminino, em ir contra as expectativas dos indivíduos. Retorne aos lados mais duros ou suaves do caráter que você perdeu ou reprimiu. Ao se relacionar com as pessoas, expanda o seu repertório desenvolvendo uma empatia maior, ou aprendendo a ser menos obsequioso. Ao confrontar um problema ou resistir aos outros, treine-se para responder de maneiras diferentes – atacando quando normalmente defenderia, ou vice-versa. No seu raciocínio, aprenda a mesclar o analítico com o intuitivo a fim de se tornar mais criativo.

Não tenha medo de expor o lado mais sensível ou ambicioso do seu caráter. Essas suas partes reprimidas estão ansiosas para serem liberadas. No teatro da vida, expanda os papéis que interpreta. Não se preocupe com as reações das pessoas a quaisquer mudanças que elas perceberem. Você não é tão fácil assim de categorizar, o que as fascinará e lhe dará o poder de brincar com as percepções que têm de você, alterando-as à vontade.

LEI DO DIA: RETORNE AOS LADOS MAIS DUROS OU SUAVES DO SEU CARÁTER QUE VOCÊ PERDEU OU REPRIMIU.

As leis da natureza humana, Capítulo 12: Reconecte-se ao masculino ou feminino dentro de você – A Lei da Rigidez dos Gêneros

24 DE OUTUBRO
Saiba que você pouco sabe

Fui a um daqueles detentores da sabedoria. [...] Então, pus-me a considerar, de mim para mim, que sou mais sábio do que esse homem, pois que, ao contrário, nenhum de nós sabe nada de belo e de bom, mas aquele homem acredita saber alguma coisa, sem sabê-la, enquanto eu, como não sei nada, também estou certo de não saber. Parece, pois, que eu seja mais sábio do que ele, nisso – ainda que seja pouca coisa: não acredito saber aquilo que não sei.
— PLATÃO (428/427 a.C.-348/347 a.C., filósofo e matemático grego),
Apologia de Sócrates

Gostamos de zombar das ideias supersticiosas e irracionais nas quais a maioria de nós acreditava no século 17. Imagine como as pessoas do século 25 zombarão das nossas. Nosso conhecimento do mundo é limitado, apesar dos avanços da ciência. Nossas ideias são condicionadas pelos preconceitos incutidos em nós pelos nossos pais, pela nossa cultura e pelo período histórico em que vivemos. São limitadas ainda mais pela rigidez cada vez maior da mente. Um pouco mais de humildade sobre o que sabemos tornaria a todos nós mais curiosos e interessados numa gama mais ampla de ideias.

LEI DO DIA: EM SE TRATANDO DAS SUAS IDEIAS E OPINIÕES, ENCARE-AS COMO BRINQUEDOS OU BLOCOS DE CONSTRUÇÃO COM OS QUAIS ESTÁ BRINCANDO. ALGUNS VOCÊ GUARDA, OUTROS VOCÊ DERRUBA, MAS O SEU ESPÍRITO PERMANECE FLEXÍVEL E BRINCALHÃO.

As leis da natureza humana, Capítulo 7: Diminua a resistência das pessoas confirmando a opinião que elas têm de si mesmas – A Lei da Atitude Defensiva

25 DE OUTUBRO
Examine as suas emoções até as suas origens

Você está com raiva. Deixe o sentimento assentar e pense a respeito. Se foi incitado por algo aparentemente trivial ou mesquinho, é um sinal claro de que algo ou alguém está por trás dele. Talvez uma emoção mais desconfortável seja a raiz do problema – tal como a inveja ou a paranoia. Você precisa encarar essa possibilidade. Cave abaixo de todos os gatilhos para ver onde eles começaram. Para isso, talvez seja aconselhável utilizar um diário no qual você possa registrar com objetividade implacável as suas autoavaliações. O maior perigo aqui é o seu ego e como ele o faz, de maneira inconsciente, nutrir ilusões sobre si mesmo – as quais talvez sejam reconfortantes no momento, mas, no longo prazo, o tornarão defensivo e incapaz de aprender ou progredir. Descubra uma posição neutra de onde consiga observar as suas ações com um pouco de distanciamento e até de humor. Logo tudo isso se tornará um hábito natural e, quando o Eu Emocional erguer a cabeça de forma repentina em alguma situação, você o notará de imediato, sendo capaz de recuar e encontrar essa posição neutra.

LEI DO DIA: DESENVOLVA O HÁBITO DE EXAMINAR EM PROFUNDIDADE SUAS PRÓPRIAS RESPOSTAS EMOCIONAIS. AOS POUCOS, VOCÊ ACABARÁ ELIMINANDO REAÇÕES DESNECESSÁRIAS.

As leis da natureza humana, Capítulo 1: Domine o seu lado emocional – A Lei da Irracionalidade

26 DE OUTUBRO

Resista a explicações simples

> Se um inimigo me insultasse, eu poderia suportar a afronta; se meu adversário se elevasse contra mim, eu me esconderia dele. Mas és tu, um homem como eu, meu igual, meu amigo, meu confidente [...]. Ele estende as mãos contra seus aliados, violando sua aliança; as palavras saindo de sua boca eram mais macias que a manteiga, mas no seu coração há guerra; suas palavras são suaves como azeite, porém são espadas desembainhadas.
>
> — Salmos 55:12-15; 20-21

Nós, humanos, temos em nossa capacidade de raciocínio uma limitação específica que nos causa problemas sem fim: quando pensamos em alguém ou em algo que aconteceu conosco, geralmente optamos pela interpretação mais simples e mais fácil de digerir. Uma pessoa conhecida é boa ou ruim, simpática ou desagradável, suas intenções nobres ou nefastas; um acontecimento é positivo ou negativo, benéfico ou prejudicial; estamos felizes ou tristes. A verdade é que nada na vida é tão simplista assim. As pessoas são invariavelmente uma mistura de boas e más qualidades, pontos fortes e fragilidades. Suas intenções ao fazerem algo podem ser ao mesmo tempo úteis e nocivas para nós, resultado dos sentimentos ambivalentes que as pessoas nutrem por nós. Até mesmo o acontecimento mais positivo tem um lado negativo. E muitas vezes nos sentimos felizes e tristes ao mesmo tempo. Reduzir as coisas a termos mais simples faz com que seja mais fácil lidar com elas, mas como isso não tem relação com a realidade, significa também que constantemente cometemos equívocos e erros de interpretação.

LEI DO DIA: PARA NÓS SERIA INFINITAMENTE BENÉFICO PERMITIRMOS MAIS NUANCES E AMBIGUIDADE EM NOSSOS JULGAMENTOS DE PESSOAS E ACONTECIMENTOS.

33 estratégias de guerra, Estratégia 32: Domine enquanto parece se submeter – A estratégia da agressão passiva

27 DE OUTUBRO
Veja sua Sombra

O meu demônio tem vivido enjaulado há muito tempo, e saiu urrando.
— Dr. Jekyll

O escritor Robert Louis Stevenson descreveu essa dinâmica no romance *O médico e o monstro*, publicado em 1886. O personagem principal, dr. Jekyll, é um médico/cientista rico e respeitado, de maneiras impecáveis, um paradigma de bondade da nossa cultura. Ele inventa uma poção que o transforma no sr. Hyde, a encarnação da sua Sombra, que passa a assassinar, estuprar e se permitir os prazeres sensuais mais selvagens. A ideia de Stevenson era que quanto mais morais e civilizados nos tornamos por fora, mais potencialmente perigosa é nossa Sombra, que negamos com tanto ardor. A solução não é mais repressão e correção. Nunca seremos capazes de alterar a natureza humana por meio da amabilidade impelida. O forcado não funciona. A solução também não é buscar escape para a nossa Sombra no ambiente de grupo, que é volátil e perigoso. Em vez disso, a resposta é ver a nossa Sombra em ação e se tornar mais autoconsciente. É difícil projetar nos outros os nossos próprios impulsos secretos ou superidealizar alguma causa uma vez que tenhamos ciência do mecanismo que opera dentro de nós.

LEI DO DIA: POR MEIO DO AUTOCONHECIMENTO, CONSEGUIREMOS ENCONTRAR UMA MANEIRA DE INTEGRAR O LADO SOMBRIO À NOSSA CONSCIÊNCIA DE MODO CRIATIVO E PRODUTIVO. AO FAZER ISSO, NÓS NOS TORNAREMOS MAIS AUTÊNTICOS E COMPLETOS, EXPLORANDO AO MÁXIMO AS ENERGIAS QUE TEMOS POR NATUREZA.

As leis da natureza humana, Capítulo 9: Confronte o seu lado sombrio – A Lei da Repressão

28 DE OUTUBRO

Aproxime-se daquilo que você inveja

> Pois não muitos homens [...] conseguem amar um amigo cuja sorte prospera sem lhe invejar; e sobre mente invejosa o veneno frio se agarra e o sofrimento dobra que a vida lhe traz. Das próprias feridas ele precisa tratar, e como uma maldição a alegria do outro experimentar.
> — Ésquilo (c. 525/524 a.C.-456/455 a.C., dramaturgo da Grécia antiga)

Os indivíduos tendem a esconder os seus problemas e mostrar apenas o seu melhor. Só ouvimos falar de seus triunfos, dos novos relacionamentos, das ideias brilhantes que lhes renderão uma mina de ouro. Se nos aproximarmos – conhecendo as brigas que ocorrem em particular, ou o chefe horrível que vem com o novo emprego –, teremos menos motivo para invejá-los. Nada é tão perfeito quanto parece, e muitas vezes estamos enganados. Passe algum tempo com a família que você inveja e deseja que fosse sua, e começará a reavaliar a sua opinião. Se o leitor sente inveja daqueles com maior fama e que recebem mais atenção, lembre-se de que tudo isso vem acompanhado de bastante hostilidade e de um escrutínio que é bem doloroso. Os ricos muitas vezes são infelizes. Leia qualquer relato sobre os últimos dez anos da vida de Aristóteles Onassis (1906-1975), um dos homens mais providos de dinheiro da história, casado com a encantadora Jacqueline Kennedy, e saberá que a riqueza lhe acarretou pesadelos intermináveis, inclusive filhos mimados e indiferentes. O processo de aproximação é duplo: por um lado, tente ver de fato por trás das fachadas reluzentes das pessoas e, por outro, apenas imagine as desvantagens inevitáveis que vêm com a posição que ocupam.

LEI DO DIA: LEMBRE-SE DE QUE POUCAS PESSOAS SÃO TÃO FELIZES QUANTO A IMAGEM QUE APRESENTAM.

VEJA POR TRÁS DAS FACHADAS E VOCÊ
APRECIARÁ MAIS TUDO O QUE TEM.
———

As leis da natureza humana, Capítulo 10: Cuidado com o ego frágil –
A Lei da Inveja

29 DE OUTUBRO
Aprenda a controlar as suas tendências grandiosas

Digamos que você tenha um projeto a realizar. Pense no projeto ou tarefa à sua frente como um bloco de mármore que você precisa esculpir em algo preciso e belo. O bloco é muito maior do que você e o material é bem resistente, mas a tarefa não é impossível. Com esforço, concentração e adaptabilidade suficientes, aos poucos esculpirá o que precisa. Comece, porém, com um senso apropriado de proporções – os objetivos serão difíceis de se atingir, as pessoas se mostrarão resistentes, e há limites para o que você é capaz de realizar. Com essa atitude realista, será reunida a paciência necessária, podendo-se partir para o trabalho. Imagine, porém, que o seu cérebro sucumbiu a uma doença psicológica que afeta a sua percepção de dimensão e proporção. Em vez de ver a tarefa diante de si como muito grande e o material como resistente, sob a influência dessa enfermidade você perceberá o bloco de mármore como relativamente pequeno e maleável. Perdendo o senso de proporção, acreditará que não levará muito tempo para modelá-lo na imagem do produto final que tem em mente. Imaginará que as pessoas que você está tentando alcançar não são resistentes por natureza, mas bem previsíveis. Sabe como responderão à sua grande ideia – vão adorá-la. Na verdade, elas precisam de você e do seu trabalho mais do que você necessita delas. São elas quem deveriam procurá-lo. A ênfase não está no que você precisa fazer para obter o sucesso, mas no que acredita que merece. Você prevê toda a atenção que esse projeto lhe trará, mas, se fracassar, a culpa só pode ser dos outros, pois você tem dons, a sua causa é correta, e só os maliciosos e invejosos se colocariam no seu caminho. Chamemos essa doença psicológica de *grandiosidade*.

LEI DO DIA: ACEITE SUAS LIMITAÇÕES E TRABALHE COM O QUE VOCÊ TEM, EM VEZ DE FANTASIAR SOBRE PODERES DIVINOS QUE VOCÊ NUNCA POSSUIRÁ. MANTENHA UMA ATITUDE REALISTA.

As leis da natureza humana, Capítulo 11: Conheça os seus limites – A Lei da Grandiosidade

30 DE OUTUBRO
O mito do progresso

Uma palavra final sobre a irracionalidade da natureza humana: não imagine que os tipos mais extremos de irracionalidade foram, de modo algum, superados por meio do progresso e do esclarecimento. Por toda a história, observamos ciclos contínuos em que os níveis de irracionalidade sobem e descem. A grande era de ouro de Péricles, com seus filósofos e os primeiros movimentos do espírito científico, foi seguida por uma era de superstição, cultos e intolerância. Esse mesmo fenômeno aconteceu após a Renascença italiana. Que esse ciclo esteja fadado a se repetir de novo e de novo faz parte da natureza humana. O irracional simplesmente muda de aparência e de métodos. Talvez não tenhamos mais caça às bruxas no sentido literal, mas no século 20, há não muito tempo, testemunhamos os julgamentos espetaculares de Stalin, os interrogatórios de McCarthy no senado norte-americano e as perseguições em massa durante a Revolução Cultural Chinesa. Vários cultos são gerados o tempo todo, inclusive cultos de personalidade e o fetichismo em relação a celebridades. A tecnologia hoje inspira um fervor religioso. Os indivíduos sentem uma necessidade desesperada de acreditar em algo e o encontrarão em qualquer lugar. Pesquisas revelam que um número crescente de pessoas acredita em fantasmas, espíritos e anjos no século 21. Enquanto existirem seres humanos, o irracional encontrará as suas vozes e meios de expansão.

LEI DO DIA: A RACIONALIDADE É ALGO A SER ADQUIRIDO PELOS INDIVÍDUOS, NÃO POR MOVIMENTOS DE MASSA OU PELO PROGRESSO DA TECNOLOGIA. SENTIR-SE SUPERIOR E LONGE DESSE PROBLEMA É UM SINAL CLARO DO IRRACIONAL EM OPERAÇÃO.

As leis da natureza humana, Capítulo 1: Domine o seu lado emocional – A Lei da Irracionalidade

31 DE OUTUBRO
Você mesmo é o obstáculo

Neste mundo, onde o jogo é jogado com dados marcados, o homem deve ter um temperamento de ferro, com armadura à prova dos golpes do destino e armas para avançar contra os homens. A vida é uma longa batalha; temos que lutar a cada passo; e Voltaire afirma, com razão, que o sucesso é obtido na ponta da espada e que morremos com a arma na mão.

— Arthur Schopenhauer, *Conselhos e máximas*, 1851

A vida é luta e batalha, e constantemente você se verá enfrentando situações adversas, relacionamentos destrutivos, embates perigosos. A maneira como você enfrenta essas dificuldades determinará o seu destino. Se você se sente perdido e confuso, desnorteado, se não souber identificar a diferença entre amigos e inimigos, a culpa é sua e somente sua. Tudo depende do seu estado de espírito e do modo como você olha para o mundo. Uma mudança de perspectiva pode levá-lo de um mercenário passivo e confuso a um guerreiro motivado e criativo.

LEI DO DIA: COMO DISSE XENOFONTE, SEUS OBSTÁCULOS NÃO SÃO RIOS OU MONTANHAS OU OUTRAS PESSOAS; SEU OBSTÁCULO É VOCÊ MESMO.

33 estratégias de guerra, Estratégia 1: Declare guerra aos seus inimigos – A estratégia da polaridade

NOVEMBRO

O humano racional
Compreendendo seu eu superior

O eu inferior tende a ser mais forte. Seus impulsos nos arrastam para baixo e nos empurram para reações emocionais e posturas defensivas, causando em nós o arrogante sentimento de que somos mais íntegros que os outros, superiores aos demais. O eu inferior nos leva a agarrar prazeres e distrações imediatos, sempre trilhando o caminho de menor resistência. Ele nos induz a adotar os mesmos pensamentos e raciocínios das outras pessoas, e em decorrência nos perdemos em meio ao grupo. Sentimos os impulsos do eu superior quando somos atraídos para fora de nós mesmos, querendo estabelecer conexões mais profundas com os outros, absorver nossa mente no trabalho, pensar em vez de reagir, seguir nosso próprio rumo na vida e descobrir o que faz de nós indivíduos singulares. O eu inferior é o lado mais animalesco e reativo da nossa natureza; é fácil descambar para ele sem sequer percebermos. O eu superior é a faceta mais verdadeiramente humana da nossa natureza, o lado que nos torna reflexivos e autoconscientes. Quanto mais alto o impulso, mais fraco ele é, razão pela qual conectar-se com ele requer esforço e discernimento. Revelar esse eu ideal que existe dentro de nós, trazê-lo à tona, é na verdade o que todos queremos, porque é apenas desenvolvendo esse nosso lado que nós, os seres humanos, nos sentimos verdadeiramente realizados. O mês de novembro ajudará você a conseguir isso, tornando-o ciente dos elementos potencialmente positivos e ativos contidos em sua natureza.

★★★

Há um conceito equivocado que as pessoas têm acerca da racionalidade humana, o de que a racionalidade envolve a anulação ou a repressão das emoções. Em outras palavras, se você está sentindo medo ou raiva ou amor ou ódio, tem que sufocar essas emoções. Você tem que esmagá-las e se livrar delas para ser racional.

De acordo com esse ponto de vista, a racionalidade não é algo muito divertido nem muito empolgante. É meio parecido com comida saudável. Faz bem, mas o sabor não é muito bom. O que quero dizer é que isso é um baita erro. Na verdade, é justamente o contrário: a racionalidade envolve algumas emoções muito importantes que, se você não sentir, não pode sequer começar a pensar racionalmente.

A neurociência demonstrou isso com estudos de pacientes que tiveram danos nos centros emocionais do cérebro. Depois disso, tornaram-se incapazes de tomar decisões racionais ou de pensar de maneira racional.

Posso ilustrar minha ideia de racionalidade com alguns exemplos de experiências pelas quais você talvez já tenha passado.

Digamos que você tenha um plano – algo que deseja realizar na vida. Quer escrever um livro, perder peso ou abrir seu próprio negócio. Você anda sentindo muita frustração e impaciência por causa dos rumos da sua vida. Então, toma a decisão: "Vou parar com isso, vou realmente tirar esse projeto do papel, vou abrir minha pequena empresa" – ou seja lá o que for. E você pensa a respeito e dá passos graduais para colocar as coisas em prática.

Ou digamos que você está às voltas com um terrível processo de divórcio, brigando pela custódia de seu filho pequeno, a quem você ama muito. A situação está tão feia e desagradável que você percebe que, se continuar assim, deixará a criança abalada e traumatizada. Então, em algum momento, você dá um passo para trás e pensa: "O que realmente importa é a saúde a longo prazo do meu filho, então não vou me envolver no litígio. Na verdade, vou recuar e pensar no que é melhor para a criança".

Ou digamos, por fim, que você se relaciona com uma pessoa muito tóxica. Algum tipo de narcisista furioso, por exemplo, que arrasta você para um drama que está lhe causando sofrimento e infelicidade. Em algum momento, você diz a si mesmo: "Que droga! Pra mim já chega. Vou descobrir uma maneira de me livrar dessa criatura narcisista". Não é fácil, porque a tal pessoa está entrelaçada em sua vida de muitas maneiras. Então você dá um passo para trás, recupera o controle de si mesmo e pensa "Como posso me livrar dessa pessoa?", e se livra. Finalmente o narcisista se foi, o que dá a você uma tremenda sensação de alívio.

Examinemos mais de perto esses três exemplos.

No primeiro caso, você se cansou do fato de estar acima do peso ou de ter sido incapaz de realizar seus sonhos ou desejos. Essa frustração – essa emoção – instiga você a agir, ou seja, a passar pelas etapas de pensar racionalmente em como sair do estado de frustração. E depois, quando o processo acaba, quando você finalmente concretiza o projeto ou alcança o objetivo, sente uma tremenda sensação de alívio e orgulho.

No caso do filho pequeno, o que move você é o sentimento de empatia e amor pela criança. Você se preocupa com seu filhinho, e seu amor faz com que recue e passe por esse processo racional. Quando acaba, você se sente muito melhor consigo mesmo.

Com relação à pessoa tóxica em sua vida, apesar da raiva, você dá um passo para trás, toma medidas racionais e se livra dela. Você sente alegria e alívio.

Conclusão: se a princípio você não sentisse essas emoções, nunca seria capaz de executar as ações que resultam em algum tipo de decisão racional. E se não sentisse as recompensas – orgulho, empatia e amor – decorrentes de realizar algo, jamais teria motivação para passar pelo processo racional inúmeras vezes. Portanto, a racionalidade envolve emoção e reflexão. A racionalidade não diz respeito a sufocar suas emoções. Tem a ver com a criação de uma bela harmonia entre o processo de raciocínio lógico e as partes emocionais mais animalescas de nossa natureza. É importante não ver o caminho para a racionalidade como algo doloroso e ascético. Na verdade, é um caminho que traz poderes imensamente satisfatórios e prazerosos, muito mais profundos do que os prazeres maníacos que o mundo tende a nos oferecer.

1º DE NOVEMBRO
Esperança para todos nós

Apesar das nossas tendências irracionais consideráveis, dois fatores deveriam dar esperança a todos nós. Em primeiro lugar, o que é mais importante: a existência, por toda a história e em todas as culturas, de pessoas de alta racionalidade, aquelas que tornaram o progresso possível e servem como modelo para todos nós. Entre elas estão Péricles, o governante Aśoka na Índia antiga, Marco Aurélio na Roma antiga, Marguerite de Valois na França medieval, Leonardo da Vinci, Charles Darwin, Abraham Lincoln, o escritor Anton Tchekhov, a antropóloga Margaret Mead e o empresário Warren Buffett, para listar alguns. Todos eles compartilham de certas qualidades – uma avaliação realista de si mesmos e de suas fraquezas; devoção à verdade e à realidade; uma atitude tolerante em relação às pessoas e a habilidade de atingir os objetivos que firmam para si. O segundo fator é que quase todos nós, em algum momento da vida, experimentamos momentos de racionalidade maior. Isso por vezes vem com o que chamaremos de *atitude do criador*. Temos um projeto a realizar, talvez com um prazo de execução. As únicas emoções que podemos nos dar ao luxo de sentir são excitação e energia; as outras apenas tornam impossível nos concentrarmos. Como precisamos conseguir resultados, nos tornamos excepcionalmente pragmáticos. Nós nos concentramos no trabalho – com a mente calma e o ego sem atrapalhar. Se tentassem nos interromper ou infectar com emoções, nós nos ressentiríamos.

LEI DO DIA: ESSES MOMENTOS – TÃO BREVES COMO ALGUMAS SEMANAS OU HORAS – REVELAM O EU RACIONAL QUE ESTÁ ESPERANDO PARA EMERGIR. ELE SÓ PRECISA DE UM POUCO DE CONSCIÊNCIA E PRÁTICA.

As leis da natureza humana, Capítulo 1: Domine o seu lado emocional – A Lei da Irracionalidade

2 DE NOVEMBRO
Fuja do turbilhão emocional

Para chegar ao sucesso, você tem que dominar suas emoções. Porém, mesmo que consiga alcançar esse equilíbrio e autocontrole, você nunca será capaz de controlar o temperamento das pessoas que o rodeiam, e isso representa um grande perigo. A maioria das pessoas vive num turbilhão de emoções, constantemente reagindo, gerando brigas e conflitos. O seu autocontrole e a sua autonomia servirão apenas para incomodar e enfurecer essas pessoas. Elas tentarão atraí-lo para o turbilhão, implorando para que você tome partido em suas batalhas sem fim, ou para que faça as pazes por elas. Se você sucumbir às súplicas emocionais dessas pessoas, pouco a pouco verá sua mente e seu tempo ocupados por problemas alheios. Não permita que sentimentos de compaixão e pena suguem você para o redemoinho. É um jogo que você não tem a menor chance de vencer; os conflitos apenas se multiplicam. Talvez você sinta medo de que as pessoas o condenem como insensível, mas, no final das contas, manter sua independência e autossuficiência lhe trará mais respeito e o colocará numa posição de poder a partir da qual você poderá escolher ajudar os outros por sua própria iniciativa.

LEI DO DIA: LEMBRE-SE DE QUE VOCÊ TEM UMA QUANTIDADE LIMITADA DE ENERGIA E TEMPO. CADA MOMENTO DESPERDIÇADO COM OS DRAMAS DOS OUTROS SUBTRAI SUA FORÇA.

As 48 leis do poder, Lei 20: Não se comprometa com ninguém

3 DE NOVEMBRO
Aumente o seu tempo de reação

"Confie nos seus sentimentos!" – No entanto, sentimentos não são finais ou originais; por trás dos sentimentos estão julgamentos e avaliações que herdamos na forma de [...] inclinações, aversões [...]. A inspiração nascida de um sentimento é avó de um julgamento – e muitas vezes de um julgamento falso! – e, em todo caso, não é filha sua! Confiar nos seus sentimentos significa obedecer mais aos avós e aos avós dos avós do que às deusas que estão em nós: a nossa razão e a nossa experiência.
— Friedrich Nietzsche, *Aforismos*

Esse poder é adquirido por meio de prática e repetição. Quando algum acontecimento ou interação pedir uma resposta, você precisa se treinar para recuar. Isso talvez signifique se afastar fisicamente para um local onde possa estar sozinho e não sentir nenhuma pressão para responder. Ou signifique escrever aquele *e-mail* furioso, mas não enviá-lo. Considere a questão por um ou dois dias. Não telefone nem se comunique enquanto sentir alguma emoção súbita, em especial o ressentimento. Caso sinta pressa para assumir compromissos, para contratar alguém ou ser contratado, dê um passo para trás e aguarde por um dia. Esfrie a cabeça. Quanto mais tempo puder esperar, melhor, porque o entendimento vem com o tempo.

LEI DO DIA: PENSE NISSO COMO TREINAMENTO DE RESISTÊNCIA – QUANTO MAIS VOCÊ RESISTIR AO ATO DE REAGIR, MAIS ESPAÇO MENTAL TERÁ PARA UMA REFLEXÃO REAL E MAIS FORTE A SUA MENTE SE TORNARÁ.

As leis da natureza humana, Capítulo 1: Domine o seu lado emocional – A Lei da Irracionalidade

4 DE NOVEMBRO
Transforme a inveja em emulação

Em vez de querer ferir ou roubar aquele que obteve mais, deveríamos desejar nos elevar até o nível dele. Desse modo, a inveja se torna um incentivo para buscar a excelência. Podemos até tentar nos manter próximos a pessoas que estimulem esses desejos competitivos, que sejam ligeiramente melhores do que nós em termos de habilidades. Realizar tal trabalho requer algumas transições psicológicas. Em primeiro lugar, devemos passar a acreditar que temos a capacidade de nos elevar. A confiança nas nossas habilidades gerais para aprender e nos aprimorar servirá como um tremendo antídoto à inveja. Em vez de desejar ter o que outra pessoa tem e apelar à sabotagem por causa da nossa fraqueza, sentiremos o impulso para obter o mesmo para nós e acreditar em nossa habilidade de fazê-lo. Em segundo lugar, precisamos desenvolver um trabalho ético sólido para apoiar esse processo. Agindo de maneira rigorosa e persistente, seremos capazes de superar quase qualquer obstáculo e elevar a nossa posição. Indivíduos preguiçosos e indisciplinados têm uma predisposição muito maior à inveja.

LEI DO DIA: NÃO TEMOS COMO DETER O MECANISMO DE COMPARAÇÃO NO NOSSO CÉREBRO; POR ISSO, É MELHOR REDIRECIONÁ-LO PARA ALGO PRODUTIVO E CRIATIVO.

As leis da natureza humana, Capítulo 10: Cuidado com o ego frágil – A Lei da Inveja

5 DE NOVEMBRO
Conheça profundamente a si mesmo

> Quem conhece os outros é sábio; quem conhece a si mesmo é iluminado.
> — Laozi (ou Lao-Tsé)

O Eu Emocional prospera na ignorância. Mas perde o poder sobre você e pode ser dominado no momento em que você toma consciência de como ele age e o domina. Portanto, o seu primeiro passo em direção à racionalidade é sempre para dentro. É preciso flagrar o Eu Emocional em ação. Com esse propósito, reflita sobre como você age sob pressão. Que fraquezas específicas surgem nesses momentos – o desejo de agradar, de intimidar ou de controlar, ou níveis profundos de desconfiança? Analise as suas decisões, em especial aquelas que foram ineficientes. Você enxerga um padrão, uma insegurança subjacente que as impeliu? Examine as suas forças, o que o torna diferente das outras pessoas. Isso o ajudará a escolher metas que combinem com os seus interesses de longo prazo e que estejam alinhadas às suas habilidades. Ao entender e valorizar o que o torna diferente, também será capaz de resistir à atração do viés e do efeito de grupo.

LEI DO DIA: VOCÊ CONSEGUE OLHAR PARA SI MESMO COM ALGUM DISTANCIAMENTO E ENXERGAR ATRAVÉS DA BRUMA DO AUTOENGANO?

As leis da natureza humana, Capítulo 1: Domine o seu lado emocional – A Lei da Irracionalidade

6 DE NOVEMBRO

De quem é a culpa?

Sempre que alguma coisa dá errado, é da natureza humana botar a culpa nesta ou naquela pessoa. Deixe que os outros se ocupem dessa estupidez – as marionetes que só fazem o que os outros mandam e enxergam apenas o que está diante do nariz. Você vê coisas diferente. Quando uma ação der errado – nos negócios, na política, na vida –, reconstrua os passos para procurar a origem do erro e chegar à decisão que inicialmente o inspirou. O objetivo era equivocado. Isso significa que, em suma, você mesmo é, em grande medida, o agente de todas as coisas ruins que lhe acontecem. Com mais prudência, com decisões mais sensatas e visão mais ampla, você poderia ter evitado o perigo. Portanto, quando algo der errado, olhe profundamente para dentro de si mesmo – não de forma emocional, para se martirizar ou saciar seus sentimentos de culpa, mas para ter certeza de que você iniciará sua próxima empreitada com passo mais firme e visão mais aguçada.

LEI DO DIA: DIANTE DE QUALQUER FRACASSO, VEJA QUE PAPEL VOCÊ DESEMPENHOU; SEMPRE DÁ PARA ENCONTRAR SUA PARCELA DE RESPONSABILIDADE.

---

33 estratégias de guerra, Estratégia 12: Perca batalhas, mas ganhe a guerra – A grande estratégia

7 DE NOVEMBRO

Pratique o *mitfreude*

> A serpente que nos pica quer nos ferir e se alegra quando o faz; o animal mais inferior é capaz de imaginar o sofrimento de outros. Contudo, imaginar a alegria de outros e se alegrar com isso é o privilégio mais elevado dos animais mais elevados.
> — FRIEDRICH NIETZSCHE, *Humano, demasiado humano* (1878)

O *schadenfreude*, o prazer que se sente diante da dor dos outros, está nitidamente relacionado à inveja, como demonstram vários estudos. Quando invejamos alguém, somos propensos a sentir entusiasmo, até mesmo euforia, se essa pessoa enfrenta um obstáculo ou sofre de alguma maneira. Entretanto, seria sábio praticar o oposto, que o filósofo Friedrich Nietzsche chamou de *mitfreude*, ou "alegrar-se com". Isso significa que, em vez de apenas dar os parabéns pela boa sorte de alguém, algo que é fácil de fazer e de esquecer, tente de fato sentir a alegria dele, como uma forma de empatia. Essa atitude talvez seja pouco natural, já que a nossa primeira tendência é sentir uma pontada de inveja, mas podemos nos treinar para imaginar como é, para os outros, vivenciar essa felicidade ou satisfação. Não apenas limparemos a nossa mente da inveja mesquinha, mas também criaremos uma forma incomum de afinidade. Ao sermos o alvo do *mitfreude*, nós *sentimos* a excitação genuína do outro pela nossa boa sorte, em vez de ouvirmos apenas palavras, o que nos induz a sentir o mesmo por ele. Como é uma ocorrência tão rara, contém um grande poder para unir as pessoas.

LEI DO DIA: INTERNALIZE A ALEGRIA ALHEIA. AO FAZER ISSO, AUMENTAMOS A NOSSA PRÓPRIA CAPACIDADE DE SENTIR ESSA EMOÇÃO EM RELAÇÃO ÀS NOSSAS EXPERIÊNCIAS.

As leis da natureza humana, Capítulo 10: Cuidado com o ego frágil – A Lei da Inveja

8 DE NOVEMBRO
A suprema paciência

O tempo é um conceito artificial que nós mesmos criamos para tornar mais suportável e mais humano o sem-fim da eternidade e do universo. Uma vez que construímos o conceito de tempo, até certo ponto também somos capazes de moldá-lo, pregar peças com ele. O tempo de uma criança é longo e lento, com vastas extensões; o tempo de um adulto passa assustadoramente rápido. O tempo, então, depende da percepção, que, bem sabemos, pode ser deliberadamente alterada. Esse é o primeiro aspecto que precisamos entender a fim de dominarmos a arte do tempo certo. Se a turbulência interior causada por nossas emoções tende a fazer o tempo passar mais rápido, daí segue que, se controlarmos nossas respostas emocionais aos acontecimentos, o tempo passará muito mais devagar. Essa maneira alterada de lidar com as coisas tende a prolongar nossa percepção do tempo futuro, abre possibilidades que o medo e a raiva fecham e nos propicia a paciência, que é o principal requisito na arte de identificar o momento oportuno.

Nunca demonstre estar com pressa – pressa revela falta de controle sobre você mesmo e o tempo. Sempre pareça paciente, como se soubesse que mais cedo ou mais tarde tudo virá a você. Torne-se um detetive do momento certo; fareje o espírito do tempo, as tendências que o levarão ao poder. Aprenda a recuar quando constatar que ainda não chegou a hora e a atacar ferozmente quando chegar a plenitude do tempo.

LEI DO DIA: PRATIQUE A PACIÊNCIA. ESPERE UM DIA ANTES DE TOMAR ATITUDES COM RELAÇÃO A UM PROBLEMA URGENTE.

As 48 leis do poder, Lei 35: Domine a arte de saber o momento certo

9 DE NOVEMBRO
Canalize seus impulsos grandiosos

A grandiosidade é um tipo de energia primordial que todos possuímos. Ela nos impele a querer algo a mais do que aquilo que temos, a buscar o reconhecimento e a estima dos outros e a sentir uma conexão com algo maior. O problema não é a energia em si, que pode ser empregada para alimentar as nossas ambições, mas a direção que ela toma. Em geral, a grandiosidade nos faz imaginar que somos melhores do que somos de verdade. Chamemos isso de *grandiosidade fantástica*, pois ela é baseada nas nossas fantasias e na impressão distorcida que temos da atenção que recebemos. A grandiosidade fantástica o fará flutuar por diversas ideias fantásticas, imaginando todos os louvores e a atenção que receberá, mas nunca concretizando nenhuma delas. Faça o oposto: adquira o hábito de se concentrar de maneira profunda e completa num único projeto ou problema. É bom que o seu objetivo seja relativamente simples de se alcançar dentro de um período de alguns meses, e não anos. Divida isso em minipassos e minimetas ao longo do caminho. O seu objetivo aqui é entrar num estado de fluxo em que a sua mente se torne cada vez mais absorvida no trabalho, ao ponto em que ideias lhe surgirão em horas inoportunas. Essa sensação de fluxo deve ser prazerosa e viciante. Não se permita fantasiar sobre outros projetos no horizonte. Absorva-se no trabalho da maneira mais profunda possível. Se não entrar nesse estado de fluxo, é inevitável que passe a fazer muitas tarefas ao mesmo tempo e pare de se concentrar. Esforce-se para superar isso. Você pode fazer isso com um projeto fora da sua atividade profissional. O que importa não é o número de horas, mas a intensidade e o esforço consistente que dedica a ele. É bom que esse projeto envolva habilidades que você já tenha ou que esteja no processo de desenvolver. O seu objetivo é ver um aprimoramento contínuo no seu grau de habilidade, que com certeza virá da intensidade do seu foco. A sua autoconfiança crescerá. Isso provavelmente será o suficiente para mantê-lo progredindo.

LEI DO DIA: NÃO SE PERMITA FANTASIAR SOBRE OUTROS PROJETOS NO HORIZONTE. SEU OBJETIVO É CANALIZAR ESSA ENERGIA GRANDIOSA ABSORVENDO-SE NO TRABALHO DA MANEIRA MAIS PROFUNDA POSSÍVEL.

As leis da natureza humana, Capítulo 11: Conheça os seus limites – A Lei da Grandiosidade

10 DE NOVEMBRO
Transcendendo o tribalismo

O tribalismo tem as suas raízes nas partes mais profundas e primitivas da nossa natureza, mas hoje é acompanhado de uma destreza tecnológica bem maior, o que torna tudo muito mais perigoso. O que permitiu, há milhares de anos, que uníssemos o nosso grupo com firmeza e sobrevivêssemos, poderia agora com facilidade levar à nossa extinção como espécie. A tribo presente, pela presença do inimigo, que a sua própria existência está em jogo. Não há meios-termos. As batalhas são mais intensas e violentas entre tribos. É provável que o futuro da raça humana dependa da nossa habilidade de transcender esse tribalismo e ver o nosso destino interconectado com o de todos os outros. Somos uma única espécie, todos descendentes dos mesmos humanos originais, todos irmãos e irmãs. As nossas diferenças são, na maioria, uma ilusão. Imaginar diferenças é parte da loucura dos grupos. Precisamos nos ver como um grande grupo da realidade e experimentar um senso profundo de participação. Solucionar os problemas que nos ameaçam criados pelo homem vai exigir a cooperação num nível muito mais elevado e um espírito pragmático que carece à tribo. Isso não significa o fim da diversidade das culturas e da riqueza que ela oferece. Na verdade, o grupo da realidade encoraja a diversidade interna.

LEI DO DIA: PRECISAMOS CHEGAR À CONCLUSÃO DE QUE O GRUPO PRIMÁRIO A QUE PERTENCEMOS É O DA RAÇA HUMANA. ESSE É O NOSSO FUTURO INEVITÁVEL. QUALQUER OUTRA COISA É REGRESSIVA E PERIGOSA DEMAIS.

As leis da natureza humana, Capítulo 14: Resista à pressão descendente do grupo – A Lei do Conformismo

11 DE NOVEMBRO
Escale a montanha

Para nós, seres humanos presos ao momento presente, é como se vivêssemos ao sopé da montanha. Aquilo que é mais aparente aos nossos olhos – as outras pessoas e a floresta em redor – nos dá uma visão limitada e distorcida da realidade. A passagem do tempo é como uma escalada lenta da montanha. As emoções que sentimos no presente já não são tão fortes; conseguimos nos afastar e ver os acontecimentos com mais clareza. Quanto mais subimos conforme a passagem do tempo, mais informações acrescentamos ao quadro. O que vemos três meses depois do fato não é tão preciso quanto o que saberemos um ano depois. Faz parte do lado animal da sua natureza se impressionar tanto com o que vê e ouve no presente – as notícias e tendências mais recentes, as opiniões e ações das pessoas ao seu redor, seja o que for que pareça mais dramático. Isso é o que o deixa vulnerável a esquemas sedutores que prometem resultados rápidos e dinheiro fácil. É isso também que o faz reagir de maneira exagerada às circunstâncias atuais, tornando-se excessivamente eufórico ou apavorado à medida que os acontecimentos se voltam numa direção ou em outra. Mantenha os olhos nas tendências mais fortes que governam os acontecimentos, naquilo que não é visível de imediato. Nunca perca de vista as suas metas de longo prazo. Com uma perspectiva elevada, você terá paciência e lucidez para atingir qualquer objetivo.

LEI DO DIA: FABRIQUE O EFEITO DO TEMPO, DANDO A SI MESMO UMA VISÃO EXPANDIDA DO MOMENTO PRESENTE.

As leis da natureza humana, Capítulo 6: Eleve a sua perspectiva – A Lei da Miopia

12 DE NOVEMBRO
Viole os códigos da convenção

Por séculos, e ainda hoje, os papéis de gênero têm representado a convenção mais poderosa de todas. O que homens e mulheres podiam fazer ou dizer tem sido bastante controlado, a ponto de quase parecer representar diferenças biológicas em vez de convenções sociais. As mulheres, em especial, são socializadas para ser duplamente gentis e simpáticas; sentem uma pressão constante para aderir a essas expectativas, confundindo-as com algo natural e biológico. Algumas das figuras femininas mais influentes da história foram as que romperam de maneira deliberada com esses códigos – artistas como Marlene Dietrich e Josephine Baker, representantes políticas como Eleanor Roosevelt, empresárias como Coco Chanel. Elas trouxeram a Sombra à tona e a expuseram ao agir de formas que eram consideradas tradicionalmente masculinas, combinando e confundindo os papéis de gênero. Até mesmo Jacqueline Kennedy Onassis obteve grande poder ao jogar contra o tipo tradicional de esposa no meio político. Sua faceta maliciosa era bem pronunciada. Se as pessoas a aborreciam, ela o demonstrava com franqueza.

Dava a impressão de se importar pouco com o que os outros pensavam a seu respeito e se tornou uma sensação por causa da naturalidade que emanava. De maneira geral, considere isso como uma forma de exorcismo. Uma vez que você demonstrar esses desejos e impulsos, eles não se esconderão mais nos cantos da sua personalidade, contorcendo-se e operando de maneira furtiva.

LEI DO DIA: MOSTRE A SOMBRA. LIBERE OS SEUS DEMÔNIOS E AMPLIE A SUA PRESENÇA COMO UM SER HUMANO AUTÊNTICO.

As leis da natureza humana, Capítulo 9: Confronte o seu lado sombrio – A Lei da Repressão

13 DE NOVEMBRO
Tolere de bom grado os tolos

Você não pode estar em todos os lugares ou lutar contra todo mundo. Seu tempo e energia são limitados, e você deve aprender a preservá-los. A exaustão e a frustração podem arruinar sua presença de espírito. O mundo está repleto de gente idiota – tolos impacientes que não conseguem esperar para obter resultados rápidos, que mudam ao sabor dos ventos, que não são capazes de enxergar um palmo além do nariz. Você os encontra por toda parte: o chefe indeciso, o colega leviano, o subordinado histérico. Se tiver que trabalhar com tolos, não lute contra eles. Em vez disso, pense neles da mesma maneira como pensa em crianças ou animais de estimação: não são importantes o suficiente para afetar seu equilíbrio mental. A capacidade de se manter alegre e de bom humor diante dos tolos é uma habilidade importante.

LEI DO DIA: DESAPEGUE-SE EMOCIONALMENTE DOS TOLOS. E ENQUANTO ESTIVER RINDO INTERIORMENTE DA TOLICE DELES, FAÇA UMA CONCESSÃO E SATISFAÇA ALGUMA DE SUAS IDEIAS MAIS INOFENSIVAS.

33 estratégias de guerra, Estratégia 3: Em meio ao turbilhão de acontecimentos, não perca a presença de espírito – A estratégia do contrapeso

14 DE NOVEMBRO
Projete qualidades virtuosas

Não importa em que período histórico estejamos vivendo, certos traços são sempre vistos como positivos; saiba como emulá-los. Por exemplo, a aparência de virtuosidade nunca sai de moda. A maneira de parecer virtuoso hoje com certeza é diferente da do século 16, mas a essência é a mesma – incorpora-se o que é considerado bom e acima de qualquer censura. No mundo moderno, isso quer dizer se mostrar progressista, extremamente tolerante e de mente aberta. Você vai querer ser visto fazendo doações generosas a certas causas e as apoiando nas redes sociais. Projetar sinceridade e honestidade sempre causa uma boa impressão. Algumas confissões públicas de fraquezas e vulnerabilidades trarão os resultados desejados. Por algum motivo, as pessoas entendem sinais de humildade como autênticos, mesmo que elas possam muito bem estar simulando-os. Aprenda a baixar a cabeça de vez em quando e parecer humilde. Se há um trabalho sujo a ser feito, arrume outros para fazê-lo. As suas mãos devem permanecer limpas. Nunca adote abertamente o papel do líder maquiavélico – isso só funciona na televisão.

LEI DO DIA: SE AS PESSOAS EM GRANDE MEDIDA JULGAM AS OUTRAS PELAS APARÊNCIAS, APRENDA A CONTROLAR A DINÂMICA ADOTANDO A PERSONA APROPRIADA. UM AR DE HUMILDADE, ATÉ MESMO DE SANTIDADE, SEMPRE FUNCIONA BEM. EVITE QUALQUER INDÍCIO DE HIPOCRISIA OU SUPERIORIDADE.

As leis da natureza humana, Capítulo 3: Veja por trás das máscaras das pessoas – A Lei da Dramatização

15 DE NOVEMBRO
Adote um espírito generoso

Levamos conosco os traumas e mágoas da primeira infância. Na nossa vida social, ao envelhecermos, acumulamos desapontamentos e insultos. Somos também muitas vezes perseguidos por um senso de insignificância, de não merecer de fato o que há de bom na vida. Todos temos momentos de grande dúvida sobre nós mesmos. Essas emoções podem levar a pensamentos obsessivos que dominam a nossa mente; fazem-nos abreviar as nossas experiências como uma forma de administrar a ansiedade e os desapontamentos. Fazem-nos voltar à bebida ou a qualquer hábito que atenue a dor. Sem perceber, assumimos uma atitude negativa e temerosa quanto à vida. Isso se torna a nossa prisão autoimposta. No entanto, não precisa ser assim. Nós podemos nos libertar. Isso parte de uma escolha, uma maneira diferente de olhar o mundo, uma mudança de atitude. Essa liberdade, em essência, vem da adoção de um espírito generoso – em relação aos outros e a nós mesmos. Aceitando as pessoas, entendendo-as e, se possível, até amando-as por sua natureza humana, seremos capazes de livrar a nossa mente de emoções obsessivas e mesquinhas. Conseguiremos parar de reagir ao que dizem ou fazem. Estabeleceremos alguma distância e pararemos de levar tudo para o lado pessoal. Abriremos espaço mental para buscas mais elevadas. Ao sentirmos o poder revigorante dessa nova atitude, vamos querer levá-la o mais longe possível.

LEI DO DIA: QUANDO NOS SENTIMOS GENEROSOS EM RELAÇÃO A NÓS E AOS OUTROS, ESTES SE SENTEM ATRAÍDOS A NÓS E QUEREM COPIAR O NOSSO ÂNIMO.

As leis da natureza humana, Capítulo 8: Mude as suas circunstâncias mudando de atitude – A Lei da Autossabotagem

16 DE NOVEMBRO
Acolha e integre a Sombra

Desde tenra idade, Abraham Lincoln gostava de se analisar, e um tema recorrente nos seus autoexames era que tinha uma dupla personalidade – havia na sua natureza uma faceta ambiciosa quase cruel e, ao mesmo tempo, uma sensibilidade e suavidade que o deixavam deprimido com frequência. Ambos os lados da sua natureza o faziam se sentir desconfortável e estranho. O mais rude, por exemplo, adorava boxe e gostava de trucidar por completo os adversários no ringue. No Direito e na política, tinha um senso de humor bem contundente. Seu lado suave adorava poesia, sentia tremenda afeição por animais e detestava testemunhar qualquer tipo de crueldade física. Nos piores momentos, era propenso a acessos de melancolia profunda e a reflexões sobre a morte. Ao todo, sentia que era sensível demais para o mundo agressivo e turbulento da política. Em vez de negar esse traço de si mesmo, ele o canalizou numa empatia incrível pelo público, pelo homem e pela mulher comuns. Importando-se profundamente com a perda de vidas na guerra, devotou todos os seus esforços para terminá-la cedo. Não projetava maldade nos soldados sulistas, sentindo empatia pelos seus problemas, e planejou uma paz que não era vingativa. Lincoln também incorporou essa faceta num senso de humor saudável sobre si mesmo, fazendo piadas frequentes a respeito da própria feiura, da voz aguda e da natureza lamuriosa. Ao acolher e integrar essas qualidades opostas à sua identidade pública, dava a impressão de ter uma autenticidade tremenda. As pessoas se identificavam com ele de um jeito nunca visto antes com um líder político.

LEI DO DIA: A SUA META NÃO DEVE SER APENAS A ACEITAÇÃO COMPLETA DA SOMBRA, MAS O DESEJO DE INTEGRÁ-LA À SUA PERSONALIDADE ATUAL. AO INTEGRAR O LADO SOMBRIO À SUA PERSONALIDADE, VOCÊ SERÁ UM SER HUMANO MAIS COMPLETO E IRRADIARÁ UMA AUTENTICIDADE QUE ATRAIRÁ OS OUTROS A VOCÊ.

As leis da natureza humana, Capítulo 9: Confronte o seu lado sombrio – A Lei da Repressão

17 DE NOVEMBRO
Equilibre imaginação e realidade

O seu projeto começará com uma ideia e você, ao apurá-la, deixará a sua imaginação alçar voo, abrindo-se para várias possibilidades. Em certo ponto, passará da fase de planejamento para a execução. Então, você deverá buscar a opinião e as críticas de pessoas que respeita e do seu público natural. Ouça sobre os defeitos e inadequações do seu plano, pois essa é a única maneira de aprimorar as suas habilidades. Se o projeto não tiver os resultados que você imaginou, ou se o problema não for solucionado, aceite isso como a melhor maneira de aprender. Analise com profundidade o que você fez de errado, sendo o mais severo possível. Depois de receber essa resposta e ter analisado os resultados, retorne ao projeto ou comece um novo, deixando a imaginação correr solta outra vez, mas incorporando o que aprendeu com a experiência. Faça desse processo um ciclo sem fim, notando com entusiasmo o quanto se aprimora desse modo. Se você permanecer por tempo demais na fase da imaginação, o que criar tenderá a ser grandioso e desligado da realidade. Se escutar as críticas e tentar tornar o trabalho uma reflexão completa do que os outros lhe disserem ou desejam, este sairá convencional e sem graça. Ao manter um diálogo contínuo entre a realidade (as críticas) e a sua imaginação, você criará algo prático e poderoso.

LEI DO DIA: ALTERNANDO-SE NUM CICLO CONTÍNUO ENTRE SUA IMAGINAÇÃO E A RESPOSTA DAS PESSOAS, O QUE VOCÊ PRODUZ SERÁ SINGULAR E CONECTADO AO SEU PÚBLICO – A MISTURA PERFEITA.

As leis da natureza humana, Capítulo 11: Conheça os seus limites – A Lei da Grandiosidade

18 DE NOVEMBRO
Concentre-se no exterior

Nós, seres humanos, nos absorvemos por natureza em nós mesmos e passamos o tempo nos concentrando interiormente nas nossas emoções, mágoas, fantasias. Você deve desenvolver o hábito de reverter isso o máximo possível. Há três maneiras. Em primeiro lugar, apure a sua capacidade de ouvir, focando-se nas palavras e nos sinais não verbais dos outros. Treine-se para ler nas entrelinhas do que as pessoas dizem. Sintonize-se com os ânimos e necessidades delas e perceba o que lhes faz falta. Não tome os sorrisos e olhares de aprovação como reais, mas sinta a tensão ou a fascinação subjacente. Em segundo lugar, dedique-se a merecer respeito. Não presuma que o merece; o seu foco não deve estar nos seus sentimentos e no que os indivíduos lhe devem por causa da sua posição e grandeza (uma interiorização). Você precisa merecer o respeito deles ao respeitar as necessidades individuais de cada um e provar que está trabalhando em nome do bem maior. Em terceiro lugar, considere que ser um líder é uma responsabilidade tremenda, que o bem-estar do grupo depende de cada decisão sua. Sua motivação não deve ser ganhar a atenção dos outros, mas gerar os melhores resultados possíveis para o maior número de pessoas. Absorva-se no trabalho, não no ego. Sinta uma conexão profunda e visceral com o grupo, vendo o seu destino e o dele como inteiramente entrelaçados.

LEI DO DIA: SE VOCÊ EXALAR ESSA ATITUDE, TODOS PERCEBERÃO, E ISSO OS DEIXARÁ MAIS ABERTOS À SUA INFLUÊNCIA. ELES SERÃO ATRAÍDOS A VOCÊ PELO SIMPLES FATO DE QUE É RARO ENCONTRAR ALGUÉM TÃO SENSÍVEL AOS ÂNIMOS DAS PESSOAS E CONCENTRADO DE MODO TÃO ABSOLUTO NOS RESULTADOS.

As leis da natureza humana, Capítulo 15: Faça-os quererem segui-lo – A Lei da Inconsistência

19 DE NOVEMBRO
Destino

O verdadeiro eu de uma pessoa é a mente. Toma consciência, portanto, de que tu és um deus. Pois um deus é alguém que se move, que sente, que se lembra, que olha para o futuro, que governa e guia e dirige o corpo do qual é mestre, assim como o Deus Supremo comanda o universo. E assim como esse Deus eterno controla o universo, que é em parte mortal, assim também o teu espírito eterno dirige teu frágil corpo.
— Cícero (106 a.C.-43 a.C., advogado, político, escritor, orador e filósofo romano)

Em tempos antigos, muitos grandes líderes – como Alexandre, o Grande, e Júlio César – se imaginavam descendentes de deuses e parcialmente divinos. Essa autocrença se traduzia num nível elevado de autoconfiança que outras pessoas reconheciam e das quais se alimentavam. Isso se tornava uma profecia autorrealizada. Você não precisa entreter pensamentos tão grandiosos assim, mas sentir que está destinado a algo grande e importante lhe dará um grau de flexibilidade quando os outros se opuserem ou resistirem a você. Não internalize as dúvidas que surgem desses momentos. Tenha um espírito audaz e continue a experimentar novas atividades, até mesmo a correr riscos, confiando na sua habilidade de se recuperar dos fracassos e se sentindo destinado ao sucesso.

LEI DO DIA: VOCÊ ESTÁ DESTINADO A REALIZAR GRANDES COISAS E, AO PENSAR NISSO, VOCÊ CRIARÁ UMA DINÂMICA AUTORREALIZÁVEL.

As leis da natureza humana, Capítulo 8: Mude as suas circunstâncias mudando de atitude – A Lei da Autossabotagem

20 DE NOVEMBRO

Concentre-se e priorize

A bem da verdade, nada nos pertence a não ser o tempo, que todos têm – inclusive aqueles que mais nada têm. É lamentável em igual medida desperdiçar sua preciosa vida em tarefas mecânicas ou numa profusão de trabalhos sublimes.

— Baltasar Gracián

Certas atividades são uma perda de tempo. Determinadas pessoas de natureza baixa vão atrapalhá-lo, e você precisa evitá-las. Fique de olho nas suas metas de longo e curto prazo e permaneça concentrado e alerta. Dê-se o luxo de explorar e vaguear criativamente, mas sempre com um propósito subjacente.

LEI DO DIA: NUM MUNDO REPLETO DE DISTRAÇÕES SEM FIM, VOCÊ PRECISA SE CONCENTRAR E PRIORIZAR.

As leis da natureza humana, Capítulo 15: Faça-os quererem segui-lo – A Lei da Inconsistência

21 DE NOVEMBRO

Conecte-se com que está mais próximo de você

A vida é curta e temos uma quantidade limitada de energia. Levados pelos nossos desejos gananciosos, desperdiçaríamos tempo demais em buscas e mudanças fúteis. Em geral, não espere por algo melhor, mas, em vez disso, faça o melhor com o que você já tem. A realidade o chama. Absorver a mente no que está mais próximo, em vez de naquilo que está mais distante, traz uma sensação bem diferente. Com as pessoas do seu círculo, você sempre consegue se conectar num nível mais profundo. Há muito a descobrir sobre aqueles com quem se lida, e isso tem o potencial de ser uma fonte de fascinação interminável. Conecte-se de modo mais intenso com o seu ambiente. O local em que vive tem uma história imensa na qual você poderia imergir. Conhecer melhor o seu ambiente lhe fornecerá muitas oportunidades de poder. Em você mesmo há cantos misteriosos que talvez nunca tenha compreendido totalmente. Ao tentar se conhecer melhor, domine a sua própria natureza, em vez de se manter escravo dela. E o seu trabalho tem possibilidades infinitas de aprimoramento e inovação, desafios incontáveis para sua imaginação. Esses são os elementos mais próximos de você e que compõem o seu mundo real, não virtual.

LEI DO DIA: NO FIM, COBICE UM RELACIONAMENTO MAIS PROFUNDO COM A REALIDADE, O QUE LHE TRARÁ CALMA, FOCO E PODERES PRÁTICOS PARA ALTERAR O QUE É POSSÍVEL ALTERAR.

As leis da natureza humana, Capítulo 5: Torne-se um objeto inatingível de desejo – A Lei da Cobiça

22 DE NOVEMBRO
Acolha tudo o que acontecer com você

Ao ouvir sobre eventos interessantes que ocorreram no decorrer da experiência de um homem, muitas pessoas desejarão que algo semelhante lhes aconteça na vida também, esquecendo por completo que deveriam invejar, na verdade, a aptidão mental que emprestou a esses eventos a significância que possuem quando os descreve.

— ARTHUR SCHOPENHAUER

Em 1928, a atriz Joan Crawford tinha uma carreira de sucesso razoável em Hollywood, mas começou a se sentir cada vez mais frustrada com os papéis limitados que recebia. Ela via que outras atrizes menos talentosas a estavam-na superando. Talvez o problema fosse não ser assertiva o bastante. Decidiu que precisava expressar a sua opinião a um dos chefes de produção mais poderosos do estúdio da MGM, Irving Thalberg. Mal sabia ela, Thalberg via esse tipo de atitude como insolência e era vingativo por natureza. Por isso, ele a colocou no elenco de um faroeste, sabendo que essa era a última coisa que a moça queria e que esse destino era um beco sem saída para muitas atrizes. Joan aprendeu a lição e, pretendendo acolher esse destino, decidiu se apaixonar pelo gênero. Tornou-se especialista em andar a cavalo. Leu bastante sobre o Velho Oeste e se fascinou por seu folclore. Se esse era o caminho necessário para avançar, ela se transformaria na principal atriz de faroestes. No mínimo, aquilo serviria para expandir as suas habilidades de atuação. Essa passou a ser a atitude que adotou por toda a vida em relação ao trabalho e aos desafios colossais que uma atriz enfrentava em Hollywood, em que as carreiras em geral costumavam durar pouco. Cada empecilho era uma oportunidade de crescer e se desenvolver.

LEI DO DIA: ENCARE TODOS OS OBSTÁCULOS COMO EXPERIÊNCIAS DE APRENDIZADO, COMO MEIOS DE SE FORTALECER.

As leis da natureza humana, Capítulo 8: Mude as suas circunstâncias mudando de atitude – A Lei da Autossabotagem

23 DE NOVEMBRO
Admire a grandeza humana

A admiração é o oposto absoluto da inveja – estamos reconhecendo as realizações das pessoas, celebrando-as, sem precisar nos sentir inseguros. Admitimos a superioridade delas nas artes, ou nas ciências ou nos negócios sem sofrer por causa disso. No entanto, isso vai ainda mais além. Ao reconhecer a grandeza de alguém, celebramos o potencial mais elevado da nossa espécie. Vivenciamos o *mitfreude* com o melhor da natureza humana. Compartilhamos o orgulho que resulta de qualquer grande realização humana. Esse tipo de admiração nos eleva acima da mesquinharia da vida cotidiana e tem um efeito tranquilizador.

LEI DO DIA: EMBORA SEJA MAIS FÁCIL ADMIRAR, SEM QUALQUER MÁCULA DE INVEJA, AQUELES QUE JÁ ESTÃO MORTOS, INCLUA PELO MENOS UMA PESSOA VIVA NO SEU PANTEÃO. SE VOCÊ FOR JOVEM O BASTANTE, ESSES OBJETOS DE ADMIRAÇÃO TAMBÉM PODEM SERVIR COMO MODELOS A SEREM SEGUIDOS, PELO MENOS ATÉ CERTO PONTO.

As leis da natureza humana, Capítulo 10: Cuidado com o ego frágil – A Lei da Inveja

24 DE NOVEMBRO
Busque a pressão ascendente do grupo

A realidade para um grupo é a seguinte: ele existe a fim de produzir realizações, criar algo e solucionar problemas. Há certos recursos com os quais se pode contar – o trabalho e as capacidades de cada membro, as finanças. Atua num ambiente específico que é quase sempre bastante competitivo e constantemente mutável. O grupo saudável enfatiza o trabalho em si, o proveito máximo dos recursos e a capacidade de se adaptar a todas as mudanças inevitáveis. Sem perder tempo com jogos políticos infindáveis, consegue realizar dez vezes mais do que um grupo disfuncional. Extrai o que há de melhor na natureza humana – a empatia das pessoas, a habilidade delas de trabalhar com outros num nível elevado.

Gostaríamos de nos concentrar na saúde psicológica dos indivíduos e em como um terapeuta talvez consiga consertar quaisquer problemas que eles possam ter. O que não levamos em consideração, porém, é que estar num grupo disfuncional pode tornar os indivíduos instáveis e neuróticos. O oposto também é verdade: ao participar de um grupo da realidade de alto funcionamento, é possível nos tornarmos saudáveis e completos. Essas experiências são memoráveis e transformadoras. Ganhamos confiança nas nossas próprias habilidades, que são recompensadas num grupo assim. Nos sentimos conectados à realidade. Somos levados pela pressão ascendente do grupo, alçando a nossa natureza social ao alto nível que ela deveria ter. Recebemos uma carga de energia que vem do sentimento de conexão com aqueles que estão com o mesmo espírito de urgência.

LEI DO DIA: VOCÊ DEVE TER UMA COMPREENSÃO COMPLETA DO EFEITO DOS GRUPOS SOBRE SEU PENSAMENTO E SUAS EMOÇÕES. COM TAL CONSCIÊNCIA, PODE SE VINCULAR A GRUPOS QUE EXERCEM UMA PRESSÃO ASCENDENTE.

As leis da natureza humana, Capítulo 14: Resista à pressão descendente do grupo – A Lei do Conformismo

25 DE NOVEMBRO

Transforme a autoestima em empatia

Imaginamos que entendemos muito bem as pessoas com quem lidamos. A vida pode ser hostil, e temos muitas outras tarefas a cumprir. Somos preguiçosos e preferimos confiar em julgamentos preconcebidos. No entanto, *essa é sim* uma questão de vida ou morte, e o nosso sucesso *depende* do desenvolvimento dessas habilidades. Apenas não temos consciência disso, pois não vemos a conexão entre os nossos problemas e o modo como estamos sempre interpretando errado os ânimos e as intenções dos outros, nem as incontáveis oportunidades desperdiçadas que se acumulam por causa disso. O primeiro passo, portanto, é o mais importante: compreender que você tem uma ferramenta social impressionante que não está cultivando – empatia. A melhor maneira de ver isso é experimentá-la. Interrompa o seu incessante monólogo interior e preste mais atenção ao redor. Sintonize-se com as alterações de ânimo dos indivíduos e do grupo. Obtenha uma leitura da psicologia específica de cada um e do que a motiva. Tente ver a partir da perspectiva da outra pessoa, compreender o mundo e o sistema de valores dela. De repente, você vai tomar consciência de um mundo inteiro de comportamento não verbal que você nunca soube que existia, como se os seus olhos agora fossem capazes de ver a luz ultravioleta. Uma vez que perceba esse poder, vai *sentir* a importância dele e despertar para novas possibilidades sociais.

LEI DO DIA: TODOS SOMOS NARCISISTAS, ALGUNS MAIS A FUNDO NA ESCALA DO QUE OUTROS. A NOSSA MISSÃO NA VIDA É ACEITAR ESSE AMOR-PRÓPRIO E APRENDER A VOLTAR

A NOSSA SENSIBILIDADE PARA FORA, PARA OS OUTROS,
EM VEZ DE PARA DENTRO.

As leis da natureza humana, Capítulo 2: Transforme a autoestima em empatia – A Lei do Narcisismo

26 DE NOVEMBRO
O viés de confirmação

> O teste de uma inteligência de primeira linha é a capacidade de manter duas ideias opostas na mente ao mesmo tempo e ainda preservar a capacidade de funcionar.
> — F. Scott Fitzgerald (1896-1940, escritor norte-americano)

Para crer numa ideia e nos convencermos de que chegamos a ela de maneira racional, buscamos provas que sustentem a nossa opinião. O que poderia ser mais objetivo e científico? Entretanto, por causa do princípio do prazer e de sua influência inconsciente, encontramos provas que confirmam aquilo em que queremos acreditar. Isso é conhecido como viés de confirmação. Ao investigar o viés de confirmação no mundo, observe as teorias que soam um pouco boas demais para serem verdade. Estatísticas e estudos são oferecidos para comprová-las; não são muito difíceis de encontrar, uma vez que você esteja convencido da correção do seu argumento. Na internet, estudos apoiam ambos os lados de um argumento. De modo geral, você nunca deve aceitar a validade das ideias dos outros só porque estes forneceram "provas". Em vez disso, examine você mesmo essas provas à fria luz do dia, com o máximo de ceticismo de que for capaz.

LEI DO DIA: O SEU PRIMEIRO IMPULSO DEVE SEMPRE SER O DE ENCONTRAR A PROVA QUE RENEGA A CRENÇA QUE VOCÊ E OUTROS MAIS ESTIMAM. ESSA É A VERDADEIRA CIÊNCIA.

As leis da natureza humana, Capítulo 1: Domine o seu lado emocional – A Lei da Irracionalidade

27 DE NOVEMBRO

Presuma que você está julgando mal as pessoas ao seu redor

O maior perigo que você enfrenta é a suposição geral de que entende de fato as pessoas e que consegue julgá-las e categorizá-las com rapidez. Em vez disso, precisa começar com a suposição de que é um ignorante e tem vieses naturais que o farão formar um conceito sobre os outros de maneira incorreta. Aqueles ao seu redor apresentam uma máscara adequada aos propósitos deles. Você confunde a máscara com a realidade, deixa de lado a tendência aos julgamentos instantâneos. Abra a mente para ver as pessoas sob uma nova luz. Não pressuponha que vocês são semelhantes ou que elas compartilham dos seus valores. Cada indivíduo que encontrar é um país desconhecido, com uma química psicológica muito específica a ser explorada cuidadosamente. Você está mais do que pronto para se surpreender pelo que descobrir.

LEI DO DIA: ESSE ESPÍRITO ABERTO E FLEXÍVEL É SIMILAR À ENERGIA CRIATIVA – UMA DISPOSIÇÃO DE CONSIDERAR MAIS POSSIBILIDADES E OPÇÕES. NA VERDADE,

DESENVOLVER A EMPATIA TAMBÉM VAI MELHORAR
OS SEUS PODERES CRIATIVOS.

As leis da natureza humana, Capítulo 2: Transforme a autoestima em empatia – A Lei do Narcisismo

28 DE NOVEMBRO
Traga o passado de volta à vida

Não temos consciência disso tudo, mas nós, no presente, somos produtos mistos de todas as mudanças acumuladas na psicologia e no pensamento humanos. Ao transformar o passado em algo morto, estamos apenas negando quem somos. Nós nos tornamos bárbaros, sem raízes, desconectados da nossa natureza. Altere de modo radical a sua própria relação com a história, trazendo-a de volta à vida dentro de você. Comece com alguma era do passado, uma que o entusiasme em particular por qualquer motivo. Tente recriar o espírito desses tempos, entrar na experiência subjetiva dos personagens sobre quem está lendo, usando a sua imaginação ativa. Veja o mundo pelos olhos deles. Faça uso dos excelentes livros escritos nos últimos cem anos para obter uma noção da vida cotidiana nesses períodos específicos (por exemplo, *Everyday life in Ancient Rome*, de Lionel Casson, ou *O outono da Idade Média*, de Johan Huizinga). Na literatura da época, você detectará o espírito prevalecente. Os romances de F. Scott Fitzgerald lhe darão uma conexão bem mais vívida com a Era do *Jazz* do que qualquer trabalho acadêmico sobre o assunto. Deixe de lado qualquer tendência de julgar ou moralizar.

LEI DO DIA: AS PESSOAS VIVENCIARAM O MOMENTO PRESENTE DELAS DENTRO DE UM CONTEXTO QUE LHES

O HUMANO RACIONAL

FAZIA SENTIDO. VOCÊ PRECISA ENTENDER ISSO DE DENTRO PARA FORA.

As leis da natureza humana, Capítulo 17: Aproveite o momento histórico – A Lei da Miopia Geracional

29 DE NOVEMBRO
O cavaleiro e o cavalo

Os gregos da Antiguidade tinham uma metáfora apropriada para isto: o cavaleiro e o cavalo. O cavalo é a nossa natureza emocional, que nos impele constantemente a nos movermos. Esse cavalo tem energia e poder tremendos, mas não tem como ser guiado sem um cavaleiro; é um animal selvagem, sujeito a predadores, e sempre se mete em encrencas. O cavaleiro é o nosso lado pensante. Por meio de treinamento e prática, ele segura as rédeas e guia o cavalo, transformando aquela poderosa energia animal em algo produtivo. Um é inútil sem o outro. Sem o cavaleiro, não há propósito ou movimento direcionado; sem o cavalo, não há energia nem poder. Na maioria das pessoas, o cavalo domina, e o cavaleiro é fraco. Em algumas, o cavaleiro é forte demais, aperta muito as rédeas e tem medo de deixar o animal galopar de vez em quando. O cavalo e o cavaleiro precisam trabalhar juntos. Isso significa ponderar sobre as nossas ações de antemão; trazer o máximo possível de raciocínio para uma situação antes de tomar uma decisão. No entanto, uma vez que tenhamos decidido o que fazer, afrouxamos as rédeas e entramos em ação com ousadia e espírito de aventura. Em vez de sermos escravos dessa energia, nós a canalizamos. Essa é a essência da racionalidade. Como exemplo desse ideal em ação, tente manter um equilíbrio perfeito entre o ceticismo (cavaleiro) e a curiosidade (cavalo). Dessa forma, você será cético a respeito dos próprios entusiasmos e os dos outros. Você não aceitará sem questionamento as explicações e as "provas" que as pessoas lhe oferecem. Você observará o resultado das ações delas, não o que dizem sobre as próprias motivações. Contudo, se levar isso longe demais, a sua mente se fechará diante de ideias inusitadas, especulações excitantes e da própria curiosidade. Você precisa reter a elasticidade do espírito que tinha quando criança, interessada em tudo, ao mesmo tempo que retém a necessidade pragmática de confirmar e investigar por si mesmo todas as ideias e crenças. As duas conseguem coexistir. É um equilíbrio que todos os gênios possuem.

LEI DO DIA: NÃO SOMOS CAPAZES DE SEPARAR AS EMOÇÕES DOS PENSAMENTOS. OS DOIS ESTÃO COMPLETAMENTE ENTRELAÇADOS. NO ENTANTO, É INEVITÁVEL QUE EXISTA UM FATOR DOMINANTE, COM ALGUMAS PESSOAS SENDO GOVERNADAS DE FORMA MAIS NÍTIDA PELAS EMOÇÕES DO QUE OUTRAS. APRENDA A CANALIZAR SUAS EMOÇÕES EM VEZ DE SEGUI-LAS AONDE QUER QUE LEVEM VOCÊ.

As leis da natureza humana, Capítulo 1: Domine o seu lado emocional – A Lei da Irracionalidade

30 DE NOVEMBRO
Avance com um senso de propósito

Na história militar, podemos identificar dois tipos de exército: aqueles que lutam por uma causa ou uma ideia e aqueles que lutam por dinheiro, como parte de um emprego. Os que vão à guerra por uma causa lutam com uma intensidade maior. Eles atrelam o próprio destino individual ao da causa e da pátria; estão mais dispostos a morrer em batalha pela causa. Os menos entusiásticos são contagiados pelo espírito de grupo. O general pode pedir mais dos seus soldados. Os batalhões são mais unidos, e os vários líderes dos batalhões são mais criativos. Lutar por uma causa é a atitude conhecida como um *multiplicador de força* – quanto maior a conexão com a causa, maior a motivação, o que se traduz num poder maior. Um exército assim, por vezes, consegue derrotar um maior, mas menos motivado. Podemos dizer algo análogo sobre a vida: atuar com um alto senso de propósito é um multiplicador de força. Todas as suas decisões e ações têm um poder maior por trás delas porque são guiadas por uma ideia e propósito centrais. As muitas facetas do seu caráter são canalizadas nesse propósito, dando-lhe uma energia contínua. A sua concentração e habilidade de se recuperar de adversidades lhe dão um ímpeto inescapável. Você consegue exigir mais de si mesmo.

LEI DO DIA: NUM MUNDO EM QUE TANTAS PESSOAS ESTÃO À DERIVA, QUEM TEM UM SENSO DE PROPÓSITO SUPERA AS DEMAIS COM FACILIDADE E ATRAI A ATENÇÃO DE TODOS POR CAUSA DISSO. ENCONTRE O SEU E ELEVE-O, APROFUNDANDO A CONEXÃO O MÁXIMO POSSÍVEL.

As leis da natureza humana, Capítulo 13: Avance com um senso de propósito – A Lei da Falta de Perspectiva

DEZEMBRO

O sublime cósmico
Expandindo a mente até o limite máximo

Você determina a qualidade de sua mente por meio da natureza de seus pensamentos do dia a dia. Se eles circulam em torno das mesmas obsessões e dramas, você cria uma paisagem mental árida e monótona, o que em seu íntimo lhe causa sofrimento, desalento ou tristeza profunda. Em vez disso, você deve procurar transbordar sua mente, liberar sua imaginação e intensificar sua experiência de vida. E o máximo que você pode expandir a mente é ao se conectar com o Sublime Cósmico. Leve em consideração a imensidão do espaço e do tempo, pondere sobre a cadeia indescritivelmente impressionante de eventos desencadeados pelo *Big Bang*. Retorne às origens do nosso planeta visitando certas paisagens primitivas. Pense na natureza infinita do cérebro humano como um espelho do cosmo. Medite acerca de nossa mortalidade. Você está de fato cercado todos os dias por infinitas maravilhas, e à medida que os deixa entrar em sua consciência cotidiana, amplia sua mente e revigora seus imensos poderes. O mês de dezembro o ajudará a expandir sua mente até o limite máximo: o Sublime Cósmico.

★★★

A morte é o maior dos nossos temores, mas esse medo tem efeitos que nem sequer percebemos. Ele contagia nossa vida mental de cabo a rabo. Incute em nosso âmago o medo da vida. Grande parte da ansiedade latente e crônica que aflige a maioria de nós está enraizada na incapacidade de enfrentarmos nossa mortalidade.

Vivemos numa cultura que leva ao extremo a negação da morte, banindo tanto quanto possível a presença da finitude.

Se você recuasse no tempo centenas de anos, seria inevitável ver pessoas morrerem na sua frente. Você testemunharia a morte acontecer nas ruas ou dentro de sua casa. A maioria das pessoas tinha que matar a própria comida: você veria o abate de animais diante de seus olhos.

A morte era uma presença constante. Estava sempre lá. E, assim, as pessoas pensavam na morte o tempo todo. E contavam com a religião para ajudar a apaziguar a ideia da própria mortalidade.

Agora vivemos num mundo no qual a situação se inverteu por completo. Temos que sufocar o próprio pensamento acerca da morte. Não podemos ver a morte em lugar nenhum. Ela foi confinada aos hospitais, onde é higienizada, onde acontece a portas fechadas. Ninguém nunca fala sobre a morte. Ninguém jamais nos diz que provavelmente a habilidade mais importante que uma pessoa pode ter na vida é saber como lidar com o medo da mortalidade. Ninguém ensina isso. Seus pais não falam a respeito. Sua namorada ou namorado não fala a respeito. Ninguém. É uma espécie de segredinho nosso. Mas é a única realidade que temos: todos nós vamos morrer.

Então, se você nega esse fato, se reprime essa verdade – e a maioria das pessoas faz isso –, ele vem à tona de maneiras secretas. Faz você se sentir ansioso e angustiado em sua vida cotidiana, porque você não está lidando com a coisa mais importante. Pode não ser perceptível mas essa verdade o contamina em suas decisões do dia a dia, na forma como você interage com as pessoas. É muito simples: você precisa enfrentar o medo e encontrar maneiras de transformá-lo em vitalidade e poder.

Pense da seguinte maneira: você pode morrer amanhã. Não há controle sobre isso. Você pode ser jovem, pode ter 24 anos de idade – pessoas jovens morrem o tempo todo. Entenda o que isso significa: seu tempo é limitado. Você não dispõe de vastas décadas de vida pela frente. Você tem sonhos e aspirações, coisas que deseja realizar – ter consciência da brevidade e da precariedade da vida lhe dá um senso de urgência. Também faz você apreciar tudo aquilo que vê ao redor. Compreender que a qualquer momento a vida pode ser arrancada de você torna a vida mais intensa e cheia de cor.

No meu caso, a ficha caiu feito um tapa na cara. Dois meses depois de terminar *As leis da natureza humana*, sofri um acidente vascular cerebral. Um derrame bastante grave, em que tive a dupla sorte de ter sobrevivido e de não ter ficado com a sequela de uma lesão cerebral permanente. Foi apenas uma questão de minutos, e depois acabou. Fiquei em coma e, ao acordar, todo o lado esquerdo do meu corpo estava basicamente paralisado. Os movimentos retornaram aos poucos, mas fui obrigado a confrontar essa realidade logo depois de ter escrito um capítulo sobre meditar acerca de nossa mortalidade. E o que escrevi no livro é verdade.

Agora, olho ao redor e vejo tudo o que tenho – e a experiência torna tudo mais intenso. As cores são mais intensas. Os sons são mais intensos. A sensação de estar conectado com outras pessoas é mais intensa, porque agora estou ciente não apenas da minha própria mortalidade, mas também da mortalidade das pessoas perto de mim. Minha namorada pode ir embora amanhã. Minha mãe e minha irmã podem partir amanhã. Meus amigos podem desaparecer amanhã. Tenho que estimá-los e valorizá-los num nível mais alto. Tenho que entender que todo mundo sente a mesma coisa. E saber que outras pessoas também enfrentam a mesma situação é uma maneira de me conectar a elas, uma maneira de aprofundar minha empatia num nível humano muito primordial.

Ao poder essencial que conquistamos ao enfrentar a mortalidade chamo de "Sublime". Porque ele também abre a ideia de como é sensacional o mundo em que vivemos e o quanto não lhe damos valor porque pensamos que vamos viver para sempre. É um conceito incrivelmente importante para mim, e também muito pessoal, no sentido de que cheguei muito perto de morrer.

Comparo isso a estar na praia de um vasto oceano. O medo diante do mar escuro faz você se virar e recuar. Eu quero que você entre no seu barquinho e que se lance oceano adentro.

1º DE DEZEMBRO
O infinito e o extraordinário

> E ao passo que os outros animais, curvos, miram a terra, ele deu ao homem um porte ereto e um rosto sublime voltado para o alto, mandando-o encarar o céu e contemplar os astros.
> — Ovídio (43 a.C.-17/18 d.C.), *As metamorfoses*

Podemos definir o Sublime Cósmico da seguinte maneira: é um encontro com qualquer objeto físico que incorpore ou implique uma sensação de infinito, de espaço ou tempo. No mundo antigo, nossos ancestrais entendiam essa profunda necessidade humana. Em culturas de todo o mundo, criaram rituais, muitas vezes ritos de iniciação, que desencadeavam uma percepção das forças magníficas que transcendem o humano. Xamãs ou sábios anciões muitas vezes serviam como guias. Na nossa cultura, não é fácil encontrar esses guias ou meios aceitos para encontrar o Sublime Cósmico. Na verdade, nos deparamos com o contrário: a mídia que domina nossa mente nos entope de trivialidades e dos dramas exagerados do momento. Se buscarmos a expansão que nos tirará da nossa enfadonha rotina mental, constataremos que estamos sozinhos. Felizmente, no entanto, não é tão difícil quanto poderíamos imaginar: estamos cercados por encarnações do infinito e o extraordinário. O infinito se expressa de muitas formas impressionantes: manifesta-se no silêncio, em horizontes aparentemente infindos, espaços vazios etc. O que importa é o nosso nível de sintonia com esses lugares – nosso desejo de expandir e transcender os limites habituais e a nossa vontade de deixar de lado quaisquer distrações e nos abrirmos aos elementos. Estamos atrás de uma experiência; chega de conversa.

LEI DO DIA: AFASTE SUA MENTE DOS DRAMAS DO MOMENTO E BUSQUE A EXPANSÃO.

A lei do sublime, Capítulo 1: Expanda a mente até o limite máximo – O Sublime Cósmico

2 DE DEZEMBRO

Um acontecimento dos mais improváveis

O modelo para sentir o Sublime vem da nossa meditação sobre a mortalidade, mas é possível treinar nossa mente para vivenciá-lo por meio de outros pensamentos e ações. Por exemplo, quando observamos o céu à noite, podemos deixar a mente sondar a infinidade do espaço e a pequenez avassaladora do nosso planeta, perdido em toda a escuridão. Encontramos o Sublime ao contemplar a origem da vida na Terra, há seja lá quantos bilhões de anos, talvez em algum momento específico, e quão improvável era que isso acontecesse, considerando os milhares de fatores que precisaram convergir para que o experimento da vida começasse neste planeta. Essas vastas quantidades de tempo e a verdadeira origem da vida excedem a nossa capacidade de conceituá-las, e somos deixados com a sensação do Sublime. Podemos levar isso mais adiante: há milhões de anos, o experimento humano começou quando nos separamos dos nossos ancestrais primatas. Entretanto, por causa da nossa natureza física fraca e por estarmos em pequenos números, enfrentamos a ameaça contínua de extinção. Se esse acontecimento muito provável houvesse ocorrido – como ocorreu para tantas espécies, inclusive outras variedades de humanos –, o mundo teria tomado uma rota bem diferente. Na realidade, o encontro entre os nossos pais e o nosso nascimento contou com uma série de ocorrências aleatórias que era igualmente improvável.

LEI DO DIA: ISSO NOS LEVA A ENCARAR A NOSSA EXISTÊNCIA ATUAL COMO INDIVÍDUO, ALGO QUE TOMAMOS COMO UMA CERTEZA, COMO UMA OCORRÊNCIA DAS MAIS IMPROVÁVEIS,

SE CONSIDERARMOS TODOS OS ELEMENTOS FORTUITOS QUE TIVERAM DE SE ENCAIXAR EM SEUS DEVIDOS LUGARES.

As leis da natureza humana, Capítulo 18: Medite sobre a nossa mortalidade comum – A Lei da Negação da Morte

3 DE DEZEMBRO
Encare sua mortalidade

> Pois é sempre assim com o sagrado valor da vida. Dele nos esquecemos enquanto nos pertence, e lhe damos pouquíssima atenção durante as despreocupadas horas de nossa vida, do mesmo modo como negligenciamos o brilho das estrelas à luz do dia. A escuridão cairá antes que estejamos cientes da majestade das estrelas acima de nossa cabeça.
> — Stefan Zweig (1881-1942, escritor e jornalista austríaco), pronunciamento em 1941

A maioria de nós passa o tempo todo evitando pensar na morte. Em vez disso, deveríamos ter a inevitabilidade da morte sempre em mente. Entender a brevidade da vida nos enche de um senso de propósito e urgência para realizar nossos objetivos. Ao nos treinarmos para confrontar e aceitar essa realidade, teremos mais facilidade para lidar com os obstáculos, separações e crises inevitáveis. Isso nos dará um senso de proporção, daquilo que importa de fato na nossa curta existência. O ser humano procura o tempo todo por maneiras de se separar dos outros e se de sentir superior. Em vez disso, devemos ver a mortalidade em todos e enxergar o modo como ela nos iguala e conecta.

O SUBLIME CÓSMICO

LEI DO DIA: AO NOS TORNARMOS MAIS CIENTES DA NOSSA MORTALIDADE, INTENSIFICAREMOS NOSSA EXPERIÊNCIA EM CADA ASPECTO DA VIDA.

As leis da natureza humana, Capítulo 18: Medite sobre a nossa mortalidade comum – A Lei da Negação da Morte

4 DE DEZEMBRO

O universo está dentro de você

> Estou contente à beira do temor [...]. De pé sobre a terra nua, banhada minha fronte pelo ar leve e erguido ao espaço infinito, todo mesquinho egoísmo se dilui. Me converto num globo ocular transparente; nada sou: tudo vejo; as correntes do Ser Universal me circulam; sou uma porção de Deus.
> — RALPH WALDO EMERSON, *Natureza – a bíblia do naturalismo*, 1836

A forma de infinito que talvez seja a mais sublime e maravilhosa para se contemplar é a que está mais próxima de você – seu próprio cérebro. Pense no seguinte: ocorre aproximadamente 1 milhão de bilhões de sinapses (os contatos e ligações entre os neurônios, as células nervosas) na folha cortical do cérebro humano. O biólogo Gerald Edelman especulou que se uma pessoa contasse essas sinapses ao ritmo de uma por segundo, levaria cerca de 32 milhões de anos para concluir a soma. E se tentasse calcular todos os caminhos que uma sinapse poderia tomar para fazer a conexão, o número seria hiperastronômico – algo em torno de 20 seguido por milhões de zeros, uma cifra maior do que todas as partículas de cargas positivas do universo, e mais do que toda a matéria que ele contém. O neurocientista Christof Koch declarou certa vez que o cérebro humano é "o objeto mais complexo do universo conhecido". Igualmente extraordinárias são as hipervelocidades nas quais o cérebro humano opera. O espaço interno do cérebro humano corresponde ao espaço exterior do universo; em termos de extensão e escopo, é quase infinito (e toda essa velocidade e poder vêm de um órgão composto pelos elementos básicos encontrados nas rochas).

LEI DO DIA: A VERDADEIRA GRANDIOSIDADE DO UNIVERSO ESTÁ DENTRO DE NÓS.

A lei do sublime, Capítulo 1: Expanda a mente até o limite máximo – O Sublime Cósmico

5 DE DEZEMBRO
Mergulhe a mente no momento presente

Todas as manhãs, antes de comer ou fazer qualquer coisa, medito por quarenta minutos. São quarenta minutos muito intensos, porque estou esvaziando a mente. Venho fazendo isso religiosamente todas as manhãs há quase uma década, e gostaria de ter começado antes. Você pode pensar: "São só quarenta minutos", mas é algo vigoroso e dificílimo. Você tenta acalmar a mente por esse período de tempo e descobre que é preciso um incrível esforço. Mas é imensamente poderosa essa capacidade de se concentrar e apaziguar a mente. A mente que pensa e fala é o que atrapalha as pessoas. Você pode ver isso num jogador de futebol diante da marca do pênalti aos 45 minutos do segundo tempo na final do campeonato; no golfista que precisa acertar a tacada de seis metros no décimo oitavo buraco; no rebatedor de beisebol que já errou duas de suas três rebatidas e precisa acertar a última bola na nona entrada; ou no chutador de futebol americano prestes a arriscar o *field-goal* no último lance do jogo – eles estão pensando, e esse pensamento interrompe o processo físico. Mesmo que você domine a memória muscular, o pensamento vai bagunçar você toda vez. É por isso que os guerreiros samurais eram obcecados pelo zen budismo e meditação zazen. Você pode até achar que aquele jogador de futebol, golfista, rebatedor ou chutador está numa situação de pressão, mas, numa luta de espadas, é vida ou morte. Se o samurai não for capaz de apaziguar a mente pensante, morre. O zen budismo foi uma forma de alterar o aspecto mental, dando aos guerreiros o controle mental e fundindo-os ao momento presente.

LEI DO DIA: ESTE É O PONTO MAIS PODEROSO QUE VOCÊ PODE ALCANÇAR NOS ESPORTES OU EM QUALQUER OUTRO EMPREENDIMENTO: QUANDO DEIXA DE PENSAR, VOCÊ SE AMALGAMA AO MOMENTO. FAÇA DISSO UMA PRÁTICA DIÁRIA: CONCENTRE-SE INTENSAMENTE NO MOMENTO PRESENTE.

"Robert Greene: Mastery and Research" [Maestria e Pesquisa], *Finding Mastery: Conversations with Michael Gervais* [Encontrando a Maestria: Conversas com Michael Gervais], 25 de janeiro de 2017

6 DE DEZEMBRO

Tempo vivo ou tempo morto?

Vivre sans temps mort. (Viver sem desperdiçar tempo.)
— Slogan político parisiense

O seu tempo de vida é a única posse verdadeira que você tem. Todo o resto pode ser tirado de você – sua família, sua casa, seus carros, seu trabalho. O tempo que lhe cabe viver é a única coisa que você tem de verdade, e é possível desperdiçá-lo. Você pode abrir mão dele trabalhando para outras pessoas – elas são donas do seu tempo, e isso pode deixá-lo profundamente infeliz. Você pode gastar seu tempo em busca de prazeres e distrações externos – passar o tempo vivendo como escravo de diferentes paixões e diferentes obsessões. Ou você pode ser dono do seu próprio tempo de vida. Você pode realmente tomar posse desse tempo e se apropriar dele, fazendo valer cada momento. E quando faz isso, significa que o tempo é seu. Está vivo dentro de você. Tem frescor e vigor. Está crescendo. Você é o senhor dele e faz acontecer. Outra maneira de encarar a questão – que é o jeito como eu sempre pensei a respeito – é tornar as coisas suas. Tudo o que você faz na vida é um processo de apoderação – *seu* tempo, *suas* ideias, *sua* vida mental, e assim por diante.

LEI DO DIA: NUNCA DESPERDICE NEM UM MINUTO SEQUER. TOME POSSE DO SEU TEMPO HOJE – ESTEJA VOCÊ PRESO NO TRÂNSITO, ADOENTADO NUMA CAMA OU CUMPRINDO UMA LONGA JORNADA DE TRABALHO.

Canal *Daily Stoic*, "Robert Greene on the Idea of Alive Time vs. Dead Time" [Robert Greene sobre a ideia de tempo vivo em oposição a tempo morto], YouTube, 10 de maio de 2020

7 DE DEZEMBRO

A bala no flanco

A realidade da morte desceu sobre nós e uma consciência do poder de Deus rompeu a nossa complacência, como uma bala no flanco. Um senso

do dramático, do trágico, do infinito caiu sobre nós, enchendo-nos de tristeza, mas mais do que tristeza, assombro.
— Flannery O'Connor (1925-1964), escritora norte-americana

Depois de receber o diagnóstico de lúpus aos 25 anos de idade, por mais de treze anos Flannery O'Connor fitou o cano do rifle apontado para ela, recusando-se a desviar o olhar. Ela utilizou a proximidade da morte como um chamado para que passasse à ação, tivesse um senso de urgência, aprofundasse a sua fé religiosa e incitasse a sua contemplação de todos os mistérios e incertezas da vida. Ela empregou a proximidade da morte para aprender o que importava de fato e evitar brigas mesquinhas e preocupações que atormentavam os outros, e a usou para se ancorar no presente e apreciar cada momento e cada encontro. Tendemos a ler histórias como as de Flannery O'Connor com o mesmo distanciamento. Não conseguimos deixar de sentir um pouco de alívio por nos encontrarmos numa posição muito mais confortável. Contudo, cometemos um erro grave ao fazer isso. Na realidade, ao ter a sua mortalidade tão presente e palpável, ela tinha uma vantagem sobre nós: sentia-se compelida a enfrentar a morte e usar sua consciência sobre ela. Nós, por outro lado, somos capazes de dançar em torno do pensamento, visualizar imensidões infinitas de tempo à nossa frente e levar a vida com pequenos *hobbies*. E então, quando a realidade nos atinge, quando levamos talvez a nossa própria bala no flanco na forma de uma crise inesperada na carreira, ou um rompimento doloroso num relacionamento, ou a morte de alguém próximo, ou mesmo a nossa própria doença letal, em geral, não estamos preparados para lidar com isso.

LEI DO DIA: O DESTINO DE FLANNERY O'CONNOR É O NOSSO – ESTAMOS TODOS NO PROCESSO DE MORRER, TODOS ENCARANDO AS MESMAS INCERTEZAS.

As leis da natureza humana, Capítulo 18: Medite sobre a nossa mortalidade comum – A Lei da Negação da Morte

8 DE DEZEMBRO
Conecte-se a algo maior que você

Em 1905, então com 23 anos de idade, a escritora Virginia Woolf (1882-1941) retornou pela primeira vez desde os tempos de menina para o chalé à beira-mar na Cornualha, Inglaterra, onde sua família passara muitos idílicos verões. Ainda muito jovem ela havia perdido a mãe, e há pouco tempo seu pai e sua meia-irmã mais próxima também faleceram; Woolf caiu em profunda depressão. No momento em que se aproximou do chalé, ela viu os fantasmas de sua infância – todas as pessoas que morreram ou se mudaram para longe – habitando o lugar. A casa abandonada, com sua mobília decrépita, revelou a Woolf a inexorável passagem do tempo. Do lado de fora, o som ritmado das ondas, o som que vinha sendo o mesmo ao longo de milhões de anos no passado e continuaria idêntico pelo mesmo período de tempo no futuro, muitos séculos depois que ela se fosse, evocava um avassalador senso de infinitude. Conectada a algo muito maior do que si mesma, Woolf reviveu as sensações e a intensidade de sua infância. Encontrar o Sublime Cósmico a fez enxergar seus próprios problemas e sentimentos de depressão sob outro ângulo e atribuir a eles a dimensão que realmente tinham. Ao longo dos trinta anos seguintes, ela continuou retornando ao lugar para ajudar em seu processo de cura. Mais tarde, imortalizou essas experiências no romance semiautobiográfico *Ao farol* (publicado em 1927).

LEI DO DIA: VOCÊ PODE TENTAR ALGO SEMELHANTE À MEDIDA QUE ENVELHECE, RETORNANDO AOS LUGARES DE SUA JUVENTUDE OU INFÂNCIA, SENTINDO A PASSAGEM DO TEMPO AO SEU REDOR E CONECTANDO ISSO AOS ETERNOS CICLOS DA NATUREZA DOS QUAIS VOCÊ FAZ PARTE.

A lei do sublime, Capítulo 1: Expanda a mente até o limite máximo – O Sublime Cósmico

9 DE DEZEMBRO
Encontros com o Inumano e o Infinito

Se as portas da percepção se desvelassem, cada coisa apareceria ao homem tal qual é: infinita.
— William Blake (1757-1827, poeta e pintor inglês), *Matrimônio do céu e do inferno* (1790)

A maioria de nós raramente sai da bolha humana em que vivemos – estamos imersos em palavras, símbolos, estruturas físicas e uma natureza domesticada que imprime nossa marca em quase tudo o que vemos. Deixar essa bolha e viajar para o deserto ou o ermo selvagem não é suficiente. Aonde quer que vá, você tenderá a levar consigo sua tecnologia e os pensamentos obsessivos que o acompanham. Seu cérebro se acostumou demais com seus próprios padrões. Para realmente acessar o Sublime Cósmico, qualquer que seja o destino da sua viagem, você deve passar pelo seguinte processo: em primeiro lugar, visite lugares onde a influência humana seja nula ou quase indetectável. Felizmente você não precisará ir até os longínquos confins do planeta para realizar essa aventura – lugares desse tipo estão ao seu redor e são de fácil acesso. Você precisa penetrar profundamente nas entranhas dessas paisagens e se embrenhar o mais longe que puder. Em segundo lugar, deve deixar para trás o máximo de tecnologia possível. Nesse estado mais nu, deve acolher de bom grado quaisquer desafios físicos e até mesmo perigos administráveis. Em terceiro lugar: desprovido de suas distrações habituais, tente deixar de lado todos os padrões anteriores de pensar e ver – viaje de volta no tempo e sinta a antiguidade desses lugares, sinais da Terra muito antes de nós, humanos, dominarmos a cena. Permita que os elementos dessas paisagens preencham sua mente o máximo possível e sinta-se amalgamado a eles. Quando você retornar ao seu ambiente familiar, observe como as coisas parecem diferentes para você e repare atentamente nas eventuais mudanças dentro de você.

LEI DO DIA: SAIA DA BOLHA HUMANA HOJE.

A lei do sublime, Capítulo 1: Expanda a mente até o limite máximo – O Sublime Cósmico

10 DE DEZEMBRO
Veja o Todo

Nós, seres humanos, tendemos a ver as coisas isoladamente. Vemos a nós mesmos e aos outros como indivíduos, sem compreender como a nossa própria existência, a nossa consciência, o nosso cérebro e a nossa fisiologia dependem de todos aqueles que vieram antes de nós, num passado remoto que se estende muito para trás no tempo. Quando olhamos para outros animais, imaginamos um abismo intransponível entre nós e eles. Os fios que conectam todas as formas de vida simplesmente não são visíveis para nós e, portanto, não fazem parte da nossa consciência cotidiana. Você deve se treinar para pensar e sentir de forma diferente, sempre procurando distinguir os fios ocultos. Imagine que existe um Todo do qual todos os acontecimentos e fenômenos fazem parte – o Todo que é sua psicologia e todas as suas motivações inconscientes que remontam à primeira infância; o Todo que é você e todas as várias influências em sua vida, incluindo pai, mãe, amigos, sociedade e o *zeitgeist* cultural; o Todo que é você e todas as gerações passadas de humanos que moldaram o mundo no qual você vive agora; e, por fim, o Todo que é você e todas as formas de vida que levaram à evolução dos humanos e que vivem dentro de você.

LEI DO DIA: QUANDO OLHAR PARA O MUNDO, PARE DE SE FIXAR EM CADA UMA DAS FORMAS SEPARADAS QUE VOCÊ ENXERGA E PASSE A VÊ-LO COMO UM ÚNICO TODO – UMA TEIA LATEJANTE E PULSANTE QUE SE ESTENDE DESDE 4 BILHÕES DE ANOS ATRÁS ATÉ O PRESENTE, E NA QUAL VOCÊ É APENAS UMA PARTÍCULA – UM GRÃO MINÚSCULO, MAS NECESSÁRIO – NUM ÚNICO FIO.

A lei do sublime, Capítulo 2: Desperte para a estranheza de estar vivo – O Sublime Biológico

11 DE DEZEMBRO
O senso de escala da criança

Se fôssemos honestos conosco, muitos de nós teríamos que admitir que sentimos certa insipidez na nossa experiência cotidiana: grande parte da nossa existência parece uma mesmice monótona, e pouca coisa nos surpreende. Falta algo na nossa vida, mas é difícil identificar o que é. Inquietos, viajamos, arranjamos casos amorosos, trocamos de emprego, qualquer coisa para agitar o dia a dia e nos dar um chacoalhão. Mas quando a novidade passa, retorna a velha repetição sem graça. Em vez de procurar quaisquer possíveis causas específicas do problema, tentaremos atacá-lo de outro ângulo, mais global. Talvez a fonte esteja no sentido geral de escala que desenvolvemos na vida adulta; para entender o papel que isso desempenha em nossos estados emocionais, temos que recuar no tempo e examinar a nossa própria infância, quando nossa perspectiva era muito diferente. A realidade fundamental da infância era nossa pequenez e fraqueza em comparação a quase tudo ao nosso redor. Estávamos circundados por objetos e forças que nos ofuscavam em tamanho e poder – árvores, prédios, colinas e montanhas, o oceano, as tempestades, a vida social dos adultos. Esse sentimento de pequenez despertou uma intensa curiosidade sobre o mundo. Ao tentar entender o mundo à nossa volta, de alguma forma conseguíamos reduzir seu tamanho e torná-lo menos assustador. E como éramos muito pequeninos num mundo tão imenso, tudo o que víamos parecia novidade, maravilhosa e repleta de mistério.

LEI DO DIA: TENTE ENCARAR O MUNDO DE HOJE COM O MESMO SENSO DE ESCALA QUE VOCÊ TINHA QUANDO CRIANÇA.

A lei do sublime, Capítulo 1: Expanda a mente até o limite máximo – O Sublime Cósmico

12 DE DEZEMBRO
Vida e morte

Tememos a velhice que talvez nunca alcancemos.
— Jean de la Bruyère

É possível descrever o contraste entre a vida e a morte da seguinte maneira: a morte é a quietude absoluta, sem movimentos ou mudanças exceto a decomposição; na morte, somos separados dos outros e deixados completamente sozinhos. A vida, por outro lado, é movimento, a conexão com outros seres vivos e a diversidade das formas de vida. Ao negar e reprimir a ideia da morte, alimentamos as nossas ansiedades e nos tornamos mais mortos por dentro – separados dos outros, com pensamentos habituais e repetitivos, com poucos movimentos ou mudanças em geral. Em contrapartida, a familiaridade e intimidade com a morte e a habilidade de confrontar a ideia dela têm o efeito paradoxal de fazer que nos sintamos vivos.

LEI DO DIA: AO NOS LIGARMOS À REALIDADE DA MORTE, NÓS NOS CONECTAMOS DE MANEIRA PROFUNDA À REALIDADE E À PLENITUDE DA VIDA. AO SEPARARMOS A VIDA DA MORTE E AO REPRIMIRMOS A NOSSA PERCEPÇÃO DESTA, FAZEMOS O OPOSTO.

As leis da natureza humana, Capítulo 18: Medite sobre a nossa mortalidade comum – A Lei da Negação da Morte

13 DE DEZEMBRO
Como encarar o mundo

Veja a si mesmo como um explorador. Com o dom da consciência, você está diante de um universo vasto e desconhecido que os seres humanos mal começaram a investigar. A maioria das pessoas prefere se agarrar a certas ideias e princípios, muitos deles adotados no início da vida. Elas têm um medo secreto daquilo que é incerto e pouco familiar; substituem a curiosidade pela convicção. Quando chegam aos 30 anos, agem como se já soubessem tudo que precisam saber. Como um explorador, você deixará toda essa certeza para trás. Partirá numa busca contínua por novas ideias e maneiras de pensar. Não verá nenhum limite para onde a sua mente pode viajar, e não se preocupará se de repente parecer inconsistente ou desenvolver pensamentos que contradizem de forma direta o que acreditava alguns meses antes. As ideias são algo com o que se deve brincar; caso se apegue por muito tempo a elas, tornam-se algo morto. Retorne ao seu espírito e curiosidade da infância, antes de você ter um ego e ser mais importante ter razão do que se conectar com o mundo. Explore todas as formas de conhecimento, de culturas e épocas da história. Queira ser desafiado. Ao abrir a mente desse jeito, você libertará poderes criativos não realizados e dará a si mesmo um grande prazer mental. Como parte disso, esteja aberto à exploração de perspectivas que partam do seu próprio inconsciente, reveladas em seus sonhos, em momentos de fadiga e nos desejos reprimidos que lhe escaparem em determinados momentos. Ali, você não tem nada a temer ou reprimir. O inconsciente é apenas mais um reino para você explorar com liberdade.

LEI DO DIA: AO ABRIR A MENTE DESSE JEITO, VOCÊ LIBERTARÁ PODERES CRIATIVOS NÃO REALIZADOS, E DARÁ A SI MESMO UM GRANDE PRAZER MENTAL.

As leis da natureza humana, Capítulo 8: Mude as suas circunstâncias mudando de atitude – A Lei da Autossabotagem

14 DE DEZEMBRO
Liberte-se dos hábitos e da banalidade

Enquanto o belo é limitado, o sublime é ilimitado, de modo que a mente, na presença do sublime, tentando imaginar o que não pode, sente dor no fracasso, mas prazer em contemplar a imensidão da tentativa.
— Immanuel Kant (1724-1804, filósofo prussiano),
Crítica da razão pura (1781)

Vivenciamos o Sublime ao contemplar outras formas de vida. Temos a nossa própria crença sobre o que é real com base nos nossos sistemas nervosos e de percepção, mas a realidade dos morcegos, que percebem o mundo via ecolocalização, é de uma ordem diferente. Eles notam coisas além do nosso sistema de percepção. Quais são os outros elementos que não conseguimos perceber, as outras realidades invisíveis para nós? (As descobertas mais recentes na maioria dos campos da ciência terão esse efeito de abrir os nossos olhos, e ler artigos em qualquer revista científica produzirá, em geral, alguns pensamentos sublimes.) Também podemos nos expor a lugares no planeta em que todos os nossos pontos cardeais normais se embaralhem – uma cultura muito diferente ou certas paisagens onde o elemento humano pareça especialmente ínfimo, como o mar aberto, uma vasta expansão de neve, uma montanha extremamente alta. Ao nos confrontarmos de forma física com o que nos miniaturiza, seremos forçados a reverter a nossa percepção normal, em que somos o centro e a medida de tudo.

LEI DO DIA: DIANTE DO SUBLIME, SENTIMOS UM ARREPIO, UM PRENÚNCIO DA MORTE EM SI, ALGO GRANDE DEMAIS PARA QUE A NOSSA MENTE CONCEBA. E, POR UM MOMENTO, ISSO NOS ARRANCARÁ DA NOSSA PRESUNÇÃO E NOS LIBERTARÁ DO DOMÍNIO MORTAL DO HÁBITO E DA BANALIDADE.

As leis da natureza humana, Capítulo 18: Medite sobre a nossa mortalidade comum – A Lei da Negação da Morte

15 DE DEZEMBRO
Crie uma percepção da morte física

Sempre faça o que você teme fazer.

— Ralph Waldo Emerson

Para os guerreiros samurais japoneses, o centro dos nossos nervos mais sensíveis e da nossa conexão com a vida estava nos intestinos, nas vísceras; era também o centro da nossa conexão com a morte, e eles meditavam o máximo possível sobre essa sensação, a fim de criar uma percepção da morte física. No entanto, além dos intestinos, também sentimos algo similar nos ossos quando estamos cansados, e nos momentos antes de adormecermos – por alguns segundos, nos sentimos passando de uma forma de consciência para outra, e essa passagem tem uma sensação semelhante à morte. Não há nada a se temer nisso; na realidade, ao nos movermos nessa direção, fazemos avanços importantes para diminuir a nossa ansiedade crônica.

LEI DO DIA: PODEMOS USAR A NOSSA IMAGINAÇÃO TAMBÉM, VISUALIZANDO O DIA QUE A NOSSA MORTE CHEGAR, ONDE SERIA E COMO VIRIA. DEVEMOS IMAGINAR ISSO DA FORMA MAIS VÍVIDA POSSÍVEL. PODERIA SER AMANHÃ.

As leis da natureza humana, Capítulo 18: Medite sobre a nossa mortalidade comum – A Lei da Negação da Morte

O SUBLIME CÓSMICO

16 DE DEZEMBRO
A experiência de quase morte

> Tudo poderias deixar a vida neste exato instante. Que isso determine o que tu fazes, dizes e pensas.
> — Marco Aurélio (121 d.C.-180 d.C., filósofo e imperador romano)

Há livros escritos por pessoas que passaram por experiências de quase morte e eles são fascinantes. O motivo para esse efeito pode ser explicado pelo seguinte: em geral, passamos pela vida num estado de distração, quase de sonho, com o nosso olhar voltado para dentro. Muito da nossa atividade mental gira em torno de fantasias e ressentimentos completamente internos e com pouca relação com a realidade. A proximidade da morte de repente nos desperta, com o nosso corpo inteiro respondendo à ameaça. Sentimos a descarga de adrenalina, o sangue bombeando mais rápido para o cérebro e pelo sistema nervoso. Isso concentra a mente num nível muito mais elevado, e notamos novos detalhes, vemos o rosto das pessoas sob uma nova luz e sentimos a transitoriedade em tudo ao redor, aprofundando as nossas respostas emocionais. Esse efeito pode durar por anos, até mesmo décadas.

LEI DO DIA: NÃO CONSEGUIMOS REPRODUZIR ESSA EXPERIÊNCIA SEM ARRISCAR A NOSSA VIDA, MAS SOMOS CAPAZES DE OBTER PARTE DO EFEITO POR MEIO DE DOSES MENORES. PRECISAMOS COMEÇAR MEDITANDO SOBRE A NOSSA MORTE E PROCURANDO CONVERTÊ-LA EM ALGO MAIS REAL E FÍSICO.

As leis da natureza humana, Capítulo 18: Medite sobre a nossa mortalidade comum – A Lei da Negação da Morte

17 DE DEZEMBRO

Deixe que a transigência de todas as formas de vida lhe penetre a mente

> Se o homem nunca desaparecesse como o orvalho do Adashino, se nunca se dissipasse como a bruma de Toribeymama, mas permanecesse para sempre no mundo, as coisas perderiam o poder de nos comover. A coisa mais preciosa na vida é a sua incerteza.
>
> — Yoshida Kenkō (1283-1350, escritor e monge budista japonês)

Podemos tentar olhar para o mundo como se estivéssemos vendo tudo pela última vez – as pessoas ao redor, as imagens e sons do cotidiano, o ruído do tráfego, o canto dos pássaros, a vista da nossa janela. Imaginemos tudo isso continuando sem nós, e, de repente, nos sentiremos voltar à vida – esses mesmos detalhes agora nos surgirão sob uma nova luz, não mais ignorados ou percebidos apenas em parte. Deixe que a transigência de todas as formas de vida lhe penetre a mente. A estabilidade e a solidez de tudo que vemos são apenas ilusões. Não devemos ter medo das pontadas de tristeza que resultarem dessa percepção. A rigidez das nossas emoções, geralmente tão atreladas às nossas necessidades e preocupações, agora relaxa diante do mundo e do pesar da vida em si, e deveríamos dar as boas-vindas a isso.

LEI DO DIA: HOJE, FINJA QUE ESTÁ VENDO AS COISAS PELA ÚLTIMA VEZ.

As leis da natureza humana, Capítulo 18: Medite sobre a nossa mortalidade comum – A Lei da Negação da Morte

O SUBLIME CÓSMICO

18 DE DEZEMBRO
Tenha um senso de urgência e desespero

> A vida é um dom, a vida é alegria, cada minuto poderia ter sido uma eternidade de felicidade! Quem dera a juventude entendesse! Agora a minha vida vai mudar; agora vou renascer. Querido irmão, juro que não perderei a esperança. Manterei a minha alma pura e o meu coração aberto. Eu renascerei para me tornar melhor.
> — Fiódor Dostoiévski (carta a seu irmão Mikhail, 1849)

Quando nos desconectamos de forma inconsciente da percepção da morte, forjamos um relacionamento particular com o tempo – bem solto e distendido. Passamos a imaginar que sempre temos mais tempo do que na realidade. A nossa mente vagueia para o futuro, onde todas as nossas esperanças e nossos desejos se realizarão. Caso tenhamos um plano ou objetivo, sentimos dificuldade para lhes dedicar muita energia. Faremos isso amanhã, é o que dizemos. Talvez sejamos tentados a trabalhar no presente em outro plano ou objetivo. Todos parecem tão convidativos e diferentes, então como podemos nos comprometer de forma integral com um ou outro? Experimentamos uma ansiedade generalizada ao sentir a necessidade de realizar algumas coisas, mas estamos sempre adiando o trabalho e dispersando as nossas forças. Então, se um prazo nos é intimado para um projeto específico, aquele relacionamento onírico com o tempo é despedaçado e, por algum motivo misterioso, encontramos o foco para realizar em dias o que teria levado semanas ou meses. A mudança imposta a nós pelo prazo tem um componente físico: a nossa adrenalina está pulsando, enchendo-nos de energia e concentrando a nossa mente, tornando-a mais criativa. É revigorante sentir o compromisso total da mente e do corpo com um propósito único, algo que vivenciamos raramente no mundo de hoje, no nosso estado distraído.

LEI DO DIA: DEVEMOS PENSAR NA NOSSA MORTALIDADE COMO UM TIPO DE PRAZO CONTÍNUO,

LEIS DIÁRIAS

DANDO UM EFEITO SIMILAR AO DESCRITO ANTERIORMENTE
A TODAS AS NOSSAS AÇÕES NA VIDA.

As leis da natureza humana, Capítulo 18: Medite sobre a nossa mortalidade comum – A Lei da Negação da Morte

19 DE DEZEMBRO
Sinta-se renascer

A vida é um processo constante de morrer.

— Arthur Schopenhauer

Em dezembro de 1849, o escritor Fiódor Dostoiévski, então com 27 anos e preso por ter participado de uma suposta conspiração contra o czar russo, viu-se sendo subitamente transportado, junto com os outros prisioneiros, a uma praça em São Petersburgo, onde foram informados de que estavam prestes a ser executados por seus crimes. A sentença de morte era totalmente inesperada. Dostoiévski só teve alguns minutos para se preparar antes de encarar o pelotão de fuzilamento. Naquele momento, foi acometido por emoções que nunca havia sentido antes. Notou os raios de luz batendo no domo de uma catedral e viu que toda a vida era tão fugaz quanto àqueles raios. Tudo lhe pareceu mais vibrante. Notou as expressões no rosto dos outros prisioneiros e como era possível perceber o terror por trás das expressões de coragem. Era como se os pensamentos e sentimentos deles houvessem se tornado transparentes. No último instante, um representante do czar chegou à praça a cavalo anunciando que as sentenças haviam sido comutadas por muitos anos de trabalhos forçados na Sibéria. Absolutamente devastado pelo roçar psicológico com a morte, Dostoiévski se sentiu renascer. E a experiência permaneceu entranhada nele pelo resto da vida, inspirando novas profundezas de empatia e intensificando os seus poderes de observação. Essa tem sido a experiência de outros que foram expostos à morte de uma forma profunda e pessoal.

LEI DO DIA: IMAGINE QUE VOCÊ FOI POUPADO DE UMA SENTENÇA DE MORTE E AGORA TODOS OS DIAS SÃO UM TEMPO DE VIDA QUE VOCÊ NÃO ACHAVA QUE TERIA. VIVA DE MANEIRA CONDIZENTE.

As leis da natureza humana, Capítulo 18: Medite sobre a nossa mortalidade comum – A Lei da Negação da Morte

20 DE DEZEMBRO
Saiba o que importa de fato

Você age como um mortal em tudo o que teme e como imortal em tudo o que deseja.
— Sêneca (*c.* 4 a.C.-65, filósofo estoico romano)

Temos metas a atingir, projetos a realizar, relacionamentos a aprimorar. Este poderia ser o nosso último projeto, a nossa última batalha na Terra, levando-se em consideração as incertezas da vida, e devemos nos comprometer por inteiro com o que fazemos. Com essa percepção contínua, veremos o que importa de fato e como as brigas mesquinhas e atividades secundárias são distrações irritantes. Queremos a sensação de realização que vem ao concluir tarefas. Queremos perder o ego no sentimento do fluxo, em que a nossa mente se une com a coisa em que estamos trabalhando. Quando nos afastarmos do nosso trabalho, os prazeres e as distrações que buscarmos terão mais significado e intensidade, pois saberemos da sua transitoriedade.

LEI DO DIA: QUE A CONSCIÊNCIA DA BREVIDADE DA VIDA ESCLAREÇA NOSSAS AÇÕES COTIDIANAS.

As leis da natureza humana, Capítulo 18: Medite sobre a nossa mortalidade comum – A Lei da Negação da Morte

21 DE DEZEMBRO
Que a consciência da morte dissipe nossas diferenças

Outro ano da praga reconciliaria todas essas diferenças; uma conversação íntima com a morte, ou com as doenças que ameaçam matar, filtraria a escória do rancor do nosso temperamento, removeria as animosidades dentre nós e nos levaria a ver com olhos diferentes.
— DANIEL DEFOE (1660-1731, escritor e jornalista inglês),
Um diário do ano da peste (1722)

Em 1665, uma praga terrível infestou Londres, matando cerca de 100 mil habitantes. O escritor Daniel Defoe tinha apenas 5 anos na época, mas testemunhou o surto em primeira mão, que deixou uma impressão duradoura nele. Cerca de sessenta anos mais tarde, decidiu recriar os acontecimentos de Londres naquele ano através do olhar de um narrador mais velho, utilizando as suas próprias lembranças, muita pesquisa e o diário do tio criando o livro *Um diário do ano da peste*. À medida que a praga avança, o narrador percebe um fenômeno peculiar: as pessoas tendem a sentir níveis bem mais elevados de empatia em relação aos outros londrinos; as diferenças normais entre eles, em especial a respeito de questões religiosas, desaparecem.

Com a nossa filosofia da vida por meio da morte, queremos criar o efeito purificador que a praga tem nas nossas tendências tribais e autoabsorção habitual. Queremos começar isso numa dimensão menor, examinando primeiro aqueles ao redor, em casa e no ambiente de trabalho, vendo e imaginando a morte de cada um e notando como isso alteraria de súbito a nossa percepção deles.

LEI DO DIA: VIVENCIE A VULNERABILIDADE DE OUTRAS PESSOAS À DOR E À MORTE, NÃO APENAS A SUA.

As leis da natureza humana, Capítulo 18: Medite sobre a nossa mortalidade comum – A Lei da Negação da Morte

22 DE DEZEMBRO
A suprema burrice

> Existem apenas três eventos na vida de um homem; nascimento, vida e morte; ele não tem consciência de ter nascido, morre agonizando de dor e se esquece de viver.
>
> — Jean de La Bruyère

Muitas vezes me perguntam o que penso acerca da atual obsessão do Vale do Silício com a busca pela vida eterna por meio de pesquisas científicas para o prolongamento da longevidade, investimentos de bilhões de dólares em tecnologias para a solução do problema do envelhecimento e a "extinção" da morte. Acho que é a suprema estupidez, e venho vociferando sobre isso há anos. É como se você estivesse fugindo da única realidade que existe. Podemos discutir sobre o que é a realidade. Temos a nossa própria realidade. A nossa realidade não é o que um morcego ou uma mosca vê. Nós não temos ecolocalização. Cada criatura tem sua própria realidade. Mas a única coisa que podemos afirmar é que nascemos e morremos. E a ideia de que uma pessoa queira escapar da morte e prolongar sua vida – dá para ser mais egoísta e narcisista do que isso? E se todos tentarem prolongar a vida por 50, 100 anos? O que vai acontecer com o planeta? Já temos 8 bilhões de pessoas neste planeta. As pessoas *precisam* morrer; caso contrário não teremos recursos, não teremos ar para respirar, água para beber. Então, ao tentar prolongar a vida, você está priorizando a si mesmo. Você vai continuar consumindo mais energia, ocupando mais espaço no mundo? Então, em vez de 8 bilhões, teremos uma população de 15 bilhões de pessoas? Que tipo de insanidade é essa? É a expressão máxima da estupidez e da insanidade.

LEI DO DIA: NEGAR A MORTALIDADE E LUTAR CONTRA ELA É O SUPRASSUMO DA ESTUPIDEZ E O MÁXIMO INSULTO À NATUREZA HUMANA, COMO SE ALGUÉM FOSSE CAPAZ DE TRANSCENDER A NATUREZA. NINGUÉM PODE TRANSCENDER A NATUREZA, ELA NOS DEFINE.

"The Laws of Human Nature: An Interview with Robert Greene" [As leis da natureza humana: uma entrevista com Robert Greene], *site dailystoic.com*, 23 de outubro de 2018

23 DE DEZEMBRO
Evite o falso Sublime

O problema que enfrentamos hoje é que muitos de nós somos sofisticados e céticos demais para cogitar a possibilidade de um conceito pitoresco e antiquado como o Sublime, que recende a experiências religiosas aparentemente ultrapassadas. Mas sempre que os seres humanos tentam reprimir ou negar algo tão natural e incorporado em nossa composição psicológica, o que acontece é que o desejo reprimido retorna em formas corrompidas, que chamaremos de "o Falso Sublime". Pode-se buscar o Falso Sublime por meio de drogas, álcool e qualquer tipo de estimulante que nos liberte temporariamente do nosso eu rígido e nos proporcione uma sensação de expansão e poder, ou que pelo menos entorpeça a depressão que vivenciamos no mundo moderno. Outra maneira de chegar ao Falso Sublime é com videogames ou pornografia, em que a violência e o nível de estimulação devem ser continuamente aumentados para ter o mesmo efeito. E há ainda todas as microcausas e seitas que não param de brotar para canalizar a raiva e a inquietação latentes das pessoas. Nesses grupos, as pessoas podem encontrar uma trégua, temporariamente retiradas da banalidade de sua vida, até que a aura da causa perca fôlego e surja a necessidade de encontrar uma nova. Na época em que vivemos, a própria tecnologia pode se tornar a nova religião. Recorrendo a geringonças tecnológicas e algoritmos, dizemos a nós mesmos que podemos resolver qualquer coisa. Todos esses exemplos são formas do Falso Sublime pelo seguinte motivo: o Verdadeiro Sublime pode ser acionado por alguma fonte externa – a vista de uma montanha, o céu noturno, a interação com um animal, o mergulho de um pedaço de bolo no chá, uma intensa experiência de grupo, um profundo amor por uma pessoa ou pela natureza. Mas, nessas instâncias, ocorre uma transformação *dentro de nós*. Nossas percepções são alteradas, nossa mente se expande além do círculo. A partir daí, passamos a ver o mundo de forma diferente.

LEI DO DIA: O FALSO SUBLIME VEM DE FONTES EXTERNAS E NÃO DEIXA MUDANÇAS INTERNAS DURADOURAS, EXCETO PELO AUMENTO DA DEPENDÊNCIA DA PRÓPRIA SUBSTÂNCIA. TODOS OS VÍCIOS QUE ASSOLAM A HUMANIDADE DO SÉCULO 21 SÃO FORMAS FALSAS E DEGRADADAS DO SUBLIME.

A lei do Sublime, Introdução

24 DE DEZEMBRO
Coloque-se na zona mortal

Comandantes militares vêm pensando nesse assunto desde o surgimento dos exércitos: como é possível tornar os soldados motivados, mais agressivos, mais desesperados? Alguns generais lançavam mão de oratória inflamada, e os especialmente bons em discursos motivacionais bombásticos tinham algum sucesso. Porém, mais de dois mil anos atrás, o estrategista chinês Sun Tzu passou a acreditar que ouvir preleções, por mais empolgantes, era uma experiência passiva demais para ter um efeito duradouro. Em vez disso, Sun Tzu falou de uma "zona mortal" – um lugar onde um exército fica encurralado contra algum acidente geográfico – uma montanha, um rio ou uma floresta – sem uma rota de fuga. Sem ter como recuar, Sun Tzu argumentou, um exército luta com o dobro ou o triplo da bravura que demonstraria num terreno aberto, porque lá a morte é uma presença visceral. Sun Tzu defendia o posicionamento deliberado de soldados nessa "zona mortal" de modo a lhes dar o desesperado arrojo que faz os homens combaterem com unhas e dentes. O mundo é regido pela necessidade: as pessoas só mudam de comportamento se forem obrigadas. Só sentirão urgência se a própria vida depender disso.

LEI DO DIA: COLOQUE-SE EM SITUAÇÕES EM QUE VOCÊ TENHA MUITA COISA EM JOGO PARA DESPERDIÇAR TEMPO OU RECURSOS – SE NÃO PUDER SE DAR AO LUXO DE PERDER, VOCÊ NÃO PERDERÁ. COLOQUE-SE NA "ZONA MORTAL", ONDE SUAS COSTAS ESTÃO CONTRA A PAREDE E VOCÊ TEM QUE LUTAR COM GANA PARA SAIR VIVO.

33 estratégias de guerra, Estratégia 4: Crie um senso de urgência e desespero – A estratégia da zona mortal

25 DE DEZEMBRO
Isso também não vai durar

A mente humana naturalmente congela a implacável passagem do tempo, apresentando-nos imagens estáticas de pessoas, da nossa cultura e da nossa própria identidade. Mas se fôssemos realmente sensíveis à evolução, perceberíamos que são apenas sombras passageiras num mundo de fluxo incessante. A cada minuto de cada dia estamos envelhecendo; cada encontro com os outros altera e molda nossas ideias; somos uma contínua "obra em andamento", e nunca exatamente os mesmos. Como disse certa vez o filósofo grego Heráclito: "Ninguém pode entrar duas vezes no mesmo rio, pois quando nele se entra novamente, não se encontra as mesmas águas, e o próprio ser já se modificou". A evolução exige esse fluxo contínuo e ciclos periódicos de destruição em massa a fim de criar espaço para novas formas e experimentos. Nós, humanos, porém, conscientes da nossa mortalidade, sentimos aversão a essa ideia; queremos nos agarrar ao passado e parar mentalmente o fluxo. Queremos continuar aferrados a nossas queixas, presos aos nossos ressentimentos e até mesmo à nossa dor, bem como aos nossos prazeres – tudo para criar uma ilusão de permanência e estabilidade interior. Em vez disso, devemos aprender a nos desapegar, a aceitar completamente todas as separações que a vida nos impõe. É a própria impermanência das nossas experiências e de todas as coisas vivas ao nosso redor que lhes dá pungência e significado. Devemos encontrar consolo no fato de que nada vai durar para sempre – nem a tristeza nem as decepções que sentimos no presente. A sublimidade do mundo ao nosso redor é intensificada por sabermos o quanto é curto o tempo que temos para testemunhá-la.

LEI DO DIA: DESPRENDA-SE DO PASSADO E SINTA-SE CARREGADO PELA CORRENTE DA VIDA E TODO O PODER E ENERGIA QUE ELA NOS TRARÁ EM SEU RASTRO.

A lei do sublime, Capítulo 2: Desperte para a estranheza de estar vivo – O Sublime Biológico

26 DE DEZEMBRO
Jornada dentro do cérebro global

Você se torna aquilo que pensa; seus pensamentos diários são a sua realidade. Você cria a paisagem fértil ou árida do seu cérebro. Se restringir seus pensamentos às mesmas obsessões, ao minúsculo reino do seu smartphone, esse é o mundo que você cria para si. Que desperdício desse instrumento magnífico que você herdou! Mas se tentar se deslocar na direção oposta, notará a dinâmica oposta – expansão contínua, portas mentais que se abrem em todas as direções, conexões criativas e novas ideias inundando seu cérebro. Você não vai querer parar de explorar, descobrir e conhecer, porque sua exploração se torna uma fonte contínua de prazer para a inquieta energia da mente humana. É uma escolha que você faz. É interessante notar que nós, humanos, criamos inconscientemente um análogo a esse espaço interior infinito na forma da internet, uma espécie de cérebro global que contém quase a totalidade da história registrada, as ideias e experiências de bilhões de pessoas em todos os campos de atuação e empreendimentos do esforço humano; boa parte do conteúdo da internet é absurdo, mas uma parte contém novas possibilidades na forma de conexões entre diferentes ideias e campos.

LEI DO DIA: EM VEZ DE USAR ESSE EXTRAORDINÁRIO INSTRUMENTO COMO UM MEIO DE CHAMAR A ATENÇÃO OU EXTRAVASAR SUA RAIVA E FRUSTRAÇÃO E EXIBIR SUA SUPERIORIDADE, VEJA A INTERNET SOB UMA LUZ DIFERENTE – UM CONVITE PARA UMA FASCINANTE JORNADA DENTRO DE UM CÉREBRO GLOBAL E

O SUBLIME CÓSMICO

AS SURPRESAS QUE ELE PODE LHE TRAZER ENQUANTO VOCÊ PERAMBULA LIVREMENTE NESTE VASTO ESPAÇO E FAZ CONEXÕES SURPREENDENTES.

A lei do sublime, Capítulo 1: Expanda a mente até o limite máximo – O Sublime Cósmico

27 DE DEZEMBRO
Amor fati

A minha fórmula de grandeza no ser humano é o *amor fati*: não querer ser nada além do que é, não no futuro, não no passado, não em toda a eternidade. Não apenas tolerar o que acontece por necessidade [...], mas amá-lo.
— Friedrich Nietzsche, *A gaia ciência* (1882)

O que Friedrich Nietzsche chamou de *amor fati* ("amor do destino") é o seguinte: há muito na vida que não temos como controlar, sendo a morte o maior exemplo disso. Vivenciaremos doenças e dor física. Vamos nos separar de pessoas. Enfrentaremos fracassos por causa dos nossos próprios erros e da malevolência asquerosa de outros seres humanos. E a nossa tarefa é aceitar essas situações e até acolhê-las, não pela dor, mas pelas oportunidades de aprender e nos fortalecer. Fazendo isso, legitimamos a própria vida, aceitando todas as suas possibilidades. E no âmago disso está a nossa aceitação completa da morte.

LEI DO DIA: COLOCAMOS ISSO EM PRÁTICA AO VER SEMPRE OS ACONTECIMENTOS COMO FATÍDICOS – TUDO ACONTECE POR ALGUM MOTIVO, E CABE A NÓS DISCERNIR A LIÇÃO.

As leis da natureza humana, Capítulo 18: Medite sobre a nossa mortalidade comum – A Lei da Negação da Morte

28 DE DEZEMBRO
O céu e a estrelas

As estrelas [...]. Todas as noites surgem esses emissários da beleza, e iluminam o universo com seu sorriso admoestador.

— Ralph Waldo Emerson

Em um dia sem nuvens, sozinho com seus próprios pensamentos e sem distrações, olhe para cima e deixe sua mente se expandir junto com o azul infinito do céu. Tente sentir o espaço ilimitado. Em seguida, fite o Sol. Normalmente você vê com a maior naturalidade a existência do "astro rei", mas desta vez veja-o como uma estrela como outra qualquer, que nasceu e está em processo de morte. Tente entender por um momento esta realidade totalmente insana – a distância perfeita da Terra para permitir a vida; e vida que adquiriu tamanha variedade de cores iluminadas por esse mesmo Sol. Os astronautas da Apolo que caminharam na superfície lunar comentaram sobre as deprimentes tonalidades de cinza e marrom que dominavam as paisagens sem vida da Lua. Sabendo como é improvável em si a existência do fenômeno da cor, veja como é surpreendente e maravilhoso. À noite, tenha em mente que quando você olha para a Lua ou para as estrelas, enxerga as mesmas coisas que tanto deslumbraram e hipnotizaram nossos ancestrais – os babilônios, os antigos egípcios e gregos e os maias, para citar alguns. Com base no céu noturno, eles construíram sistemas de mitos e de crenças inteiros, dando vida ao cosmo. Enquanto contempla e absorve o cenário, tente abandonar sua sofisticada perspectiva moderna e ver o céu como algo animado – veja-o com olhos pagãos. Quando olhar para a Lua, pense em suas origens como poeira da colisão entre a Terra e Theia (um antigo planeta em nosso sistema solar). Reflita sobre o fato de que quando você olha para as estrelas, está vendo a luz que levou milhões – às vezes bilhões – de anos para chegar até nós.

LEI DO DIA: OLHE PARA O CÉU E AS ESTRELAS COMO SE OS ESTIVESSE VENDO PELA PRIMEIRA VEZ.

A lei do sublime, Capítulo 1: Expanda a mente até o limite máximo – O Sublime Cósmico

29 DE DEZEMBRO
Medite sobre os mistérios

Comece consigo mesmo. A sua mente e seu corpo são, de fato, mistérios. Você não tem acesso à fonte de suas emoções; não consegue ver dentro de seu cérebro e os processos que evocam certos pensamentos, tampouco o grau em que suas ideias são produtos de tantas influências externas. Você também não pode bisbilhotar seus processos corporais, a complexidade de alto nível de tudo que há dentro de você e o faz viver. Seus sentidos lhe revelam somente uma versão parcial da realidade. Você não é capaz de perceber o que um morcego ou um golfinho pode ver, nem ouvir o que um gato ou cachorro consegue ouvir. Tanta coisa permanece invisível aos seus sentidos. Contemple o mistério total que é você mesmo e em seguida transborde isso. A verdade é que você não tem ideia dos pensamentos e da vida interior das pessoas ao seu redor. São muito mais complexos do que você imagina. Você não tem nenhuma compreensão efetiva das tendências rolando na cultura no momento presente e o futuro que elas anunciam. Você não entende os mecanismos de funcionamento interno e as experiências de outras formas de vida, nem as origens da própria Terra que você habita. Continue expandindo. Os planetas em nossa galáxia e além contêm mistérios sem fim, e até mesmo possibilidades de estranhíssimas formas de vida alienígena. O universo é principalmente matéria escura e energia. Você está envolto no que é de fato invisível. Pondere acerca do fato de que quanto mais a ciência avança, mais mistérios desvenda. Continue a sua jornada e por fim alcance as fronteiras do universo conhecido – o que poderia existir do outro lado está além do que somos capazes de imaginar; talvez o mistério final.

LEI DO DIA: EXAMINE EM PROFUNDIDADE QUAISQUER SENTIMENTOS DE INCERTEZA E ATÉ DESCONFORTO E AGARRE-SE A ELES. EM MEIO A ESSA INCERTEZA, SEU SENSO ADORMECIDO DE MARAVILHAMENTO DESPERTARÁ, E AS COISAS COMEÇARÃO A PARECER NOVAS E SURPREENDENTES, COMO QUANDO VOCÊ ERA MUITO JOVEM.

A lei do sublime, Capítulo 1: Expanda a mente até o limite máximo – O Sublime Cósmico

30 DE DEZEMBRO
Aceite sua insignificância

Comece imaginando que você está gradualmente diminuindo de tamanho, de volta ao lugar onde estava quando criança. Por um momento, volte a experimentar a sensação da sua pequenez em relação aos seus pais, à escola que frequentava e ao mundo físico ao seu redor. Retorne àquelas sensações de medo e empolgação diante do que parecia imenso. Em seguida, continue encolhendo até voltar à sua primeira infância e reimagine sentimentos de terror que você um dia já teve diante de qualquer forma de escuridão ou sombra. Imagine ir ainda mais longe, regressando ao útero, até suas mais ínfimas origens como uma coisa viva, até o nível celular, a um mero amontoado de moléculas, depois a átomos, a uma partícula, a ponto de literalmente se dissolver na atmosfera – uma espécie de processo de morte reverso. Perceba por um momento a sensação de pequenez a tal ponto que nada o separa da totalidade do universo.

Depois de sentir dentro de si essa dissolução no nada, pense no seguinte: essa é a sua realidade como indivíduo em relação ao espaço e tempo infinitos.

LEI DO DIA: O FATO DE VOCÊ ESTAR CIENTE DE SUA PRÓPRIA INSIGNIFICÂNCIA E PEQUENEZ É PARADOXALMENTE O QUE O TORNA PODEROSO E IMPORTANTE. É UMA COMPREENSÃO DA REALIDADE DA QUAL NENHUM OUTRO ANIMAL É CAPAZ. ESSA CONSCIÊNCIA PODE COMEÇAR A RESTAURAR PARA VOCÊ AQUELA SENSAÇÃO DE DESLUMBRAMENTO E CONEXÃO QUE DECORRE DE UM SENSO DE ESCALA ADEQUADO.

A lei do sublime, Capítulo 1: Expanda a mente até o limite máximo – O Sublime Cósmico

31 DE DEZEMBRO
A suprema liberdade

A premeditação da morte é a premeditação da liberdade. [...] Aquele que aprendeu a morrer desaprendeu a ser escravo. Saber morrer nos liberta de todas as sujeições e restrições.
— Michel de Montaigne (1533-1592, jurista, político e filósofo humanista francês), ensaio "Que filosofar é aprender a morrer" (1572)

Por fim, pense nessa filosofia nos seguintes termos: desde o início da consciência humana, nossa percepção da morte tem nos aterrorizado. Esse terror tem moldado nossas crenças, religiões, instituições e muitos dos nossos comportamentos de maneiras que não conseguimos ver ou entender. Nós, seres humanos, nos tornamos escravos dos nossos medos e das nossas evasões. Quando invertemos isso, nos tornando mais conscientes da nossa mortalidade, sentimos o gosto da verdadeira liberdade. Não sentimos mais a necessidade de restringir o que pensamos e fazemos, a fim de tornar a vida previsível. Podemos ser mais audaciosos sem sentir medo das consequências. Podemos nos livrar de todas as ilusões e vícios que empregamos para aliviar a nossa ansiedade. Podemos nos dedicar por completo ao nosso trabalho, aos nossos relacionamentos, a todas as nossas ações.

LEI DO DIA: UMA VEZ QUE TENHAMOS SENTIDO UM POUCO DESSA LIBERDADE, VAMOS QUERER EXPLORAR MAIS E EXPANDIR AS NOSSAS POSSIBILIDADES ENQUANTO O TEMPO NOS PERMITIR.

As leis da natureza humana, Capítulo 18: Medite sobre a nossa mortalidade comum – A Lei da Negação da Morte

Para continuar esta jornada com uma meditação diária gratuita de Robert Greene, inscreva-se no site TheDailyLaws.com *(em inglês)*

Sobre o autor

Robert Greene mora em Los Angeles e é um renomado especialista em estratégias de poder. Escritor best-seller nº 1 do jornal *The New York Times*, é autor de *As leis da natureza humana*, *As 48 leis do poder*, *33 estratégias de guerra*, *A arte da sedução*, *The 50th Law* (com 50 Cent) e *Maestria*.

Leia também:

Do autor best-seller de *As 48 leis do poder*

ROBERT GREENE

AS LEIS DA NATUREZA HUMANA

Planeta ESTRATÉGIA

**Acreditamos
nos livros**
Este livro foi composto em Dante MT Std e
Skolar Sans Latin e Impresso pela Gráfica Santa Marta
para a Editora Planeta do Brasil em setembro de 2022.